Für Hartmut & Almuth,

Herzlichst

[illegible]

Sept. 202

Detlef M. Plaisier (Hrsg.)

„Wir werden einander viel, sehr viel zu vergeben haben"

Ungehörte Corona-Biografien von Ostfriesland bis Neuseeland

edition Kronzeugen

Frontcover unter Verwendung von FREUNDSCHAFT © seiLeise / Tim Ossege | seileise.com

Das Titelzitat stammt aus einer Pressekonferenz von Bundesgesundheitsminister Jens Spahn vom 22. April 2020

Umschlaggestaltung: Lena Suprun, Leipzig | das-zweiwerk.de
Satz: Stefan Wiemker, Rhede/Ems | wiemker-media.de
Foto Detlef M. Plaisier: Fotografenmeisterin Gabriele Tacke-Middendorf, Rhauderfehn
Übersetzung Englisch: Detlef M. Plaisier und Gabi Militsch
Übersetzung Niederländisch: Valesca de Roos
Übersetzung Russisch: Irina Bondas | irinabondas.de
Druck: Sowa Sp. z o.o. | sowadruk.pl
Gesamtgestaltung: Detlef M. Plaisier mit Stefan Wiemker

Gedruckt in der Europäischen Union

ISBN 978-3-9821953-3-9

Bibliografische Information der Deutschen Nationalbibliothek:
Die Deutsche Nationalbibliothek verzeichnet diese Publikation in der Dt. Nationalbibliografie. Detaillierte bibliografische Daten sind im Internet über http://dnb.d-nb.de abrufbar.

Diese Publikation wurde mit Mitteln aus der Neustarthilfe des Bundes unterstützt. Danke!

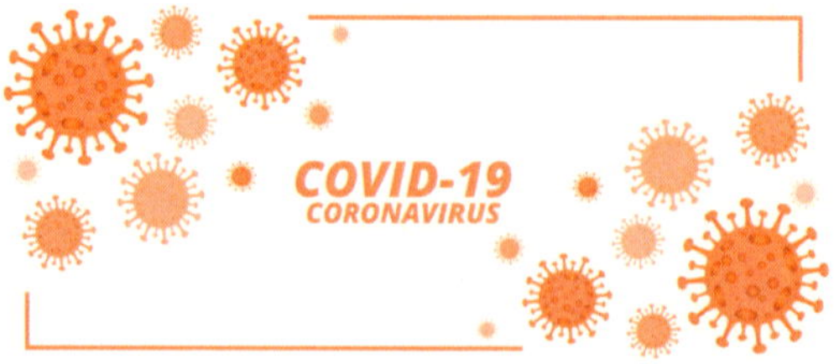

Designed by starline / Freepik

Deutschland ist das Land der Ideen.
Aber von unseren Ideen leben –
das können wir nur,
wenn wir sie auch in die Tat umsetzen.
Fangen wir einfach an – ab morgen früh.

Bundeskanzlerin Angela Merkel in ihrer Neujahrsansprache 2006

Nichts kommt die Menschheit teurer zu stehen
als eine billige Freiheit

Friedrich Dürrenmatt

In the end, we'll all become stories

Margaret Atwood

Inhalt

IV Corona und Jugend | Corona and young people

V Corona in der Welt | Corona around the globe

Vorwort

Neben der Biografie „Bubis Kinnertied“, die meine Familiengeschichte neu geschrieben hat und durch die ich Frieden mit meinem Vater gefunden habe, ist diese Corona-Anthologie mein bisher wichtigstes Buch. Aus der Idee, die Betroffenheit durch Corona in Norddeutschland und auf den Inseln auf etwa 200 Seiten im Taschenbuchformat zu dokumentieren, entwickelte sich über die Monate ein internationales Projekt mit Texten aus zehn Ländern auf 400 Seiten im Großformat.

Es gab Wochen, in denen hatte ich den Überblick verloren, von wem ich noch Texte erbeten hatte. Jetzt bin ich stolz und dankbar. Gerne hätte ich noch weitere Meinungen aufgenommen. Ein elfjähriges Mädchen aus Wien schrieb mir:

„Ich bin in der 1. Klasse Gymnasium und finde Corona ziemlich mühsam. Ich habe vier Geschwister, und da ist das Home-Office noch ein großes Stück anstrengender. Unser WLAN ist auch nicht das Beste. Wir sind zu sieben Personen auf ca. 100m², das ist sehr anstrengend. Man kommt auch mit dem Lernstoff nicht so gut wie in der Schule mit. Letztes Jahr haben wir gemeinsam geschätzt, wann Covid vorbei ist. Da haben wir Ostern gesagt, und jetzt ist es wieder bald Ostern.“

Ein russischer Lehrer, 60 Jahre alt, schrieb mir:

„… und dann kam Corona, um Darwins Theorie zu beweisen. Die Menschen werden jetzt selektiert, und die Schwächsten und Ältesten werden sterben, zum Wohle der Jungen und Starken. Die Jungen und Starken kümmert das nicht besonders. Warum sollten sie auch? So ist es auch in Russland.“

Dieses Buch soll, trotz einiger politischer Anklänge, nicht politisch sein. Ich will Entscheidungen der Politik nicht bewerten. Alle Beiträge sind Momentaufnahmen. Auch wenn sie nicht den Kriterien entsprechen, um repräsentativ zu sein, so geben sie doch einen Hinweis auf das Verhältnis zwischen Politik und Bürgern.

Ich wurde während der Arbeit am Buch gefragt:
Du lässt andere erzählen. Und wie erlebst du die Corona-Zeit?

Ich füttere jeden Morgen Elstern und Raben
und freue mich an ihrem Streit um die Erdnüsse. Das bleibt.
Ich habe gelernt, dass mir nach drei Tagen Arbeit ein Tag Ruhe guttut. Das bleibt.
Ich habe einen Vollbart wachsen lassen. Manche mögen ihn, andere nicht. Er bleibt.
Ich habe zugenommen. Ein Kilo. Jeden Monat.
Ich habe in der Mediathek inspirierende und anrührende deutsche Filme gesehen.
Ich lese jetzt jeden Abend, bevor ich das Licht lösche. Das bleibt.
Ich bin dünnhäutiger geworden.
Ich bin sensibler geworden auf Lärm und Gerüche.
Ich träume intensiver, sehe Farben und Gesichter.
Ich erinnere vieles beim Erwachen.

Ich habe Lust auf Leben und Liebe. Ungebrochen.

Ich wünsche mir, dass dieses Buch über die Pandemie hinaus bleibt.

Detlef M. Plaisier

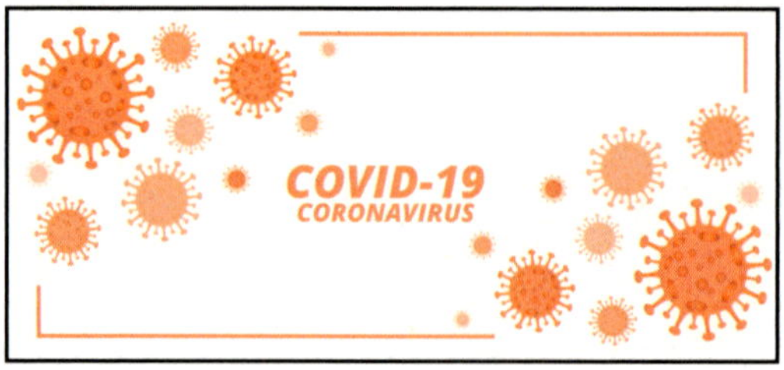

0
“Wir werden einander viel, sehr viel zu vergeben haben“

Ein Schreibdialog zwischen Pastor Frerich Dreesch-Rosendahl
und Herausgeber Detlef M. Plaisier

“Wir werden einander viel, sehr viel zu vergeben haben“

Ein Schreibdialog zwischen Pastor Frerich Dreesch-Rosendahl und Herausgeber Detlef M. Plaisier

? Jens Spahn spricht von Vergebung. Das Zitat stammt aus einer Pressekonferenz des Ministers vom 22. April 2020, also zu einem sehr frühen Zeitpunkt des Geschehens rund um COVID-19. Mir drängt sich die Vermutung auf, dass da jemand für alle zukünftigen Fehler und Versäumnisse vorsorglich Absolution erteilt haben möchte. Aber wer kann überhaupt vergeben? Ist Vergebung nicht in der Wurzel ein urchristlicher Begriff?

! Vergebung ist keine Erfindung des Christentums. Die gibt es auch schon im Judentum und sicher auch andernorts. Im christlichen Glauben ist sie aber zentral. Im wichtigsten Gebet der Christenheit – im Vater Unser – wird formuliert: Vergib uns unsere Schuld, wie auch wir vergeben unsern Schuldigern. Um Schuldvergebung kann ich nur bitten. Ich kann sie nicht einfordern oder mit der Schuld anderer verrechnen.

? Wer kann denn überhaupt vergeben? Kann nur Gott vergeben? Im Alltag vergeben wir ja auch unseren Mitmenschen.

! Jesus erzählt das Gleichnis von einem König (Matthäus 18, 21-35), der einem völlig überschuldeten Mann alle Schulden erlässt. Damit war nicht zu rechnen. Doch es ist schockierend, was er als erstes mit seiner neugewonnen Freiheit macht. Er drangsaliert einen anderen, der ihm eine recht überschaubare Summe schuldet. Ihm wurde vergeben, aber er ist nicht bereit zu vergeben. Das passt nicht. Am Ende hebt der König seinen Freispruch wieder auf. Ich deute das Gleichnis so: Wir leben von Gottes Vergebung. Diese Vergebung ermöglicht und verpflichtet uns, zu vergeben.

? Ich möchte das richtig verstehen: Gott ermuntert uns also, dass wir Menschen uns für Verfehlungen und Taten untereinander vergeben? „Ich vergebe dir“ – das habe ich nur selten gehört. Wohl aber „Ich verzeihe dir“.

! Nicht die Worte sind entscheidend, sondern die dazugehörige Tat. Ein Beispiel: Ich bin unaufmerksam und fahre mit dem Auto dem Vorausfahrenden auf die Stoßstange. Glücklicherweise entsteht nur ein wenig Blechschaden. Ich bitte um Entschuldigung, weil ich einen Schaden (eine Schuld) verursacht habe. Das reicht aber nicht. Ich muss nun auch den Schaden regulieren. Aber es soll nicht nur der materielle Schaden ausgeglichen werden. Wer vergibt, bringt auch die Beziehung wieder ins Lot. Vergeben und Vergessen bedeutet, dass dieser Vorfall nun nicht mehr zwischen uns steht und wieder aufgewärmt wird.

? … was mich direkt zum Ausgangszitat zurückbringt: Falls der Urheber Fehler gemacht haben sollte (die sicher mehr als ein Blechschaden sind), so rechnet er schon mal vorbeugend locker auf: ich vergebe euch, ihr vergebt mir. Wir sind quitt. Ich empfinde das als einem Christen nicht angemessen.

! So ist es. Dabei kennen wir im zwischenmenschlichen Bereich die befreiende Erfahrung von Vergebung. Wenn einer um Verzeihung bittet, löst das doch in den meisten Fällen die verhärteten Fronten auf und öffnet die Tür für einen neuen Anfang. Das erfordert im politischen Kontext natürlich sehr viel Mut, weil das als Schwäche ausgelegt wird. Was Spahn mit seiner Aussage tut, ist nur halbherzig und wenig hilfreich.

Frerich Dreesch-Rosendahl ist Pastor an der ev.-luth. Hoffnungskirche in Westrhauderfehn.

I
Corona und mein Leben
Corona and my life

Uschi Frei
Café-Besitzerin und Künstlerin
Jahrgang 1968
Stickhausen, Deutschland
www.altes-zollhaus-stickhausen.de
www.das-singende-servierfraeulein.de

Angst? Nein! Respekt? Ja!

Ein Virus, das Angst macht?
Ein Virus, das mich und meine Kolleginnen unter dem wohlwollendem Klatschen der Bevölkerung Überstunden machen lässt.
Ein Virus, das meine gerade gegründete Existenz gefährdet.
Ein Virus, das es mir nicht mehr erlaubt, auf den Brettern zu stehen, die für mich die Welt bedeuten.
Angst? Nein! Respekt? Ja!

Ich bin Uschi Frei, bin 52 Jahre alt und wohne in Stickhausen (Ostfriesland). Zurzeit arbeite ich in leitender Funktion im „ambulanten Operieren" in einem Akutkrankenhaus. Nebenher führe ich mit meinem Mann das Burg-Café in Stickhausen, welches wir an den Wochenenden für unsere Gäste öffnen. Zudem stehe ich seit fast 20 Jahren als Solo-Sängerin mit meiner Nena-Show deutschlandweit und grenznah auf großen und kleinen Bühnen.

April 2020
Die Corona-Pandemie wirft mein Leben gleich dreifach durcheinander.
In meinem Krankenhaus werden vorsorglich massive Maßnahmen für den Ernstfall getroffen. Meine Station wird komplett umgebaut und zu einer Notfallintensivstation umgerüstet. In einer Zwei-Tages-Aktion werden medizinische Geräte, Medikamente und Betten installiert, eingeräumt und verschoben. Meine Station wird gekapert und abgeschlossen, um für den Notfall sofort bereit zu stehen. Meine Kolleginnen und ich werden ihren Qualifikationen entsprechend an unterschiedliche Abteilungen ausgeliehen. Zwei Schwestern gehen auf die Intensivstation, zwei werden als OP-Schwestern an den Zentral-OP verliehen und eine andere Mitarbeiterin wandert in die Zentralambulanz. Zwei weitere Mitarbeiterinnen gehören zur Risikogruppe und müssen zu Hause bleiben.

Zuvor müssen aber alle Überstunden abgebaut werden. Ich habe von allen die meisten Überstunden und mache Zwangsurlaub im schönen Stickhausen. Da wir unser Café aus Vorsicht schon freiwillig Mitte März geschlossen hatten, kann ich liegengebliebene Arbeiten bei Sonnenschein im Garten erledigen. Ganz schön einsam, so ein großes Café, wenn niemand zu Besuch kommen darf. Das alte Zollhaus, in dem sich unser Café befindet, ist ca. 250 Jahre alt und wird derzeit saniert. Es fällt also genug Arbeit an, so dass ich keine Langeweile habe. Für mein Krankenhaus bin ich auf Abruf bereit.

Ich arbeite gerade im Garten, als ich auf ein winkendes Pärchen am Zaun aufmerksam werde. Es sind Stammgäste von uns, Ulla und Bernd. Beide tragen einen Mund-Nasen-Schutz, ich erkenne sie trotzdem. Ulla ist sehr aufgeregt und den Tränen nah. Sie halte die Isolation nicht mehr länger aus, sagt sie. Beide haben die 70 bereits überschritten und sind vor einigen Jahren vom Ruhrgebiet nach Ostfriesland gezogen. Sie halten sich zur Vorsicht vorwiegend zu Hause auf und erledigen nur die nötigsten Einkäufe und Arztbesuche. Verwandtschaft und ihre Kinder sehen sie nicht. Ulla kämpft mit den Tränen und fragt nach, ob wir trotz Corona wieder öffnen werden. Nachdenklich arbeite ich weiter. Tags darauf bekomme ich einen Anruf von einem weiteren Gast unseres Cafés, einer Landrätin a.D. Sie fragt nach, wie es uns geht und bittet uns durchzuhalten, nicht aufzugeben, diese schrecklich Zeit irgendwie zu überstehen. Das macht mir Mut.

Mein Mann befindet sich in Kurzarbeit und wir haben ausnahmsweise etwas Zeit für uns. Das hatten wir lange nicht und beginnen, die geschenkte Zeit zu genießen. Wir erkunden Ostfriesland mit dem Fahrrad, radeln an den Schafen vorbei über die Deiche entlang der Jümme zur Evenburg nach Leer. Im Rucksack ist immer eine Thermoskanne Ostfriesen-Tee verstaut. Wir sind „Zugezogene" und hatten leider bisher nicht viel von Ostfriesland gesehen. Wir fahren mit unserem Wohnmobil nach Ditzum, machen Kanu-Touren auf der Jümme und schleichen über den Campingplatz am Jümmesee (auch Stickisee genannt), der aufgrund der Corona Vorschriften vorübergehend geschlossen ist. Der See liegt still da. Kein Mensch weit und breit. Wir genießen die Zeit, auch wenn der Grund dafür ein Virus ist.

Nach knapp drei Wochen ist es soweit. Ich muss wieder zurück in mein Krankenhaus und werde jetzt im Zentral-OP in der Anästhesie gebraucht. Ein Einsatzort, den ich zwar kenne, der aber nicht alltäglich für mich ist. Zudem ist das Risiko einer Ansteckung dort sehr hoch, da die Patienten bei der Narkoseeinleitung keinen Mund-Nasen-Schutz tragen können.

Foto: Tanja de Maan | www.tanja-de-maan.de

Deutschlands Musiker planen eine Challenge: Jeder Künstler soll an seinem Fenster, aus seinem Garten oder von seinem Balkon aus für die Menschen in seiner Nachbarschaft singen oder Musik machen. Die Menschen sollen so auf Abstand näher zusammenrücken. Ich denke darüber nach, was ich tun kann, ob es Sinn macht, sich ans Fenster unseres Cafés zu stellen und für meine Nachbarn zu singen. Sind es nicht eher die älteren Menschen, die im Heim keinen Besuch bekommen dürfen, die jetzt etwas Freude und Musik gebrauchen könnten? Gemeinsam mit meinem Mann entschließe ich mich auf dem Vorplatz des Seniorenzentrums in Detern zu singen. Der Anruf bei der Leitung der Einrichtung ist nur Formsache, man freut sich über das Angebot und die tolle Idee.

Noch am Nachmittag soll für die Bewohner gesungen werden. Meine kleine Musikanlage ist schnell im Auto verstaut und wenig später auf dem Vorplatz des Seniorenzentrums aufgebaut. Die Schwestern haben derweil alle Bewohner auf die Balkone und an die Fenster geholt und mir eine Kabeltrommel vor die Eingangstür gestellt. Dies ist einer der außergewöhnlichsten Auftritte meiner 25jährigen Gesangskarriere. Alle sind fröhlich, haben dicke Jacken an, Decken über den Schultern gelegt und trotzen der kalten Jahreszeit. Als erstes stimme ich ein altes Lied aus den 60er-Jahren an. Auf den Balkonen wird mitgeklatscht, einige Bewohner schunkeln und singen. Ich bin sehr bewegt und kämpfe mit den Tränen. Nach dem dritten Lied soll eigentlich Schluss sein, so war es vorher abgesprochen. Zögerlich kommen Anwohner aus der Nachbarschaft zum Parkplatz, und wir müssen abbrechen, bevor die Aktion Veranstaltungs-Charakter bekommt. Doch ein Lied muss ich noch singen.

Die Zentrumsleiterin kommt an die Eingangstür und bedankt sich im Namen der Bewohner und des Pflegepersonals. Eine Bewohnerin wird an diesem Tag 90 Jahre alt und darf keinen Besuch empfangen. Ich werde gebeten, zum Abschluss noch ein Geburtstagslied zu singen. Ein emotionaler Moment für alle Anwesenden. Was für eine verrückte Zeit!

Mehrfach in den letzten Wochen bekomme ich Anrufe von B. Er ist Vorsitzender einer Schützengemeinschaft und organisiert ein großes Schützenfest, das diesen Sommer stattfinden soll. 300 Schützen wollen zusammen feiern. Aber ist das möglich? Eigentlich sollte ich der Überraschungsgast sein und auf dem Fest meine Gesangs-Show aufführen. B. ist aufgewühlt und zerknirscht. „Können wir im August wieder … oder nicht?" Wir verschieben eine Entscheidung auf Ende Juli und warten vorerst einmal ab. Auch S. meldet sich, sie heiratet im September und hat eine Party mit 150 Gästen geplant. Dort soll ich als Show-Act auftreten. Auch sie muss ich vertrösten. Wir warten ab. Wir warten Corona ab. Die ganze Welt scheint still zu stehen und meine Welt steht auf dem Kopf!

Im Krankenhaus spitzt sich die Lage derweil zu. Die erwarteten Corona-Patienten kommen. Trotz Vorschriften macht sich Unsicherheit breit. Die Testergebnisse kommen spät, Masken und Schutzkittel werden rationiert. Jeden Tag gibt es einen Mundschutz gegen Unterschrift. Desinfektionsmittel werden geklaut, deshalb werden auch diese verschlossen und nur gegen Unterschrift ausgegeben. Erste Mitarbeiter erkranken an Corona. Drei Anästhesisten, ein Pfleger aus der Anästhesie und eine Mitarbeiterin der Intensivstation. Es sind relativ junge Menschen, alle unter 50 Jahren. Ein mulmiges Gefühl macht sich breit. Überall hängen Hinweisschilder, wie viele Menschen sich in einem Raum aufhalten dürfen. Umkleidekabine: drei Personen, Aufenthaltsraum: zwei Personen... Wo sich zuvor noch viele Menschen getummelt hatten, herrscht gähnende Leere. Es bilden sich Warteschlangen, die durch die Abstandsregelung noch länger erscheinen. Corona-Tests für die Mitarbeiter aus der Anästhesieabteilung werden angeordnet. Die Anordnung betrifft also auch mich. Zwei weitere Mitarbeiter werden nach Hause geschickt. Mein Testergebnis ist negativ und ich atme auf. Manche Kollegen bleiben bis zu sechs Wochen krank, andere sind bis heute noch nicht an ihrem Arbeitsplatz zurückgekehrt.

Ich gehe durch die Stadt nach Hause vorbei an lachenden Menschen auf dem Bahnhofsvorplatz. Sie sitzen in der Sonne und essen Eis. Ich weine, aus Wut und Verzweiflung. Ich verstehe es nicht. Das Klatschen der Menschen auf den Balkonen hilft mir nicht. Ich wünsche mir Verständnis, Einsicht und Rücksicht statt Beifall.
Alle meine Gesangsauftritte werden für dieses Jahr abgesagt. Ich bin traurig und singe alleine in unserem Café. Um die Zeit nicht ungenutzt verstreichen zu lassen, entwickle ich ein neues Programm und beschließe, nach fast 20 Jahren, meine Zeit als Nena-Double zu beenden. Ich suche Songs aus, lerne Texte, verwerfe Ideen und suche nach neuen Möglichkeiten. Ich nehme neue Lieder und Videos auf und probe in unserem Burg-Café mit meinem Mann als einsamem Zuhörer.
Unser altes Zollhaus bekommt ein neues Dach. Die Handwerker kommen aufgrund von Corona vier Wochen später als vereinbart. Es wäre schön gewesen, wenn die Arbeiten in der Zeit des Lockdowns hätten abgeschlossen werden können. Unser Café bleibt wegen der Bauarbeiten zwei weitere Wochen geschlossen. Unsere Gäste sind irritiert und fürchten, dass wir dauerhaft schließen. Sie melden sich per Telefon und E-Mail, doch wir können alle beruhigen und freuen uns über den großen Zuspruch in dieser besonderen Zeit.

Mai 2020

Dann endlich dürfen wir Anfang Mai unser Café wiedereröffnen. Mit Hygieneplan, mit Abstand und mit Verstand. Solange unsere Gäste draußen sitzen können, habe ich keine Bedenken. Alle halten sich an die Maskenpflicht und schreiben ihre Daten auf. Ich bin sehr dankbar für diese Akzeptanz der Hygieneregeln. Unser Café wird vom Landkreis überprüft und man ist zufrieden mit unserem Konzept. Wir auch!

Leider sind nicht alle Menschen in meinem Umfeld so diszipliniert. Es gibt Corona-Verdränger und Nicht-Versteher. Ich werde nicht müde zu erklären und zur Vernunft zu bewegen: Ich weiß: Ich werde diese Unvernunft später im Krankenhaus ausbaden müssen, wenn meine Station wieder umgebaut wird und wenn sich wieder Kollegen infizieren oder ich mich selbst im Dienst anstecke.

Oktober 2020

Die Sommerzeit ist vorbei.
Kommen unsere Gäste, auch wenn es draußen kalt ist und man nicht mehr im Freien an der Jümme sitzen kann? Sind unsere Hygieneregeln ausreichend? Ich hoffe es. Es wäre schade, wenn wir unser Burg-Café wieder schließen müssten.

Gesangsauftritte gibt es weiterhin nicht. Mein nächster Termin ist für Januar 2021 geplant, aber niemand weiß, was bis dahin noch alles passieren wird.

Im Krankenhaus ist es derzeit ruhig. Wir hören leise Gerüchte, dass wir bald wieder aufrüsten müssen. Für den Ernstfall. Ein Ernstfall, der hoffentlich nie eintritt.

Bleibt gesund!

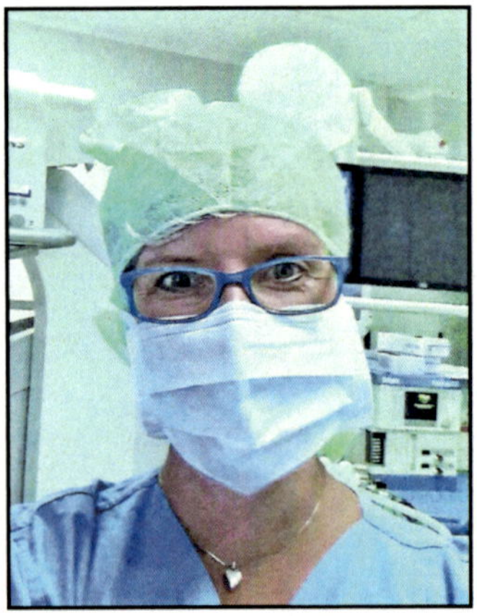

Geboren 1968 in Clarholz, einem kleinen Dörfchen im tiefsten Westfalen. Wegen der Liebe bin ich nach Duisburg gezogen. Wir haben zwei gemeinsame Töchter (23, Medizinstudentin und 25, Schauspielerin). Ich habe (neben meinem Mann) zwei große Lieben: die Musik und die Medizin. Beides kann man nur mit Leidenschaft ausüben oder gar nicht. So arbeite ich als OP-Schwester, bin europaweit als Sängerin unterwegs und schauspielere zwischendurch etwas. Seit April 2019 betreibe ich mit meinem Mann das Burg-Café in Stickhausen. Seit kurzem leben wir auch dort. Im April 2020 habe ich in einem Akutkrankenhaus als OP-Schwester gearbeitet.

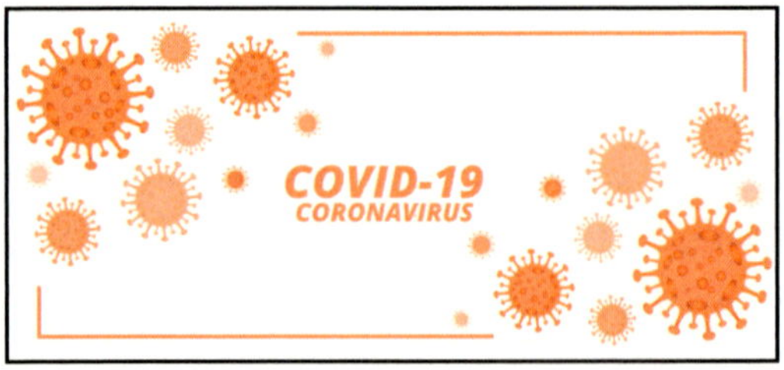

Wiebke Janssen
Leer, Deutschland

Das Corona-Läuten. Eine Ostergeschichte 2020.

Durch meine kleine Gasse kommt niemand mehr. Auch kein Besucher schaut vorbei. Es war eine gute Idee, einen ausrangierten blauen Plastiksessel vor das Haus zu stellen.

Foto: Jakob Prößdorf | www.feuerquell.de

Hier mache ich meine Atemübungen, meine Fuß- und Beingymnastik, lese die Zeitung, erfreue mich am Vogelgezwitscher, am Sonnenschein, beobachte das Eichhörnchen, den Nestbau der Elstern in den hohen Bäumen meiner Nachbarn.

Ich erlebe eine ungewohnte Stille, die Wärme dieses einmaligen Frühjahrs, und alles mit viel Zeit, weil wir zu Hause bleiben sollen.

Ganz besonders warte ich vor 12 Uhr aufs Konzert der Glocken. Dann bin ich jedes Mal glücklich, im heiligen Viertel von Leer zu wohnen.

Die Michaelskirche beginnt zuerst mit den lauten, hohen, etwas blechernen Tönen, wie es kleine Glocken so an sich haben, die erst im Zusammenklang mit den Nachbarglocken den melodischen Sound bilden.

Momente später setzen die Glocken der Lutherkirche ein. Man spürt, wie mühsam sie in Schwung kommen. Die Schwerfälligkeit ist hörbar. Zuletzt folgt noch das dumpfe Geläut der Großen Kirche, das langsam, aber unmissverständlich den Takt übernimmt.

So war das wohl schon zu alten Zeiten. Auch das Ausklingen geschieht für mich in besonderer Weise. Ich erinnere mich unwillkürlich an meine Konfirmationszeit in der Lutherkirche. Da wurden wir eingeteilt zum Glockenläuten. Ich sollte mit Edzard von Ophysen den schweren Strang ziehen, das weiß ich noch. Heutzutage funktioniert alles automatisch. Aber genau zu diesem Zeitpunkt, wenn der Abstellknopf gedrückt ist und die Glocken in ihrem eigenen Rhythmus auspendeln dürfen, lausche ich besonders aufmerksam und zähle manchmal mit. Man meint, da passt noch jemand auf im Turm und gibt der Glocke einen Schubs. Auch die zu spät gehende, alte Turmuhr zeigt mit tief dunklen Schlägen sehr langsam die Mittagsstunde an. Dann schweigt auch der letzte Ton.

Jeden Tag um 12 Uhr seit Beginn der Coronazeit läuten alle Glocken. Sie wollen uns etwas mitteilen, und das schlagen sie so schwingungsvoll in den weiten Raum hinaus, niemals gleich, stets mit einer anderen Klangfarbe, Windrichtung und Wucht, als ob sie zweifelten, dass jemand zuhört. Noch immer sind die Tore der Kirchen geschlossen, sogar zum Osterfest, so lausche ich der Botschaft von oben.

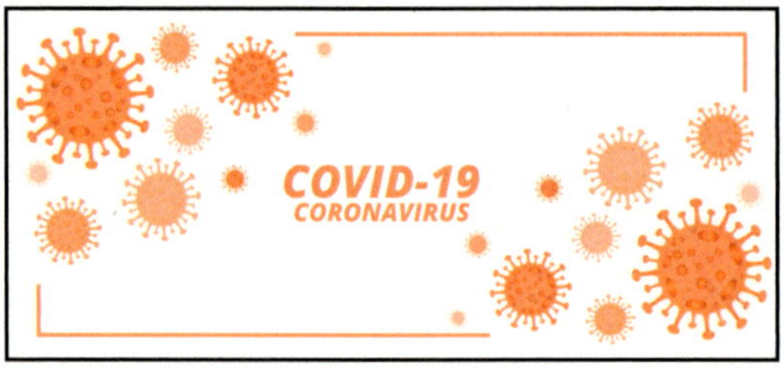

Unsere Oma schreibt einen Wunschzettel

Im Corona-Jahr 2020 ist unsere Oma immer kleiner, zarter, dünnhäutiger und fast stumm geworden. Dann musste sie noch ins Krankenhaus, was sie sehr geschwächt hat. Nun lebt sie erst einmal bei der Tochter und ihrer Familie, um zu genesen.

Oma sitzt im Sessel und schaut fröhlich aus. Am 1. Advent, der dieses Jahr noch in den November fällt, legt Oma ihren Wunschzettel ganz leise auf den Tisch. Er trägt die Überschrift „An meine Familie".

Die Tochter ist die Erste, die das gefaltete Blatt findet. Beim Lesen tropfen Tränen und lassen die Augen glänzen. Sie legt das Blatt heimlich zurück auf den Tisch.

Inzwischen hat auch der Schwiegersohn Omas Wunschzettel gelesen und etwas nachdenklich wieder auf den Tisch gelegt. Er ist eigentlich ein Macher, einer, der sofort mit Rat und Lösung kommt.

Am Nikolaustag, der auch 2. Advent ist, kommt der Enkel. Er ist ganz erstaunt, da Wunschzettel sonst immer von ihm und seinem Bruder kommen, wie wohl Omas Wunschzettel lautet.
Der erste Satz betrifft ihren Wunsch für Frieden auf der Welt, Besserung und Heilung für alle Schwachen, Armen, Benachteiligten, für Natur und Mutter Erde, so wie sie in ihrem Leben immer gewirkt hat. Er liest alles aufmerksam. Über WhatsApp werden die Vettern und Angehörigen informiert, denn jeder möchte ein Geschenk mitbringen zum gemeinsamen Fest.

Nun fliegt der Wunschzettel viele Male hin und her, kreuz und quer, bis er kurz vor Weihnachten noch den Sohn in Berlin erreicht. „Sie hat sich selbst nichts gewünscht", ist seine trockene Feststellung.

Mit ihrem Wunsch, wir sollten zum Licht schauen – sie meint nach oben und nicht nach unten aufs Handy – hat Oma die Gemüter ordentlich aufgewirbelt. Erstaunlich, wie nah die guten Ratschläge manchmal beieinander liegen, wenn wir ihr raten, gerade zu laufen und nach vorne zu schauen, wenn sie mit dem Rollator unterwegs ist.

Ihren Wunsch, die Wunder nicht zu verpassen, die überall versteckt auf Entdeckung warten, ganz besonders in dieser weihnachtlichen Zeit, ist wahrlich nicht unser Ding. Da war sie für uns schon immer ein Überflieger.

Da meldet sich noch einmal der Schwiegersohn, dem die ganze Diskussion keine Ruhe lässt, mit den Worten „Lest noch einmal den letzten Wunsch vor, ganz langsam!"
Seine Frau liest:

„Überlegt einmal, was jeder von Euch, besser noch, jeder Mensch auf der Welt, verändern muss, damit sich das Virus verändert!"

Wie einfach wäre es doch gewesen, ein Präsent auszusuchen im Laden, schön eingewickelt und mit Bändchen drumherum…

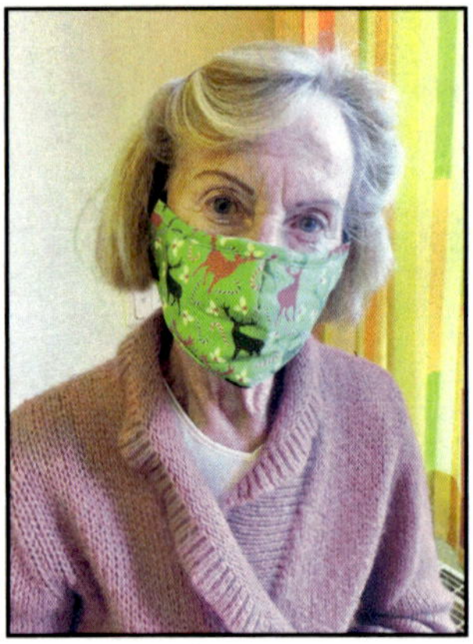

Wiebke Janssen ist heute 82 Jahre alt. Bis zu ihrem Berufsende lebte sie in München. Später zog sie zurück in ihre ostfriesische Heimat nach Leer, wo auch die Tochter mit ihrer Familie wohnt, eingebunden in einen stabilen Freundeskreis. Sie hat sich aktiv an vielen Kanten engagiert, viele Themen angestoßen und dabei immer wieder die Familie beflügelt.

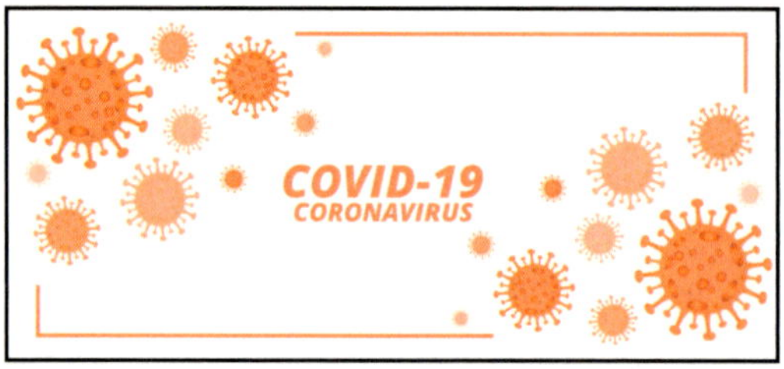

Melanie Röben
Tagesmutter
Jahrgang 1973
Moormerland, Deutschland
www.entdeckergarten.de
www.ardaudiothek.de/deutschland3000-ne-gute-stunde-mit-eva-schulz/66261430

Ich möchte Teil des Wandels sein

Heute ist der 27.12.2020.
Es ist der Sonntag nach Weihnachten.
Heute beginnt in fast ganz Europa das Impfen gegen das Coronavirus.

Wer war ich am 27.12.2019?
Eine 46-jährige Frau, verheiratet, zwei Kinder. Eine Einzelunternehmerin, die mit der Steuererklärung für ihre Firma „Entdeckergarten" begann. Dort betreue ich Kleinkinder. Ich bin eine Tagesmutter.

Vor einem Jahr war ich ein Dinosaurier, was Digitales betrifft.

Ein Höhepunkt im Jahr 2020 sollte unser Skiurlaub in der Schweiz Ende März sein. Diese Zeit hatte mein Mann sorgfältig geplant. Wir wollten klimafreundlich mit dem Zug anreisen. Auch das Skigebiet hatten wir unter dem Aspekt der Nachhaltigkeit ausgewählt. Ansonsten wären die Wochenenden wie in den Jahren zuvor mit unserem Familienhobby Laufsport ausgefüllt gewesen. Vermutlich wäre das Leben so vor sich hingeplätschert.

Wer bin ich heute am 27.12.2020?
Eine 47-jährige Frau, glücklicher verheiratet, Mutter von zwei Teenagern. Tagesmutter bin ich weiterhin und überwiegend froh mit meinem Status als Selbständige. Heute bin ich Feministin. Im Sommer dieses Jahres bin ich bei den Grünen eingetreten. Warum eigentlich? Schon mehr als 30 Jahre bin ich eine politisch denkende Frau. Im Frühjahr hatte ich die Befürchtung, dass sich Geschichte wiederholen könnte und Rechtsradikale die Krise für sich instrumentalisieren könnten. Bis zu dem Eintritt in eine Partei blieb ich mit meiner Meinung mehr für mich. Selbst im privaten Kreis habe ich meine Gedanken und Ansichten nicht kundgetan. Zur schweigenden Mehrheit will ich jetzt nicht länger gehören.
Meine Tätigkeit als Tagesmutter wurde mir am 13. März 2020 untersagt. Ein Freitag. Am Anfang des Lockdowns hatte ich viel Zeit zum Lesen und Fernsehen. Vor allem haben mir mehr und mehr starke Frauen aus der Seele gesprochen, etwa Maria Furtwängler mit dem Thema Parität/Quote. Ich fühlte dieses starke vorhandene Ungleichgewicht. Das Buch „Unsere Welt neu denken“ von Maja Göpel hat mich in meine Jugend zurückgeführt. Die gleichen Themen gab es schon damals im Leistungskurs Politik.

Technikdino? Ich? Das war einmal. Heute schreibe ich täglich Mails, nehme an Webinaren auf unterschiedlichen Plattformen teil, und ich liebe Podcasts – vor allem „Deutschland 3000“ mit Eva Schulz. Was für inspirierende Frauenpersönlichkeiten, sehr jung teilweise. Hammer!!! Ich fühle mich dadurch empowert. Gestärkt, inspiriert, ermutigt. Ich bin neu bei Facebook und überlege, mich auf Instagram anzumelden. In den letzten Monaten verbrachte ich mehr Zeit vor einem Tablet als in meiner ganzen bisherigen Lebenszeit. Und ich empfinde es als Bereicherung. Was ich niemals für möglich hielt, denn ich war sogar eine Technik Skeptikerin. Sogar einen Tech-Podcast höre ich; am Verstehen arbeite ich noch…

Trotz allem empfinde ich das Jahr 2020 für meine persönliche Entwicklung als positiv. Ein braves Mädchen möchte ich nicht mehr sein. Ich habe die Vision, das die Welt besser werden würde, gäbe es eine echte Parität in allen Lebensbereichen. Zur gesellschaftlichen Transformation ist eine vielfältige weibliche Sichtweise wichtig. Der andere Aspekt für mein politisches Engagement ist der Klimaschutz. Es reicht nicht, das in meinem kleinen Umfeld zu leben. Ich will an veränderten Rahmenbedingungen mitarbeiten. Für mich hat 2020 viel Klarheit gebracht. Ich liebe den ländlichen Raum, ich befürworte Einfachheit und Bescheidenheit. Aber ich will mindestens die Hälfte von Macht und Einfluss für uns Frauen. Ich will einfach Gerechtigkeit.

Aufgewachsen bin ich in der Landwirtschaft. Meine Eltern sind vor dem 2. Weltkrieg geboren und vor dem Mauerbau aus dem Unrechtsstaat DDR geflohen. Meine Eltern waren Flüchtlinge und haben sich aus Nichts etwas aufgebaut. Ich wurde sehr sparsam erzogen. Heute sehe ich wieder die Vorteile und ich kann wieder viel davon annehmen.

Die Corona Pandemie hat vieles beschleunigt und offengelegt. Ich möchte mitwirken, das Positive darin zu sehen und die Chance für unsere Gesellschaft aufzeigen. Ich möchte Teil des Wandels, Teil der Transformation sein. Das Wort des Jahres ist für mich „Transformation". Mein Hoffnungsschimmer, mein Licht am Ende des Tunnels. Es wird nie wieder so sein wie vorher – glücklicherweise. Das nennt man Leben. Leben ist Veränderung. Vom Tag der Geburt an.

Wer möchte ich in einem Jahr, am 27.12.2021, sein?
Ich möchte Feministin, Aktivistin, Tänzerin und Läuferin sein. Viel entspannter im Umgang mit meinen Kindern. Gerne fünf bis acht Kilo leichter, so dass ich wieder an meiner Pace arbeiten kann. Vorrausichtlich bin ich dann schon aufgrund meines Berufes geimpft. Unbedingt möchte ich in den Schnee, und wenn es nur zum Spazierengehen ist.

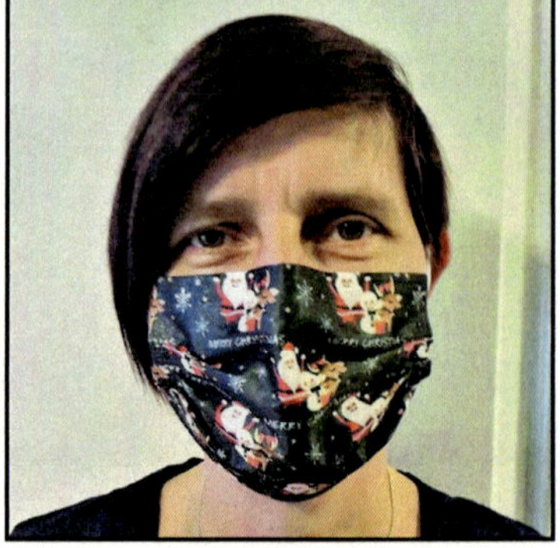

Aufgewachsen in Hobbensen bei Stadthagen in Niedersachsen. Floristin, Floristmeisterin, freiberuflich tätig in der Floristik. Seit 2013 selbständig als Tagesmutter im Entdeckergarten. Seit 18 Jahren in Moormerland, Warsingsfehn. Verheiratet, zwei Kinder (13 und 15 Jahre). Hobbys: Laufen, Lesen, Sport, alle Aktivitäten outdoor.

Steffi Becker
Tierhomöopathin
Jahrgang 1957
Neustadt am Rübenberge, Deutschland

Ich bin jetzt nicht mehr unpolitisch

04.12.2020
Ich erwache aus einem Traum, in dem alles grau in grau war. Ich träume in letzter Zeit immer in grau. Ich will aber keine grauen Träume und beschließe im Halbschlaf, wieder farbig zu träumen. Ich schlafe wieder ein und träume weiter, male meinen Traum farbig an. Kräftiges wiesengrün, knallrot, sonnengelb. Dann legt sich wie ein Schatten wieder das Grau auf meinen Traum.

Eine Veränderung ist immer eine Entwicklung. Um sie zu sehen, muss man am Anfang beginnen. So fange ich vor Corona an und möchte Sie, die Leser, in diese Entwicklung mitnehmen.
Im Januar 2020 lebe ich in einem kleinen alten Dorf in der Region Hannover. Ich lebe gern hier auf einem ehemaligen Hof. Ich, 63 Jahre, ledig, mit Hund und Katze. Als echte Waage liebe ich es harmonisch und gerecht, bin diplomatisch und friedliebend. Meinen Lebensunterhalt habe ich im Wesentlichen mit Straßenplanung verbracht. Ich habe den Job gern gemacht. Ich musste immer wieder neues lernen, selbstständig arbeiten, Fakten kritisch hinterfragen und beurteilen, Lösungen finden. Ich fand es immer interessant, vielseitig Wissen zu sammeln und Hintergründe zu erfahren. Das führte dazu, dass ich einen zweiten Beruf lernte, mich in meinem Pferdehobby bildete und eine Ausbildung in klassischer Homöopathie machte. Heute habe ich eine kleine Selbstständigkeit und arbeite zeitweise für ein Institut bei der Durchführung von sozialwissenschaftlichen Studien im Außendienst. Vieles fand mein Interesse, aber eines nie: Die Politik.

Dann kam Corona.

Unpolitisch, aber gerne denkend, sah ich lieber Wissenschaftssendungen als politische Nachrichten. Am 29. Januar 2020 bekam ich von einer Freundin ein Video mit den Zuständen in Wuhan. Ich antwortete: „Achtsam sein sollte man natürlich, aber es scheint mir doch etwas überzogen." Das Video war mir einfach zu panisch aufgemacht, wie ein Katastrophenfilm. Und es war weit weg.

Im März kamen Nachrichten aus Italien, auch wieder mit Katastrophenbildern. „Oh, schon näher an uns dran", stellte ich etwas erschrocken fest. Jetzt kann ich es wohl nicht mehr ausblenden. Aber mir scheint das Geschehen ähnlich dem anderer „moderner" Infektionskrankheiten zu sein. Es gibt weltweit Ausbrüche und Hotspots, aber es ist keine Pest. Doch die Medien sagen was anderes. Es wäre alles ganz schlimm. Todbringend soll das Virus sein. Das Gesundheitssystem könnte zusammenbrechen. Dazu die Bilder von Massen an Särgen. Das verwirrt mich. Kaum beruhigt sich meine Gemütslage, da verkündet die Regierung den Lockdown ab 23. März 2020. Mein erster spontaner Gedanke: „Oh Gott! Die machen die ganze Wirtschaft kaputt." In meinem Kopf und meinem Herzen sehe und fühle ich die Folgen, die der Lockdown bringen wird. Kleine Firmen, die die Umsatzausfälle nicht kompensieren können. Die vielen Menschen, die nicht mehr arbeiten dürfen oder gekündigt werden müssen. Selbstständige, eigenverantwortliche Menschen, die sich etwas aufgebaut haben, etwas riskiert haben und ihren Job gern machen, werden zu Bittstellern werden. Es tut so weh, wenn ich daran denke, was diesen Menschen bevorsteht. Ich werde zum Teil selbst davon betroffen sein, denn das Institut beendet fast abgeschlossene Studien, bricht andere ab und vertagt neue Studien auf später.

Ich denke auch an die Wirtschaft insgesamt. Deutschland geht es recht gut. Wir leben in relativem Wohlstand. Längst nicht jeder, aber in Summe schon. Was wird daraus? Wie wird das weiter gehen? Wird sich die Wirtschaft erholen? Abstand halten und etwas defensiver leben finde ich dagegen ok, denn es ist eine vernünftige Maßnahme, um Ansteckungen zu vermeiden: Aber wie real ist das Risiko einer Ansteckung? Man sieht schlimme Bilder aus Wuhan und Bergamo, aber sonst? Soweit ich mich umschaue… nichts. Müsste es nicht Kranke und Tote um mich herum geben, irgendetwas, was den Lockdown rechtfertigt?

In diesem Moment beginnen meine Zweifel.

Am 1. April telefoniere ich mit einer guten Kundin. Das Gespräch kommt auf die aktuelle Situation. Wir haben Fragen, sehen Ungereimtheiten und Widersprüche und können diese nicht erklären. Sie sagt: „Geduld ist gefragt." Vielleicht kommt das

Schlimme, überbelegte Krankenhäuser und viele Tote, ja noch. „Geduld, bis alles kaputt gemacht ist?“, entgegne ich entrüstet.

Warum passt alles nicht schlüssig zueinander? Mein Wissensdrang wird wach. ARD, ZDF, die großen Zeitungen berichten alle dasselbe, aber das bringt mich nicht weiter. Das Internet bringt auch andere Infos. Manche haben abstruse Theorien. Zumindest empfinde ich sie zu diesem Zeitpunkt so. Ich lerne viel über Viren, Ansteckung, Immunität, RNA-Impfstoffe. Das Virus, wie auch die Krankheit, die tödlich enden kann, gibt es, und es wird nie mehr aus der Welt verschwinden. So viel ist klar, aber das erklärt nicht schlüssig, was politisch derzeit passiert, sondern wirft Fragen auf.

Um mich herum sehe ich Menschen, die verunsichert sind, sich zurückhalten, Angst haben, aber auch Menschen, die sich bis auf eine vernünftige Vorsicht normal verhalten. Ich gehöre zu den Letzteren. Das Schützenhaus im Dorf ist dauerhaft geschlossen, der Verkehr noch weniger als üblich. Es ist ruhig geworden. Das finde ich angenehm. So muss es früher gewesen sein, denke ich, aber nein, früher hätte man Kinderstimmen gehört und Menschen, die am Zaun oder auf der Straße miteinander reden. Doch es ist still. Zu still.

Die Medien melden fallende Zahlen. Der Lockdown wird beendet und durch Regeln ersetzt. Es kommt die Maskenpflicht. Wenn ich nur daran denke, wehrt sich jede Zelle meines Körpers dagegen. Ich habe schon bei handwerklichen Arbeiten eine Maske getragen. Kurzzeitig. Lange habe ich das nicht ausgehalten. Aber das ist etwas anderes. Der Mund-Nasen-Schutz (Maske), den ich nun in der Gesellschaft tragen soll, nimmt mir meine Menschenwürde. Ich muss mich darunter verbergen, verstecken, als wenn meine Gegenwart eine Schande wäre. Ich habe keine Mimik mehr, kann meine Emotionen nicht mehr zeigen und die der anderen nicht mehr lesen. Ich verliere mein Gesicht, meine Individualität. Weil ich davon ausgehe, dass die Maskenpflicht in einigen Wochen, ebenso wie der Lockdown, aufgehoben werden wird, mache ich am Freitag davor einen riesigen Einkauf in der Hoffnung, dass ich so um das Tragen einer Maske, um diese Erniedrigung herumkomme.

Aber es kommt anders. Die Maskenpflicht bleibt. Wie gehe ich nun damit um? Schon wenn ich andere damit sehe, finde ich das grausam. Nein, ich gehe mit Maske nirgendwohin! Ich kann mich nicht überwinden, gesichtslos umherzugehen. Ich bin Mensch, nicht ein gesichtsloses stummes Wesen, aber ich muss auch mal einkaufen. Brot, Kartoffeln und Eier gibt es in Verkaufskisten an den Straßenrändern der Dörfern. Doch das reicht nicht zum Leben. Und wieder suche ich nach einer Lösung.

Lebensmittel online kaufen gefällt mir nicht. Als mein Kühlschrank leer ist und ich nicht ständig die Nachbarn bemühen kann, suche ich in meinen Stoffvorräten nach einem passenden Stück. Ich finde einen sandfarbenen Leinenstoff, säume ein kleines Stück, so dass es grade groß genug ist, um Mund und Nase zu bedecken, und befestige Hutgummi daran. Durch die Farbe, die ziemlich genau meinen Teint trifft, fühle ich mich nicht ganz so gesichtslos. Ich habe mich auf den Einkauf gut vorbereitet. Ich fahre eine Stunde vor Ladenschluss, damit ich in dem fast leeren Laden den Einkauf schnell erledigen kann. Trotzdem ist der erste Einkauf furchtbar. Ich bewege mich in einer Menge schweigender Mumien durch den Laden und komme mir vor wie auf Raumschiff Enterprise in fernen Galaxien. Es wird ein Rieseneinkauf. Inklusiv Tierfutter gebe ich 175 Euro für meinen Singlehaushalt aus. Weil vieles nicht so lange haltbar ist, stehe ich anschließend drei Abende in der Küche und koche, um es dann einzufrieren. So reicht mein Großeinkauf fast vier Wochen. Aber die Maskenpflicht wird einfach nicht aufgehoben, obwohl diese Dinger nicht vor Viren schützen. Wenn man weiß, wie klein Viren sind, macht man sich da auch keine Illusionen, und es steht sogar auf den Packungen der sogenannten Alltagsmasken. Notgedrungen mache ich so weiter. Etwa alle vier Wochen ein Großeinkauf. Auch sonst gehe ich nirgendwohin. Nicht, weil ich Angst vor dem Virus hätte, sondern weil ich Mensch bleiben will.

Das Frühjahr geht dahin mit Maskenzwang. Ich bin viel zu Haus, weil ich für das Institut nicht arbeiten kann. Mein Hund findet das gut. Ich? Na ja… Meine Mini-Selbstständigkeit kann ich uneingeschränkt, weil kontaktfrei möglich, weiter betreiben. Aber auch nur theoretisch, denn praktisch läuft auch das nur mäßig. Die Kunden sind zurückhaltend mit Aufträgen. Vielleicht halten sie vorsorglich Geld zurück. Was ich anbiete, ist ja schließlich nichts Lebenswichtiges. Einige sagen mir später, sie hätten es vor lauter Corona einfach vergessen. Ich bin also viel zu Haus und nutze die Zeit, mich weiter zu informieren, denn die offiziellen Infos sind immer noch einseitig, linientreu, kritiklos. Wie war das doch mit der vierten Gewalt durch guten Journalismus? Warum stoßen alle in dasselbe Horn? Wieder eine unbeantwortete Frage. Bald glaube ich auch an Verschwörungen. Mein Gehirn sucht nach dem Grund, der hinter all dem steht, und es fällt mir ein Satz aus vielen Krimis ein: „Folgen Sie der Spur des Geldes!" Aber so etwas entsteht doch nicht, weil einer mit Impfseren reich werden will! Trotzdem scheint mir die Spur des Geldes sinnvoll, wenngleich ich es (noch) nicht näher definieren kann.

Es bilden sich Widerstandsgruppen und neue Parteien. Das finde ich gut, denn die vorhandenen Parteien treffen Entscheidungen, die ich unhaltbar finde. Opposition – Fehlanzeige! Es muss sich endlich etwas verändern. Eine der neuen Parteien vertritt im Wesentlichen meine Einstellung und ich möchte irgendetwas zur Verbesserung beitragen. Noch zögere ich. Ich will das erstmal einige Zeit beobachten. Leider fehlt es der neuen Partei an politischer Erfahrung. Es gibt Formfehler, Differenzen, Auflösung und offizielle Neugründung. Und jetzt entschließe ich mich zu einem Beitritt. Ich, die lebenslang Unpolitische! Und ich bin nicht die Einzige. Es sind viele. Ich weiß, dass es Zeit braucht, eine Partei aufzubauen und Arbeitsergebnisse zu schaffen, aber ich bin auch ungeduldig. Es gibt auch Phasen, in denen ich depressiv verstimmt bin, weil sich nichts Positives tut, weil es so eine düstere Zukunft ist, wenn es so weiter geht. Ich fühle mich unterdrückt, wie ein Schwarzer in der Apartheid. Verbote, Befehle, Strafen, Einheitsmasse. Dabei ist es mir wichtig, ein freier Mensch zu sein! Es erdrückt mich. Ich möchte das einfach alles von mir schleudern, um mich wieder frei bewegen zu können, wieder atmen zu können.

Ich spreche mit einer Bekannten, die ich zufällig auf der Straße treffe. Auch sie empfindet, wie ich, dass das alles unlogisch ist, und sie fragt sich wie ich, was denn wirklich dahintersteckt, sagt: „Nicht, dass ich noch meinen Rasen umgraben muss, um Gemüse anzupflanzen." Wer weiß, ob man im nächsten Sommer noch ohne Impfausweis einkaufen kann. Die Menschen auf dem Land mit Nutzvieh und Ackerbau haben Krisen immer besser überstanden als andere. Was für Gedanken! Jetzt kriege ich wohl so langsam einen Fipps: Ich beschließe, mir einen Garten anzulegen. Wenn ich ihn dann doch nicht für den Notfall brauche, macht das nichts. Selbstangebautes Biogemüse ist auch ohne Notstand gut.

Im Dorf ist die Atmosphäre insgesamt jetzt wieder entspannt. Man glaubt zwar, dass es nur um Corona geht und verhält sich brav. Wirkliche Angst spüre ich im Dorf nicht mehr, wohl aber Unsicherheit darüber, wo das alles noch hinführen wird. Es ist so eine Stimmung von Abwettern. Stillhalten, bis es irgendwann vorbei ist. Darüber hinaus denkt man offenbar nicht. Die Menschen hier sind von den Maßnahmen ja auch nur wenig betroffen. Hier wohnen oft zwei oder drei Generationen in einem Haus. Da ist Besuchsverbot nicht wirklich ein Thema. Hier gibt es große Grundstücke. Man kann den ganzen Tag draußen sein, so leben wie immer, ohne dass die Regeln zu wesentlichen Einschränkungen führen würden. In den größeren Gemeinden und Städten sieht das anders aus. Da würde ich sehr leiden. Ich bin froh, dass mein Lebensweg mich in dieses kleine Dorf geführt hat. Es vermittelt ein Gefühl der Sicherheit. Wohin sind wir bloß gekommen, dass ich ein Dorf brauche, um mich sicher zu fühlen? Und warum denken die Menschen nicht nach? Warum interessieren sie sich nicht für die Hintergründe?

Doch einige denken nach. Die Widerständler organisieren Demos. Der Druck ist so groß, dass man auf die Straße geht. Es geht um die Einschränkung der Grundrechte durch die Regierungsmaßnahmen und um den PCR-Test, der nur Genbruchstücke, aber keine vermehrungsfähigen Viren nachweisen kann. Das finde ich auch sehr wichtig. Wenn mir Menschenmassen und Reisen nicht schon immer gegen den Strich gegangen wären, würde ich vielleicht mitgehen. Ich sollte zu meiner Meinung stehen, aber ich traue mich nicht. Das beschämt mich, aber im Kleinen tue ich, was mir möglich ist.

Im Juli 2020 wird die „Stiftung Corona Untersuchungsausschuss" gegründet. Ich verfolge viele Sitzungen und erfahre viele Fakten und Hintergründe. Alles von seriösen Menschen, belegt mit Dokumenten. Es ist erschütternd, was alles ans Licht kommt. Hintergründe aus Bergamo, die Lage in den Heimen, Kinder mit psychischem Trauma, Hintergründe des offenbar nicht mehr unabhängigen Journalismus, die Rechtslage und bisherige Urteile, die Zerstörung der Wirtschaft, Behandlungsfehler, Vorgänge in Gewerkschaften und Parteien, Fakten der Polizeieinsätze auf den Demos, Funktion von genmanipulierten Impfungen.

Wenn ich an die Corona-Impfungen denke, wird mir angst und bange. Ich bin zwar impfkritisch, aber durchaus nicht absolut gegen Impfung. Eine Grundimmunisierung gegen eine Krankheit mit hoher Todesrate, wie z.B. Tetanus, ist sinnvoll, aber einen genmanipulierten Impfstoff so gut wie ungeprüft einzusetzen und negative Folgen der Impfung an den Menschen zu untersuchen, ist grob fahrlässiger Irrsinn. Doch der Wahnsinn nimmt seinen Lauf. Ich versuche nicht zu viel darüber nachzudenken, denn ich habe Angst davor. Nicht vor den kleinen direkten Nebenwirkungen, sondern vor den Spätfolgen. Schließlich weiß niemand, wie unser Körper die Manipulation annimmt.

Jetzt ist es Herbst. Noch einmal wird das ganze Land lahmgelegt. Meine Arbeit für das Institut liegt weiter auf Eis. Was mich mehr sorgt, ist die Änderung des Infektionsschutzgesetzes. Die Regierung braucht nur das Wort „Notstand" auszusprechen und hat damit die Macht über unser Leben. Das macht mir Angst. Dass es Widerstand und neue Parteien gibt, macht Hoffnung, aber werden wir überhaupt wählen dürfen? Schon jetzt gibt es ein Papier, in dem die Regierung sich mit der rechtlichen Situation einer Wahlverschiebung auseinandersetzt.

Ich liebe ich es immer noch harmonisch und gerecht, bin diplomatisch und friedliebend. Ich lebe immer noch in meinem kleinen Dorf und gehe meinem Alltag nach. Und doch habe ich mich verändert. Nein, nicht ich habe mich verändert, sondern ich wurde verändert. Nicht durch Corona, sondern durch das Vorgehen der Regierung. Ich bin jetzt nicht mehr unpolitisch. Ich bin nicht der Typ politischer Führer, aber ich schaue jetzt hin. Ich bin jetzt wachsam, weil es auch meine Verantwortung ist, wohin es in Zukunft geht. Es ist auch meine Verantwortung, was die Regierung macht, denn ich habe sie gewählt. Ich möchte mit meinen geringen Möglichkeiten dazu beitragen, zu der Freiheit vor Corona zurückzukehren und Corona wissenschaftlich zu erforschen, um damit, wie mit anderen Krankheiten auch, leben zu können.

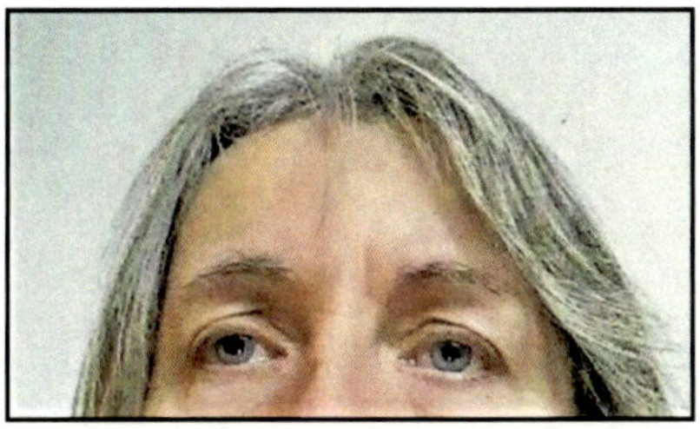

Geboren 1957 in Seesen, ledig, kinderlos. Nach dem Realschulabschluss Ausbildung und Berufstätigkeit als Bauzeichnerin, währenddessen Externenausbildung zur Vermessungstechnikerin und anschließende Ingenieurtätigkeit im Straßen- und Tiefbau. 2002-2006 Ausbildung klassische Homöopathie (Schwerpunkt Tiere). Seit 2013 Reitsportgeschäft/Pferdedeckenservice. Seit 2016 Freie Mitarbeit Infas Institut im Außendienst.

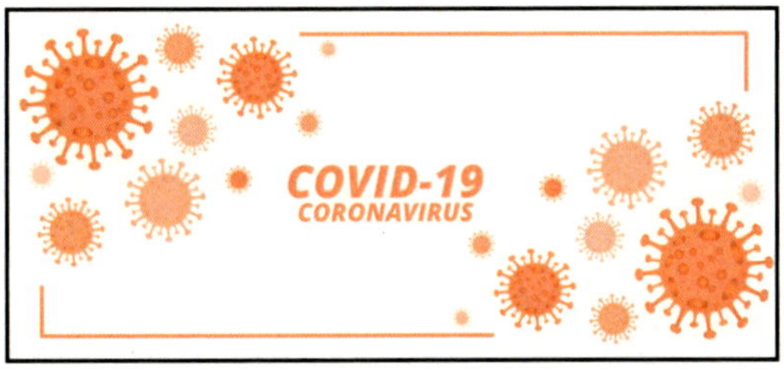

Holger „Holly“ Bussewitz
Technischer Redakteur
Jahrgang 1961
Aurich, Deutschland

Corona und die Freiwillige Feuerwehr

Um 2 Uhr 17 war die Nacht zu Ende. Der Meldeempfänger gab wieder einmal sein Bestes. Kein Schlaf kann so tief sein, als dass diese penetrante Fünftonfolge bei einer Alarmierung die Nachtruhe nicht abrupt beenden würde.

Wenn ich diesen Ton höre, dann läuft in 20 bis 30 Haushalten dieser Stadt, in denen Feuerwehrangehörige wohnen, ein ähnliches Ritual ab: Erst Licht einschalten, dann in die bereitliegende Trainingshose und die Sportslipper schlüpfen. Die Zeit läuft. Ein Blick auf das Display des Melders gibt erste Informationen zu dem, was uns in den nächsten Minuten erwarten wird. „F_Wohngebäude_Y“ steht da. In Langform bedeutet dies: Feuer in einem Wohngebäude, Menschenleben in Gefahr.

Die Anfahrt zum Einsatzort dauert etwa sieben Minuten. Über eine Drehleiter werden die vom Feuer eingeschlossenen Personen in Sicherheit gebracht. Weitere Trupps nehmen die Brandbekämpfung vor, andere kümmern sich um den Aufbau der dafür nötigen Wasserversorgung oder sichern die Einsatzstelle ab. In so einer Situation muss jeder Handgriff sitzen.

Um diese Routine zu trainieren, finden regelmäßige Übungsdienste statt: Theorie, Gruppenausbildung, Einsatzübungen. Es geht dabei um die sichere Beherrschung einer Vielzahl von technischen Geräten, aber auch um den Umgang mit in Not geratenen Menschen. Dies beinhaltet sowohl die psychische Betreuung als auch die Leistung Erster Hilfe. Eine gute Zusammenarbeit der Einsatzkräfte untereinander ist hierfür die Grundvoraussetzung.

Wie wird die Feuerwehr den Anforderungen in Corona-Zeiten gerecht?

Ein regulärer Übungsbetrieb mit Abstandswahrung ist unmöglich. Zu viele Kameradinnen und Kameraden müssen auf zu engem Raum zusammenarbeiten.
Somit wurde der reguläre Übungsbetrieb vorerst eingestellt. Einige versierte Kameraden ermöglichten eine Fortsetzung der Theorieschulung via YouTube oder anderer

digitaler Medien. Zwar ersetzt dies nicht die gewohnten Übungsdienste, ist aber immerhin eine Möglichkeit, den Übungsbetrieb aufrechtzuerhalten. Darüber hinaus erhalten die Onlinedienste das Gefühl der Zusammengehörigkeit.

Was läuft bei Einsätzen in Corona-Zeiten anders?

Grundsätzlich gilt: Beim Anlegen der Einsatzkleidung gehört jetzt immer die Coronamaske dazu. Während des ersten Lockdowns hing an jedem Spind im Feuerwehrhaus eine frisch gewaschene Stoffmaske. Schülerinnen und Schüler der Realschule Aurich hatten für uns die Masken genäht, die ja in der Anfangszeit der Pandemie knapp und schwer erhältlich waren. Dafür sind wir sehr dankbar. Jetzt, im zweiten Lockdown, tragen wir medizinische Masken. Wir haben eine Vorbildfunktion und wollen dies auch nach außen zeigen. Natürlich ist das Arbeiten mit Maske eine zusätzliche Strapaze, vor allem für Brillenträger. An der Einsatzstelle wird nach Möglichkeit der Abstand zu anderen Kräften eingehalten. Wir versuchen, die Anzahl der Einsatzkräfte vor Ort so gering wie möglich zu halten, um unnötige Kontakte zu vermeiden.
Es ist alles etwas schwieriger geworden als gewohnt, aber grundsätzlich werden wir den Anforderungen gerecht. Bei allen zusätzlichen Herausforderungen durch die Coronakrise hat alles bisher gut funktioniert. Die aktuelle Situation hat unser freiwilliges Engagement nicht geschmälert, sondern alle Kameradinnen und Kameraden zusätzlich angespornt.

(Januar 2021)

Holger Bussewitz, Jahrgang 1961. Studium der Elektrotechnik an der Hochschule Bremen. Seit rund 20 Jahren tätig als Technischer Redakteur, meistens im Bereich Maschinen- und Anlagenbau. Seit 2011 Anstellung bei ENERCON. Ich lebe seit 2012 in Aurich.
Seit 2015 bin ich Mitglied der Auricher Feuerwehr. Als Technischer Redakteur erstelle ich Betriebs- und Wartungsanleitungen. Die Erstellung technischer Dokumentationen erfordert stark regelbasiertes Schreiben. Hierfür suche ich bei der Freiwilligen Feuerwehr einen Ausgleich.

Lena Heselmeyer
Sozialpädagogin, Motologin & Reittherapeutin
Jahrgang 1987
Rhauderfehn, Deutschland
www.hof-schatteburg.de

Das Leben ist doch ein Ponyhof – oder nur ein Haufen Pferdeäppel?

So plötzlich ist es vorbei, das „Corona-Jahr" 2020. Es hatte doch gerade erst angefangen, so wie jedes „normale" Jahr. Erste Urlaubspläne wurden geschmiedet, Einladungen für Feiern kamen, und wir saßen an der Jahresplanung für unseren Hof, den Hof Schatteburg. Auf dem Hof finden jedes Jahr unterschiedliche Freizeit- und Fortbildungsangebote im Bereich der Pferdegestützten Interventionen und der Bauernhofpädagogik statt, für Menschen mit und ohne Behinderung.

Die ersten Nachrichten aus China schwappen herüber. Ein Virus legt das öffentliche Leben lahm. Aber nun gut, das ist ja in China. China ist weit weg, es hat also konkret noch nichts mit uns zu tun. Oder vielleicht doch!? Ein paar Wochen später gibt es erste Vermutungen und Spekulationen über Schulschließungen. Sollte ich das als selbstständige Reittherapeutin ernstnehmen? Inwiefern betrifft es mich? Die können mir den Hof doch nicht zumachen, oder etwa doch!?

Und plötzlich war es dann soweit. Die Schulen schließen an einem Freitag. Am Freitagnachmittag kommt, wie jeden Freitagnachmittag, meine Reitgruppe mit den etwas älteren Mädels zum Reiten. Alle sind schockiert: Von jetzt auf gleich wurde die Schule geschlossen, niemand weiß, wie es weitergehen wird. Werden sie ihre Mitschüler noch wiedersehen? Diese Mädels stehen gerade vor dem Übergang von der Grundschule in die weitergehende Schule. Und tatsächlich: Nein, sie sollten ihre Klassenkameraden nicht wiedersehen, zumindest nicht alle gemeinsam. Der Schulabschluss der Grundschule fand mit Mund-Nasen-Schutz und viel Abstand statt. Immerhin gab es kleinere Abschlussfeiern.

Bei uns auf dem Hof boten wir zunächst Einzelstunden an. Das sollte kein Problem sein, denn die meisten meiner Klienten kommen allein. Dann hieß es, es dürfe niemand mehr kommen. Zunächst ein Schock: was ist unser Hof ohne seine Besucher?

Was sind meine Pferde ohne Reittherapiekinder? Auf der anderen Seite sah ich die Chance, selber mehr zur Ruhe zu kommen und neue Projektideen auszuarbeiten. Ja, eine nette Art der Entschleunigung – wenn da nicht die Gedanken an die finanzielle Zukunft wären. Zwar machen wir einen großen Teil des Pferdefutters auf unserem Hof selber, aber für die alten Rentnerpferde reicht das Futter nicht aus. Doch ohne Einnahmen kein Pferdefutter. Ja klar, werden nun einige Leser*innen denken: es gab doch finanzielle Unterstützung. Ja, die gab es. Für Betriebskosten. Also für die Therapiepferde habe ich finanzielle Unterstützung bekommen. Mein Rentnerpony ist Hobby.

Also muss ein Brainstorming her: Welche Ideen gibt es, um etwas Geld in die Kassen zu bekommen und auf unsere Situation aufmerksam zu machen?

Die Lösung: Crowdfunding und Pferdemist verkaufen!

Über eine Internetplattform riefen wir zu einer Crowdfunding-Aktion auf, um Geld zu generieren. Es war Frühling, und die Menschen um uns herum fingen an, ihre Gemüsebeete anzulegen. Also verkaufen wir Pferdemist als Dünger. Aber was ist

Pferdemist denn wert? Vielleicht sollten wir doch besser tauschen... Ein Foto wurde auf Facebook und Instagram hochgeladen, und schon kam die erste Anfrage. Der Interessent war allerdings nicht am Kauf von Pferdemist interessiert, sondern wollte unsere Aktion in der Zeitung bekanntmachen. Na, gerne doch! So kam es, dass „Dörthes Scheißhaufen“ neben Nachrichten über Corona in der Zeitung wiederzufinden war. Zwar steigerte der Bericht nicht unseren Verkauf von Pferdemist, aber Menschen brachten uns kleinere oder größere Futterspenden vorbei. Dafür waren wir sehr dankbar, halfen sie uns doch, besser über die Zeit zu kommen.

Nach einer Weile wurde Corona zum Alltag. Die Kinder durften wieder in die Schule gehen und auch der normale Reittherapiebetrieb ging weiter – natürlich unter Einhaltung von Hygienemaßnahmen. Bis zum nächsten Lockdown…

Durch meine Arbeit bin ich im Kontakt mit vielen Menschen ganz unterschiedlicher Art. Die Reaktion auf die Corona Maßnahmen und die Kontakteinschränkungen war unterschiedlich. Für einige Kinder und Jugendliche waren die Einschränkungen das Beste, was ihnen seit langem passiert war: endlich mussten sie nicht mehr zur Schule gehen. Sie konnten im eigenen Tempo lernen, ohne dem sozialen Druck durch Mitschüler*innen ausgesetzt zu sein. Sie bauten in der schulfreien Zeit ein neues Selbstbewusstsein aufbauen, wovon sie lange profitieren werden.

Viele Schulkinder vermissten die sozialen Kontakte innerhalb der Schule. Manche Familien waren mit Homeschooling schlicht überfordert. Es gab Kindergartenkinder, die nach der langen Zeit zu Hause vermehrte motorische Schwierigkeiten aufwiesen, da sie häufig vorm Fernseher „geparkt“ worden waren. Mich überrascht das nicht: Es gibt zunehmend überforderte Eltern, die selber zu viel arbeiten müssen oder nicht über das Wissen und die Ausstattung verfügen, ihre Kinder sinnvoll zu beschäftigen.

Auch bei den Erwachsenen nahm die Polarisierung zu: Auf der einen Seite Ängste vor der finanziellen Zukunft, andererseits mehr Entspannung durch weniger Arbeit und Termine. Genau das waren auch meine Pole: zwischen Entschleunigung und der Sorge, wie ich die eigene finanzielle Zukunft und die Zukunft meiner Vierbeiner sichern kann.

Bauernhof und Pferde begleiten mich von klein auf. So habe ich mir 2017 meine Leidenschaft zum Beruf gemacht: auf selbständiger Basis biete ich Pferdegestützte Interventionen, wie Reittherapie und Pferdegestütztes Coaching, sowie Bauernhofpädagogik auf dem Hof meiner Eltern, dem Hof Schatteburg in Rhauderfehn, an. Neben dem praktischen Arbeiten mit Menschen und Tieren veranstalte ich Seminare im Bereich der Motologie/Psychomotorik und den Pferdegestützten Interventionen für unterschiedliche Zielgruppen. Das Wissen hierfür eignete ich mir im Studium der Sozialen Arbeit (Emden) und der Motologie (Marburg), sowie in zahlreichen Weiterbildungen an.

Gertrud Kempen
Bank- und Verwaltungsangestellte i.R.
Jahrgang 1952
Jemgum, Deutschland

15. März 2020: Ich darf meinen Enkelsohn nicht mehr betreuen

In Deutschland werden 4.838 Corona Infizierte gemeldet, eintausend mehr als gestern, und zwölf Tote. Im Landkreis Leer gibt es vier Infizierte und eine geheilte Person. Ich höre in den Nachrichten, dass Deutschland seine Grenzen zu Frankreich, Österreich, Dänemark, Luxemburg und in die Schweiz schließt. Schulen, Kindergärten, Behörden, Museen, Schwimmbäder, Sportstadien, Konzerthallen, Kinos usw. sind ab morgen geschlossen. Lebensmittelläden, Apotheken, Kioske und Tankstellen bleiben geöffnet. Bei Ärzten, Krankenhäusern und Behörden muss man sich vorab telefonisch anmelden. "Geister"-Konzerte und „Geister" Fußballspiele ohne Publikum sind angesagt. Auch die Fußball-Europameisterschaft wird vorläufig auf 2021 verschoben. In ganz Deutschland wird man in öffentlichen Verkehrsmitteln nicht mehr kontrolliert. Gäste auf den Nordseeinseln werden gebeten, die Inseln zu verlassen und nach Hause zu fahren. Wir alle sollen möglichst zu Hause bleiben.

Reisende, die an fernen Urlaubsorten gestrandet sind, müssen für viel Geld mit Sonderflügen (reguläre Flüge, „Flixbusse" und dergleichen fallen ja derzeit aus) zum Teil unter Einsatz von Steuergeldern zurück in ihre Heimatländer geholt werden; auch das regt so einige Gemüter auf.
Vor wenigen Tagen hieß es noch, dass Veranstaltungen mit mehr als eintausend Personen nicht gestattet seien. Heute wird verkündet, Zusammenkünfte sollten sich auf zehn Personen beschränken – ja, auch privat! Und die Kinder bitte nicht zu Oma und Opa bringen! Auch Besuche in Seniorenheimen sind untersagt.

Das alles greift heftig in meinen Alltag ein. Ich habe zwei Töchter (Erzieherinnen) und fünf Geschwister, die hier in der näheren Umgebung, in Oldenburg, in Berlin und in Italien leben. Ich habe drei Enkelkinder. Ein Mädchen studiert, ein Enkel steht kurz vorm Abitur und der jüngste Enkel ist Erstklässler. Auch meine Geschwister haben Kinder, die unter anderem in sozialen Bereichen tätig sind, darunter Pädagogen, Erzieherinnen und eine Ärztin – also in so genannten systemrelevanten Berufen. Deren Kinder sind teilweise noch betreuungsbedürftig. Wie soll das geregelt werden?

Diese Frage stellen sich gerade viele Eltern und Großeltern. Ich darf meinen Enkelsohn nicht mehr betreuen. Wir verbrachten sonst wöchentlich viele Stunden miteinander. Und jetzt vermisst er mich und ich vermisse ihn. Wer ist bei ihm, wo bleibt er, wenn Papa und Mama zur Arbeit müssen? Das ist alles andere als einfach, auch für seine Eltern.

Und wie soll der Alltag geregelt werden? Wir alle dürfen unsere Mama, Oma und Uroma im Heim nicht mehr besuchen. Ihr und uns allen wird was fehlen! Obendrein versteht und erfasst Mama das Corona-Geschehen nicht mehr, man kann es ihr nicht wirklich verständlich machen, warum alles jetzt so anders ist. Vielleicht fragt sie sich: „Warum lasst ihr mich denn jetzt so alleine?" Ähnliche Fragen stellen sich sicher auch die anderen älteren Personen, die ich sonst regelmäßig besuche. Viele alleinlebende Menschen drohen ohne Unterstützung durch Verwandtschaft oder ihre Nachbarn zu vereinsamen. Sie vermissen Kontakte, Berührungen, und sei es nur ein Schulterklopfen oder Händedrücken, von Streicheleinheiten ganz zu schweigen.

In meiner Familie stehen in diesem Jahr einige „runde" Geburtstage an. Unsere Mutter wird stolze 97 Jahre alt. Wir wollten so gerne gemeinsam feiern. Noch geht es uns allen gut. Wir versuchen, trotz ernster Lage, unseren Humor und unser positives Denken zu erhalten und bleiben alle über die vielen Möglichkeiten der elektronischen in reger emotionaler Verbindung.

Ende März 2020: Der Frühling zeigt sich von der schönsten Seite

Corona lässt mir mehr Zeit als sonst, in meinem großen Parkgarten zu wuseln und zu säen. Noch immer sind die Besuche im Seniorenheimen untersagt und ich darf meinen Enkelsohn nicht betreuen. Dieser Zeitgewinn hebt jedoch nicht auf, wie sehr wir uns gegenseitig alle vermissen!

Schon jetzt, Ende März, macht es die warme Nachmittagssonne möglich, mit Nachbarn und Freundinnen Tee, Kaffee und zu genießen – alles natürlich mit dem gebotenen Abstand zueinander. Zum Geburtstag meiner Tochter verzichten wir auf die Kaffeetafel drinnen. Wir unternehmen einen ausgedehnten Waldspaziergang. Meine Tochter besteht darauf, dass ich in vier Meter Abstand vorweggehe. Der Enkelsohn wird dazu angehalten, Abstand zu seiner Oma zu halten. Nicht leicht für ihn, nicht leicht für mich. Den abschließenden immunstärkenden Ingwertee genießen wir draußen mit Abstand zueinander. Dazu reicht der Enkelsohn frisch gebackene leckere Muffins. Man kann auch der schweren Zeit noch etwas Schönes abgewinnen.

Ende Juni 2020: Solidarität statt Egoismus!
Es gibt Lockerungen auf fast allen Ebenen, in fast allen Ländern der Welt. Die Wirtschaft fordert und erfordert es. Viele Menschen werden beängstigend nachlässig mit den Vorsichtsmaßnahmen. Verschwörungstheoretiker finden ihren Nährboden für Schuldzuweisungen. Es gibt immer noch Gruppen, die von übertriebener Panikmache reden und nicht bereit sind, sich an die vorgegebenen Regeln zu halten. Egoismus zeigt auch an vielen anderen Stellen: Hamsterkäufe von Klopapier und Nudeln, Missachtung der Abstandsregelungen, Verweigerung des Tragens von Mund- und Nasenmasken. Junge Menschen feiern Partys, legen es darauf an, sich infizieren zu lassen, um selbst immun zu werden. Sie bedenken dabei nicht, dass sie so zu Überträgern werden und ihre Eltern und Großeltern anstecken könnten. Solch egoistisches Verhalten stört empfindlich die Menschen, die sich verantwortungsvoll um pragmatische Lösungen bemühen.

Solidarität hat oberste Priorität! Zwischenmenschlich, regional, global! Nur gemeinsam können wir diesem Virus etwas entgegensetzen. Weltweit wird an Impfstoffen gegen Corona geforscht. Deutschland scheint mir hier mit Vorreiter zu sein. Ich lausche fast täglich am Radio dem Podcast des Virologen Professor Drosten. Mir gefällt, dass er eventuellen Forschungsergebnissen weltweiten Zugang verschaffen möchte. Eigentlich selbstverständlich, jedoch gehen leider nicht alle Nationen gleich damit um. Trump – der möchte am liebsten alle Vorräte nur für die USA aufkaufen.

Mitte Juli 2020: Der Rubel muss rollen
Die vielen weltweit angesagten Lockerungen machen mir eher Angst, als dass sie mich beruhigen oder erfreuen. Es geht dabei doch in erster Linie um den schnöden Mammon und weniger um Gesundheit. Der Rubel muss rollen, die Wirtschaft muss wieder ins Rollen kommen.
Der Widerspruch: Ohne funktionierende Wirtschaft bleiben auch Unterstützungen für Familien, für Kultur, für die Erhaltung von Arbeitsplätzen und ähnliches auf der Strecke. Angst macht mir auch, wie der Virus in Afrika, den USA, Brasilien und anderen Ländern der Erde noch um sich greifen wird. Darunter sind viele Staaten, die dem Virus kaum was entgegenzusetzen haben oder nicht dazu bereit sind, der Realität ins Auge zu sehen und entsprechend zu handeln, obwohl sie es könnten. Da ist er wieder, der Trump.

Trotz allem sehe ich auch Positives in der Krise:

Dieser neue Virus, der zurzeit noch unbezwingbar scheint, macht aufmerksam auf soziale Unstimmigkeiten. Er deckt miserable Arbeitsbedingungen in der Fleisch- und Textilindustrie auf, lenkt den Fokus auf Unterbezahlung und die unwürdige Unterbringung von Saisonarbeitern.

Corona fördert und fordert digitale Kompetenzen und Möglichkeiten und hinterfragt die Notwendigkeit von Weltreisen auf Kreuzfahrtschiffen und per Flugzeug (was ja ohnehin nur für wenige privilegierte Menschen erschwinglich ist). Corona deckt auf, dass viele Flüge von Geschäftsreisenden und Politikern nicht zwingend notwendig sind, da vieles digital abgewickelt werden kann. Corona – ein Segen für die Umwelt? Selbst die Autoindustrie reagiert. Das Interesse für E-Autos wird von staatlicher Seite plötzlich intensiver gefördert, auch finanziell.

Corona fördert alternative Ideen. Erstaunliches entsteht. Literaten, Musiker, Künstler – sie alle werden vielfältig kreativ, entdecken neue Talente oder lassen alte wiederaufleben und lassen uns dann an ihren großartigen Ergebnissen teilhaben. Dennoch fehlen natürlich „echte“ persönliche Museums-, Konzert-, Kino-, Café-, Restaurant-, Familien- und Freundesbesuche. Vorübergehend pflegen wir unsere Kontakte intensiver als sonst über die elektronischen und digitalen Medien. Wir telefonieren, schreiben Mails, chatten über WhatsApp. Alte Freundschaften leben wieder auf, allein Lebende entdecken ihr Bedürfnis nach Gesprächen und emotionalem Austausch. Ich nutze alle Möglichkeiten intensiv oft bis spät in die Nacht. Jeder hat etwas zu erzählen, möchte etwas wissen, schickt Bilder und Videos, erzählt von Ängsten, möchte sich beruhigen, möchte mich beruhigen, bittet mich aufzupassen… Und fast jeder Kontakt endet mit dem gegenseitigem Wunsch: „Bitte bleib gesund!“.

Zwischen-Resümee: die richtige Balance finden

Corona fordert dazu auf, alles neu zu überdenken, und das politisch, ökonomisch, ökologisch, zwischenmenschlich, kulturell… Wie also die richtige Balance Da fühle ich mit den Politikern und Virologen leidvoll mit. Sie müssen sich täglich neu orientieren, Entscheidungen treffen, sich Kritik aussetzen Ihr habt zu früh gehandelt, ihr habt zu spät gehandelt, ihr übertreibt, ihr untertreibt, ihr schürt Hysterie, ihr bagatellisiert… Welch nachhaltige Auswirkungen hat die Krise auf die Wirtschaft? Wie organisiert man Hilfe für kleine und mittelständische Unternehmen, für Künstler und Soloselbständige? Wer wird den Landwirten bei der anstehenden Ernte helfen?

Ich möchte nicht in der Haut der Entscheider stecken. Ich habe sogar eine gewisse Bewunderung für sie und bin ihnen dankbar, dass sie mir Entscheidungen abnehmen. Ich verfolge täglich – oft mit Schrecken – die rasante Ausbreitung des Virus in meinem direktem Umfeld, in Deutschland und weltweit. Ich habe Verwandte, Bekannte und Freunde außerhalb Deutschlands, in Italien, Spanien, England, den USA, Australien. Mit allen stehe ich in regem Kontakt. Freundinnen nähen fleißig „Nasenkleider“, so nennt es eine der Näherinnen. In Ostfriesland sagen wir „Schnutenpullis“. Der Erlös aus dem Verkauf wird gespendet. Andere bieten Nachbarschaftshilfe an. Wieder andere entwickeln kreative Ideen, sei es in praktischer Alltagshilfe oder in künstlerischen Beiträgen. Die Not scheint verschüttete oder verborgene Talente und Fähigkeiten zu aktivieren.

September 2020: Arschkarte!

Die Arschkarte ziehen derzeit einige, auch meine Töchter. Beide sind im Cloppenburger Raum als Erzieherinnen tätig. Dort ist die Inzidenzampel auf dunkelrot geschaltet. Sie arbeiten völlig ungeschützt mit den Kleinen, dürfen selbst keine Masken tragen und den Kleinen mutet man die Masken ohnehin nicht zu. Wie sollte man das auch einem Einjährigen verständlich machen? Die Kleinen müssen teilweise noch gewickelt werden, krabbeln auf den Schoß, wollen liebkost und getröstet werden. Sie rotzen, husten, nießen ihre Betreuerinnen unbedarft und „liebevoll“ an…

Das bedeutet in der Konsequenz auch die Arschkarte für mich. Ich zähle, bezogen auf mein Alter und auf meine Vorerkrankung, zu den so genannten „vulnerablen Gruppen“, also Menschen, die es besonders zu schützen gilt. Das ist auch meinen Töchtern bewusst. Wir alle vermissen uns sehr, dürfen einander nicht in die Arme schließen. Ich darf meine Enkelkinder nicht „herzen“, immer alles mit Abstand, mit Masken und nur draußen…

November 2020: Ich phantasiere

Wenn ich einkaufen gehe (das muss ich und das darf ich ja auch), sehe ich, wie alle brav vor Betreten des Ladens ihre Masken aufsetzen. Letztens stellte ich mir vor, ich käme vor einem Jahr in einen Supermarkt und sähe alle Menschen mit Masken vor dem Gesicht. Hätte ich Panik bekommen? Glaubte ich an eine Art Albtraum? Dächte ich, ich hätte irgendetwas nicht mitbekommen, den Brand eines Chemiewerkes etwa oder ein defektes Atomkraftwerk? Ich ginge verwirrt und irritiert nach Hause und sähe dann im Fernsehen, dass weltweit alle Menschen mit einer Maske herumlaufen, selbst unsere Kanzlerin. Dann würde ich jemanden bitten, mich zu kneifen, um zu spüren, dass ich wirklich im Hier und Jetzt bin.

Dezember 2020: digitales Familien-Weihnachtstreffen

Angesichts der weiter steigenden Zahlen von Corona Infizierten, Verstorbenen und der Überlastung der Gesundheitsämter wird in Deutschland Mitte Dezember der nächste Lockdown verkündet. Alle Geschäfte außer Lebensmittelläden, Drogerien und Apotheken werden zunächst bis Mitte Januar geschlossen. Vor Friseursalons bilden sich am letzten Öffnungstag lange Schlangen, bei manchen bis Mitternacht. Bekleidungsgeschäfte werben mit „20 % auf alles“. Die Schulferien über Weihnachten werden ausgeweitet. Die Personenzahl auf Familienfeiern wird drastisch eingeschränkt, ebenso die Reisemöglichkeiten. Hotels, Restaurants, Cafés, Bars… alles bleibt geschlossen.

Weihnachten naht. Seit Jahrzehnten finden alljährlich zu Weihnachten in meiner Familie große Treffen statt. Die Großfamilie kommt mit 34 Personen zusammen, ich sehe meine Töchter. Wie sollen wir das in diesem Jahr umsetzen? Wir möchten uns doch trotz aller Einschränkungen sehen, und so entwickeln sich wundervolle Ideen. Eine Idee ist ein digitales Treffen. Jeder aus der Großfamilie, der sich beteiligen mag, sendet etwas an ein anderes Familienmitglied. Alles ist möglich und erlaubt, Vielfalt ist gewünscht: Musik, Texte, Gemaltes, Theater, Fotos, Videos … Einer meiner vier Brüder schafft etwas ganz Wundervolles. Er stellt zusammen, schneidet, untermalt mit Musik und passenden Fotos … Erst einmal weiß nur er, was alles zusammenkam. Wir anderen sind sehr gespannt darauf, womit wir uns gegenseitig Weihnachten überraschen werden. Das weckt Erinnerungen an vorweihnachtliche Vorfreude aus der Kindheit.

Am ersten Weihnachtstag ist es dann soweit. Wir erhalten alle einen Link, der uns Zugang zum Gesamtwerk ermöglicht. So können wir uns, jeder auf seinem Bildschirm daheim, das wundervolle Ergebnis ansehen und anhören, jeder wann, wie oft und wie lange er mag. Wir alle sind überrascht , erfreut, gerührt, belustigt und begeistert. Wir lernen uns noch einmal auf ganz anderer Ebene neu kennen.

Silvester 2020: Ich bin zum ersten Mal nicht auf meinem Turm

Ich wohne als Mieterin in einer Villa, die in etwa 20 Meter Höhe einen Turm hat. Seit 26 Jahren genieße ich von dort oben, berauscht und ergriffen, alljährlich das Silvesterfeuerwerk. In diesem Jahr, also Silvester 2020/21, bestieg ich erstmalig nicht den

Turm. Feuerwerke waren fast komplett untersagt. Nur, wer noch etwas „im Keller hatte", durfte zünden. Somit erwartete ich nicht viel und schaute mir das Spektakel von meinem geöffneten Küchenfenster aus an. Nur wenige Böller knallten in der Umgebung, die bunten Feuerwerke stiegen weniger in den Himmel als in den Jahren zuvor. Ich war trotzdem ergriffen, in diesem Jahr auf ganz besondere Art! Im Radio lief, dazu passend, "Knockin' on Heaven's Door".

Ich wünsche mir, dass diese schwere Corona Zeit bald überwunden und Vergangenheit sein wird. Noch mehr wünsche ich, dass sie noch langanhaltende großartige Nachwirkungen zur Folge hat – und zwar auf allen Ebenen!

Gertrud Kempen, geb. 1952, in Papenburg/Emsland aufgewachsen, in Burlage/Ostfriesland verheiratet gewesen. Dort habe ich Stroh- und Heuwagen gepackt, ausgemistet, Kühe gemolken … Ich darf auf 47 Jahre Berufsleben als Bank- und Verwaltungsangestellte zurückblicken, bin Mutter zweier Töchter und Oma von drei Enkelkindern. Ich fotografiere und schreibe gerne

Sonja Nies
Hausfrau
Jahrgang 1965
Moormerland, Deutschland

JA! sagen in Zeiten von Corona oder die Sache mit dem Glück

Stille. Endlich.

Ich schalte das Radio ab, weil ich diese Worte, d a s Wort nicht mehr hören kann: Corona, Pandemie, Fallzahlen, Lockdown, Inzidenzwert …

Es ist einen Moment lang totenstill. Ich versuche mich auf meine Atmung zu konzentrieren und ausnahmsweise einmal an nichts zu denken.
Die Atmung bekomme ich noch hin, aber an nichts, wirklich zu denken …?

Seit Monaten höre ich täglich diese Begriffe:

Schlimme Zeit.	Viele Tote.	Angst.
Existenzangst.	Depressionen.	Isolation.
Abgesagt.	Ausgefallen.	Kontaktsperre.
Coronakilos.		

Jetzt setzt mein schlechtes Gewissen ein. Mir persönlich hat Corona jede Menge Glück, jede Menge Positives gebracht im letzten Jahr. 2020 war eines der besten Jahre seit langem.

Für mich, wie gesagt. Ich kenne viele, denen es leider nicht so erging. Es starben Menschen an dem Virus in meinem näheren Bekanntenkreis, und ich weiß von einigen, die gar nicht mehr gut umgehen können mit der ganzen Corona-Situation.

Die Medien, vor allem die sozialen Medien, zeigen selten positive Corona-Beispiele. Gibt es diese Beispiele überhaupt? Kann ich noch ruhigen Gewissens JA! sagen bei all dem Scheiß?

Ja, das kann ich.

Nach 32 Jahren Zusammensein heiratete ich Ende Mai meine langjährige Lebensgefährtin. Das Datum stand schon lange fest, und da man noch aufs Standesamt durfte, ließen wir uns auch nicht davon abbringen, JA! zu sagen. Okay, es fühlte sich schon ein wenig spooky an: Da waren nur meine Partnerin, eine befreundete Fotografin, die Standesbeamtin und ich. Ohne Freunde, ohne Familie, ohne Trauzeugen, ohne Feier … Dafür aber mit Regenbogenmundschutz, glücklich und dankbar, denn es ist wahrlich keine Selbstverständlichkeit, so lange mit seinem Lieblingsmenschen durchs Leben gehen zu dürfen!

Stille. Immer noch.

Keine virusbezogenen Sätze.
Keine schlechten Nachrichten.
Keine negative Berichterstattung.

Einfach nur Stille.
Ich mag die Stille.
Sie war auch ein Grund, warum ich vor 16 Jahren nach Ostfriesland zog.

Es wurden aufregende, spannende Jahre. Ein Tierschutzprojekt entstand, in dem wir seitdem viel Gutes tun konnten. Doch dadurch ging mir schon vor vielen Jahren das verloren, was viele aktuell wegen Corona beklagen. Durch die Tierschutzarbeit bleibt kaum Zeit für soziale Kontakte, die „Freunde" besuchen uns schon lange nicht mehr, Geld ist immer knapp, und das mühsam verdiente eine Gehalt kommt fast ausnahmslos den Tieren zugute. Essen im Restaurant ? Das können wir uns nicht leisten. Urlaub? Ist schwierig mit Tieren – und warum auch? Wir wohnen dort, wo andere Urlaub machen, haben ein Haus mit großem Garten, Bäume, unsere Lieblingsbank … Und ganz ehrlich: mich mit Freunden zu treffen, ausgehen, Party feiern – dazu fühle ich mich zu alt und zu müde. Das habe ich schon vor 30 Jahren ausgelebt. Heute finde ich in anderen Dingen meine Erfüllung.

Mir wurde in Corona Zeiten nichts genommen, was mir nun fehlt.
Ich leide auch nicht – im Gegenteil!

Viele meiner Entscheidungen im Corona Jahr 2020 erwiesen sich als glückliche Entscheidungen. Ich versuchte gesünder zu kochen. Ich wurde vegan und nahm fast 20 Kilo ab. Vermutlich liegt es in meiner Natur, Dinge anders anzugehen als andere Menschen. Anders zu sein. Das Schöne zu sehen statt des Negativen. Einfach positiv zu denken.

Und nun sitze ich am Jahresanfang 2021 an meinem Tisch, habe den Corona-Meldungen den Ton abgedreht, und vor mir steht ein Glas mit ganz vielen Zetteln darin, die sichtbar widerlegen, dass im letzten Jahr alles Scheiße war. In diesem Glas sammle ich seit Jahren meine „besonders guten Momente"; Immer dann, wenn etwas Tolles, besonders Schönes oder wirklich Positives geschah, notiere ich es mir, falte den Zettel zusammen und lasse ihn in dem Glas verschwinden. Am Jahresende schaue ich auf das Ergebnis, und ich staune, wie viele besonders schöne Momente mein Pandemie Jahr doch für mich bereithielt. Von diesen Zetteln – es waren 35! - zehre ich das ganze neue Jahr über. Geht es mir einmal nicht gut, dann ziehe ich blind einen Zettel und erinnere mich. Ihr glaubt nicht, wie glücklich das macht!

Da war zum Beispiel der Tag Ende Oktober, als der blinde, alte „Stevie" aus einem völlig überfüllten rumänischen Horror-Tierheim bei uns ein neues Zuhause fand. Seine Ankunft war ein sehr schöner, emotionaler Moment! Ein anderer Zettel erinnert mich an den Tag, an dem ich mit meiner alten Hündin im Stiekelkamper Wald spazierte, bei Nieselregen und Kälte, mutterseelenallein – und dann ist es da wieder, dieses unbezahlbare Gefühl, auf der großen Schaukel zu sitzen und für einen Moment lang wieder Kind zu sein …

Im neuen Jahr haben bis jetzt zwei Zettel den Weg ins Glas gefunden. Ich stelle das Glas an den alten Platz zurück. Dort wird es gut sichtbar 365 Tage lang stehen und sich hoffentlich weiter füllen. Ich kann nur empfehlen, diese Zettel des Glücks auszuprobieren – und plötzlich öffnen sich viele besonders schöne Momente in einer Zeit, wo täglich, stündlich, minütlich suggeriert wird, wie schlecht die Welt doch sei und dass ich gefälligst unglücklich zu sein habe!

Zugegeben: Glück fällt nicht vom Himmel. Man muss schon selbst die Voraussetzungen dafür schaffen. Ich bin glücklich, dass ich die Möglichkeiten dafür habe. Es muss ja nicht jeder gleich einen Hund adoptieren. Manchmal reicht es schon, die Technik, die Medien und die schlechten Nachrichten einfach auszusperren und die Stille zu genießen.

Sonja Nies, Jahrgang 1965, lebt und liebt Tierschutz und zog vor 16 Jahren, der schönen Gegend und der Ruhe wegen, nach Ostfriesland. Hier lebt sie mit ihrer Lebensgefährtin, aktuell drei Hunden und mehreren Katzen zur Miete in einem alten Bauernhaus.

Alexandra Oks
Konferenzdolmetscherin (M.A.) und Übersetzerin (B.A.)
Jahrgang 1985
Bergheim, Deutschland
www.oks-intertrans.de

Ich fühle mich von der Politik ignoriert

Im August 2019 habe ich Drillinge bekommen. Das war schon eine riesige Umstellung und Herausforderung an sich, aber wir hatten einen Plan: Meine Freundin aus der Ukraine kam zunächst für drei Monate zu uns, um uns mit den Kindern zu helfen, mein Mann beantragte Elternteilzeit und arbeitete nur noch 30 %. Es war anstrengend, aber es ging, und ich konnte meine selbstständige Tätigkeit als Dolmetscherin und Übersetzerin weiterführen. Zwar habe ich wegen der Kinder mehr- und ganztägige Dolmetscheinsätze mit Übernachtung abgelehnt, aber halbtägige Jobs in der Region sowie Übersetzungen konnte ich problemlos annehmen. In den drei Monaten, in denen meine Freundin sich um die Kinder gekümmert hat, konnte ich sogar einen ganzen Roman fertig übersetzen, den ich dann Ende Februar abgab.

Danach ging es stetig bergab. Einen guten Stammkunden hatte ich bereits kurz vor Corona verloren, andere Absagen folgten. Zunächst wurden bereits bestätigte Aufträge zum Dolmetschen verschoben, dann ganz abgesagt, irgendwann kamen gar keine Anfragen mehr. Verschlimmert wurde die Situation dadurch, dass wir uns nun ganz allein um die Kinder kümmern mussten, da die Grenzen geschlossen wurden und weder meine Freundin noch meine Stiefmutter aus der Ukraine zu uns kommen konnte. Betreuungsplätze bei der Tagesmutter haben wir erst ab Mitte August erhalten. Ausgelöst durch die massive Überforderung und die emotionale Belastung, entwickelte mein Mann eine mittelschwere Depression. Auf den Beginn der Therapie warten wir immer noch. Zudem hatte er eine Gastritis. Wegen der Corona-Verordnungen darf bei ihm aber selbst mit negativem Corona-Test keine Gastroskopie gemacht werden, weil das für den durchführenden Arzt eine gefährliche Untersuchung sei. Die mit der Krankheit verbundenen Schmerzen haben die Situation nicht erträglicher gemacht.

Die Regeln bei der Kinderbetreuung sind lächerlich streng. Beim ersten Husten oder Niesen muss das Kind sofort abgeholt werden und zwei ganze Tage lang komplett symptomfrei bleiben, um wieder in die Tagesbetreuung zurückkehren zu können. Die Großmutter meines Mannes, die in Russland lebt, hat ihre Urenkel noch nie gesehen, da Einreisen nach wie vor verboten sind. Es ist auch nicht klar, ob sie die Kinder jemals kennenlernen wird, da nicht abzusehen ist, wann die Grenzen wieder geöffnet werden. Das belastet meinen Mann ebenfalls sehr, da er befürchtet, seine Oma nicht mehr lebend sehen zu können.

Ich selbst mache mir sehr große Sorgen und habe Angst vor der Zukunft. Zwar bekomme ich im Moment noch Elterngeld, aber spätestens im Frühjahr 2021 brauche ich eine alternative Einnahmequelle. Wir haben einen Hauskredit und durch drei Kinder enorm ansteigende Ausgaben. Ein Gehalt wird da kaum ausreichen. Ich habe mir überlegt, beispielsweise Nachhilfe zu geben, um die finanziellen Sorgen wenigstens teilweise abzumildern.

Was die Situation mit mir emotional macht, steht auf einem ganz anderen Blatt. Zehn Jahre lang habe ich mir meine Existenz aufgebaut und daran gefeilt. Ich habe sprichwörtlich Blut, Schweiß, Tränen und schlaflose Nächte in meine Selbstständigkeit gesteckt. Ich war erfolgreich, habe viel gearbeitet und gut verdient. Ich liebe meinen Beruf und definiere mich stark über ihn. Wenn ich ihn nicht ausüben kann, fühle ich mich wertlos und nicht gebraucht.

Ich gehöre nicht zu den selbst ernannten Verschwörungstheoretikern, Querdenkern, Impfgegnern und sonstigen Aluhutträgern, finde aber, dass man die Maßnahmen der Politik durchaus kritisch hinterfragen können sollte, ohne dafür als verantwortungslos beschimpft zu werden. Im SPIEGEL erschien im April eine Kolumne mit dem Titel „Wenn Senioren für Senioren Politik machen“, der mir besonders stark im Gedächtnis geblieben ist. Ich glaube, er zeichnet die Situation äußerst treffend. Als Elternteil und Soloselbstständige fühle ich mich in der derzeitigen Situation doppelt im Arsch und von der Politik absolut ignoriert.

(November 2020)

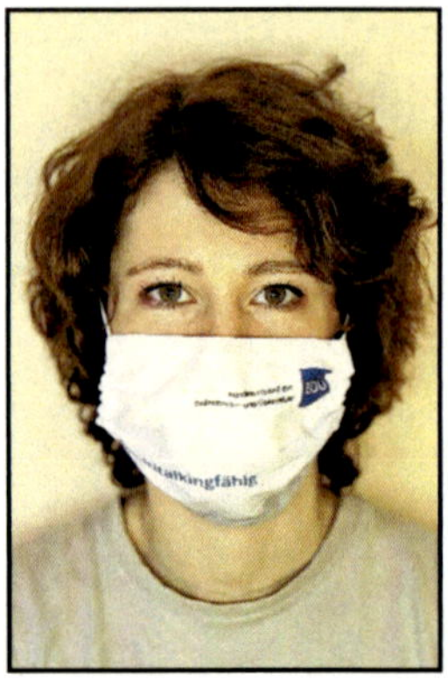

Geboren wurde ich 1985 in Odessa, Ukraine. Seit 1994 lebe in Deutschland. Nach meinem Abitur in Norddeutschland 2006 studierte ich in Heidelberg zunächst Übersetzungswissenschaft, anschließend sattelte ich einen Master in Konferenzdolmetschen darauf. Nach dem Studium startete ich 2011 als Übersetzerin und Dolmetscherin für Deutsch, Russisch und Englisch in die Selbstständigkeit. 2013 machte für ein Jahr einen kurzen Abstecher nach Berlin zum Auswärtigen Amt für eine Mutterschaftsvertretung als Englisch-Dolmetscherin. Mittlerweile lebe ich mit Mann und drei Kindern in Bergheim bei Köln.

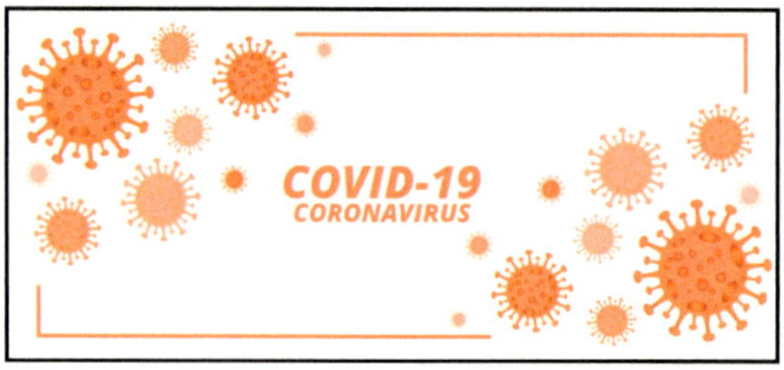

Marcus Poschlod
Radiomoderator und Redaktionsleiter
Jahrgang 1980
Leipzig, Deutschland
www.marcus-poschlod.de

Was bleibt, sind Demut und Dankbarkeit

"Englischer Premier Boris Johnson auf Intensivstation verlegt". Diese Meldung las ich genau an dem Tag, als bei mir Lungenschmerzen einsetzten. Das Atmen fiel mir auf einmal schwer, und nun machte ich mir doch Gedanken um mich selbst: Was mache ich, wenn es schlimmer wird? Ab wann rufe ich einen Notarzt? Muss ich wirklich in die Klinik?

Diese Gedanken beschäftigten mich, als ich schon zwei Wochen zuhause war. Nach einem England-Trip kam ich mit Covid-19 im Gepäck wieder nach Leipzig. Ich war am Tag darauf nur wenige Stunden in der Redaktion, als ich merkte, dass ich mich schlapp fühlte und der Husten einsetzte. Ich ging nach Hause, ohne auch nur an Corona zu denken. Es war Mitte März 2020, das Bewusstsein war noch ein anderes. Es gab 3000 Corona-Infizierte und fünf Tote - in ganz Deutschland. Ich blieb einige Tage im Home-Office und sprach am Ende der Woche mit dem Freund, der mit mir in England war. Er lag krank im Bett und konnte nicht mehr riechen und schmecken. Da gingen die Alarm-Glocken an und ich organisierte mir einen Test.

Auch nach dem positiven Testergebnis änderte sich nicht viel: Ich arbeitete weiter zuhause, bereitete Radiosendungen vor und unterstützte die Kollegen im Studio. Während einer Redaktionskonferenz kamen wir auf die Idee, meine Geschichte öffentlich zu machen. Gefühlt war es damals so, dass niemand jemanden kannte, der an Corona erkrankt war. Es war allein Zahlen und Tabellen, die Menschen immer mehr verunsicherten. Also gingen wir damit on air. Ich war jeden Morgen in einem Interview im R.SA-Frühstücksradio zu hören und erzählte, wie es mir ging. Während ich an den ersten Tagen nicht gut reden (dafür aber husten) konnte, änderte sich das Bild nach und nach. Ich erzählte, wie ich mir die Zeit vertreibe und wie ich die aktuelle Situation und die Maßnahmen sehe. Kurz vor einem Interview gab es einen Überraschungsbesuch vom Leipziger Gesundheitsamt ("Wir wollen nur prüfen, ob Sie sich an die Auflagen halten"). Schade. Hätten die beiden zehn Minuten später geklingelt, wären sie live auf Sendung gewesen.

Ich konnte in diesen Wochen meinen Beruf sehr passioniert ausleben, denn ich hatte das Gefühl, dass meine Erzählungen eine Relevanz haben und unsichere Menschen etwas beruhigen könnten. Ein derartiges Feedback erhielt ich auch per Mail und Instagram. Nach einigen Tagen wurden andere Radiosender auf mich aufmerksam, und so gab ich bei mehreren Programmen täglich Interviews.

Das ging 14 Tage gut. Dann setzten die Lungenschmerzen ein. Ich telefonierte mit einem Arzt des Gesundheitsamtes. Er gab mir den Tipp, ruhig zu bleiben. Sollte es schlimmer werden, so instruierte er mich, müsse ich aber den Rettungswagen rufen und UNBEDINGT erwähnen, dass ich Covid-Patient bin. Darüber hinaus verlängerte er meine Quarantäne, die im Amtsdeutsch "Absonderung" genannt wird, um weitere zwei Wochen.

Mir wurde bewusst, dass ich mich in den vergangenen Wochen nur um das Thema Corona bewegt hatte. Wann immer eine WhatsApp von Freunden oder Familie kam, ging es nur um die Frage "Wie gehts dir?", gefolgt von den Fragen, die ich heute noch immer gestellt bekomme: "Weißt du denn, wo du es bekommen hast?" und "Erzähl mal, wie war dein Verlauf?". Sehr nachvollziehbar, dass die Menschen in meinem Umfeld das wissen wollten.

Ich nahm mich dann eine Woche aus allem heraus und war dann wirklich mal "krank". Ich versuchte, nicht nur Nachrichten zu schauen, das Handy auch mal aus der Hand zu legen und einfach mal wieder Filme zu gucken. Ich brauchte dringend eine Ablenkung.

Nach einem weiteren Test, der auch wieder positiv ausfiel, wurde meine Quarantäne ein drittes Mal verlängert. Nach über fünf Wochen durfte ich dann meine 50 Quadratmeter-Wohnung wieder verlassen und war zuerst mit einem guten Freund spazieren. Er blieb sicherheitshalber noch auf Abstand – verständlich.

Diese Zeit war sehr intensiv und prägend. So lange in meiner Wohnung eingesperrt zu sein, werde ich hoffentlich nie mehr erleben. Die Quarantänezeit hatte aber auch ihr Gutes: Mir wurde so viel Hilfe angeboten. Beginnend bei meinem Radiosender, der mir jegliche Unterstützung zusagte. Kollegen, die für mich einkaufen gingen. Freunde, die sich immer wieder Zeit nahmen, obwohl sie selber den Kopf mit ihren eigenen Lockdown-Themen vollhatten. Meine Familie, die mir Pakete und Karten schickte. An meinen Geburtstagen habe ich noch nie so viel Post bekommen. Rührende Worte, kleine Fress-Pakete – Futter für die Seele. Auch die Mitarbeiter des Leipziger Gesundheitsamtes hatten immer ein offenes Ohr für mich, waren nie genervt und riefen sogar sonntags an, um zu fragen, ob ich etwas bräuchte. Mein Bäcker brachte mir ein Brot und einige Brötchen nach Hause. An einem Tag klingelte es an meiner Tür. Auf der Schwelle stand ein Teller mit einem Stück Kuchen, daneben ein Zettel und nette Worte. Von wem, habe ich nie erfahren. Danke an alle!

All das lässt mich mit guten Gedanken auf diese Zeit zurückblicken. Als Erfahrung bleiben Demut und Dankbarkeit, gepaart mit dem Wissen, tolle Menschen um mich herum zu haben.

Foto: Eric Kemnitz | Eric-Kemnitz.com

Marcus Poschlod, geboren 29.10.1980 in Staßfurt. Nach dem Studium in Halle wechselte ich 2006 zum Radiosender R.SA nach Leipzig. Dort arbeite ich heute noch als Redaktionsleiter und Moderator. Außerdem bin ich Dozent an der Deutschen POP Akademie sowie der Hochschule Mittweida. Wenn es mal nicht um Radio in meinem Leben geht, dann ums Pilgern: Insgesamt sechs Mal pilgerte ich bisher diverse Jakobswege in Deutschland, Frankreich, Portugal und Spanien.

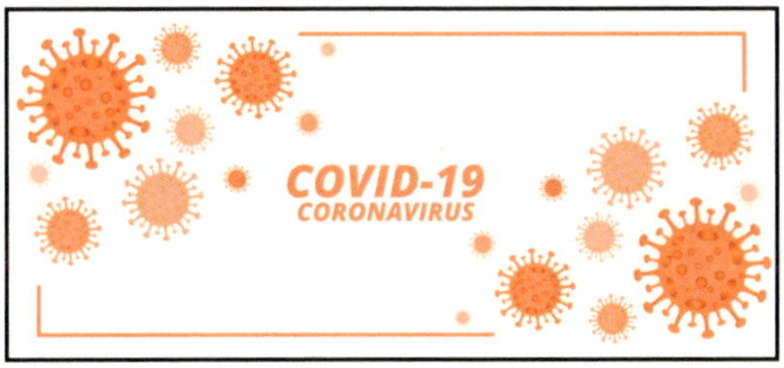

Barbara Reinke
Qualitätsmanagerin
Jahrgang 1970
Hannover, Deutschland

Eine alltägliche, ja langweilige Geschichte

Vermutlich geht es mir so, wie vielen anderen Menschen in dieser Zeit auch. Ich habe bisher noch keine persönlichen Erfahrungen mit Covid-Infizierten, Erkrankten oder Verstorbenen gemacht. Ich bin enttäuscht, derzeit nicht ins Kino, ins Museum, ins Theater gehen und mich nicht mit Freunden treffen zu können. Aber ich empfinde die Einschnitte auch nicht als besonders dramatisch. Ich fühle mich nicht entmündigt. Ich denke nicht, dass ich in einer „Corona-Diktatur" lebe. Ich kann mit Mund-Nasen-Bedeckung wunderbar atmen, nur das Beschlagen der Brille nervt. Auf der anderen Seite leiste ich nichts Besonderes oder bin besonders betroffen. Ich bin keine Ärztin oder Pflegekraft, arbeite weder im Einzelhandel noch in der Gastronomie.

Im Februar des Corona-Jahres 2020 bin ich fünfzig Jahre alt geworden. Ursprünglich hatte ich mich dazu entschieden, meinen Geburtstag nicht zu feiern. Schon in den Jahren davor hatte ich keine Lust mehr dazu. Und der fünfzigste Geburtstag ist auch nicht anders als die Geburtstage davor. Doch mein Mann überredete mich, etwas zu unternehmen. Daraus entstand die Idee, im März gemeinsam mit lieben Freunden in einer Kochschule zu kochen, zu lachen und, ja, auch zu feiern. Dann kam der erste Lockdown – und plötzlich sah ich eine Menschen in meinem Umfeld mit anderen Augen.

Da ist Monika (Name geändert). Monika hat eine Blutgerinnungsstörung und gehört zu den Risikopatienten. Monika hatte sich schon vor dem ersten Lockdown zurückgezogen, noch bevor klar war, wie schlimm Corona werden würde. Anfangs hat man das noch ein bisschen belächelt, so wie man die ersten „Masken- und Latexhandschuhträger" im Supermarkt belächelt hat. Man musste sich immer wieder zur Ordnung rufen, die Ängste der Menschen ernst zu nehmen. Sehr schnell hat sich herausgestellt, wie richtig Monika lag. Es ist aber auch traurig, denn Monika arbeitet seit mehr als einem halben Jahr im Homeoffice. Gut, dass das überhaupt möglich ist. Aber sie hat keine persönlichen Kontakte mehr. Ihr Mann, der als Angestellter im Öffentlichen Dienst ebenfalls gut von zu Hause aus arbeiten könnte, flüchtet mittlerweile regelrecht zu seiner Arbeitsstätte.
Monika ist ein extremer Pol in meinem Umfeld. Dann gibt es da die Positionen zwischen den Extremen, von Menschen, die sehr vernünftig mit der Situation umgehen, weil sie einsehen oder verstehen oder daran glauben, dass Corona mehr ist als eine harmlose Grippe (wobei eine Grippe per se auch nicht unbedingt harmlos ist), bis hin zu Menschen, die zwar denken, dass das alles übertrieben ist, die sich aber dennoch an die Regeln halten. Und das andere Extrem, das sind die Menschen, die sich vollständig verweigern, und zwar in der kompletten Bandbreite von „Corona ist nur eine einfache Grippe, und es sterben nur die, die sowieso gestorben wären", bis hin zu den Anhängern von Verschwörungstheorien. Genau diese komplette Bandbreite habe ich in meinem Umfeld, wie viele andere wahrscheinlich auch.

Da ist meine mittlere Schwester (45). Sie ist seit vielen Jahren esoterisch unterwegs, hat für fünfstellige Euro-Beträge Seminare in Frankreich besucht, hat dort beim barfüßigen Gang über glühende Kohlen ihren spirituellen Namen erhalten und diesen später auch amtlich angenommen. Sie umarmt Bäume und singt für sie, macht offenes Feuer in geschlossenen Räumen (Shaktifeuer) und gibt Seminare über Selbstermächtigung. Sie erzählt Fremden, wie wichtig es sei, offen und nachsichtig zu handeln, was sie aber in ihrer eigenen Familie, also gegenüber ihrer Mutter und ihren Geschwistern, nicht umsetzt. „Was einem nicht guttut, soll man aus seinem Leben entfernen". Leider tut sie uns diesen Gefallen nur bedingt. Sie hat mich auf Facebook geblockt und sucht nicht gerade meine Gesellschaft. Das macht mich auf der einen Seite sehr traurig, auf der anderen Seite bin ich froh, nicht mehr über die Verschwörungstheorien zu stolpern, die sie bisher gerne geteilt hat.

Da ist meine jüngere Schwester (34), alleinerziehend, mit einem hyperaktiven Dreijährigen. Ihr fällt die Decke auf den Kopf. Sie glaubt nicht, dass Corona schlimm ist: „Es gibt ja auch Wissenschaftler, die anderer Meinung sind." Sie hält sich dennoch an die Regeln, weil „man selbst ja kein Wissenschaftler ist, weiß man im Grunde nicht, was nun wirklich stimmt." Aber impfen lassen würde sie sich nicht.

Da ist meine Mutter (71). Sie hält sich an die Regeln. Und sie glaubt, dass sie Corona schon im Frühjahr hatte, weil sie und ihr Mann über viele Wochen mit Erkältungssymptomen laboriert hatten. „Wenn es wirklich Corona war, dann war es gar nicht so schlimm." Daher hält sie die Corona-Maßnahmen für übertrieben. Sie versteht nicht, warum jetzt alle so gegen den Xavier Naidoo, den Michael Wendler oder die Nena wettern. „Die haben doch Recht. Und ob die das wirklich alles so gesagt haben, wie man das jetzt die Leute glauben machen will …" .
Und da sind meine amerikanischen Freunde. Im Gegensatz zum amerikanischen Teil meiner Familie, die vorbildlich in Sachen Corona unterwegs ist, hat sich ein Großteil meiner amerikanischen Freunde als Corona-Zweifler oder gar Corona-Leugner herausgestellt. Seltsamerweise alles Trump-Anhänger. Aber das ist eine andere Geschichte ...

Mein Arbeitgeber, ein mittelständischer Handwerksbetrieb mit ungefähr hundertsechzig Mitarbeitern, ist ein komplettes Abbild der Gesellschaft. Auch hier gibt es Relativierer und Leugner. Eine Kollegin nahm am 7. November in Leipzig an der Anti-Corona-Demo teil, ohne Abstand, ohne Mund-Nasen-Schutz. Die Geschäftsführung schickte die Mitarbeiterin sofort nach Hause geschickt und forderte sie auf, einen Corona-Test machen zu lassen. Dies lehnte sie ab, mit den bekannten Begründungen („Stäbchen im Gehirn", „Impfpflicht, damit Bill Gates noch reicher wird", „Der Computer für den Wahlbetrug in den USA stand in Deutschland" und so weiter). Nach zwei Wochen war die Kollegin wieder im Betrieb. Es steht zu vermuten, dass sie auch bereits vor Leipzig und auch nach Leipzig weitere Demonstrationen besucht hat. Was ich schlimm finde: Die Kollegin arbeitet Tür an Tür mit einer Mitarbeiterin, die im letzten Jahr mehrere Monate durch Krankenhaus- und Reha-Aufenthalte aufgrund von Herzproblemen ausgefallen war, also Risikopatientin ist.

Was macht das alles mit mir?

Mein Mann und ich träumen seit mehr als zwanzig Jahren davon, an die Nordsee zu ziehen, wenn wir in Rente sind. Wir lieben Wind und Wetter, das Meer, das Watt, den Strand und die Ruhe. Das ist uns in der Corona-Zeit noch einmal sehr bewusst geworden. Ich bin derzeit in Kurzarbeit, und mir wurde klar, dass ich zukünftig nicht mehr vierzig Stunden und mehr arbeiten will. Überhaupt, wir müssen ja noch fünfzehn, siebzehn Jahre oder noch mehr arbeiten. Wollen wir so lange warten, bis wir uns unseren Traum erfüllen? Ginge es nach mir, hätten wir schon längst die Koffer gepackt. Mein Mann ist selbständig. Er braucht die Sicherheit, dass wir alles auch dann schaffen, wenn nicht gleich beide einen Job finden. Doch jetzt habe ich ihn soweit, und jetzt geht hoffentlich alles ganz schnell.

Wir wollen doch nur ans Meer! Das Leben ist zu kurz, um immer nur zu träumen!

(Dezember 2020)

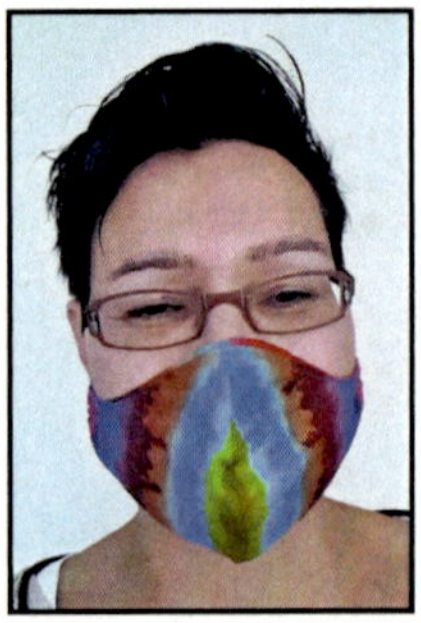

Ältestes von vier Kindern.
50 Jahre alt, seit 25 Jahren verheiratet.
Ein Sohn (25 Jahre), zwei Hunde (Bassets).
Gelernte Bürokauffrau, seit zehn Jahren Qualitätsmanagerin.

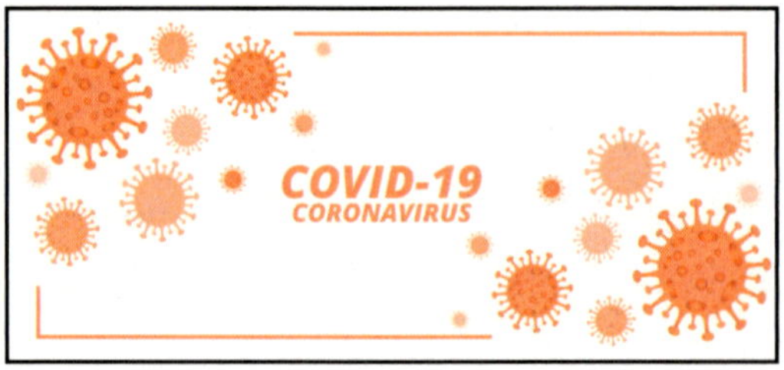

Gregor Harm Ulsamer
Dipl.-Ing. Nachrichtentechnik
Jahrgang 1945
Insel Borkum, Deutschland
www.gregor-ulsamer.de

Sonne an tiefblauem Himmel

Die Corona-Infektion war zunächst weit weg. China – das betrifft uns nicht! Dann kam sie nach Italien und Österreich. Bevor sie Deutschland erreichte, kamen Freunde vom Skiurlaub aus Südtirol zurück; ein Familienmitglied hatte wegen eines Unfalls keine Milz mehr, das Immunsystem war dadurch stark gefährdet.

Am 1. März feierten meine Frau und ich in einem größeren Freundeskreis unseren 150. Geburtstag (jeder trug 75 Jahre bei) mit einem Frühstücksbuffet im Nordseehotel an der Borkumer Promenade. Mitte März wurden die Ostfriesischen Inseln für Touristen gesperrt und zum „Protektorat" erklärt. Auf den Inseln gibt es eine geringe medizinische Infrastruktur. Durch die Sperrung sollte eine größere Infizierung verhindert werden, die wahrscheinlich nicht beherrschbar gewesen wäre. Am 19. März reisten unsere Ferienwohnungsgäste ab, am 25. März mussten alle Nichtinsulaner die Insel verlassen haben. Handwerker und beruflich Tätige durften auf die Insel kommen, Verwandte, auch ersten Grades, nicht oder nur mit Ausnahmegenehmigungen. Das öffentliche Leben und das Leben in Vereinen, kirchlichen und anderen Gruppen wurde eingeschränkt, Schulen und Kindergarten blieben geschlossen, das Berufsleben und Einkaufsmöglichkeiten waren stark eingeschränkt.

Meine Frau und ich waren in einer komfortablen Situation: Wir waren als Rentner wirtschaftlich unabhängig vom Tourismus, der einzigen Wertschöpfung auf der Insel. Einnahmeverluste aus den Ferienwohnungen waren für uns nicht existenzbedrohend. Gesundheitlich waren wir in unserer Stadtquarantäne gesichert, die Inselversorgung mit Lebensmitteln war sichergestellt. Andere Dinge konnten wir über das Internet bestellen. Wir Insulaner durften zu Arztbesuchen und anderen Anlässen die Insel verlassen und zurückkommen.

Bis Ende Mai gab es auf Borkum zwei Corona-Fälle: Bei einer Hoteliersfrau war im Emder Krankenhaus eine Infektion festgestellt worden, von der sie bald genesen war, und ein zweiter späterer Fall betraf einen Borkumer, der seit Monaten auf dem Festland lebte, nicht auf der Insel gewesen war, aber wegen seines ersten Wohnsitzes statistisch Borkum zugeordnet werden musste.

Mit einem Schlag war der üblicherweise stark gefüllte Terminkalender von meiner Frau und mir leer – keine Arbeiten im Museum oder im Kirchenrat, keine Vereinstreffen, Vorstandssitzungen, Besprechungen, Führungen oder Vorträge. Die Insel fiel in einen ungewohnten Ruhezustand. Geschäfte, Kurkliniken, Hotels und Gaststätten waren geschlossen, die Straßen leer: keine Menschen, keine Autos. Selbst die Kondensstreifen am Himmel, die bislang stets zur Bewölkung beigetragen hatten, waren verschwunden. Die neue Wetterlage Ende März und in der ersten Aprilhälfte war „Sonne an einem einfarbig tiefblauen Himmel".

Das ansonsten allzeit geschäftige Eiland wandelte sich in eine Robinsoninsel. Außerhalb der städtischen Bebauung erschien die Insel auf einmal als „Natur pur". Die Promenade, die Strände, die gesamte Landschaft: alles war leer und ruhig. Robben und Vögel, nun wenig gestört, wurden zutraulich. Sie erweiterten ihren Lebensraum, Mensch und Tier näherten sich an.

Auf Borkum fiel nun weniger Hausmüll an. Die Insulaner nutzten diese „gastfreie“ Gelegenheit, um gründlich zu „schummeln“, also Frühjahrs-Hausputz zu machen und um lange aufgeschobene Instandsetzungen durchzuführen – und flugs steig der Anteil an Sperrmüll.

Ich entdeckte die Fotografie wieder und zog mit Spiegelreflex und Smartphone, mit Freund und Frau, in die Inselnatur. Wir gingen, in Absprache mit den zuständigen Stellen und in Übereinstimmung mit der Nationalparkverordnung, in entfernteste Winkel und Ecken, die wir seit Jahren nicht aufgesucht hatten und die selbst uns Eingeborenen üblicherweise verschlossen sind. Dafür revanchierten wir uns mit dem Sammeln von Plastik-Strandmüll, was wir ohnehin regelmäßig machen.

Seit Januar war ich zweimal wöchentlich, jeweils eine Schulstunde lang, in der Inselschule als Lesepate eines Schülers der 5. Klasse tätig gewesen. Mit dem Beginn der Osterferien, die auf Borkum gegenüber dem Festland 14 Tage früher liegen, endete diese Betreuung. Anschließend war die Schule geschlossen. Man führte einen Internet-Homeoffice-Notbetrieb einzuführen. Da Schüler mit Rechtschreib- und Leseschwäche dem online-Betrieb nicht optimal folgen können, verabredete ich mit meinem

„Patenkind", dass wir uns etwa viermal in der Woche zu einer Leseübung über den Messaging-Dienst Skype trafen. So konnten wie die Zwangspause kreativ nutzen.

In der zweiten Aprilhälfte öffneten die ersten Geschäfte wieder. Ich kaufte ein Paar Halbschuhe und Sandalen, um unsere örtlichen Kaufleute symbolisch zu unterstützen. Inzwischen war der Gebrauch von „Schnutendauken" – Mund- und Nasenabdecktüchern – vorgeschrieben.

Anfang Mai durften Zweitwohnungsbesitzer wieder auf die Insel kommen. Ab dem 11. Mai trafen erste Gäste in den Ferienwohnungen ein. Restaurants durften mit Einschränkungen wieder öffnen, und ab Ende Mai wurden wieder erste Klinikpatienten aufgenommen.

Über den Sommer füllte sich die Insel. Fähren durften zu 75 % ausgelastet werden. In allen Verkehrsmitteln galt „Maskenpflicht". Grundsätzlich mussten und müssen (Stand September 2020) Abstände von eineinhalb Metern eingehalten werden. Tagesgästen dürfen nicht auf die Insel kommen. Das Kulturprogramm ist fast vollständig zum Erliegen gekommen. Allen Tourismus- und Gastronomiebetrieben ist ein existenzbedrohender Schaden entstanden. Ungeachtet dessen erfreuen sich alle Gäste ihrer Urlaubstage.

(September 2020)

Dipl.-Ing. Gregor Harm Ulsamer, geb. 1945 auf Borkum. Nachrichtentechnikstudium. 1968 bis 1972 Industrietätigkeit in München. 1972 bis 2005 tätig in der Wasserstraßen- und Schifffahrtsverwaltung des Bundes.
Verfasser von Büchern über Leuchttürme, Feuerschiffe, Insel- und Küstenschutz, historischen Walfang sowie zur Funk- und Telegrafiegeschichte. Lebt seit 2006 wieder auf Borkum.

Torsten Langos
selbständiger Messemonteur
Jahrgang 1964
Sehnde/über Hannover, Deutschland

Ich habe Angst, dass die Angst unsere Gesellschaft auffrisst

Februar 2020, Messe Nürnberg.

Wir arbeiten wie besessen an der Fertigstellung eines komplizierten Messestandes. Lange Tage, kurze Nächte. Endlich geschafft! Ich fahre zufrieden nach Hause. Meine Kollegen werden den fertigen Stand dem Kunden übergeben. Am Übergabetag telefoniere ich mit meinem Kollegen, um zu erfahren, ob der Kunde zufrieden sei.

Schweigen.
„Der Kunde hat angerufen. Wir sollen den fertigen Stand absperren, wegen Corona geht er nicht auf die Messe."
Alles vergebens.
Wie Ohrfeigen fühlen sich die Sätze an.
Aber das war erst der Anfang. Eine Messe nach der anderen, ein Job nach dem anderen wird abgesagt. Fest eingeplante Arbeiten und damit auch dringend benötigte Einnahmen brechen weg. Die Kosten laufen weiter. Dazu kommt die Hilflosigkeit, das Loch, in das ich falle: Seit Jahren reise ich durch die Welt, arbeite mit Freude und fühle mich gut.
Alles weg!

Erst mit der Zeit bemerke ich, dass das Konto immer leerer wird. Das belastet. Kredite wollen bedient, Fixkosten bezahlt werden. Ich verdränge es. Nehme verzweifelt berufsfremde Kleinjobs an, aber es reicht hinten und vorne nicht. Die versprochenen Hilfen kommen schleppend und nicht in ausreichender Höhe. Versicherungen werden mir gekündigt, meine Krankenkasse setzt mich in ein Notprogramm, Mahnungen gehören zum täglichen Leben.

Ich stecke den Kopf in den Sand. Vogel-Strauß-Taktik.
Ich mag mein eigenes Elend nicht wahrhaben, nicht sehen.

Ich erlebe jeden Tag, wie sich die Gesellschaft spaltet. Für mich unverständlich, kann man nur Corona-gläubig oder nur Corona-Leugner sein? Ein Hauch von Kritik, und man ist schuld am Tod von Millionen Corona-Opfern. Ich will es nicht mehr hören.

Inzwischen gibt es täglich neue, für mich unverständliche, Restriktionen, Verbote, Regeln, entworfen von Menschen, die in ihrer eigenen Welt leben. Unbelastet von finanziellen Sorgen, kann man munter entscheiden, wie die anderen zu leben und zu handeln haben. Frische Luft im Klassenzimmer ist überlebenswichtig, die Luft im Innenstadtbereich ist gefährlich – da muss ich eine (für mich) sinnfreie Mund-Nasen-Bedeckung tragen.

Jeden Tag wächst in mir eine latente Aggression. Ich weiß nicht, was demjenigen passiert wäre, der mich wegen irgendetwas hätte kontrollieren wollen.

Blockwartmentalität gegen Revoluzzertum.

Schwarz gegen Weiß.
Gut gegen Böse.

Ich reiße mich jeden Tag aufs Neue zusammen. Meine Politikverdrossenheit wächst. Ich warte auf den Zusammenbruch.

Corona ist Entschuldigung und Deckmantel für alles, was unsere Regierenden gerne durchsetzen möchten. Wer soll das alles zahlen? Na, der Steuerzahler!

Ich kämpfe mich weiter durch. Viele meiner Kollegen haben die Hoffnung auf Besserung in unserer Branche schon aufgegeben und wechseln in andere Berufe. Nun auch ich: als Helfer in einer Tischlerei komme ich nun ganz langsam finanziell wieder in Regionen, wo ich die aufgelaufenen Schulden nach und nach begleichen kann.

Ich gehöre zu einer Risikogruppe.
Ich habe Lungenembolien überlebt.

Ich habe keine Angst vor Corona.
Ich habe Angst, dass die Angst unsere Gesellschaft auffrisst.

(Januar 2021)

Geboren im Juni 1964.

Erste Ausbildung und Tätigkeit im Öffentlichen Dienst, dann selbständige Tätigkeit als Messebauer.
Seit März 2020 Berufsverbot durch Corona-Restriktionen.

Katja Winter
staatl. anerkannte Erzieherin | Heilpraktikerin i.A.
Jahrgang 1982
Butzbach, Deutschland

Mein Leben als Risikopatientin – und Gott ist immer da!

Risikogruppe? Was bedeutet das? Bis vor vier Wochen hätte fast jeder die Stirn gerunzelt oder zumindest noch einmal nachgehakt, was ich damit meine. Vor 19 Jahren wurde bei mir eine sehr seltene Blutkrebserkrankung festgestellt. Damals gehörte ich noch zu den Kuriositäten und man hatte nicht einmal einen Namen für meine Krankheit. Dank der Forschung und unermüdlicher, grandios begabter Menschen kann ich heute leben. Mit zwei leiblichen, zwei Pflegekindern und einem wunderbaren Mann. Ich kann Sport treiben, reise in ferne Länder, spiele und lache mit meinen Kindern, gehe mit meinem Mann zu Konzerten und fühle mich nicht ansatzweise schwer krank.

Seit Covid-19 ist das anders. Die letzten Wochen haben viel verändert; gedanklich, perspektivisch, situativ.

Die Uhr steht still

Ich bin zu Hause. Und zwar ohne Ausnahme. Meine Kinder auch und mein Mann. Vor vier Jahren sind wir in unser eigenes Haus gezogen. Sehr großzügig gestaltet mit einem noch viel großzügigeren Garten. So gesehen büßen wir gerade nicht viel ein. Ganz im Gegenteil. Wir genießen unsere gemeinsamen Momente und haben die Möglichkeit, viel enger zusammenzuwachsen. In den letzten Jahren waren mein Mann und ich immer wieder gehetzt und getrieben vom Alltag mit seinen Terminen, Deadlines, Ehrenämtern, Programmen, Personen und, und, und. Zurzeit steht die Uhr still und ich bin dankbar für diese Chance. Ja, ich weiß, viele Menschen leiden, leiden sogar sehr stark. Und ich weiß auch, dass wir nur zu Hause bleiben können, weil so viele andere für uns die Stellung halten. Danke, ihr seid ein riesengroßes Geschenk!

Ich weiß nicht, ob ich die nächsten Wochen oder Monate überleben werde. Ich will mir auch gar nicht so viele Gedanken darüber machen. Zu oft in meinem Leben sollte ich schon Abschied nehmen oder mir zumindest darüber im Klaren sein, bald zu gehen. Doch jetzt bin ich hier und dieses Jetzt zählt. Mit meinen Kindern lachen. Ihnen immer wieder sagen, dass ich sie liebe. Dass ich meinen Mann liebe und ihn das spüren lasse. Der Genuss des Augenblicks.

Und wo ist Gott?

Viele fragen immer wieder, wo Gott in dieser ganzen Not ist? Er ist da! In den ganzen kleinen Dingen, die sonst so oft vom Alltag verschluckt werden.

Er ist da, wenn ich meinen kleinen, geistig beeinträchtigten Sohn auf der Schaukel anschubse und er vor Freude und Lachen Muskelkater im Bauch bekommt. Er ist da, wenn wir mit unseren zwei großen Kindern zusammen am Lagerfeuer sitzen und schlechte Witze erzählen. Er ist da, wenn unser Jüngster um sechs Uhr morgens laut singend alle Menschen in unserem Haus mit seinem „Kackilied" weckt. Er ist da, wenn mir meine Freundin Hafermilch vorbeibringt, damit ich nach fünf Tagen endlich meinen ersten Morgenkaffee genießen kann. Er ist da in der Umarmung, die ich meinem kleinen Sohn gebe, der sich so sehr Pancakes zum Frühstück gewünscht hatte und doch nur Brot bekommt. Er ist da in den tiefen Gesprächen, die ich mit meinem Mann über Träume, Sehnsüchte, Wünsche und den Alltag führe. Er ist da in jedem Hoch und Tief. Und er wird da sein, wenn ich es nicht mehr bin. Das ist meine Gewissheit. Mein Trost. Meine Hoffnung. Mein Frieden.

Im 2. Korintherbrief, Kapitel 5, Verse 1–10 beschreibt Paulus, was mit unserem Leib geschieht. Er beschreibt seine Sehnsucht nach Gott und seine Zerrissenheit. Er schafft es mit diesen Zeilen, auch heute noch präsent zu sein und in die Lebenswelten der heutigen Christen zu sprechen. Angst, Not, Verzweiflung, Sehnsucht, Frieden. Und er hilft mir dabei, meinen Fokus neu auf ihn auszurichten: „Aber ganz gleich, ob wir nun bei ihm sind oder noch auf dieser Erde leben, es kommt nur darauf an, alles zu tun, was Gott gefällt".

Ich will Zeugnis sein

Ich will nach seinem Herzen handeln, ganz gleich, wie viel Zeit mir auf dieser wunderschönen Erde geschenkt wurde. Und auch wenn ich viele Früchte jetzt noch nicht sehen kann, will ich beten.
Beten für die Herzenshaltung meiner Kinder. Für ihre Zukunft.
Beten für meine Freunde, ihre Familien.

Für unser Land.
Für all die Menschen, ohne die unser System zusammenbrechen würde.
Und für den Zusammenhalt. Die Gemeinschaft der Gläubigen.
Lasst uns dafür einstehen, so wie 1989 Tausende von Menschen mit Kerzen in ihren Händen für eine gemeinsame, friedliche Zukunft einstanden. Lasst uns diese Gemeinschaft in unseren Gebeten in die Welt tragen. Lasst das Licht jedes Einzelnen zu einer großen, leuchtenden Flamme der Gemeinschaft aufglühen und für Gottes Liebe in den Herzen beten.

Der Text wurde zuerst im April 2020 auf livenet.ch – Das Webportal Schweizer Christen veröffentlicht. Danke für die Abdruckgenehmigung.

Katja Winter wurde 1982 in Thüringen geboren. Sie lebt mit ihrem Mann, ihren zwei leiblichen Kindern, sowie zwei Pflegekindern in Butzbach (Hessen). Die gelernte Erzieherin macht zurzeit eine Ausbildung zur Heilpraktikerin.

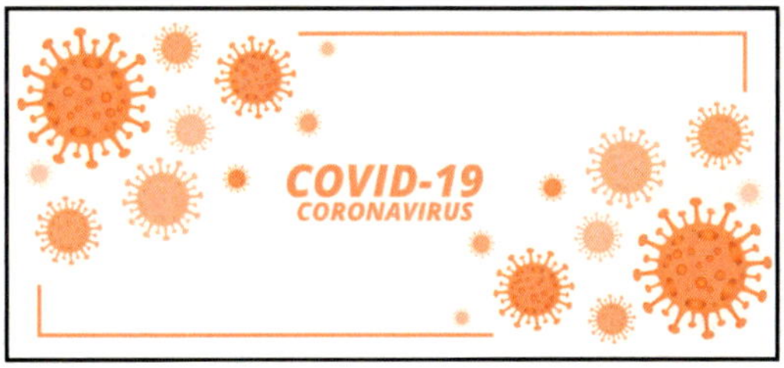

Manuela Halfenberg
Erzieherin und Floristin
Jahrgang 1964
Berlin, Deutschland

Berlin 2020: The Sound of Silence

Stille an einem Ort, an dem sonst internationale Gäste mit ihren Rollkoffern an unseren Fenstern vorbeiziehen. Anhalter Bahnhof, Martin-Gropius-Bau, Gedenkstätte Berliner Mauer, Tempodrom und viele Hotels ... und wir leben mittendrin, meine 11jährige Tochter und ich. Es ist ein sicherer, harmonischer Ort, ein Haus mitten im

Großstadtdschungel, in dem wir uns wohlfühlen. In jedem Haushalt lebt mindestens ein Kind. Wir haben sogar einen kleinen Hofgarten, Luxus in der Stadt.

Im April 2020 hatte ich mir vorgenommen, eine Art Corona-Tagebuch zu führen. Das ist mir nicht gelungen. Zu groß war die tägliche Flut an Nachrichten, und ich war überfordert, die Flut der wissenschaftlichen Informationen einzuordnen. Das globale Ausmaß und die Zahlenvulkane überstiegen meine Vorstellungskraft. Je rasanter die Todeszahlen in den Nachbarstaaten stiegen, desto mehr wünschte ich mir, dass alles nur ein Albtraum sei und sich die Welt morgen so wie immer drehen würde. Wie immer? Ich bin mir nicht mehr sicher, ob das mein Wunsch ist. Die Zeit der Krise hat so viele Denkanstöße und so viel Veränderungswillen hervorgebracht. Allerdings haben die vergangenen Monate auch starre konservative Grenzen aufgezeigt, die wir nicht in der Lage sind, zu überschreiten. Die anfängliche Solidarität, die ich mit vielen anderen Menschen gemeinsam im Frühjahr 2020 gespürt und auch gelebt habe, ist vielerorts gewichen für einen Rückzug in die persönliche Welt.

Als im Januar 2020 die ersten Meldungen von Infizierten in München kamen, dachte ich sofort an unsere Familie und an Freunde. Mit einer Familie in fühle ich mich sehr verbunden. Mein Bruder und meine Schwägerin wohnen in Baden-Württemberg, mein Sohn lebt mit seiner Freundin im Sauerland. Ein guter Freund von mir wohnt in Schleswig-Holstein. Um einander zu sehen, sind wir das Jahr über immer mit der Bahn unterwegs.

Meine Freundin aus Australien hatte einen Flug gebucht, um im Sommer nach Berlin zu kommen. Erst wird erst nicht klar, was die (damals noch so genannte Epidemie) bedeutet, dann begriffen wir: Ein Flug nach Europa wird undenkbar sein. In dieser Zeit telefonierten wir sehr oft, tauschten uns aus und stellten fest: An beiden Polen der Welt unterschieden sich die Ängste nicht voneinander. Das Verhalten der Australier glich unserem: Toilettenpapier wurde zum begehrten Artikel. Meine Freundin Sheryl in Barcelona erschrak, als sie in einem Videotelefonat sah, dass ich draußen spazieren ging. Da hatte Spanien schon eine Ausgangssperre verhängt. Auch meine Sorge wuchs um meine 76jährige Freundin, Ersatzmama & Oma für meine Tochter.

Leider musste ich gleich am Anfang der Corona Zeit feststellen, dass sehr gute Freundin von mir sich der „Das ist alles nur von den Mächtigen und Reichen dieser Welt inszeniert worden, völlig übertrieben, die Banken kapern unser Bargeld"-Bewegung nahe fühlt. Nun habe ich eine Kontaktpause eingelegt, da es mir schlaflose Nächte bereitete, Argumente zu sammeln, um diese abstrusen Thesen zu widerlegen. Ich kann es nicht begreifen, im wahrsten Sinne des Wortes: GREIFEN … ihre Hand entglitt mir … ich konnte unsere Freundschaft nicht halten. Ich hoffe so sehr, dass sie und alle anderen irregeleiteten Menschen irgendwann die wissenschaftliche Seite verstehen. Wir dringen immer mehr in die Lebensräume und Rückzugsorte unserer Wildtiere ein. Das Coronavirus wird kein Einzelfall bleiben, sondern ist ein Vorbote von dem, was noch kommen wird.

Die unsichtbaren winzigen Teilchen
Das unfassbare Uhrwerk tickt
Alltägliches wird ganz klein
in unserem reichen zivilisierten Land
Das Ganze ist so unfassbar surreal

Am 12.März 2020 wird die Epidemie zur Pandemie erklärt. Das bedeutet: Die Grenzen sind dicht, Kindergärten schließen, Spielplätze werden rot-weißem Plastikband. Abgesperrt. Ich werde erinnert an die Zeit des Super-GAU in Tschernobyl. Als die radioaktive Wolke zur Bedrohung wurde, waren auch alle Spielplätze gesperrt. Damals war ich 22 Jahre und in der Ausbildung zur Erzieherin. Das Szenarium damals fühlte sich in Körper und Geist ähnlich an, wie jetzt am Anfang der Pandemie. Es flog etwas Unsichtbares Richtung Europa, bei den Menschen setzte eine Schockstarre ein.

Meine Tochter erlebt so eine Situation zum ersten Mal in ihrem jungen Leben. Sie hatte bis dahin sehr täglich gerne Kindernachrichten auf dem Kinderkanal geschaut. Von einem Tag auf den anderen war das vorbei. Es machte ihr Angst, sie konnte diese Nachrichten nicht einordnen, sie mochte lieber im Schrank sitzen. Eines Tages fand ich sie dort mit Taschenlampe, ihrem Kuschel- und Trösteschaf Olga und einem Buch. „Hier fühle ich mich geborgen, Mama", sagte sie mit leiser Stimme. Ich konnte ihr nur viel Verständnis, Geborgenheit und Liebe, Körperwärme, Zeit und gutes Essen geben.

Ich bin so glücklich darüber, dass meine Tochter ein kreatives Kind ist. „Kreativität braucht Chaos" ist ihr Motto. Sie bastelt, töpfert, malt und flieht in die Welt von Harry

Potter in dieser Zeit. Ich begann Masken zu nähen gegen Angst, Unsicherheit und gegen das Unsichtbare. Aus alten Jeans und Vorhängen wurden Stoffmasken, die ich dann an meine Liebsten verschickte. Es wurde fast schon zum zwanghaften Handeln, doch alles, was half und nicht zur Verzweiflung führte, tat mir gut.

Nach einem Sommer, der uns ein wenig Leichtigkeit leben ließ, begann der Herbst für mich mit Schlafstörungen. Ich wachte auf und mochte nicht in den Tag starten. Oft kroch die Angst bis unter die Kopfhaut. Es wurde alles bedrohlicher, als ich führe ich durch eine Nebelwand und wüsste nicht, was mich auf der anderen Seite erwartet. Ich mochte nicht mehr aufstehen, nicht mehr einkaufen, nicht mehr kochen. Die alltägliche Routine wurde endlos schwer. Doch ich stand jeden Tag auf, stellte Espresso auf, schlüpfte mit dem Thermobecher und ohne Strümpfe in die Schuhe. Kühle Luft, warme Flüssigkeit, Laub unter den Schuhen und schnelle Bewegungen – das alles brachte mich in Schwung und in die verdammte Realität.

Die Zeit vergeht schneller
schwebend wie eine Möwe
fliegt das Unsichtbare über die Welt
Gedanken sinken zu Boden in unseren Träumen
um sich dann bei Morgendämmerung wieder einzuschleichen
in unsere überflutete Gedankenwelt

Ich wollte meinen Kindern beistehen und Stärke vorleben. Oft war es aber umgekehrt: Meine Kinder waren mir Vorbild. Meine Töchter und mein Sohn brachten fröhliche Lebendigkeit und Akzeptanz der in unseren Alltag. So entstanden verrückte Ideen: Wir zelteten im Wohnzimmer, flogen nach Athen, schauten uns die Akropolis an und vergaßen für Augenblicke die Realität. Ich bin so froh und dankbar, dass meine kleine Große so fantasiereich ist.

Am 27. Januar 2021 krochen die Querdenker wieder aus ihren Löchern, nicht zufällig am Internationalen Tag des Gedenkens an die Opfer des Holocaust. Ich empfinde diese Machtlosigkeit gegen einen kleinen Teil der Bevölkerung, die so laut schreien, als seien sie in der Mehrheit unerträglich. NEIN, sie sind nicht die Mehrheit, das mache ich mir immer wieder bewusst, sonst werden diese Menschen zur Bedrohung, und dagegen müssen wir Widerstand leisten!

Gerade höre ich seit langem wieder Hubschrauber am Himmel kreisen. In den letzten Monaten war dieses Geräusch immer mit Demonstration verbunden. Rotten sich etwa die Corona-Leugner, Verharmloser, Ignoranten, vermischt mit Rechtsradikalen und Reichsbürgern, wieder zusammen? Diesmal sind es die Traktoren der Landwirte aus allen Bundesländern, die sich vor dem Landwirtschaftsministerium aufreihen und zeigen, wie sehr sie um ihre Existenz bangen. Ich bin ein wenig erleichtert und gleichzeitig beunruhigt, welche Spaltung in unserem Land, in Europa und global, vor sich geht und durch die Pandemie noch sichtbarer wird.

Wir halten uns weiter an die Maßnahmen, die wir für notwendig halten. Oft wünsche ich mir einen viel konsequenteren Lockdown. Ich hoffe, dass global eine gerechte Verteilung des Impfstoffes stattfinden wird.

Ich versuche, mich auf das Positive zu konzentrieren: Im April werde ich Oma, denn mein Sohn und seine Freundin bekommen ein Baby. Nach dem Sommer hoffen wir darauf, dass meine Tochter an einer Oberschule mit künstlerischer Ausrichtung angenommen wird, damit sie ihre Kreativität noch mehr ausleben kann.

Heute Nacht hat es geschneit. Meine Tochter sprang aus dem Bett, lief in unseren Hofgarten und jauchzte vor Freude, denn es ist sehr selten, dass eine Schneedecke auf Berlins Dächern und Straßen liegt.
Das sind Augenblicke der Hoffnung und der unbändige Wille, zu kämpfen und sich einzumischen für eine Welt, die für unsere Kinder lebenswert sein soll.

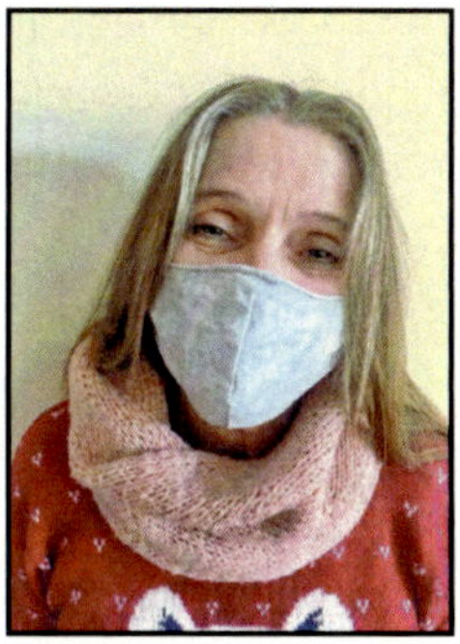

Ich wurde im April 1964 in Berlin geboren und habe drei Kinder (32/27/11 Jahre). Als Beruf habe ich Erzieherin und Floristin erlernt, bin jetzt in Erwerbsminderungsrente.
Zurzeit lebe ich mit meiner jüngsten Tochter in Berlin.

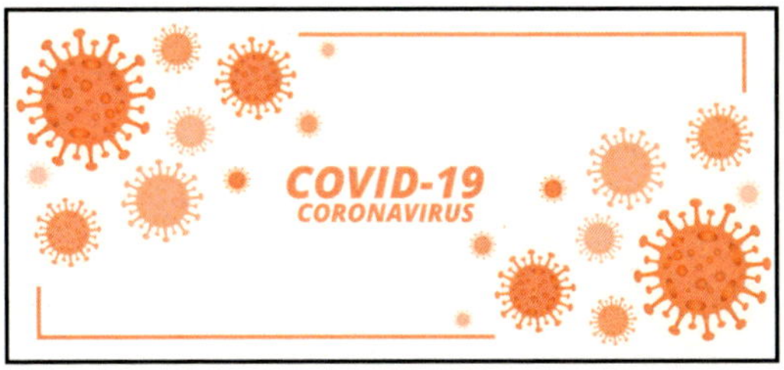

Geert Müller
Bürgermeister der Gemeinde Rhauderfehn
Jahrgang 1967
www.rhauderfehn.de

Rücksicht. Vorsicht. Zuversicht.

Mein Name ist Geert Müller. Umarmen dürfen mich seit Jahren nur meine Frau und meine Kinder. Selbst bei den eigenen Geschwistern ist diese neue Art der Herzlichkeit nicht meins – nie gewesen. Corona hat mich diesbezüglich nicht verändert. Dazu bin ich Brieftaubenzüchter. Schon seit 40 Jahren. In meinem Hobby gab es schon immer Krankheitsgeschehen, die durch Viren ausgelöst und erst durch eine Impfung der Tiere kontrollierbar wurden. Insoweit hatte ich von Anfang an einen recht realistischen Blick auf die Situation nach dem Motto: vor Corona kann man sich als Gesellschaft nicht verstecken, davor kann man nicht weglaufen – da muss man einfach durch. Die Strategie unserer Regierungen, einen Lockdown zu verhängen, um das Tempo des Infektionsgeschehens zu drosseln und so auf den verschiedenen lebensrelevanten Bereichen des Gesundheitssystems Zeit und Erfahrung im Umgang mit dem Virus zu gewinnen, konnte ich gut nachvollziehen.

Unruhig wurde ich dann Anfang April. Ich habe einen guten Freund, der in verantwortlicher Position in einem Altenheim arbeitet. Auch aus dem mehrjährigen Heimaufenthalt meiner verstorbenen Mutter habe ich eigene Erfahrungen zu dem besonderen Zuwendungsbedürfnis, das gerade in stationären Heimen lebende ältere Personen haben. Der notwendige Ansatz, die älteren Mitmenschen zu schützen, wurde meines Erachtens ab und an mit der öffentlichen Forderung eines Wegsperrens der alten Menschen verwechselt. Das konnte ich nicht gut ertragen.

Auch stört es mich bis heute, dass es zu viele Menschen gibt, die vom Staat eine Vollkasko-Versicherung für das eigene Leben verlangen. Zu akzeptieren, dass das Leben mit einem Lebensrisiko verbunden ist und auch anzuerkennen, dass der Staat berechtigt ist, eine Abwägung zu treffen, „normale“ Lebensrisiken nicht abzumildern, weil ansonsten Lebenschancen anderer Menschen deutlich beschnitten werden könnten, gehört für mich zum Solidaritätsgedanken dazu. Vielleicht hat das ein wenig damit zu tun, dass ich seit meinem Fachhochschulstudium von den Ergebnissen der sogenannten Whitehall-Studie so nachhaltig geprägt bin. Die Überschrift lautete in etwa: „Je höher man in der Hierarchie steht, desto älter wird man.“ Chancengerechtigkeit ist insoweit Gesundheitsförderung. Eine hohe Lebenserwartung bei guter Lebensqualität streben wir alle an. Die mehrwöchig wiederkehrende Umfrage von Meinungsforschern, ob man denn mit den Corona-Maßnahmen des Staates einverstanden sei, wird nach meiner Überzeugung vordergründig mit der Motivlage beantwortet, welches eigene Sozialverhalten im sozialen Kontext denn zielführend ist, damit ich möglichst lange und gesund lebe. Völlig unabhängig davon, ob dies gleichzeitig die Lebenschancen anderer verringern könnte.

Insgesamt kann ich mich gut mit den Worten von Wolfgang Schäuble anfreunden: „Aber wenn ich höre, alles andere habe vor dem Schutz von Leben zurückzutreten, dann muss ich sagen: Das ist in dieser Absolutheit nicht richtig. Grundrechte beschränken sich gegenseitig. Wenn es überhaupt einen absoluten Wert in unserem Grundgesetz gibt, dann ist das die Würde des Menschen. Die ist unantastbar. Aber sie schließt nicht aus, dass wir sterben müssen.“

Hinsichtlich des normalen Lebensalltages gehöre ich angesichts von Corona aus verschiedenen Gründen zu den privilegierten Menschen. Ich habe durch eine Krankheit bereits vor Jahren einmal erfahren, dass das Leben endlich ist. Ein Kollege berichtete mir nach einem Reha-Aufenthalt im Anschluss an eine schwere Erkrankung, die Psychologin habe ihm gesagt, dass der Mensch zwei Leben hätte: ein Leben, nachdem man anhand gesundheitlicher Beschwerden erfahren habe, dass das Leben endlich sei, und eines vor diesem gesundheitlichen Einschnitt in dem jeweiligen Leben. Jeder, der sich vor Corona aufgrund eines gesundheitlichen Aspektes einmal intensiver mit der eigenen Endlichkeit auseinandergesetzt hat, konnte der Coronakrise diese Erfahrungen entgegensetzen. Ich gehöre zu diesen Menschen und bin da sicher privilegiert – auch wenn der Kopf seinerzeit bei mir die größere Rolle gespielt hat.

Zudem bin ich privilegiert, weil ich durch Corona keine materiellen Einschnitte zu befürchten habe. Ein weiterer Punkt der Privilegierung ist ein seit Monaten strukturierter Berufsalltag. Die eigenen Kinder sind selbständig und ich gehöre aufgrund des Alters nicht zur Risikogruppe. Sollte Corona mich doch vorzeitig aus dem Leben nehmen, weiß ich, dass meine Kinder ihren Weg gehen können und werden. So bitter das klingen mag,

so wahr ist auch, dass es ein Privileg ist, wenn die Schwiegereltern weit entfernt wohnen und Abstand halten deswegen ganz einfach ist. Dass die eigenen Eltern im Alter von 60 bzw. 69 Jahren bereits verstorben sind, hat auch die Frage ausgeklammert, wie ich diese denn schützen kann und muss – da habe ich einen schwarzen Humor und bitte mir diesen zu verzeihen.
Letztlich bin ich privilegiert, weil ich ein gläubiger Mensch bin. Trotz der bedrückenden Nachrichten während der letzten Monate habe ich eine gewisse innere Ruhe. Ich fühle mich von Gott behütet. Zu meinem Geburtstag habe ich vom Kirchenvorstand der Kirchengemeinde Westrhauderfehn einen Mundschutz mit der Aufschrift „Hoffnung haben wir“ geschenkt bekommen. Eine tolle Botschaft, die so verkündet wird und die mir in der öffentlichen Debatte viel zu wenig vorgekommen ist. Rücksicht, Vorsicht, Zuversicht: Alle Worte haben zu Coronazeiten ihre Berechtigung. Zuversichtlich leben schenkt nicht nur einem selbst Lebensfreude.

Meine Zuversicht bringt mir zu Coronazeiten auch vielfach Kritik ein. „He is wat ruug“ („er ist oberflächlich“) ist da dann noch harmlos. Von Bediensteten wurde mir schon der Vorwurf gemacht, dass ich Mitarbeiter als Kanonenfutter ansehe, weil ich nicht zeitgleich mit anderen Gemeinden die Rathaustür geschlossen habe. Auch wurde die Frage, warum die Rathaustür noch geöffnet sei, damit beantwortet, dass der Bürgermeister der Gemeinde Rhauderfehn der Meinung sei: „Sterben müssen wir alle.“ Zuversicht und Gottvertrauen sind in der Rolle des Vorgesetzten in Coronazeiten oft nicht ausreichend, wenn Bedienstete an die Fürsorgepflicht als Vorgesetzter erinnern. Mir ist das bewusst, doch ich werde auch immer wieder daran erinnert.

Maskottchen Fokko vor der Hoffnungskirche Westrhauderfehn
Foto: Detlef M. Plaisier

Foto Rathaus Rhauderfehn: Hartmut Manitzke

Im Januar 2021 kam unsere Tochter in Quarantäne, da eine Mitschülerin positiv getestet wurde. Nach entsprechender Testung stand fest, dass sich unsere Tochter nicht angesteckt hatte. Nebeneffekt der Quarantäne war, dass wir die Kühltruhe schneller abtauten als beabsichtigt und danach einen echten Hamsterkauf tätigten. Selten waren unsere Vorräte so gut gefüllt wie Ende Januar. Der eigene Geburtstag Ende Januar fiel dann doch etwas „sparsam" aus. Ohne die vielen Glückwünsche in den sozialen Medien hätte ich es fast nicht bemerkt, dass es mein Ehrentag war.

Einen gegenteiligen Effekt kann ich hinsichtlich der körperlichen Konstitution zu Coronazeiten feststellen. Während in der Boulevardpresse davon berichtet wurde, dass der Durchschnittsbürger ein bis drei Kilo zugenommen habe, kann ich anderes kundtun. Durch die wegfallenden beruflichen Termine war die Kalorienzufuhr deutlich geringer als üblich. Unsere durch die Kontaktbeschränkungen dezimierte Laufgruppe beschränkte sich im Regelfall auf meinen Bruder Jan und mich. Warum auch immer – Fakt war: die Strecken wurden länger. Ein Lauf über zehn Kilometer in der Woche war regelmäßig dabei, und so purzelten die Pfunde gegen den Coronatrend.

Die sportliche Betätigung vermindert meine Risikofaktoren, und verbunden mit den beim Sport ausgestoßenen Glückshormonen warte ich nun auch mit entsprechender Ruhe auf einen möglichen Impftermin. Ich werde mir bestimmt nie vorwerfen lassen müssen, dass ich versucht habe, mich dabei vorzudrängeln. Allerdings beabsichtige ich auch nicht, mich beim Ableben durch besondere Unvorsichtigkeit zu Coronazeiten vorzudrängeln.

Vielleicht bin ich im Kern einfach nur egoistisch und kann mich nicht wirklich entscheiden. Was beeinflusst meine Lebenserwartung mehr – Gene oder soziale Hierarchie? Es stellt sich insoweit die Frage, ob ich jetzt im Frühjahr 2021 zu denjenigen gehören will, die lautstark das Ende des Lockdowns einfordern sollten, weil ich die während meiner unterdurchschnittlich genbedingten Lebenserwartung verbleibende Zeit doch mit möglichst vielen Aktivitäten füllen will und jeder Tag zählt. Oder vertraue ich auf den Whitehall-Effekt und fordere die Verlängerung des Lockdowns, weil ich vergleichsweise wenig auszustehen habe und doch vermutlich länger lebe als meine Eltern? Da lesen Sie wieder meinen bösen Humor. Doch ich denke, in den Sätzen steckt ein Körnchen Wahrheit - und Humor muss in Coronazeiten auch erlaubt sein.

Ich danke Detlef Plaisier für die Möglichkeit, einige Gedanken an dieser Stelle zu verewigen und wünsche allen Lesern für die Zukunft alles Gute, vor allem Gesundheit. Gleichzeitig bitte ich meine Frau um Verzeihung. Hätte sie den Text gelesen, wäre er so nicht erschienen. Mit den Worten: „Du bist Bürgermeister“ hätte sie angefangen, den Text Korrektur zu lesen. Aber manchmal muss man sich die Freiheit nehmen, zu denken oder zu schreiben, wie es die „Regierung“ gerade nicht wünscht.

Geert Müller wurde 1967 geboren, ist verheiratet und hat zwei Kinder. Er wurde 2011 zum Bürgermeister der Gemeinde Rhauderfehn gewählt und 2019 für weitere acht Jahre im Amt bestätigt. Geert Müller war vor seiner Wahl Verwaltungsleiter beim Gewerbeaufsichtsamt Emden.

Ulf Thiele, MdL
Jahrgang 1971
Stallbrüggerfeld, Gem. Filsum, Deutschland
www.ulf-thiele.de

Das Grundübel sind nicht die Entscheidungen. Das Grundübel ist das Virus.

Haben wir die Corona-Pandemie bald überwunden? Im März 2021 muss ich sagen: Ich weiß es nicht. Niemand weiß es. Wer dieses Buch erst 2022 oder 2023 in die Hand nimmt, wird hoffentlich klüger sein – und zumindest erahnen, welche Entscheidungen dieser Zeit richtig und welche falsch waren. Für diejenigen, die in dieser Zeit, unter hohem Entscheidungsdruck bei zugleich erheblicher Lage-Unsicherheit, zum Schutz der Gesundheit und des Lebens der Bevölkerung Grundrechte per Verordnung einschränken, Impf- und Teststrategien erarbeiten und immer wieder erneuern, war und ist es eine Zerreißprobe.

Jeden Tag Schicksale von Erkrankten und Verstorbenen sowie die daraus erwachsenden Sorgen und Ängste vor Augen zu haben und zur selben Zeit die Belastung von Menschen in Kurzarbeit, Kindern im Homeschooling, Eltern ohne Kinderbetreuung, Künstlern in der Grundsicherung und Unternehmen in Existenzkrisen zu sehen, lässt niemanden kalt. Es belastet emotional. Und zugleich verursacht es erheblichen Handlungsdruck unter hohem Zeitdruck mit ständigem Kommunikationsdruck. Dem standzuhalten, gelingt nicht immer und nicht jedem. Auch mir, politisch wie privat mitten in dieser Lage, sind bei dem einen oder anderen Kommentar in den sogenannten sozialen Medien schon die Sicherungen durchgebrannt.

Im Verlauf der Pandemie wurde es immer notwendiger zu verdeutlichen: Das Grundübel dieser Zeit sind nicht die Verordnungen und nicht die, natürlich immer angreifbaren, Krisen-Entscheidungen. Das Grundübel dieser Zeit ist das Coronavirus SARS-CoV-2. Der Versuchung, das Narrativ dieser Krise zu verändern, wonach nicht das Virus selbst die zu beklagenden Schäden verursacht, sondern die zu seiner Eindämmung getroffenen Entscheidungen, muss unsere Gesellschaft widerstehen – auch nach dieser Krise. Denn dass gegen die Krisenentscheidungen und Entscheidungsträger gerichtete Narrativ hat das Potential, die Grundfesten unserer Demokratie und unseres Rechtsstaates zu gefährden.

Für mich persönlich gab und gibt es in dem beschriebenen Spannungsfeld zwei Ebenen: Die eine ist die politische. Als Landtagsabgeordneter in der niedersächsischen Koalition aus CDU und SPD, der dort und im Wahlkreis Strategien, Verordnungen und Hilfsmaßnahmen mitdiskutieren darf und auch mitentscheiden und vor Ort erklären muss. Die massiven Kontaktbeschränkungen, das Runterfahren der Wirtschaft, die Notbetreuung in Kitas und der Notbetrieb in Schulen, der weitgehende Stopp des Vereinslebens, sogar der Kirchgang musste eingeschränkt werden, diese Entscheidungen sind nie leichtgefallen, aber sie waren lange Zeit notwendig und hilfreich, um die Gesundheit der Menschen zu schützen und eine Überlastung der Gesundheitssysteme zu verhindern. Deshalb waren sie richtig. Die Folgen zu mildern und medizinische und gesellschaftliche Strukturen sowie die Unternehmen zu stabilisieren war die gesamte Krise über eine gigantische organisatorische und finanzielle Herausforderung. Als Finanzpolitiker hat mich das Ringen um die weitgehend aus zusätzlichen Schulden finanzierten Geldmittel des Landes, aus denen die dafür notwendigen Programme und Maßnahmen gespeist wurden, natürlich besonders beschäftigt.

Besonders belastend waren und sind die Einschränkungen, die den Menschen auferlegt wurden. Nicht jede Entscheidung war richtig. Wenn mir berichtet wurde, dass Angehörige mutterseelenallein im Krankenhaus gestorben waren, weil es ein Kontaktverbot gab, dann tat mir das in der Seele weh. Andere, menschenwürdigere Formen des Umgangs miteinander zu finden, war wichtig, um ein Optimum an Schutz auf der einen Seite und an mitmenschlichem Miteinander auf der anderen Seite zu erreichen.

Die zweite Ebene ist die persönliche. Die aufgestellten Regeln galten und gelten natürlich auch für mich und meine Familie. Kaum persönliche Treffen, wenige Gespräche von Angesicht zu Angesicht, dafür viele sterile Telefon- und Videokonferenzen und kein gemeinsames Bier nach getaner Arbeit. Dass man Angehörige und Freunde über Monate hinweg nur noch selten sehen darf, belastet uns nicht weniger als die Leserinnen und Leser dieses Buches.

Diese Pandemie hat mich Demut gelehrt. Demut davor, dass wir Menschen nicht alles im Griff haben. Dieses Virus wird den persönlichen Kompass eines Jeden für das, was wichtig ist und was nicht, verändert haben: Nach der Pandemie wird nichts mehr so sein, wie es war. Und das ist auch eine Chance – für uns alle.

Ulf Thiele wurde 1971 in Leer geboren und wuchs in Uplengen, Gemeinde Remels auf. Er ist gelernter Verlagskaufmann. 1991 trat Ulf Thiele der CDU bei. Von 1991 bis 2011 gehörte er dem Gemeinderat Uplengen an. Ebenfalls seit 1991 ist Ulf Thiele Kreistagsabgeordneter im Landkreis Leer und dort stellvertretender Vorsitzender der CDU-Fraktion. Von 2006 bis 2017 war er Generalsekretär der CDU Niedersachsen. Dem Niedersächsischen Landtag gehört Ulf Thiele als Abgeordneter seit 2003 an. Er konnte bei allen Landtagswahlen seit 2003 das Mandat im Wahlkreis direkt erringen und ist seit 2017 stellvertretender Vorsitzender der Landtagsfraktion seiner Partei. Seit Oktober 2020 ist Ulf Thiele Bezirksvorsitzender der CDU Ostfriesland. Seit 2019 ist der bekennende Christ Ulf Thiele Mitglied der Landessynode der evangelisch-lutherischen Landeskirche Hannover.
Seit Oktober 2020 engagiert er sich als Vorsitzender des Fördervereins Schutzengel-Huus e.V. für den Bau und Betrieb einer ambulanten Pflegeeinrichtung der Diakonie Hesel-Jümme-Uplengen für Intensivpflege-bedürftige Kinder und Jugendliche sowie ihre Familien. Als Aufsichtsratsvorsitzender des Länderzentrums Niederdeutsch setzt er sich länderübergreifend für den Erhalt der niederdeutschen Sprache ein. Ulf Thiele wohnt mit seiner Frau Olga in Stallbrüggerfeld, Gem. Filsum. Er hat zwei Söhne aus erster Ehe.

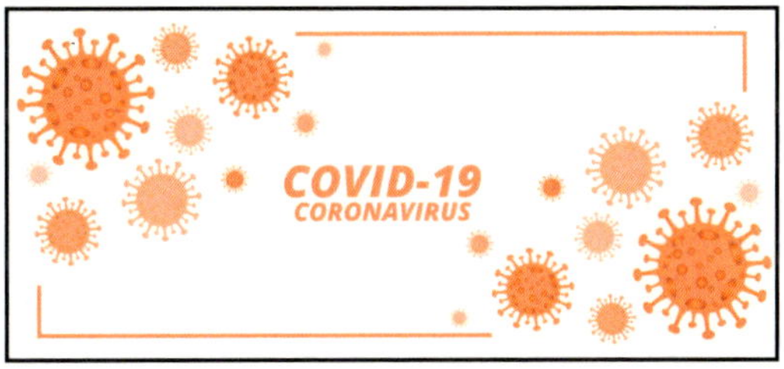

Dr. Daniela De Ridder, MdB
Jahrgang 1962
Schüttorf, Grafschaft Bentheim, Deutschland
www.daniela-de-ridder.de

Von der Weite der Welt zur Enge der Quarantäne. Wie ich die Corona-Pandemie erlebte und was sie mich lehrte.

Oft werde ich als Bundestagsabgeordnete gefragt, wie ich die Corona-Pandemie erlebt habe. Meine Antwort: Sie dauert leider noch an. Dabei erinnere ich mich an die Anfänge noch so gut, als wäre es erst gestern gewesen. Denn der Beginn der Corona-Krise fand

zeitgleich mit meiner letzten Auslandsreise statt, die ich als stellvertretende Vorsitzende des Auswärtigen Ausschusses im Deutschen Bundestag unternehmen konnte.

Es war eine frühlingshafte März-Woche, die ich nutzen wollte, um den Wüstenstaat Oman und seine Hauptstadt Maskat zu besuchen. Es war von Beginn an eine ungewöhnliche Reise: Oman gilt als eines der aufgeklärtesten muslimischen Länder der arabischen Halbinsel, bildungsorientiert, frauenfreundlich. In Maskat und Nizwa wollte ich, weil dies zu meinem Aufgabengebiet gehört, über Forschung und Wissenschaftskooperation sprechen. Ich wollte die deutsch-omanische Hochschule und zahlreiche Universitäten besuchen und mehr lernen über diesen liberalen muslimischen Staat.

Doch bereits der Hinflug gestaltete sich als schwierig: Im regnerischen Berlin flog ich am frühen Morgen los. Zunächst schien alles noch ganz normal zu sein, von der Passkontrolle bis zum Einchecken. Aber schon bei der Zwischenlandung in Frankfurt wunderte ich mich, warum so viele Menschen Mundschutz trugen. Zwar tragen gerade in den Flughäfen viele Fluggäste aus dem asiatischen Kulturraum Mund- und Nasenschutz und schützen so sich und andere; aber an diesem Morgen schien es mir doch, als wären ungewöhnlich viele Menschen mit Maske unterwegs.
Die freie Augenpartie, so bildete ich mir ein, ließ durchaus erkennen, dass nicht nur Asiat*innen den Flughafen bevölkerten. Ich gestehe, keineswegs dachte ich dabei an eine mögliche Pandemie, auch wenn ich Ende Dezember bereits über eine neuartige Erkrankung in China informiert worden war.

An diesem Vormittag bestieg ich mit einem etwas beklommenen Gefühl das Flugzeug, das mich so viele Flugmeilen weit transportieren würde. Noch während des Fluges und eine ganze Weile, bevor wir in Maskat landeten, musste ich einen Fragebogen mit detaillierten Fragen nach meinem Gesundheitszustand beantworten: Wann hatten Sie das letzte Mal Fieber? Leiden Sie an Erkältungssymptomen? Wann waren Sie das letzte Mal in China? Ungewöhnliche Fragen für mich als Abgeordnete und – zugegeben – berufsbedingt auch als Vielreisende.

Angekommen auf dem Flughafen Maskat, wollte ich das ausgefüllte Formular erst einmal beim Zoll abgeben. Man verstand mich nicht, und das arabische Englisch war hinter den Gesichtsmasken auch kaum eindeutig zu verstehen. Bis auf mich und die gerade gelandeten Fluggäste trugen alle Personen im Flughafen Masken. Mein Unbehagen wuchs, denn Menschen, deren Gesicht man nicht erkennen kann, wirken zunächst rätselhaft, unnahbar, zumal in einem Land, das ich als Frau alleine bereiste und in dem ich noch nie zuvor gewesen war.

Schließlich wies man mir zwei Herren zu, die mit einem Lineal als Werkzeug den unteren Abschnitt abtrennten, mir überreichten und mich beschworen, diesen Abschnitt die ganze Reise lang bei mir zu führen. Ich war verunsichert und ausgesprochen dankbar, als der Botschafter mich vor dem Flughafen in Empfang nahm. Ich berichtete ihm über diese Modalitäten. Er wunderte sich und sagte, er habe erst am Vortag eine große Delegation aus Deutschland verabschiedet, die solche Formalien nicht erledigen mussten. Dies sei also ganz neu.

Die weitere Reise verlief – auch dank der hervorragenden Unterstützung durch die Botschaft und die Freundlichkeit der Menschen – völlig reibungslos, aber mein Unbehagen blieb. Nein, wir trugen noch keinen Mundschutz, aber bereits bei den Besuchen in den Ministerien wurde uns mitgeteilt, dass dies vielleicht besser sei. Es gab zahlreiche Kontrollen, insbesondere Fluggäste aus China und aus dem Iran und angrenzenden Ländern durften nicht mehr einreisen. Sorge machte ich mir folglich um meinen Rückflug. Ich hoffte inständig, dass ich einen Heimatflug würde buchen können, und war noch nie so froh, heimatlichen Boden nach diesem Flug betreten zu können.

Ich habe diesen Vorgang auch deshalb in so intensiver Erinnerung, weil es der Beginn einer ungewöhnlichen Zeit in meinem Leben wurde. Wenig Tage später wurde bekannt, dass die Pandemie, von der wir zunächst alle dachten, sie bliebe auf China begrenzt, nun weltweite Ausmaße angenommen hatte. Und bis heute sind die Vorsichtsmaßnahmen einzuhalten und mein Unbehagen ist nicht gewichen. Gerade als Bundestagsabgeordnete macht mir diese Entwicklung große Sorgen.

Es ist jedoch gut, sich zu erinnern, wie die Anfänge waren und dass es eine erstaunliche Entwicklung zur Bewältigung dieser Krise gibt, dass wir eine Situation in den Griff bekommen können, obgleich keiner von uns – gottlob – behaupten kann, mit Pandemien Erfahrungen zu haben. Und dennoch: Selbst, wenn die Pandemie ihren Ursprung in China genommen haben mag, sie hielt auf erschreckende Weise Einzug in viele europäische Länder, und kein Land auf unserer Weltkugel ist von dieser Pandemie auch nur annährend verschont geblieben. Eine solche Erfahrung habe ich in meinem Leben noch nie machen müssen. Die Pandemie fordert uns heraus – so sehr, wie es noch nie eine Situation in unserem Leben vorher getan hat. Das gilt auch für meine Tätigkeit als Bundestagsabgeordnete.

Zunächst zeigte mir meine persönliche Erfahrung mit dem Rückflug, dass wir uns vor allem um jene Deutsche kümmern mussten, die im Ausland zu stranden drohten. Ich bin sehr froh, dass ich im Auswärtigen Amt viele Kontakte knüpfen konnte und Anfragen vieler Bürger*innen, was ihre jeweiligen Rückflugmöglichkeiten anging, beantworten und viele Probleme lösen konnte. Wir ahnten jedoch auch, dass dies erst der Anfang einer erschreckenden Entwicklung sein würde. Wir befürchteten nicht erst, als wir die Fernsehbilder aus Italien und den USA sahen, wie wichtig während der Pandemie ein belastbares Krisen- und Gesundheitsmanagement sein würde.

Zugegeben: Es trieb mir die Tränen in den Augen, wenn ich sah, wie isoliert alte Menschen in Altersheimen leben mussten ohne jeden Besuch von ihren Lieben. Es betrübte mich zu erfahren, wie in Italien reihenweise Särge mit an Corona verstorbenen Menschen vom Militär transportiert werden mussten. Für mich galt es, eine solche Entwicklung in Deutschland unbedingt zu vermeiden. Ich erfuhr, wie Menschen in

Krankenhäusern verstarben, ohne dass sich ihre Verwandten von ihnen verabschieden konnten. Es sind diese Geschichten und Bilder, die ich bis zu meinem Lebensende nicht vergessen werde, weil sie mich zutiefst berührt haben.

Als Berufspolitikerin war ich nun gefordert: Mein Team und ich erlebten wie unter dem Brennglas die riesigen Probleme, die eine solche weltweite Epidemie auslösen kann. Und obwohl ich selber noch nicht ahnte, was auf uns zukommen würde, habe ich mich zu keiner Zeit gescheut, während andere zum Homeoffice angehalten wurden, im Wahlkreis und auch in Berlin, unter hohem Druck und erheblichem Stress Entscheidungen zu fällen, von denen wir hofften, dass sie Schlimmeres würden verhindern können.

Ich schonte mich nicht. Dabei hatte ich mehrfach Kontakt zu erkrankten Kolleginnen und Kollegen, musste mich häufiger testen als mir lieb war; und obgleich bisher alle Testergebnisse negativ ausfielen, müsste ich häufiger in Quarantäne als ich es geplant hatte oder meine doch so wichtigen politischen Aufgaben es eigentlich von mir verlangten. Aber, so sagte ich mir, es braucht Verantwortung: Verantwortung für die Menschen in meinem Wahlkreis, Verantwortung für die Menschen in unserem Land, in dem wir so vieles richtig machen wollen, ohne dafür im Geringsten ein Blaupause zu haben, Verantwortung aber auch für eine weltweite Bekämpfung dieser todbringenden Viruserkrankung. Gerade als Außenpolitikerin bin ich gefordert, ins Blickfeld zu rücken, dass wir in Deutschland erst dann gänzlich geschützt sein können, wenn überall auf der Welt Menschen getestet und geimpft werden können.

Zunächst aber galt es, die Menschen in meinem Wahlkreis zu beruhigen und für sie

da zu sein. Viele fürchteten sich davor, dass uns die Pandemie überrennen könne, als der erste Lockdown dazu führte, dass im Home-Office gearbeitet werden sollte, gerade als alle Geschäfte, Kinos, Clubs, Theater oder Museen, alle Friseursalons und Kosmetikstudios, aller Sportstätten schließen und Vereine ihr betriebsames Miteinander einstellen mussten und Schulen und Kitas geschlossen blieben oder nur noch eine Notbetreuung angeboten werden konnte. In dieser Phase spürte ich diese Verantwortung ganz besonders. Per E-Mail, per WhatsApp und per Telefon wurden wir angefragt. Meine Mitarbeiter*innen und ich haben bisher nie die Langeweile der Quarantäne erlebt, ganz im Gegenteil. Blitzschnell hatten wir Entscheidungen zu fällen, weil die pandemische Lage es erforderlich machte. Ja, wir waren häufig unsicher, mussten wir doch Entscheidungen treffen, deren Auswirkungen wir nicht einmal annähernd abschätzen konnten, aber immer blieb die Hoffnung, das Richtige zu tun. Aus dieser Zeit erinnere ich mich, wie schwer zuweilen diese Verantwortung auf mir lastete. Ich könnte beruhigen, ich informierte, ich verwies weiter.

Es ist gut, so dachte ich, dass wir ein so enges Netzwerken in der Grafschaft Bentheim und im Emsland geknüpft haben, dass wir über tragfähige und belastbare Verbindungen verfügen und auf zahlreiche Einrichtungen und Institutionen verweisen können, in denen ratsuchenden Menschen sehr konkret geholfen werden kann: Soziale Einrichtungen, Dienstleister, Verwaltungen, Organisationen, Gewerkschaften, die alle zur Verfügung stehen, um in ungeahnter Not zu helfen. Hilfreich war, dass wir zudem sehr schnell lernten, dass wir die erste Verunsicherung überwinden konnten, dass unsere Informationen wuchsen und Expertise größer wurde. Dass die Zahl der Anfragen an mein Büro und mich dann geringer wurden, werteten wir als gutes Zeichen, denn die Hilfen waren nun bekannt. Die Bundesregierung und die Institutionen vor Ort, sie funktionierten gut; es keimt Hoffnung und Dankbarkeit.

Eine zweite Welle von Anrufen und Nachfragen erlebten wir dann, als es um das griechische Flüchtlingslager Moria, die dortigen Flüchtlinge und deren elende Lebensbedingungen ging. Diese Anfragen, Briefe und auch so manche Schmähung machten uns einmal mehr deutlich, dass wir nicht nur national denken dürfen, wenn wir die Pandemie erfolgreich bewältigen und hinter uns lassen wollen. Vielmehr müssen wir auch die Schwächeren in unserer Gesellschaft, insbesondere die Geflüchteten auf den griechischen Inseln aber auch Menschen, die weltweit unter Armut, Hunger und Kriegen oder Umweltkatastrophen leiden, in den Blick nehmen. Die Probleme, die die Pandemie vielleicht verdeckt hat – weil wir zunächst denken, wir müssten erst einmal unsere eigenen Herausforderungen annehmen und bewältigen, weil wir selber betroffen sind – gilt es trotzdem auch weiterhin zu lösen, selbst dann, wenn erst einmal neue Prioritäten gesetzt werden müssen.

Die dritte Phase der Pandemie-Nachfragen erlebte ich dann durch verunsicherte Eltern, deren Kinder weder Schule noch Kita besuchen konnten, und durch Angehörige, die ihre Eltern in den Pflegeheimen nicht besuchen konnten. Ich telefonierte mit Pflegeeinrichtungen, mit Schulleitungen, mit Eltern, und auch mit Arbeitgebern, die nicht immer gleich verstanden, dass die Erlaubnis der Arbeit im Home-Office auch für sie eine Erleichterung sein könnte. Schließlich hatten wir im Sommer die Hoffnung, dass Erleichterung eintreten würde, dass rasch Tests und Impfstoffe entwickelt werden würden, dass wir diese gefährliche Krankheit würden überwinden können und dass unser bisher gekanntes Leben wieder Alltag sein würde.

Vorsichtig propagierten wir erste Schritte für eine Öffnungsstrategie. So hatten wir schon in den Monaten Juli und August die trügerische Hoffnung, dass die Normalität und unsere bisherige Lebensweise sich rasch wieder einstellen könnten. Lange Fahrradtouren und Spaziergänge versüßten uns den Sommer; ich kaufte mir neue Sandalen und ein Blümchenkleid; selten habe ich die Sonnenstrahlen so genossen. Dann aber kam der Herbst ,und mit ihm stiegen die Inzidenzzahlen der Corona-Erkrankungen. Wir Politiker*innen wussten, dass wir den Menschen erneut strenge Hygienemaßnahmen auferlegen mussten. Das Tragen von Masken wurde unerlässlich, um uns selbst und andere zu schützen, und so manche Nachbarin und einige Kolleginnen präsentierten selbstgenähte Stücke. Der Mund- und Nasenschutz wurde zum Modeartikel.

Wir ahnten, dass wir Rücksichtnahme und Solidarität einfordern und doch zugleich auch helfen mussten. Ich bin froh, dass wir in diesem harten Herbst viele Maßnahmen verabschiedet haben, vom Kurzarbeitergeld über die November- und Dezember-Hilfen. Dass die Bundespolitik bis Weihnachten so stark wie nie zuvor gefordert sein würde – vom frühen Morgen bis in den späten Abend hinein – und allen Verbalangriffen von Corona-Leugnern und rechten Populisten zu trotzen hatte, ist mir erst im Nachhinein bewusst geworden. Manche schlaflose Nacht habe ich mit der bangen Frage verbracht, was wir noch tun können, damit Menschen, die sich ganz persönlich an mich gewendet haben, gestärkt werden können und unsere Gesellschaft weder verelendet noch auseinanderdriftet, sondern resilienter, widerstandsfähiger und wachsamer wird. Und zugleich habe ich mich gefragt, warum es so viele Menschen gibt, die sich fürsorglich und solidarisch verhalten, aber auch warum wiederum andere die Pandemie für ihre eigene gehässige Politik benutzen, warum sie fahrlässig und billigend in Kauf nehmen, dass sie sich und andere gefährden. Ich war – gelinde gesagt – entsetzt über Haltung und Verhalten der AfD-Abgeordneten. Ich habe sehr wohl verstanden, dass Menschen eine Sehnsucht nach Normalität und

Bewegungsfreiheit haben, ja, nach einem Alltagsleben, wie sie es vor der Pandemie kannten. Insbesondere gilt dies für Studierende sowie Schülerinnen und Schüler, ganz besonders für Erstklässlerinnen, die ihre Schule nur unter Pandemie-Bedingungen kennen. Es gilt für Kinder und Großeltern, die weder Weihnachten miteinander verbringen noch das neue Jahr gemeinsam feiern konnten. Hygiene und physische Distanz führte nicht selten zu sozialer Distanz und Alleinsein, zu bitter empfundener Hilflosigkeit und Einsamkeit.

Und gerade deshalb erlebten wir wohl auch viel mehr Zusammenhalt und Solidarität, als ich es mir je habe träumen lassen. Es gab Gesten der Freundschaft, man nähte füreinander Masken, schenkte dem Nachbarn Desinfektionsmittel, lieh sich gegenseitig Mehl und Toilettenpapier, weil dies bei den Hamsterkäufen zumeist rasch ausverkauft war.

Und dennoch bleibt da große Sorge: Wenn ein Klubbesitzer seine Diskothek seit einem Jahr nicht mehr betreiben kann, weil er trotz Hygienekonzepts seine Einrichtung nicht wieder öffnen kann, dann tut mir das weh. Wenn Eltern, Schülerinnen und Studierende, Jugendliche aber auch Ältere über keine ausreichende digitale Ausstattung verfügen, wenn Lernschwächeren größere Probleme haben oder Menschen durch die fehlende digitale Infrastruktur abgehängt zu werden drohen, dann ist dies für mich keine erfreuliche Entwicklung, sondern eine die uns Sorgen bereitet. Wenn ältere Menschen vereinsamen, weil niemand sie besuchen darf oder kann, dann verarmen unsere gesellschaftlichen Beziehungen.

Ich habe in der Krise den Wert von Familie und Freundschaft neu kennengelernt: Wir haben eine WhatsApp-Gruppe gebildet, wir telefonieren viel mehr als früher. Wir sind nachdenklicher, vielleicht sogar achtsamer geworden, nutzen die gewonnene Zeit, um Dinge zu reflektieren. Und ich selber habe ein altes Hobby wiederentdeckt: Ich stricke.

Ich habe zudem gelernt, dass es in ländlichen Strukturen vielleicht einfacher ist, füreinander da zu sein, auch wenn die Wege oft weiter sind; weil wir einander besser kennen, weil wir enger miteinander verflochten sind. Aber gerade diese Nähe kann auch schnell zum Problem werden, weil wir vielleicht dann auch nicht mehr genügend Distanz wahren. „Wer liebt, hält Abstand!“ – so lautete mein Aufruf zu Weihnachtszeit mit der Bitte, eben keine Besuche bei Verwandten und Bekannten zu machen, damit die Festtage nicht zu Krankentagen werden.

Als Politikerin habe ich häufig erfahren, dass es nicht nur auf meinen Einsatz ankommt, sondern auf den Einsatz aller; dass Solidarität keine Einbahnstraße ist und dass sich alle ohne Ausnahme an die Spielregeln halten müssen, wenn wir diese Pandemie überwinden und hinter uns lassen wollen. Auch habe ich rasch gelernt, Verzicht zu üben: Verzicht auf Kontakte, Verzicht auf Umarmungen, Verzicht auf physische Nähe. Und obwohl ich kein „Digital Native" bin, habe in einem unglaublichen Tempo gelernt, wie neue digitale Kommunikationsformate funktionieren.

Das Virus zeigt uns allen, wie wichtig menschliche Nähe ist und wie sehr sie uns fehlt, wenn wir sie nicht pflegen können, weil wir uns wegen der Übertragbarkeit der Viruserkrankung voreinander schützen müssen, obwohl wir nichts mehr herbeisehnen als menschliche und auch körperliche Nähe. Es ist ein tiefes Tal der Tränen und Traurigkeit, dass manche von uns durchwandern müssen. Wann wird es endlich wieder so wie es früher war, werde ich häufig gefragt, und ich muss gestehen: ich weiß es nicht.

Aber ich weiß, dass wir alles tun müssen und die Lösung darin liegt, dass wir viel testen müssen, damit man nicht unwissentlich andere ansteckt. Wir alle wissen, dass wir noch viel schneller impfen müssen und alles tun müssen, dass Menschen auch geimpft werden können. Ich habe gelernt, dass wir uns schützen müssen, gerade auch vor denen, die diese Grenzen nicht respektieren. Und wir alle müssen verinnerlichen, dass, nur wenn wir die Hygieneregeln und die Abstandsgebote einhalten, wir es schaffen werden, gemeinsam diese Pandemie zu überwinden und eines Tages dann tatsächlich so etwas wie Alltagsleben und Normalität zurückkehren.

Als Politikerin stehe ich dafür ein, Verlässlichkeit und Zuversicht zu vermitteln, auch wenn wir selber manchmal an unsere eigenen Grenzen geführt werden: an die Grenzen der Belastbarkeit, an die Grenzen des Leistbaren. Und dennoch will ich mit Überzeugung und großem Optimismus sagen: Ja, eines baldigen Tages wird es so sein, dass wir uns alle wieder umarmen können und dass wir geschützt sind vor dem Corona-Virus, dass wir auf den Straßen tanzen können und uns wie befreit fühlen dürfen. Daran müssen wir alle gemeinsam mitwirken!

Dr. Daniela De Ridder wurde 1962 in Kiel geboren. Ihre Kindheit und Jugend verbrachte sie mit ihrem belgischen Vater und ihrer deutschen Mutter überwiegend in Belgien. Sie erwarb das Abitur am Königlichen Athenäum in Eupen und studierte Romanistik, Kunstpädagogik, Sozial- und Kommunikationswissenschaften in Aachen, Lüttich und Göttingen. Sie promovierte als Wirtschafts- und Sozialwissenschaftlerin an der Universität Osnabrück.

Seit 2013 vertritt Dr. Daniela De Ridder als Mitglied der SPD-Fraktion den Wahlkreis Mittelems im Deutschen Bundestag. Seit 2018 ist sie stellvertretende Vorsitzende des Auswärtigen Ausschusses. In ihrer Heimatregion ist sie seit 2016 Mitglied im Kreistag des Landkreises Grafschaft Bentheim und Mitglied im Samtgemeinderat der Samtgemeinde und Stadt Schüttorf.
Dr. Daniela De Ridder ist freiberufliche Unternehmensberaterin für Hochschulen, Unternehmen und Kommunen. Sie ist verheiratet und hat zwei erwachsene Kinder.

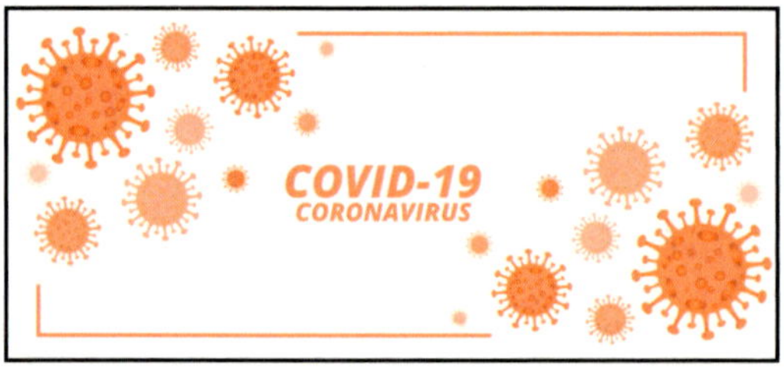

Johann Saathoff; MdB
Jahrgang 1967
Krummhörn, Deutschland
www.johann-saathoff.de

Wir sollten unsere Debattenkultur hinterfragen

Die Corona-Pandemie hat uns im Frühjahr 2020 alle hart getroffen. Innerhalb kürzester Zeit haben sich die Meldungen in Deutschland überschlagen und unser alltägliches Leben hat sich bis heute sehr grundlegend geändert. Während viele Veranstalter und Selbstständige mit echten Existenzängsten zu kämpfen haben, bin ich in der privilegierten Situation, meiner Arbeit weiter nachgehen zu können. Allein die Art und Weise hat sich im Laufe des letzten Jahres stark verändert.

Besprechungen und parlamentarische Verhandlungen haben sich in den digitalen Raum verlagert. Während ich sonst für einzelne Gespräche weite Wege auf mich genommen habe, gilt nun auch für mich weitestgehend das Homeoffice. Damit hat sich auch die sonst klare Trennung zwischen meinem Berliner Alltag und dem Alltag im Wahlkreis immer mehr aufgehoben. Mittlerweile erledige ich auch viele fachpolitische Termine aus meinem Krummhörner Arbeitszimmer, während meine Arbeitswelt davor eher zweigeteilt war. So nützlich Video- und Telefonkonferenzen in der aktuellen Situation sind, so sehr fehlt mir aber der direkte Austausch. Mein Beruf lebt einfach vom Gespräch und von der direkten Begegnung. Das kann keine Videokonferenz vollständig ersetzten.

In Anbetracht der schweren gesundheitlichen Auswirkungen der Pandemie, der hohen Todeszahlen und der teilweise wirtschaftlichen Folgen, fällt es mir schwer, die Pandemie auch als Chance zu betrachten. Gleichwohl haben wir als Politiker ganz klar die Aufgabe, die spezifischen Folgen der Pandemie zu analysieren und daraus zu lernen. Die Schwächen des Gesundheits- und unseres Bildungssystems, die gerade offengelegt werden, müssen wir aufgreifen und gezielte Reformen auf den Weg bringen. Es darf nicht sein, dass Menschen in den sogenannten systemrelevanten Berufen extremen Belastungen ausgesetzt sind und dann nicht einmal anständig entlohnt werden.

Gleichzeitig würde ich mir wünschen, dass wir unsere Debattenkultur noch einmal hinterfragen. Während die Mehrheit die Herausforderungen erkannt hat und sich verantwortungsbewusst verhält, wird der öffentliche Diskurs zu oft von der Minderheit der Unruhestifter dominiert. Berichterstattung ist ohne jeden Zweifel notwendig, Rechtsradikalen und Verschwörungstheoretikern darf aber auch keine unnötige Bühne geboten werden. Eine Krise dieses Ausmaßes kann nur solidarisch bewältigt werden. Das heißt auch, dass die starken Schultern in der Verantwortung stehen mehr zu tragen. Ich hoffe, dass sich diese Erkenntnis auch über diese Krise hinaus durchsetzt.

Johann Saathoff wurde 1967 in Emden geboren. Nach dem Abitur 1987 am dortigen Johann-Althusius-Gymnasium absolvierte er eine Ausbildung für den gehobenen allgemeinen Verwaltungsdienst des Landes Niedersachsen mit dem Abschluss Diplom-Verwaltungswirt (FH). Von 1990 bis 2003 stand Johann Saathoff im Dienst des Landes Niedersachsen, zuletzt an der Fachhochschule Ostfriesland.

2003 wurde er zum ersten hauptamtlichen Bürgermeister der Gemeinde Krummhörn gewählt und 2011 in seinem Amt bestätigt. Bei der Bundestagswahl im September 2013 errang Johann Saathoff das Direktmandat im Wahlkreis Aurich-Emden. Im September 2017 wurde er erneut direkt gewählt. Seit August 2020 bekleidet Johann Saathoff das Amt des Koordinators für die zwischengesellschaftliche Zusammenarbeit mit Russland, Zentralasien und den Ländern der Östlichen Partnerschaft.
Johann Saathoff ist verheiratet und hat fünf Kinder.

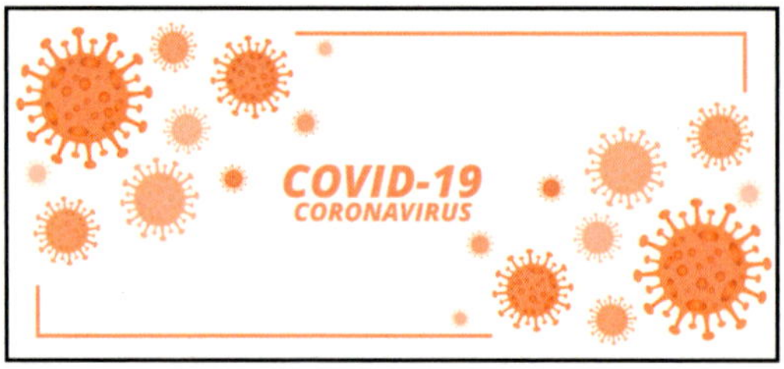

Stephan Fürst
Berufssoldat im Ruhestand
Zertifizierter Natur- und Landschaftsführer für die Region Westerwald
Raiffeisenbotschafter
Jahrgang 1967
Oberirsen-Rimbach (Westerwald), Deutschland

Die flexible Kontinuität. Ein Jahr in Notizzetteln.

Eigentlich.
So beginnt häufig ein Satz, wenn es um Planungen in diesem Jahr geht.
Eigentlich wollten wir Geburtstage feiern.
Eigentlich wollten wir den Abschluss unserer Ausbildung zum Zertifizierten Natur- und Landschaftsführer für den Westerwald feiern.
Eigentlich wollten wir uns monatlich zum „Raiffeisen-Werkraum“ treffen.
Eigentlich wollten wir wieder zum „Tag des offenen Denkmals“ Besucher in unserem Fachwerkhaus begrüßen.
Eigentlich.

Doch von vorn:

Dezember 2019

Mein Bruder kündigt an, er will seinen 60. Geburtstag im Juli feiern. Juli, das ist sonniges Wetter, wir werden im Garten sitzen, der Grill wird angeworfen, gekühlte Getränke, lebendige Gespräche, abends bei einem lauem Lüftchen den Blick in den Sternenhimmel genießen. Das wird Klasse!

Januar 2020

Die erste „Coronavirus"-Erkrankung (oder heißt es richtig „COVID-19" oder „SARS-CoV-2"?) in Deutschland. Bayern. Noch weit weg.
Ende des Monats bin ich als Raiffeisenbotschafter Teil einer wunderbaren Veranstaltung als Teambuilding-Maßnahme am Raiffeisenhaus in Flammersfeld. Eigentlich geht für mich jetzt das Jahr mit Führungen im Raiffeisenhaus los, um Gästen den Mensch Raiffeisen, seine Genossenschaftsidee und das Leben Mitte des 19. Jahrhunderts vorzustellen. Es sollte vorerst meine letzte Führung hier bleiben.

Raiffeisenhaus in Flammersfeld

Februar

Die Koordinatorin unserer Verbandsgemeinde (das ist die hiesige Bezeichnung für eine Samtgemeinde) fragt an, ob wir dieses Jahr unser Zuhause, ein denkmalgeschütztes Fachwerkhaus, genannt „the burrow", am „Tag des offenen Denkmals" im September wieder für Besucher öffnen. Na klar sind wir dabei!

„The Burrow“

März

Als Raiffeisenbotschafter veranstaltete ich zum Todestag von Friedrich Wilhelm Raiffeisen am 11. März den 1. Raiffeisen-Werkraum in Weyerbusch. Hier trafen sich Interessierte zum spannenden Auftakt der neue Reihe „Raiffeisen-Werkraum“. Wir vereinbaren einen Workshop am letzten Mittwoch im April.

Ende März lernen wir ein neues Wort: „Corona-Bekämpfungsverordnung“. Ende des Jahres werden Sprachforscher um die eintausend neue Worte gefunden haben, die in der Corona-Pandemie ihren Ursprung haben. Restaurants, Eisdielen, Thermen, Bibliotheken usw. werden für den Publikumsverkehr geschlossen. Maximal zu fünft können wir uns draußen treffen. Nun dämmert es am Horizont: Die Feier im Juli wird wohl nicht so wie geplant ablaufen können. Doch bis dahin ist es ja noch lange hin.

April

Die Menschen sind beim Einkaufen mit „Alltagsmasken“ unterwegs. Ich sehe nur noch die Augen meiner Mitmenschen. Das Gesicht ist mit Mundschutz verhüllt. Das erinnert mich an die Operation nach meinen Unfall vor 35 Jahren. Auch damals waren nur die Augen der Ärzte und Krankenschwestern zu sehen. Über vier Stunden konnte ich in diese Augen schauen. Diese Augen strahlten damals so viel Zuversicht, Geborgenheit und Hoffnung aus, sie machten mir Mut und gaben mir Halt in dieser beklemmenden Situation. Die Augen jetzt schauen weg, sind irritiert, verängstigt, geben Distanz.

Meiner Lieblingsfriseurin schicke ich regelmäßig Bilder, wie ich meine Frisur (oder was davon übriggeblieben ist) unter Hüten, Kappen und Helmen verstecke. „Damit ich mich auf die Straße trauen kann", gebe ich ihr augenzwinkernd mit.

Ein Blick in die Familie: Meine Mutter ist über siebzig Jahre alt, die Geschwister mit ihren Familien sind über ganz Deutschland verteilt. Fahren wir zur Mutter oder nicht? Setzen wir uns mit ihr in den Garten und beachten die „AHA-Regeln? Wir sind dazu in der Familie in regem Austausch. Die Unbefangenheit, einfach zu einem Besuch loszufahren, ist dahin. Ich vollziehe jeden einzelnen Besuch nach: Wo war ich in den letzten Tagen, und wen habe ich getroffen? Ich konstruiere meine eigene Kontaktverfolgung. Ich wäge ab, wie hoch die Wahrscheinlichkeit einer möglichen Ansteckung gewesen sein könnte. Es fallen einige der bisher üblichen Besuche am Samstag zum Frühstück aus. Wenn ich diese Zeilen schreibe, kommen mir Tränen in die Augen.

Mein Vater ist vor ein paar Jahren verstorben. Wie würde er wohl heute auf die Corona-Schutzmaßnahmen als Demenzkranker reagieren? In mein Ohr schleicht sich der Satz „Nun ist der Hausdrachen vollends durchgeknallt, die hat im Mai Karneval!", als mein Vater eine Altenpflegerin mit Schutzmaske auf sich zukommen sieht. Ich muss schmunzeln. Vielleicht wäre er heute so.

Die Ausbildung zum Zertifizierten Natur- und Landschaftsführer für den Westerwald ist ausgesetzt. Führungsübungen, schriftliche Prüfung, Prüfungsführung, Abschlussfeier. Wir brechen beim Einbiegen auf die Zielgerade ab.

Mai
Wonnemonat. Doch was ist in diesem Jahr Wonne? Die erste „Coronawelle" ebbt langsam ab. Das Sicherheitspersonal am Supermarkt ist verschwunden. Den Griff am Einkaufswagen muss ich jetzt selbst desinfizieren. Die Desinfektionsspender hängen weiter im Eingangsbereich, genau wie die Hinweisschilder „Maske tragen, Abstand halten". Die Augen über der „Mund-Nasen-Schutz-Maske" wirken erleichtert, schauen wieder hin, laden nun zum Miteinander ein.

Juni

Das Raiffeisenhaus kann unter strengen Auflagen wieder öffnen, doch im gemütlichen jahrhundertealten Fachwerkhaus mit den kleinen Räumen und der niedrigen Deckenhöhe sind die Besucher nun fast alleine unterwegs. Im Garten können uns höchstens zehn Besucher zuhören. Doch kaum jemand kommt.

Wir trauen uns wieder an die Geburtstagsplanung für den Juni. Ein Teil der Gäste kommt aus Rheinland-Pfalz, gefeiert wird in Nordrhein-Westfalen. Es gilt, die „Coronaschutzverordnung“ (NRW) und die „Corona-Bekämpfungsverordnung“ (RLP) durchzublättern. Theoretisch könnten wir feiern, wenn wir unter 50 Personen bleiben. Einige Gäste gehören zur Risikogruppe, eine gemischte Gruppe von Hamburg bis in die Pfalz, Kleinkinder bis Senioren. Hier meldet sich das Bauchgefühl. Es grummelt. Was ist, wenn ich es bin, der ungewollt das Virus mit als „Geschenk“ auf die Party bringt? Nach intensiven Einzelgesprächen mit zwei meiner Brüder steht die Entscheidung: Die Feier zum Sechzigsten findet nicht statt.

Eine kleine Feier gab es dann im Juni doch noch: die Erstkommunion des Patenkindes meiner Frau. In der Kirche galt: Abstand! Meine Frau und ich saßen alleine in einer Reihe, die Reihen vor uns und hinter uns blieben leer. Die Großeltern sind nicht mit dabei, Risikogruppe. Gesungen haben wir nicht. Einsam im Chorraum spielte eine Geige, später mit Gitarrenbegleitung. Für mich eine düstere Stimmung, eher Abschied als Aufbruch für den Anlass, wenn fünf junge Menschen am Beginn ihres Lebens erstmals die Kommunion empfangen.

Ich merke zunehmend, wie wichtig gesprochene Worte auf einmal werden. Später im Jahr entsteht bei mir der Satz „Raus mit den Worten!“. Die Nähe, die wir aktuell nicht haben können. Keine Umarmung, kein Händeschütteln, kein Schulterklopfen, kein in-den-Arm-nehmen. Die Maske verdeckt das Lächeln. Aber Worte halten die Verbindung über alle Entfernung hinweg. Ohne die Hand in der Hand zu drücken, bringen mir die Worte Miteinander und Nähe.

Juli

Sonne pur und Warten auf Regen. Der Geburtstag meiner Mutter tritt aus dem Schatten der Geburtstagsplanung meines Bruders heraus. Mein jüngster Bruder, beruflich in der Vermarktung von digitalen Medien unterwegs, schlägt eine Videokonferenz mit allen sechs Kindern als Geburtstagsüberraschung für unsere Mutter vor. Der zweitjüngste Bruder übernimmt als Fachinformatiker die Organisation. Alle Geschwister richten sich die notwendige App ein und Mutter bekommt ein „zwingend sicherheitserforderliches Update“ auf ihr Tablet installiert. Ihr Lebensgefährte wird eingeweiht. Wir testen vorab die Konferenz per Video und sprechen die Choreografie ab. Und dann ist es 09:55 Uhr, alle Geschwister sind online, Begrüßungen, letzte Absprachen. Um 10:00 erscheint Mutter mit Bild und Ton auf den Screens, sichtlich überrascht und hocherfreut! Wir plaudern in der Runde gemeinsam eine halbe Stunde und sichern uns so ein klein wenig Normalität.

Die Infektionszahlen sinken weiter. Schwitzen ist angesagt, auch bei der Heuernte. Mein Part ist Mähen, Wenden, Schwaden auf unseren Wiesen. Auf der letzten Fläche treffe ich meinen „Presser“, der das Heu in Rundballen bringt, von Traktor zu Traktor. Wir reden, fast unbeschwert. Alles ist wie immer.

Die schriftliche Prüfung zum Zertifizierten Natur- und Landschaftsführer für den Westerwald findet in einem Wald-Café statt. Wir sitzen weit verteilt, teils unter einem riesigen Pavillon, teils unter freiem Himmel. Die große Abschlussfeier fällt aus. Dafür haben wir Gelegenheit, ein Vorstellungsvideo zu gestalten.

September

In diesem Gewusel steht der Termin „Tag des offenen Denkmals“ am 13. September. Abgesagt? Nein, der Tag der Begegnung wird virtuell. Ich entwickle eine Idee für die Erstellung des Videos, suche Bilder und eine Hintergrundmusik heraus, schreibe Texte und füge zum Schluss die Schnipsel der Deutschen Stiftung Denkmalschutz ein. Es ist fantastisch, wie viele Denkmäler jetzt virtuell zu besichtigen sind. Doch der Dialog des analogen Tages kommt virtuell nicht auf. Hier ein Anruf, dort eine Mail und ein Like. Mir fehlen die Gespräche mit den Menschen vor Ort und die Dialoge der Besucher untereinander. Eigentlich sollten die Besucher Balken in die Hand nehmen, Lehmziegel stapeln oder Holznägel einschlagen. Eigentlich.

Oktober/November

Eigentlich plane ich jetzt Stadtführungen und Veranstaltungen im Raiffeisenhaus für das kommende Jahr fertig. Doch Besprechungen hierzu sind abgesagt, man trifft sich nur im kleinen Kreis, Absprachen werden über Mails getroffen, und fertig sind wir irgendwie im Dezember immer noch nicht. Wie auch, der Virus ist es ja auch noch nicht.

Was bleibt von diesem Jahr?

Flexibilität.
Durch die ständig sich verändernden Bedingungen reagiere ich flexibel. Ich passe Konzepte an, entwickle neue Ideen, erprobe Software für Videokonferenzen, lasse Worte raus.

Kontinuität.
Die Heuernte verlief wie immer, der Lebensmitteleinkauf klappt, die Tankstelle hat geöffnet, ich telefoniere, maile, führe Gespräche über den Gartenzaun.

Ist es *„kontinuierliche Flexibilität"*?

Für mich ist es *„flexible Kontinuität"*!

1967 wurde ich am nordwestlichen Rand des Westerwaldes geboren. Während der aktiven Zeit als Berufssoldat im Sanitäts- und Stabsdienst der Bundeswehr und der ehrenamtlichen Ausbildungstätigkeit sowie Leitungs- und Führungsfunktion im Deutschen Roten Kreuz blieb wenig Zeit für meine Heimat. Heute lebe ich im Westerwald. Als Berufssoldat wurde ich 2017 in den Ruhestand versetzt und habe die Gelegenheit genutzt, mich als Raiffeisenbotschafter und als Zertifizierter Natur- und Landschaftsführer für die Region Westerwald zu qualifizieren. Jetzt bringe ich Besuchern und Einheimischen die Natur und Landschaft des Westerwaldes sowie seine Geschichte und Geschichten näher. Hierin habe ich meine neue Passion gefunden.

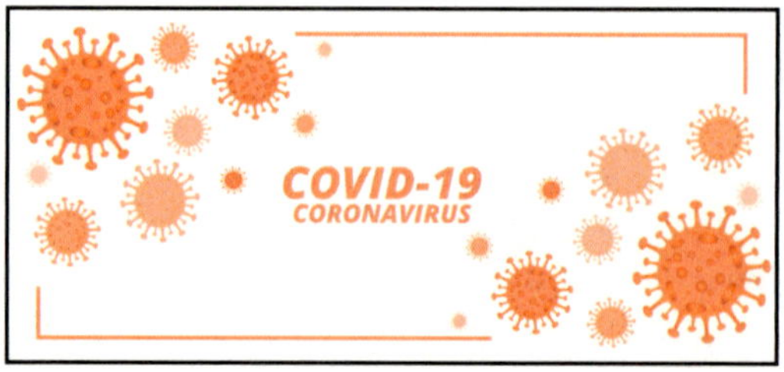

plattgemacht GmbH
Vera Buschmann
Jahrgang 1991
Leer, Deutschland
www.plattgemacht.de

Verzweiflung wird langsam zur Wut

Ein Glückskeks, der nach Rullerkes[1] schmeckt und das Leben mit plattdeutschen Weisheiten bereichert – das ist die Grundidee unserer Firma plattgemacht GmbH im ostfriesischen Leer. Was mit einer schönen Vision zwischen Großeltern und Enkelin begann, wurde zu einem Unternehmen, dessen Start turbulenter nicht hätte sein können.

Anfangs wollte ich unseren **platt**keks lediglich über einen Onlineshop vertreiben. Also meldete ich eine Firma an, und schon bekam ich das erste Problem. Direkt nach Unternehmensgründung flatterte mir eine Anhörung zu einer so genannten „unerlaubten Gewerbeadresse in einem Wohngebiet" der Stadt Leer ins Haus. Obwohl es in unmittelbarer Nachbarschaft zahlreiche Unternehmen gibt, wurde mir ein Onlinehandel untersagt. Warum einer jungen Gründerin so ein Hinweis nicht direkt bei der Gewerbeanmeldung gegeben wird, ist für mich unverständlich.

Doch Aufgeben war für mich keine Option. Es galt, eine rasche Lösung zu finden. Als ob es der Zufall so gewollt hätte, wurde ich auf einen kleinen Laden in der Leeraner Altstadt aufmerksam gemacht. Die Verkaufsfläche hinter der wunderschönen, roten Denkmalsfassade war wie gemacht für einen kleinen plattdeutschen Laden. In

[1] Rullerkes (plattdeutsch für Röllchen) werden auch Neujahrskuchen genannt, da sie vorwiegend zum Jahreswechsel in einem speziellen Eisen, dem Hörncheneisen, gebacken werden. Der Teig besteht aus Mehl, Butter, Eiern, Wasser und Kandiszucker, dazu kommen Kardamom und Anis als Gewürze. Der ausgebackene Teig wird noch heiß zu Waffelhörnchen geformt.

unmittelbarer Nähe zum Teemuseum könnte dies ein weiterer Hotspot für Touristen werden, so dachten wir.

Anfang September 2020 konnten mein Verlobter Lauritz, unsere Familien und ich mit den Renovierungsarbeiten starten. In kompletter Eigenleistung entstand aus der renovierungsbedürftigen Höhle ein freundliches Geschäft, das die plattdeutsche Sprache auf moderne Art und Weise für jeden zugänglich macht. Die gemeinsame Vision hat meine Familie extrem zusammengeschweißt. Mein Verlobter und meine Mutter sind in der Zwischenzeit als geringfügig Beschäftige eingestiegen, und so wurde ganz offiziell aus dem „ich“ ein „wir“.

Fotos (2): Frank Ammermann

Am 15. Oktober 2020 feierten wir gemeinsam mit drei weiteren tollen neuen Geschäften unsere Neueröffnung in der Altstadt. Von diesem Tag an ging es im Steilflug nach oben. Der kleine Laden wurde täglich von knapp 100 Kundinnen und Kunden aus ganz Ostfriesland besucht. Sogar in Schleswig Holstein wurde über unseren **platt**keks berichtet, wir konnten die Online-Bestellungen kaum abarbeiten. Nach und nach fasste der wohl ostfriesischste Keks aller Zeiten auch im Einzelhandel Fuß und wird seit November 2020 auch über einige regionale Lebensmittelmärkte angeboten. Wie wichtig diese Tatsache für uns ist, wurde mir einen Monat später so richtig bewusst. Am 15. Dezember, exakt zwei Monate nach der Eröffnung, mussten wir unseren kleinen Laden schließen. Das Weihnachtsgeschäft, das so gut angelaufen war, wurde dem lokalen Einzelhandel genommen. Wir waren nicht systemrelevant.

Ja, wir befinden uns in einer absoluten Ausnahmesituation. Trotzdem war der radikale Lockdown für alle Händler ein Schlag ins Gesicht, zumal die Hygienevorschriften kleinlichst eingehalten wurden und jeder stets darauf geachtet hatte, nur eine begrenzte Anzahl Kunden in den Laden zu lassen. Die Kunden haben vorbildlich und mit einer großen Selbstverständlichkeit vor der Tür gewartet, da sich nur drei Personen gleichzeitig in den Verkaufsräumen aufhalten durften. Dass es keinen Einpack-Service gab, war für alle vollkommen in Ordnung.

„Hauptsache, das Geld bleibt in Ostfriesland und geht nicht an die Internetriesen!" Diesen Satz haben wir oft gehört. Die Ostfriesen haben längst verstanden, dass wir in harten Zeiten zusammenhalten müssen. Diesen Zusammenhalt haben wir auch nach der Schließung erleben dürfen. Auf unserer Website haben wir all unsere **platt**keks-Händler, die nicht vom Lockdown betroffen waren, mit Wegbeschreibung aufgeführt. Man kann wirklich sagen, dass uns die selbstständigen Lebensmittelhändler einen ganzen Monat lang getragen haben. Mit 1a-Platzierungen wurde der **platt**keks-Absatz angekurbelt. Dafür sind wir unglaublich dankbar!

Durch einen Passus in der niedersächsischen Corona-Verordnung vom Januar 2021 dürfen wir unseren Laden wieder öffnen. Es geht dabei um einen Lebensmittelanteil und viele weitere Aspekte, die mir von einem sehr hilfsbereiten Mitarbeiter der Stadt Leer nähergebracht wurden.

Anfangs war unsere Freude groß. Wir kehrten mit großer Euphorie in eine Altstadt zurück, die wir wenige Wochen zuvor noch ganz anders verlassen hatten. Die meisten Lichter sind aus. Mit uns dürfen lediglich drei weitere Geschäfte ihre Ladentür öffnen. Es ist trostlos. Die Hilferufe in den Schaufenstern der geschlossenen Läden sind schrecklich und bringen die Verzweiflung ALLER zum Ausdruck.

Es leiden nicht nur die durch den Lockdown betroffenen Geschäfte, sondern auch zahlreiche weitere Ostfriesinnen und Ostfriesen, bei denen Corona die Ersparnisse schrumpfen lässt. Ein großer Teil der Bevölkerung befindet sich in Kurzarbeit. Viele wurden arbeitslos, noch mehr Menschen haben große Angst, ihren Job zu verlieren.

Vielleicht auch aus diesem Grund sind die Ladengassen trotz vereinzelt geöffneter Läden wie leergefegt.

Diese Zeit ist auch für uns persönlich hart. Die staatlichen Corona-Hilfen fallen keineswegs so üppig aus, wie sie täglich in den Nachrichten beschrieben werden. Auch unsere Kunden gehen davon aus, dass wir alle finanzielle Unterstützung erhalten. Aber dem ich nicht so. Erst jetzt, Mitte Februar 2021, haben einige Händler aus unserer Nachbarschaft eine Zahlung verbuchen können. Und für so manchen kommt diese Hilfe nach wochenlanger Schließung zu spät. Die plattgemacht GmbH erhält, wie auch die anderen drei neuen Altstadt-Geschäfte, keine Unterstützung. Für uns kommt keines der Hilfsprogramme in Frage, da unsere Unternehmen nach dem 30.April 2020 gegründet wurden.

Die anfängliche Verzweiflung wird langsam zur Wut. Es gibt so viele Dinge, die in dieser Krise ungerecht sind. Schicksale könnten individueller kaum sein. Lauritz arbeitet hauptberuflich für einen dänischen Hersteller von Designermöbeln. Er zahlt, wie jeder andere Arbeitnehmer, Steuern und Sozialversicherungsbeträge in die deutschen Kassen. Auch sein Arbeitgeber ist stark von der Krise betroffen und musste die Gehälter kürzen. Kurzarbeitergeld kann er jedoch nicht beantragen, da sich sein Arbeitgeber im Ausland befindet. Sollte er seinen Job ganz verlieren, so hätte er direkt einen Anspruch auf Arbeitslosengeld. Ich kann diese wirren Gesetze nicht verstehen. Aber es ist nun mal, wie es ist, und jeder von uns hat sein eigenes Päckchen zu tragen.

Ich hoffe, dass unser kleines Start-up diese Krise überstehen wird. An manchen Tagen macht die Aussichtslosigkeit müde. Weit in die Zukunft planen kann im Moment niemand.

Trotzdem werden wir an unserer Idee festhalten und hoffen, dass die Restaurants, Hotels, Ferienwohnungen und Touristik-Zentren, die zu unserer Hauptzielgruppe gehören, bald wieder durchstarten dürfen. Denn auch unsere Urlauber können etwas Plattdeutsch und unsere ostfriesischen Weisheiten sicher gut vertragen, oder nicht?

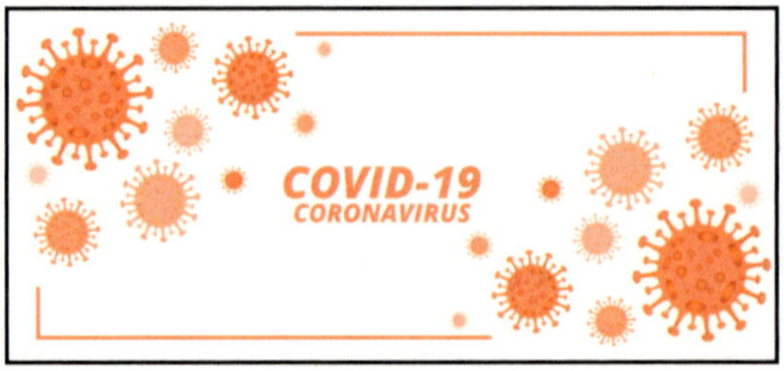

Jan-Dieter van Hoorn
Gemeindedirektor a.D.
Jahrgang 1940
Bunde, Deutschland

Als unsere drei Töchter klein waren, haben mein Frau und ich ihnen viel vorgelesen. Noch lieber hörten sie selbst erfundene Geschichten.

Irgendwann bin ich dann auf zwei Figuren von Walt Disney gestoßen, nämlich auf A-Hörnchen und B-Hörnchen. Um diese beiden Eichhörnchen rankten sich dann von mir erfundene Figuren, wie der Förster und seine Frau, die Kinder Hans und Elisabeth, Freund Fritz, der in der Stadt wohnt, und bei „Bedarf" weitere Personen. Die Tierwelt wurde vertreten durch Eule Burlefu, Bären und andere Hörnchen (Grau- und Braunhörnchen). Auch Wichtelmänner, die eine unterirdische Höhle bewohnen, spielen eine Rolle.

Diese Darsteller erlebten eine Fülle von Abenteuern, von denen unsere Kinder gar nicht genug hören konnten. Da ich beruflich bedingt, abends sehr oft nicht da war, habe ich die Geschichten in der Mittagspause auf ein Diktiergerät gesprochen. Abends, wenn die Kinder ins Bett mussten, hat meine Frau dann die Kassetten abgespielt.

Als die Kinder älter wurden, wurden die Geschichten für sie uninteressant, bis Jahre später, eine meiner Töchter die Geschichten auf CDs brannte. Diese alten Geschichten kamen später auch bei unseren Enkelkindern gut an, sodass ich irgendwann wieder neue erfinden musste. Die Nachfrage ist bei unserer jüngsten Enkelin immer noch groß.

A-Hörnchen, B-Hörnchen und das Einhorn Kurt

A-Hörnchen und B-Hörnchen, die beiden Streifenhörnchen, leben in ihrem schönen Baumhaus im Wald. Sie haben dort viele Freunde. Die kluge Eule Burlefu und die Wichtelmänner, die auch im Wald leben. Auch Menschen gehören zu ihren Freunden, zum Beispiel der Förster, der mit seiner Familie im Forsthaus wohnt.

Eines Tages kehrten die beiden Streifenhörnchen gerade von einem Spaziergang zurück. Kurz bevor sie bei ihrem Baumhaus angekommen waren, merkten sie, dass es sehr still im Wald war. Das war ziemlich ungewöhnlich, normalerweise gab es im Wald immer irgendwelche Geräusche. Vogelzwitschern, knarrende Bäume, Schritte oder raschelnde Blätter. Aber nun war es tatsächlich richtig still!

Da sie noch ein bisschen Zeit bis zum Abendessen hatten, beschlossen die beiden, noch ein wenig nach Nüssen für den Wintervorrat zu suchen. Gerade waren sie ein Stück des Weges gegangen, da begegnete ihnen ihre Freundin, die Eule Burlefu. Sie war etwas früher aufgestanden als sonst und flog schon im Wald umher.

„Hallo, ihr beiden“, begrüßte Burlefu ihre beiden Freunde „Schön, dass ich euch treffe. Ich hatte nämlich gerade eine merkwürdige Begegnung.“

Die Eule war ganz schön außer Atem. Das musste ja etwas Aufregendes gewesen sein!

„Mir ist ein Tier begegnet. Solch ein komisches Tier habe ich hier im Wald noch nie gesehen“, berichtete Burlefu weiter. „Es sah aus wie eine Ziege mit einem silberweißen Fell. Auf der Stirn hatte es ein langes spitzes Horn, und es lief suchend im Wald herum.“

„Das ist ja spannend. Das Tier möchten wir auch gerne sehen. Glaubst du, dass es noch da ist? Wo war es denn? Bringst du uns zu dem Ort, wo du es gesehen hast?“

A-Hörnchen und B-Hörnchen waren ganz aufgeregt. Natürlich wollte Burlefu ihren Freunden das Tier zeigen. Und so machten sich die drei auf den Weg, immer tiefer in den Wald hinein, um das merkwürdige Tier zu suchen.

„Hier waren wir noch nie“, meinten A-Hörnchen und B-Hörnchen. „Hoffentlich finden wir wieder zurück.“

Im Wald wurde es immer dunkler, denn die Sonnenstrahlen schafften es nicht mehr durch das Blätterdach bis auf den Waldboden. Die beiden Hörnchen wären am liebsten umgekehrt. Aber da schimmerte plötzlich hinter einem Baum etwas Silbernes auf. „Halt“, flüsterte Burlefu.

Vorsichtig, ganz leise, ohne ein Geräusch zu machen, schlichen die drei weiter. Und da sahen sie es. Erstaunt blieben sie stehen. So ein Wesen hatten auch die beiden Hörnchen noch nie gesehen. Die drei Freunde sahen sich an.

Schließlich nahm Burlefu ihren Mut zusammen und sprach das seltsame Wesen an: „Hallo, Du da. Wer bist du? Und wo kommst du her? Wir haben dich hier im Wald noch nie gesehen."

Ängstlich blickte das Tier sie an. Es schien aber erleichtert zu sein, endlich jemanden zu treffen. „Ich heiße Kurt und bin ein Einhorn. Ich habe mich im Wald verlaufen. Mit meinen Geschwistern und dem Zauberer Merlin wohne ich am Silbersee", sagte es.

„Aber wieso haben wir euch noch niemals gesehen?", fragte A-Hörnchen.

„Merlin kann uns mit seinem Zauberstab und einem Zauberspruch unsichtbar machen. Es wäre zu gefährlich für uns, wenn man uns sehen könnte. Sicherlich würden die Menschen versuchen, uns einzufangen. Wir werden nur dann sichtbar, wenn wir Tieren im Wald helfen können."

Das war eine Neuigkeit für die drei Freunde. Natürlich wollten sie sofort helfen!

„Normalerweise helft ihr also den Tieren im Wald, aber nun benötigst Du selber Hilfe. Wir wollen gerne etwas tun, damit du den Weg zurück zum Silbersee findest", meinte B-Hörnchen. „Am besten fragen wir unseren Freund, den Förster. Der kennt sich im Wald gut aus. Vielleicht kennt er den Weg zum Silbersee." Und so machten sich die vier auf den Weg zum Försterhaus. Bulefu flog voraus, die Hörnchen sprangen von Baum zu Baum, und das Einhorn trabte hinter ihnen her.

Der Förster machte große Augen, als er die drei kommen sah. „Wen habt ihr denn da mitgebracht?", fragte er erstaunt.

„Das ist Kurt, das Einhorn;" sagte Burlefu. „Es hat sich verlaufen und findet den Weg zu seinen Geschwistern am Silbersee nicht mehr."

„Von Einhörnern habe ich schon gehört und auch davon, dass sie heilende Kräfte besitzen und kranken und verletzten Tieren helfen. In unserem Wald habe ich aber noch nie eines gesehen", meinte der Förster.

„Auf jeden Fall müssen wir Kurt helfen, dass er wieder zu seiner Familie und dem Zauberer Merlin zurückfindet."

Der Förster überlegte kurz. Den Silbersee kannte er nicht. Dann kam ihm eine Idee: „Ich werde meinen Freund Klaus, den Hubschrauberpiloten, anrufen. Vielleicht kann er uns helfen. Wir können den Wald überfliegen und von oben viel besser sehen, ob wir den Silbersee entdecken."

Gesagt, getan. Schnell rief der Förster seinen Freund an, und er versprach auch tatsächlich, gleich zu kommen.

Kurze Zeit später landete Klaus mit seinem Rettungshubschrauber auf der Waldlichtung vor dem Försterhaus. A-Hörnchen und B-Hörnchen waren ganz aufgeregt, denn sie durften mitfliegen. Burlefu saß schon hinten auf dem schmalen Rücksitz, aber Kurt passte einfach nicht in den kleinen Hubschrauber. Er war davon so aufgeregt, dass er bitterlich zu weinen anfing. Die Freunde hatten Mitleid mit ihm. „Weißt du was", sagte Burlefu, und stieg wieder aus. „Ich bleibe mit dir hier beim Försterhaus. Wir warten, bis die anderen zurückkommen." Kurt hörte sofort auf zu weinen. Das Warten dauerte sehr lange, und irgendwann schliefen beide vor Müdigkeit ein.

Es waren inzwischen fast drei Stunden vergangen, als ein lautes Getöse sie aufweckte. Der Hubschrauber war zurückgekehrt und auf der Waldlichtung gelandet.

Heraus kletterten der Förster, die beiden Eichhörnchen und als letzter der Zauberer Merlin.

„Merlin!“, rief Kurt überglücklich, als er ihn sah und fing wieder an zu weinen. Aber dieses Mal vor Freude.

Als Kurt sich endlich wieder beruhigt hatte, berichtete Merlin, was passiert war. Er hatte stundenlang nach ihm gesucht. Als er die Suche gerade aufgeben wollte, hatte er etwas Unbekanntes über sich hinwegfliegen sehen. Schnell hatte er sich bemerkbar gemacht, indem er seinem Zauberhut immer wieder in die Luft geworfen hatte, bis Klaus ihn entdeckte. Der landete mit seinem kleinen Hubschrauber auf einer Waldlichtung. Die beiden Eichhörnchen waren herausgesprungen und hatten ihm ganz aufgeregt erzählt, dass sie ein Einhorn gefunden hatten und dass es im Forsthaus auf ihre Rückkehr wartete.

„Vielen Dank, dass ihr euch so sehr um Kurt gekümmert habt“, sagte Merlin. „Aber bitte erzählt niemandem etwas von uns. Denn wenn die Menschen von uns erfahren, werden sie die Einhörner vielleicht finden und in einen Zoo sperren.“

Das wollte natürlich keiner der Freunde, und so versprachen sie Merlin, niemandem etwas von ihrer Begegnung und dem Einhorn Kurt zu verraten.
Und so nahmen sie Abschied von ihren neuen Freunden. Merlin hob seinen Zauberstab und, schwuppdiwupp, waren Merlin und das Einhorn verschwunden.

Jan-Dieter van Hoorn absolvierte nach der Mittleren Reife eine Verwaltungslehre und eine Ausbildung für den gehobenen allgemeinen Verwaltungsdienst beim Landkreis Leer. 1973 wurde er zum stv. Samtgemeindedirektor von Bunde gewählt, 1987 dann zum Samtgemeindedirektor. Das Amt bekleidete er bis zum 31. März 1999.

Für seinen vielfältigen ehrenamtlichen Einsatz, unter anderem im Vorstand der Diakoniestation Bunde/Jemgum, als Schiedsmann bei der Gemeinde Bunde, im Arbeitskreis "Erinnerung an die Jüdinnen und Juden in Bunde" und als Vorsitzender des „Vereins für Körperbehinderte“, wurde Jan-Dieter van Hoorn im Jahr 2020 durch Bundespräsident Frank-Walter Steinmeier das Bundesverdienstkreuz verliehen.
Foto: Stefan Wiemker

Jasmin T.
selbstständig
Jahrgang 1965
Leer, Deutschland

Demokratisches Verhalten? Das war gestern!

Kurz vor dem „Lockdown" im März 2020 feierten wir den 82. Geburtstag meiner herzkranken Mutter. Wir überraschten sie mit einem besonderen Geschenk, das ihrer Gesundheit dienen und ihr Freude bereiten sollte: Es war ein gemütlicher Strandkorb für eine Person, da ihr Garten sehr klein ist und sie darin auch an kühlen Tagen geschützt und warm sitzen sollte.
Seit mehr als zwei Jahren hole ich meine Mutter jeden Montag zum Mittagessen zu uns. Sie hilft mir beim Kochen, und wir haben Zeit, uns auszutauschen und lecker zu essen. Schon am folgenden Montag befanden wir uns plötzlich „im Lockdown einer Epidemie globalen Ausmaßes".

Meine Mutter wollte von den Vorsichtsmaßnahmen für alte und kranke Menschen und einer damit verbundenen Isolation allerdings nichts wissen und bat uns mehr als eindringlich, die familiären Rituale beizubehalten. Sie wollte ihren Lebensabend selbstbestimmt erleben dürfen, so ihre Worte. Auch unsere 94-jährige Adoptiv-Oma Käthe sagte, sie habe so viel in ihrem Leben erlebt und habe vor nichts mehr Angst. Sie würde sich auf keinen Fall einsperren lassen und wolle sogar weiterhin selber einkaufen gehen und sich nicht von mir die Lebensmittel bringen lassen. Dem Starrsinn der Alten, oder vielleicht der Weitsicht der beiden alten Damen, beugten wir uns gerne. So trafen wir eine ungeschriebene Vereinbarung, in der die Selbstverantwortung für das eigene Leben Priorität haben sollte. Zusätzlich versuchten wir, die täglichen Schreckensmeldungen nicht zu sehr an uns heranzulassen, und hielten auch etwas Abstand zueinander.

Eine Ausgangssperre hatten uns andere Länder schon vorgemacht, verbunden mit den Besuchsverboten der Senioren und der Risikogruppen, zu denen ja sogar schon

mein Mann zählte. Wochenlang durften Familienangehörige keine Besuche in den Seniorenheimen und Krankenhäusern machen, nicht einmal, wenn es die Ehepartner waren … Das empfand ich als sehr herzlos.
Im Einvernehmen aller Beteiligten lud ich also weiter zu Mittagessen und Teestündchen ein. Ja, wir genossen die Gemeinschaft jetzt doppelt, scherzten mehr, erzählten uns die Neuigkeiten aufmerksamer und erfreuten uns der vielen sonnigen Frühlingstage. Meine Mutter schwärmte von ihrem Strandkorb, in dem sie nun regelmäßig ihren Mittagsschlaf machte, „mit den Handflächen zur Sonne geöffnet", wie sie berichtete.

Da der Kontakt mit der „realen Welt" durch die Vermummung allerdings etwas sehr Unangenehmes hatte, reduzierten wir die Einkäufe auf ein Minimum. Erst wenn der Kühlschrank restlos leer war, machten wir uns auf zum Supermarkt oder zum Wochenmarkt. Gesund und munter, schaffte ich es in den ersten Monaten, mir treu zu bleiben und keinen Maulkorb zu tragen. Mit meinem strahlenden Lächeln versuchte ich, die Leute zu infizieren. Das gelang sogar! Auf jeden Fall wurde ich nicht angefeindet. Mein Mann lief in seiner ruhigen und bestimmten Art durch den Markt, dass die Leute gleich von einer Masken-Befreiung ausgingen. Das war, bevor die Maske zur zweiten Haut der Deutschen wurde.

Als Fernseh-Verweigerer und Politik-Muffel ließ ich weiter die Tagesschau Tagesschau sein und das Radio blieb aus. Ich behielt meine Gelassenheit und das Vertrauen, dass jede Krise eine Chance in sich barg, auch eine Pandemie globalen Ausmaßes war meiner Meinung nach davon nicht ausgeschlossen.
Ich fing an, im Internet die Themen rund um die chinesische Mikrobe zu recherchieren und entwickelte mich zu einer regelrechten Selfmade-Corona-Expertin, die nationale wie internationale Berichte evaluierte bis hin zu feinsinnigen, spirituell beleuchteten Blickwinkeln weiser Menschen zum Zeitgeschehen. Natürlich interessierten mich auch die vielen Beiträge von Ärzten und Wissenschaftlern, deren Meinungen in der Öffentlichkeit unbeachtet blieben. Durch mein erarbeitetes Wissen konnte ich mich schon früh nicht der „ver-öffentlichten" Meinung anschließen. Interessant dabei war, dass „sich-eigene-Gedanken-machen-und-danach-handeln" immer mehr als gesellschaftsfeindliche Gesinnung betrachtet wurde. So durfte ich mir bald aussuchen, ob ich nun zu den Aluhut-Trägern gehören wollte, den Corona-Leugnern, oder gar den Rechtsradikalen. Verschwörungstheoretikerin war ich somit allemal, und das war quasi ein staatsfeindliches Verhalten. Demokratisches Verhalten war gestern, jetzt musste man Angst haben, dass der Nachbar dich verpfeift.

Zum Glück war das in meiner Familie und im Freundeskreis kein Thema. Oft saß ich mit meinem Mann und mit Freunden zusammen, und es tat einfach gut, seinen Gedanken freien Lauf zu lassen. Redebedarf hatten wir alle. Im Außen erlebte ich eine zunehmende Distanzierung voneinander. Die Straßen blieben leer, die Leute erledigten das Nötigste und erschienen mir ängstlich und gestresst.

In den deutschen Medien wurden stündlich die neuesten Zahlen von Infizierten, das heißt den Positiv-Getesteten durchgegeben. Anmerkung: Es wurde dabei nicht unterschieden, ob die Positiv-Getesteten auch Krankheitssymptome entwickelten. Sie wurden alle in der Statistik geführt und oft nicht mehr herausgenommen, da ja keine Genesung nötig war. Der dazu verwendete PCR-Test war nie entwickelt worden, um Corona-Infektionen nachzuweisen, hatte ich erfahren. Trotzdem bestimmten seine Ergebnisse die Lage in unserem Land. Auf einem Live-Ticker konnte man zusehen, wie sich die Situation in Echtzeit entwickelte. Das war äußerst beängstigend, besonders die ständige Wiederholung der schlimmen Nachrichten und die Bilder von medizinischem Personal in Vollkörper-Schutzanzügen. Ich fragte mich: Wann werden die Politiker anfangen, die Bevölkerung zu beruhigen? Was für Maßnahmen könnte jeder einzelne ergreifen, um einer möglichen Erkrankung entgegenzuwirken? Gab es eine einzige Talk-Show zu dem Thema?

Freunde von uns, die in Spanien in ihrem Haus überwinterten, erzählten von der seit Wochen verordneten Ausgangssperre. Sie durften nur zweimal pro Woche zum Einkaufen im nächstgelegenen Supermarkt das Haus verlassen. Obwohl sie kilometerlange, leere Strände vor der Haustür hatten, durften sie keine Spaziergänge unternehmen. Welches Ansteckungsrisiko wurde da vermindert bei Bewegung in freier Natur? Können wir nicht gerade an der frischen Luft unser Immunsystem stärken und unsere Nerven beruhigen?

Auch für mich vielen durch die verhängte Ausgangssperre meine sportlichen Wohlfühl-Termine bis auf weiteres aus, so das Yoga und mein geliebtes Pilates mit den Frauen, die mich schon seit Jahren begleiteten. Diese Gemeinschaft fehlte mir sehr. Auch die Schwimmbäder bleiben bis auf weiteres geschlossen. Also fielen die Wassergymnastik und das Frühschwimmen im wahrsten Sinne des Wortes „ins Wasser“. Während mein Mann sich empörte, dass nicht mal Tennis gestattet war, wo doch ein ganzes Spielfeld zwischen den Spielern lag, war auch Golf zur Risikosportart erklärt worden. Man bedenke die Gefahren, wenn man über Kilometer in der Natur hinter einem kleinen Ball herläuft. Wer bestimmt so etwas?

Den meisten schien es aber nicht schwerzufallen, den oft unsinnigen Anweisungen Folge zu leiste, ohne sie zu hinterfragen. Wir haben jedes Jahr Grippeperioden mit vielen Tausend Toten. Vor zwei Jahren erst waren es noch doppelt so viele Tote wie in diesem Jahr, und es wurde hingenommen. Jetzt plötzlich wird das öffentliche Leben auf allen Ebenen stillgelegt und es wird monatelang Angst vor dem tödlichen Virus geschürt, ohne dass es bisher zu einer massiven Übersterblichkeit kam. Große Teile unserer Wirtschaft waren davon betroffen, während nur Konzerne und einige Branchen weiter ihrer Arbeit nachgehen konnten. Alles, was dem Vergnügen dient, der Kunst und Kultur, wie Theater, Tanzen und nicht zuletzt Singen wurde kategorisch abgelehnt. Es gab keine Möglichkeit, eigenverantwortlich Abstände einzuhalten oder Masken zu tragen. Es wurde einfach untersagt. Zum Glück schien die chinesische Mikrobe Handwerker zu verschmähen. Man stelle sich nur vor, was gewesen wäre, wenn die Heizung nicht mehr funktioniert, das Klo verstopft ist oder es zum Dach hineinregnet, und niemand darf helfen.

In diesem Kollaps, in dem so vieles zum Erliegen gekommen ist, bezogen wir uns auf die kleinste Einheit, die eigene Familie. Wir verabredeten uns im Lockdown zum Beispiel zum Spieleabend mit unseren erwachsenen Kindern und deren Lebenspartnern. Wir taten es, um uns gegenseitig aufzumuntern, uns zu stärken und um nicht alleine zu sein. Auch sahen wir nach Wochen aufmerksamer Beobachtung keine Lebensgefahr durch das Virus für gesunde Menschen. Innerhalb eines halben Jahres kannten wir nicht eine Person in einem Umfeld, die einen schwierigen Verlauf durchgemacht hatte beziehungsweise überhaupt jemanden mit Corona, dafür aber viele falsch-positiv getestete Ergebnisse mit der Folge tagelanger Quarantäne für die Betroffenen. Da die Berichterstattung weiterhin sehr einseitig schien, lernten wir mehr unserem eigenen Gefühl zu trauen.
Allerdings fühlten wir uns ein wenig wie Verbrecher, wenn wir als Familie zusammenkamen. Zu unterschiedlichen Zeiten kamen die Kinder an, parkten die Räder zur Vorsicht hinter dem Haus, und wir schlossen sogar die Fenster, um nicht fröhliches Lachen in die Welt zu tragen. So weit war es innerhalb weniger Monate gekommen. Ja, wir haben gut für uns gesorgt, die Familie (hoch) LEBEN lassen, uns fröhliche Geselligkeit geschenkt, ausgelassenes Lachen bis hin zu Geblödel zugelassen, sowie ausgiebige Umarmungen, denn das macht das Menschsein doch aus und hilft der seelischen Gesundheit. Das kann man zum jetzigen Zeitpunkt aber kaum jemandem erzählen.

Aber bleiben wir bei den vielen positiven Momenten in diesem Jahr neben den tiefgreifenden Erkenntnissen, die sich im Innern abspielen. Herausheben möchte ich wundervolle Spaziergänge mit meiner Hündin. Gleich vor unserer Haustür erstreckt sich die Evenburg-Allee, und ich fühle mich privilegiert, dort Gassi gehen zu dürfen. Für mich hat es etwas Erhabenes, unter den alten Baumriesen entlang zum Schloss zu wandeln, im Schlosspark ein paar Pirouetten zu drehen, und schon sind meine Batterien wieder aufgeladen.

In diesem Frühjahr ist noch etwas Wundervolles geschehen: Wir haben durch einen glücklichen Umstand „unser Seeparadies“ gefunden. Nur eine Fahrradstunde von Leer entfernt, liegt der Jümmesee. Dort durften wir ein Camping-Grundstück direkt am Wasser übernehmen – mit Sonnenuntergang über dem See inklusive! Als wir endliche eine Lockerung der Maßnahmen erlebten, unternahmen wir unter dem Motto „Tee am See“ eine Reihe fröhlicher Radtouren mit unterschiedlicher Besetzung.

DANKE für das Privileg, von Zuhause in den Urlaub zu radeln, den See zu genießen, im Liegestuhl den Sonnenuntergang zu beobachten und manchmal auch in dunkler Nacht die Sterne zu zählen.
DANKE für eine Familie, die es weiterhin schafft, ausgelassen zu lachen.
DANKE für unseren gesunden Umgang mit Corona.

Geschrieben nach dem ersten Lockdown 2020

Der Name der Autorin ist ein Pseudonym. Sie schreibt dazu: „Wir leben gerade in einer ziemlich verrückten Zeit, wo die Angst vor Bestrafung meist größer ist als die Angst vor dem Virus. Ich bin vielleicht übervorsichtig, aber es passiert einfach gerade sehr viel Unschönes bei Menschen, die eine andere Meinung haben. Man muss mittlerweile Angst haben, so eine Geschichte überhaupt zu erzählen.“

Die Hervorhebungen im Text wurden vom Herausgeber vorgenommen.

Karl-Heinz Ennens
Jahrgang 1948
Ostrhauderfehn, Deutschland

Corona hat uns behindert.
Corona hat uns eingeschränkt.
Aber Corona hat uns nicht wirklich verändert.

Verändert haben sich dagegen unsere Reisegepflogenheiten und unsere Tagesabläufe. Hatten wir noch im Jahr 2019 wunderbare Touren mit dem Wohnmobil bis in die Westsahara unternommen, musste die Planungen für 2020 nicht nur wegen Corona, sondern auch aus gesundheitlichen Gründen zurückgestellt werden.
Unser Traum war es, auf dem Landweg von Ostfriesland bis nach Athen zu fahren und vor der Akropolis Fotos vom Wohnmobil zu machen. Wie gewohnt, wollten wir nur den ungefähren Streckenverlauf planen und den Rest jeden Tag aufs Neue entscheiden.

Daraus wurde nichts. Frühjahr und Sommer verbrachten wir in selbst verordneter Quarantäne. Zu allem Überfluss kam es bei mir noch zu einem überraschenden Krankenhausaufenthalt, am 19. März 2020, gleich zu Beginn der Pandemie. Es war der erste Tag unter Pandemiebedingungen im Klinikum.

Die ganzen Umstände ließen Reisen auch ohne Corona nicht zu. Dafür haben wir in der Zeit der Einschränkungen das Erwachen der Natur mit allen Sinnen zu Hause erlebt, so intensiv wie noch nie zuvor. Wir atmeten die Frische der Natur, schauten dem Rudel Rehe auf den Wiesen zu und begrüßten jede Blüte mit einem netten Wort persönlich. Wir wussten, wo welcher Vogel seine Jungen aufzog, und die ersten Flugversuche der jungen Meisen erfreute unser Herz.

2020 setzte ich ein lange aufgeschobenes Vorhaben um, und das erfüllt mich mit großer Zufriedenheit. Ich habe die freie Zeit genutzt und mein bewegtes Leben unter dem Titel „Wir Kinder aus dem Westermoor“ zusammengefasst. Schon vor vielen Jahren hatte ich angefangen, einige Erinnerungen aufzuschreiben, nach dem Motto: „Papa, erzähl doch mal“. Nach wenigen Zeilen war immer wieder Schluss, weil ich noch irgendwelche Personen dazu befragen wollte. Im Frühjahr 2020 wurde mir bewusst, dass sich die Sanduhr des Lebens nicht aufhalten lässt. Etliche der Personen, die ich noch befragen wollte, sind bereits von uns gegangen. Ich habe die Einschränkungen der Pandemie genutzt, mich an den Schreibtisch gesetzt und einfach begonnen, zu schreiben. Plötzlich entwickelte sich eine Eigendynamik und ich mochte nicht mehr aufhören. Ich fügte Zeile um Zeile und Seite um Seite hinzu. Manchmal vergaß ich dabei Zeit und Raum.

Titelbild des Buches „Wir Kinder aus dem Westermoor".
Von links nach rechts: Karl-Heinz, Lisa & Fidi Ennens als Kinder vor ihrem Elternhaus.

Auf 265 Buchseiten habe ich mein Leben Revue passieren lassen. Das Buch war nicht von Beginn an geplant. Ursprünglich wollte ich meine Erinnerungen der Nachwelt erhalten, insbesondere unserem Sohn Andreas. Es war nicht einfach, immer die richtigen Worte zu finden. Aber welche Worte sind überhaupt richtig? Ich schrieb dann einfach so, wie ich es vor Augen hatte.

Ich bin jetzt 72 Jahre alt. Mein Leben war immer sehr abwechslungsreich und nie einfach. Einfach kann schließlich jeder. Ich bin nach der Berufsausbildung einige Jahre zur See gefahren. Meinen Traum, Schiffingenieur zu werden, habe ich meiner Frau zuliebe aufgegeben und habe dafür die Meisterprüfung abgelegt. Nach der Meisterprüfung war ich mehrere Jahre in der Fremde auf Baustellen zu finden, um die Familie zu ernähren und unser Häuschen abzubezahlen.

Nachdem wir kurz im Emsland gewohnt hatten, zog es uns nach Ostrhauderfehn, wo wir immer noch wohnen. Am 18. Mai 1973 wurden wir zum ersten Mal durch die unzähligen Vögel, die unterm Dach ihre Nester gebaut hatten, in unserer neuen Heimat begrüßt. Seitdem sind wir „Ostfriesen mit Migrationshintergrund", meine Frau als Emsländerin und ich als Saterländer. In diesem Jahr freuen wir uns auf unser 50-jähriges Ehejubiläum.

1981 haben meine Frau und ich uns selbständig gemacht. Den Baumaschinenhandel haben wir inzwischen an unseren Sohn Andreas übergeben. Meinen täglichen Rundgang in der Firma und die Begrüßung jedes einzelnen Mitarbeiters mussten wegen der Abstandsregelung leider eingeschränkt und später vorsorglich eingestellt werden.

Die Entscheidungen der Politik während der Pandemie waren mir manchmal etwas unverständlich, aber solange ich keine besseren Lösungsvorschläge einbringe, muss und kann ich damit leben. Corona wird uns weiterhin einschränken, aber nicht unterkriegen, sofern wir gesund bleiben. Unsere Vorfahren mussten mit wesentlich schlimmeren Einschränkungen durch Kriege, Not und Hunger zurechtkommen.

Wir schaffen das.

(Februar 2021)

Ich wurde im April 1948 in Ramsloh, Kreis Cloppenburg geboren. Nach der Volksschule absolvierte ich eine vierjährige Ausbildung zum Landmaschinenmechaniker. Die schönste berufliche Zeit meines Lebens verbrachte ich von 1968 bis 1970 auf Schwergutfrachtern der DDG Hansa Bremen auf Routen im Atlantik, Mittelmeer, Indischen Ozean, Persischen Golf und nach Nordamerika. 1971 habe ich geheiratet und trotz Familie und Kind meinen Wehrdienst abgeleistet. 1974 bestand ich meine Meisterprüfung im Schlosserhandwerk. Es folgten Anstellungen als Monteur auf Baustellen in ganz Deutschland. 1981 wagte ich den Schritt in die Selbständigkeit. Die Firma habe ich inzwischen in die Hände meines Sohnes Andreas übergeben.

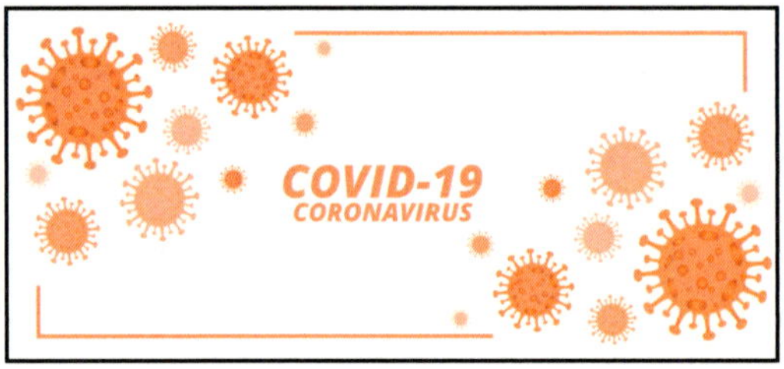

Gerd Eiltzer
Schulbibliothekar
Jahrgang 1955
Leipzig, Deutschland

Leseratte Werner. Aus dem Tagebuch des Chefs einer Leipziger Schulbibliothek während der Corona-Pandemie

Hallo liebe LeserInnen,

ich bin Werner, die Leseratte, Chef der Schulbibliothek des Wilhelm-Ostwald-Gymnasiums in Leipzig. Mein Team besteht aus Teddy-Doc, Aufsichtselch (seinen wirklichen Namen hat er nie verraten), Emma, Bücherwurm Brigitte sowie meinem Mitarbeiter Gerd. Unser „Ostwald" ist ein Gymnasium mit einem vertieften naturwissenschaftlichen

Profil. Wir alle Schüler, Lehrer aber auch das Team der Schulbibliothek sind stolze „Ostwaldianer“.

Am 13. März 2020, einem Freitag, besuchten 109 Schüler ihre Schulbibliothek, die alle nur Schubi nennen. In der nachfolgenden Nacht träumte ich einen wirren Traum, den ich euch erzählen möchte, von dem ich nie gedacht hätte, dass er irgendwann einmal Wirklichkeit werden könnte.

Am 16. März wurde die Schulpflicht aufgehoben, so dass an diesen Tag, einem Montag, nur noch vier Schüler in meine Schubi kamen. Was war passiert? Fast von heute auf morgen wurde der Unterricht in den Schulen unterbrochen. Der Anlass war ein kleines, kreuzgefährliches Virus namens Corona. Der Lockdown kam. Wochen vergingen, kein Schüler besuchte unsere Schulbibliothek.

Ab 25. Mai wurde der Unterricht bis zu den Sommeferien im Wechselunterricht durch- geführt. Die Klassen wurden geteilt: ein Teil der Klasse erhielt Präsenzunterricht, während der andere Teil der Klasse mit E-Learning zu Hause blieb. Einige wenige Besucher fanden dennoch den Weg in ihre Schulbibliothek. So erbaten die Eltern eines Schülers während der E-Learning-Phase Asyl für ihr Kind in der Schubi. Sie wollten diese Ausnahme, weil der Junge zu Hause keine praktikablen Lernbedingungen gehabt hätte. Mehrere Geschwister hätten sich gegenseitig im Wege gestanden.

Fortan verbrachte er, mit einem Laptop bewaffnet, sein E-Learning in der Schubi. Er arbeitete so angestrengt, dass ich ihn das eine oder andere Mal fragen musste: „Sag mal, hast du schon was gegessen?“ Er hat diese E-Learning-Phase gut überstanden, andere Schüler hatten damit größere Probleme. Unser Schulleiter bezeichnete den Unterricht als Krisenunterricht. Sicherlich ist es an unserer Schule noch besser als an anderen sächsischen Schulen gelungen, Unterricht als E-Learning zu gestalten. An unserer Schule wird „Lernsax“, die sächsische Schulcloud, mit dem Schuleintritt ab Klasse 5 genutzt. Mit Lernsax ist eine Kommunikation zwischen Lehrern und Schülern möglich, zusätzlich auch mit den Eltern. Man kann Lernprozesse gestalten und Feedback geben, live unterrichten und online zusammenarbeiten. Wenn man natürlich erst dann Lernsax nutzt, wenn es sofort notwendig wird, dann sind die Anfangsschwierigkeiten größer. Das gilt insbesondere, wenn sich Schüler dieser Arbeit entziehen oder wenn die Internetverbindung zu Hause instabil ist.

Vor den Sommerferien erfolgte die Übergabe der Zeugnisse in zwei Gruppen, um Kontakte zu minimieren. Schüler einer Klasse hatten sich über Monate nicht gesehen. Während der Ferien waren die täglichen Infektionszahlen auf ein überschaubares Niveau gesunken. Diese Zeit war für das Team der Schulbibliothek eine Zeit der Erholung und des Durchatmens. In dieser Zeit stieß ein weiterer Mitarbeiter zu unserem Team: Teddy Doc. Er sollte sich um alle hygienischen Maßnahmen in der Corona-Zeit kümmern. Uns war klar: Auch nach unserem Urlaub würde das Virus immer noch vorhanden sein. Wir überlegten, unter welchen Bedingungen wir den Betrieb der Schulbibliothek fortführen könnten. Ihr könnt euch vorstellen, dass diese Diskussion sehr lebhaft war. Skeptiker waren der Auffassung, dass es gar keine Lesebesucher in der Schubi geben könne und Bücher nur noch zurückgegeben werden dürfen. Optimisten vertraten die Auffassung, der Virus werde in den Folgewochen durch das Verhalten der Menschen so erfolgreich eingedämmt. Die Schulbibliothek dürfe ohne Einschränkungen aufgesucht werden.

Schließlich setzten sich die Realisten mit der Meinung durch, die Zugangszahl müsse beschränkt werden. Ich als Chef der Schulbibliothek musste das Hygienekonzept gegenüber dem Schulleiter verteidigen. Ein Punkt wurde länger diskutiert: Wie viele Schüler, dürfen sich gleichzeitig in der Schubi aufhalten? Ich griff zu einem Trick, ging mit zwei Zetteln zum Schulleiter und forderte ihn auf, eine Zahl aufzuschreiben, was ich auch tat. Was stand dann darauf? Bei ihm stand eine zwölf und bei mir eine 15 auf dem Zettel. Wir schauten uns an, lächelten, und letztendlich wurde die Zahl fünfzehn in das Hygienekonzept aufgenommen. Nun stellte sich die Frage, wie die Höchstzahl 15 bei einem ständigen Kommen und Gehen kontrolliert werden sollte. Mein Mitarbeiter in der Schubi hatte die rettende Idee. Wir teilten Einlasskarten aus, genau 15 Karten standen zur Verfügung. Jeder Besucher musste sich eine Karte nehmen und durfte nach dem Eintragen in eine Anwesenheitsliste die Schubi betreten. Das funktionierte von Anbeginn reibungslos. Nur mit einem hatte ich nicht gerechnet: mit der Schusseligkeit der Schüler. Immer mal wieder war eine Karte nicht auffindbar und spurlos verschwunden. Nach sechs Wochen wurde deshalb die 1. Auflage der Einlasskarten in „orange" durch die 2. Auflage in „gelb" ersetzt. Mehrmals waren alle Einlasskarten ausgeteilt, Schüler standen vor der Tür, um eine Karte zu ergattern.

Seit Schuljahresbeginn galt in der Schubi generell eine Maskenpflicht, die wie selbstverständlich eingehalten wurde. Eine Fünftklässerin erklärte mir auf die Frage nach der Maske, dass sie sich im Internet informiert habe, die Maske sei neben Abstandhalten und Hygieneregeln die einzige Möglichkeit, die weitere Ausbreitung des Virus zu verringern. Ich habe mir an dieser Stelle gewünscht, dass manche Erwachsene so viel Einsicht hätten. Besorgte Eltern und sogenannte Querdenkende äußerten in der Öffentlichkeit wiederholt, dass Kindern das Maskentragen nicht zugemutet werden könne, dass Kindern das Tragen eines Mund-Nasen-Schutzes nachhaltig schade und Kinder deshalb auch schon verstorben seien. In der Schubi ist es nicht zu Zwischenfällen gekommen. Es stand auch zu keiner Zeit ein Krankenwagen auf dem Schulhof in Bereitschaft, um kollabierende Kinder schnellstmöglich versorgen zu können.

Die Schüler nutzten ihre Schulbibliothek wie zu Prä-Corona-Zeiten zum Lesen und Lernen. Dauerbrenner in den Pausen waren „Gregs Tagebücher" oder die „Känguru-Chroniken". Es herrschte eine besondere Atmosphäre, die untermalt wurde durch die Hintergrundmusik eines Kultur-Radiosenders. Das Bedürfnis, vor und nach dem Unterricht noch zu lesen, hatte sich nicht verändert. Mehrmals mussten die Lesenden aus der Schubi zur Schließzeit „rausgeschmissen" werden. Selbst die Lehrer, die nach den Sommerferien als Lehreraufsicht in die Schubi abgeordnet waren, nutzten diese Zeit, einmal zu einem Buch zu greifen. Nach den Herbstferien wurde die Lehreraufsicht leider abgeschafft, die als die schönste Aufsicht in der ganzen Schule bezeichnet wurde.

Nach den Herbstferien kletterten die Infektionszahlen unaufhörlich. Der alljährlich stattfindende Vorlesewettbewerb, der für den 13. November in der Schubi geplant gewesen war, wurde auf unbestimmte Zeit verschoben. Bis zu diesem Zeitpunkt hatte sich das Virus noch nicht in der Schule gezeigt. Am 24. November wurde ein Referendar positiv getestet, drei Tage später folgte ein Schüler, und am 2. Dezember der Schulleiter. Einige Schüler wurden als Kontaktperson ersten Grades in Quarantäne geschickt. Nun hatte das Virus auch unsere Schule erreicht. Dennoch lief der Betrieb in der Schubi unter Anwendung des Hygieneplanes weiter.

Im November entschied die Schulleitung, dass es einen Tag der Offenen Tür in diesem Schuljahr in herkömmlicher Weise nicht geben könne. Tag der Offenen Tür, das bedeutet: Potentielle zukünftige Schüler pilgern zur Besichtigung der Schule, befragen Schüler, Lehrer, besichtigen Klassenräume und die Schulbibliothek. Unter Corona-Bedingungen ein unmögliches Unterfangen. Wie kann man trotzdem die Schule einem breiten Publikum vorstellen? Die Idee: Wir erstellen Imagefilme von den Fachbereichen.
Natürlich gab es auch eine Anfrage an die Schulbibliothek. Kurzentschlossen rief ich als Chef mein Team zusammen. Wir erstellten das Gerüst für ein Drehbuch. Ich stellte den Mitgliedern der GTA-Bibliothek (GTA steht für Ganztagsangebot) das Konzept vor. Am folgenden GTA-Tag setzten wir dieses Konzept dann um. Die Anfangsszene: Mehrere Schüler stehen vor der verschlossenen Tür der Schubi, klopfen, keine Reaktion, rufen schließlich laut „Werner". Ich öffne mit verschlafenem Blick die Tür, meine Nachtmütze noch übergezogen und schaue verwundert. „Äh, ist es schon 7:30 Uhr (die normale Öffnungszeit der Schubi)? Ich habe verschlafen." „Das ist dir doch noch nie passiert!" Tatsächlich hatte ich in meiner bisherigen Dienstzeit noch kein einziges Mal verschlafen.
Nach Drehschluss ahnte keiner der Beteiligten, dass nur wenige Tage später der Präsenzunterricht vom 14. Dezember bis zum 10. Januar 2021 ruhen würde. Zuvor war noch für den 11. Dezember der Vorlesewettbewerb anberaumt wurden. Der jährliche Vorlesewettbewerb ist ein jährlicher „Lese"-Höhepunkt für die Schüler der 6. Klassen. In der Vergangenheit fand der Wettbewerb immer in den Räumen der Schubi statt. Es gab einen Schüler-Moderator, eine kulturelle Umrahmung und Zuschauer. Für die Nichtteilnehmer gab es ein Rahmenprogramm, in dem den Nichtteilnehmern von Autoren oder „Autoritäten" aus Büchern vorgelesen wurde.

Und in diesem Jahr? Das Rahmenprogramm wurde abgesagt, der Lesewettbewerb wurde ohne Kulturprogramm und Zuschauer in den „sterilen" Klausurraum verlegt. Neben den Teilnehmern des Wettbewerbes (insgesamt acht Schüler), einer dreiköpfigen Jury, der Lesewettbewerbs-Lehrerin und natürlich Teddy-Doc und mir durften keine weiteren Personen in den Raum. Ich war erstaunt, wie gut vorbereitet die Vorleser den Wettkampf bestritten. Der Jury fiel es schwer, den Vorlesemeister und die beiden Platzierten auszuwählen. Die Jury einigte sich schließlich auf einen Vorlesemeister und zwei Zweitplatzierte, die eine „Wettbewerbstasse" erhielten. Der Wettbewerb fand am letzten Schultag 2020 statt, der noch unter „normalen" Bedingungen lief. Mit dem neuen Jahr wurde das E-Learning bis zum 31. Januar fortgesetzt, es folgten vorgezogene einwöchige Winterferien – und was danach kommt, das ist wie die Geschichten mit den ???: Keiner ist sicher, wie es weitergeht. Für die Schüler der

Abschlussklassen beginnt am 18. Januar wieder ein Präsenzunterricht, der in den Leistungskursen absolviert wird. Für alle anderen bleibt der Präsenzunterricht ein Traum. Sie sitzen weiter zu Hause im Distanzunterricht im E-Learning.
Und so wird mein Mitarbeiter am 5. Februar still und heimlich an seinem letzten Arbeitstag aus meiner Schulbibliothek schleichen und sie nie wieder als mein Mitarbeiter betreten.

Heute bin ich aus meinem Traum erwacht.

Alles war so eingetroffen, wie ich es in meinem Traum erleben musste. Als Chef und Leseratte wünsche ich mir, dass die Schulbibliothek so schnell wie möglich aus ihrem Pandemieschlaf erwachen wird. Wir haben alle Voraussetzungen dafür geschaffen. Ich wünsche mir wieder viele lesehungrige und lachende Schüler, die Leseleben in die Bude bringen. Leider weiß ich im Augenblick nicht, ob ich einen Mitarbeiter finde, der mich als Chef der Ostwald-Schubi in meinem Traum unterstützen wird.

„Das Denken ist auch eine Wirklichkeit, sogar eine der wichtigsten im Menschenleben."
(Wilhelm Ostwald)

Gerd Eiltzer wurde im November 1955 in der Porzellanstadt Meißen geboren. Die Kindheit verbrachte er in Lommatzsch. Nach dem Chemiestudium in Dresden, das er als Diplomchemiker beendete, arbeitete er von 1978 bis 1991 in der Filmfabrik (ORWO) Wolfen in der Forschung. Es folgten verschiedene Lehrgänge und Anstellungen. Von Februar 2016 bis Februar 2021 arbeitete Gerd Eiltzer als Schulbibliothekar am Leipziger Wilhelm-Ostwald- Gymnasium.

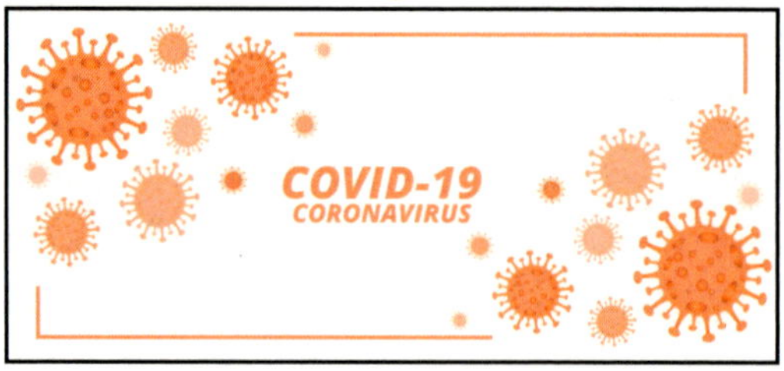

Jörg Menke
Dipl. Theologe, Dipl. Sozialarbeiter (KFH)
Klinikseelsorger am Klinikum Osnabrück GmbH

Immer wieder freitags: die Corona-Schnitzelgruppe

Die Corona-Schnitzelgruppe - ein merkwürdiger Name für eine Gruppe. Wir sind vier Freunde. Andrea und Petra sind Schwestern, Stefanie und Jörg sind miteinander verheiratet. Wir haben uns kennengelernt über weitere gemeinsame Freunde. Wie aus uns die Corona-Schnitzelgruppe wurde, erzählt der folgende Text.

März 2020. Der erste Lockdown wurde verkündet, und niemand wusste, was auf uns zukam. Am 14. März ahnten wir schon, dass sich unsere Gruppe wohl zum letzten Mal zum Essen in einem Restaurant treffen würde. Unsere Gruppe besteht aus sieben Personen, die sich unregelmäßig alle sechs bis acht Wochen treffen und gemeinsam essen gehen. Wir probieren dabei unterschiedliche Restaurants und Geschmacksrichtungen aus, und wir genießen es, zu quatschen und miteinander Zeit zu verbringen. Aus Sorge wegen der unbekannten Infektionskrankheit saßen am 14. März schon nicht mehr alle Mitglieder der Essenrunde mit am Tisch. Corona warf die ersten Schatten auf unsere Runde. Wir verabschiedeten uns gedanklich von unserem liebgewonnenen Ritual. Oder …

„D. bietet Außer-Haus-Verkauf an“, so lautete die kurze WhatsApp von Andrea Ende März. „Hab ich gesehen, J. macht das auch.“ Weitere Nachrichten gingen hin und her, dann war klar: Andrea, ihre Schwester Petra, meine Frau Steffi und ich wollten den Außer-Haus-Verkauf unterstützen. Wir wollten ja schließlich nach Ende des Lockdowns wieder in der großen Runde zusammen essen gehen.

Und so bestellten wir an einem Freitag zum ersten Mal beim selben Restaurant unser Essen und verabredeten uns anschließend per Video-Telefonie. Wir redeten über das Essen und plauderten, so wie es in den Monaten zuvor üblich gewesen war. „Machen wir das weiter?“ Na klar! Wir bestellten die darauffolgenden Freitage immer bei einem anderem restaurant, das Außer-Haus-Verkauf anbot.

Petra, die auch mal Ungewöhnliches und Neues ausprobiert, bestellte jedes Mal ein Schnitzel „Wiener Art“ mit Zwiebeln, Pilzen und Bratkartoffeln. Als wir sie nach der dritten Bestellung fragten, warum sie immer das gleiche Essen wählte, sagte sie, sie wäre auch an einer privaten Challenge beteiligt, welches Restaurant das beste Schnitzel braten könnte. Daraus entstand dann der Name unserer kleinen Gruppe: die Corona-Schnitzelgruppe.

Seitdem sind fast zwölf Monate vergangen. Bis auf wenige Ausnahmen wegen beruflicher Termine oder Urlaub treffen wir uns immer noch jeden Freitag virtuell, um gemeinsam Essen zu bestellen und uns per Video-Telefonat zu begegnen. Dabei haben sich verschiedene

Rituale und Traditionen ausgebildet: es wird fast immer mittwochs, also zwei Tage vorher, festgelegt, wo das Essen bestellt wird.
Aufgrund unterschiedlicher Rhythmen bestellen Andrea und Petra immer zu 18 Uhr, Steffi und Jörg immer zu 19:30 Uhr das Essen, danach wird telefoniert. Es müssen immer Petra und Jörg das Essen abholen. Verzweifelte Versuche, die anderen Teilnehmer dazu zu bewegen, scheiterten kläglich.

Petra isst inzwischen auch wieder andere Gerichte als Schnitzel. Wir haben uns im Sommer, als es erlaubt war, auch zu viert getroffen und gemeinsam gegessen. Die Rituale blieben gleich: Unser Tag blieb der Freitag, wir bestellten das Essen, und natürlich mussten Jörg und Petra das Essen abholen.

Was haben wir aus unseren Freitags-Runden gelernt? Viel!
Wir wissen, wo es das beste Schnitzel gibt.
Wir wissen, dass Essen nur in einem bestimmten Umkreis warm bleibt.
Wir wissen, wieviel Verpackungsmüll leider dadurch produziert wird. (Vielleicht pflanzen wir mal 'nen Baum zum Ausgleich, wenn es wieder geht).
Wir wissen, dass Essen nur bedingt untereinander vergleichbar ist (chinesisch mit gutbürgerlich, griechisch mit italienisch und…).
Wir haben neue Restaurants kennengelernt und waren begeistert!

Am schönsten ist das Fazit von Andrea zum Jahr 2020: „Ihr wart in diesem Jahr immer da für mich. Von keinem meiner Freunde und Kontakte weiß ich so viel wie von euch. Niemanden habe ich so oft gesehen und gehört.“

Wir alle freuen uns darauf, wieder in einem Restaurant zu sitzen, vom Teller der anderen zu probieren, gemeinsam zu lachen und mit den anderen drei Mitgliedern Neues auszuprobieren. Aber wir sind dankbar, dass wir uns diese Freitage leisten konnten.

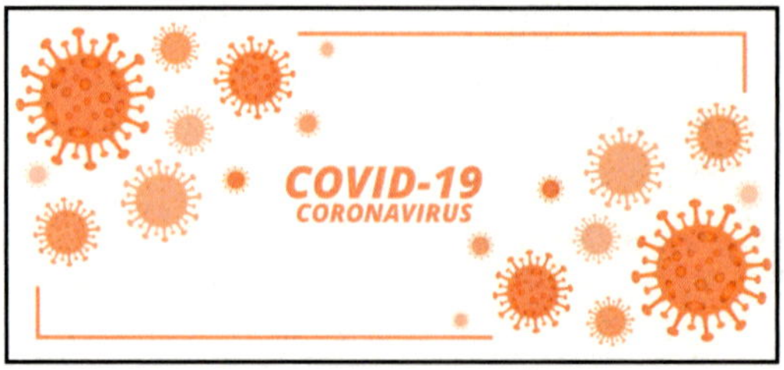

gesehen in Quedlinburg von Susanna Quandt

II

Corona, Kunst und Kultur

Corona, art, and culture

Dr. Norbert Knitsch
Theaterpädagoge und Schauspieler
Jahrgang 1954
Rhauderfehn, Deutschland
www.norbert-knitsch.de | www.tag-theater.de

Wenn der König stirbt

Ein aufgestelltes Schachbrett mit den Spielern Godot und Corona. Beide schauen entspannt auf die Figuren und kommen in einen Dialog über den Menschen.

Godot: Du bist ein König, stimmts?

Corona: Stimmt! Man gab mir den Namen Corona, das ehrt mich.

Godot: Du bist gefährlich, hörte ich. Du hast es auf den Menschen abgesehen.

Corona: Ja, diese humanoide hybridgleiche Spezies namens Mensch erfreut mich zunehmend.

Godot: Die letzte Epoche ihrer Utopie hat begonnen, ihre Ressourcen werden knapper. Oder sagen wir besser, die des Planeten… Naturterroristen!

Corona: Sie verstehen nicht, dass das eine mit dem anderen im Zusammenhang steht. Das, was sie aus ihrer Geschichte lernen, ist, dass sie nichts aus ihr lernen. So einfach scheint es. Nehmen wir das Beispiel Erderwärmung.

Godot: Ein soziologischer Totalschaden einerseits. Allerdings aus der Perspektive der Natur einmal betrachtet, mit dem Übel unnötiger Vernichtung anderer lebendiger Kreaturen, ein Paradebeispiel und Spiegel zugleich, dieser Spezies keine zweite Chance mehr zu überlassen. *(zieht seinen Springer lächelnd ins feindliche Feld)*

Corona: Sie schweben im inneren einer Seifenblase und der Illusion hinterher, das alles schon irgendwie wieder in Ordnung kommen wird. *(schlägt den Springer mit seinem Bauern und wartet gespannt auf den kommenden Zug des Gegenübers)*

Godot: Ihr kunstvoll erschaffenes Paradies?! Die Unterscheidung von Realität und Illusion scheint ihnen abhandengekommen zu sein. Sie befinden sich weiterhin in Gedanken oder besser gesagt in einem Orbit, einer Umlaufbahn um sich selbst ohne festen Boden unter den Füßen. *(vollzieht gelassen eine kurze Rochade)*

Corona: Das kommt mir entgegen. Je fragiler ihr Seinszustand wird, je mehr kann ich mich verstetigen. Als Virus, wohlgemeint.

Godot: Sie schauen in den Spiegel und müssen mit Erschrecken feststellen, dass sie nur sich selbst sehen. Sie sehen sich, aber fühlen nichts. Eine Hülle ohne Inhalt.

Corona: Sie wissen viel, ja, aber nicht genug. Die Wissenschaften bleiben ungehört. Da helfen keine Physiker oder Philosophen. Der Mensch wird die große Bühne verlassen müssen.

Godot: Ohne Bewusstsein. Schon das Orakel von Delphi gab den wichtigsten Hinweis, und von den heiligen Schriften mal ganz abgesehen, gab es etliche Hinweise zum Innehalten, gewiss noch zur Umkehr. Der Planet wird besiedelt von einem Parasiten, der leider mutierte zu einem Gespenst seiner selbst. Als bräuchten sie immer neue Formalien, Schadensberichte, Gesetze.

Corona: Es reicht nicht aus. Sehen wir es wie dieses königliche Brettspiel. Die letzte Episode hat bereits begonnen. *(zieht seinen Turm bedrohlich vor)*

Godot: Nun ist´s gut mit deiner Schadenfreude. Die Indifferenz besteht darin, dass ein Bewusstsein nicht asynchron zu einem autokratisch und vor allem affirmativ geführten Wohlstand existieren kann. (zieht seine Dame in direkte Linie zum König des Gegners)

Corona: Der Erstickungstod im zweifachen Sinne ist quasi schon sicher? (zieht daraufhin den König zur Seite). Da helfen auch keine Kaiser oder gar Päpste mit ihren wehenden Gewändern, die sich im Kreise ihres selbsternannten Gefolges in Sicherheiten wiegen.

Godot: Könnte man so sagen, ja. Auch Herakles dachte von sich selbst, als ein Sohn des Zeus, er sei unbesiegbar.

Corona: *(sich angespannt zurücklehnend)* Sie sind auf den Mond gelandet. Sie schauen tief ins Universum mit ihren großen Spiegeln. Sie schauen rundherum in ein schwarzes Nichts, angefüllt von funkelnden Steinen und Staubwirbeln. Sie wollen ergründen und finden, woher sie kommen, woher sie abstammen. Doch sehen sie nichts, nichts als …

Godot: … Dinge, die sie nichts angehen. Sie werden nichts finden. Sie werden immer wieder enttäuscht. Und machen weiter, immer weiter. Die Beherrschung technischer Intelligenzen kann ihnen letztlich auch nicht weiterhelfen. Dessen Begrenzung entspricht ihrer eigenen Vorstellungskraft von Raum und Zeit: Was sich aus sich selbst erschafft, wird nicht mehr und nicht weniger sein können als das, was es erschaffen hat. Auch ein Naturgesetz, und verdammt gut gelöst oder eingefädelt. Aber lassen wir sie in dem Glauben, dass sie es könnten. Man stelle sich nur vor, sie würden erkennen, dass das, was im Tempel von Delphi in allzu früher Vorgeschichte von einem intelligenten Wesen ihres Gleichen schon in Stein gemeißelt wurde mit dem einzigen und allumfassenden Satz: Erkenne dich selbst! Jedoch kann das Selbst sich nicht selbst finden, dafür wurde besonders gut vorgesorgt. Die Natur erschafft sich nicht grenzenlos, obwohl hier schon das Unwahrscheinliche wahrscheinlich wurde. Jedoch und in letzter Konsequenz wird diese Spezies noch nicht einmal die Möglichkeit bekommen, auf sich und ihr Denken und Handeln zurückschauen zu können.

Corona: Gibt es den Menschen nicht mehr, gibt es kein Universum.

Godot: Ein guter Schluss, mein edler Freund. Und auch du bist Teil dieser natürlichen Mechanik und Leidenschaft, immer und immer wieder hervorgeholt aus den Tiefen. Ein gieriger Amokläufer, ein Choleriker und Querulant. Einer, der seinesgleichen sucht und millionenfach wiederfindet.
(streng und bestimmt zieht Godot seinen zweiten Turm geradlinig in das freie Feld zur rechten Seite des schwarzen Königs)

Corona: Wenn ich mir eine Frage erlauben darf: Wer bist du? Mit wem habe ich es hier zu tun?

Godot: Ich bin kein Sohn des Zeus, nichts Vergleichbares. Nebensache. Aber schau du doch auch einmal über den Rand. *(zieht seinen weißen Läufer quer über das gesamte Feld in Konfrontation zum schwarzen König)*

Corona: Ich sehe nichts.

Godot: Konzentriere Dich, schaue über den Rand.

Corona: Ich sehe nicht, … nichts.

Godot: Du musst dich konzentrieren, schaue über den Rand, in die Tiefe, in deinen eigenen blindbefleckten Spiegel hinein. Hab keine Angst, es reichen durchaus schon Sekunden aus.

Corona: Ich kann nicht. *(rückt den schwarzen König mit zitternder Hand seitlich ein Feld zurück).*

Godot: Dann bist Du nicht mehr und nicht weniger derer, die du zu besiegen glaubst. Lasse dich nicht täuschen. Sie haben schon einiges geleistet, aber dann werden sie sich auch gegen deine Angriffe erwehren können. Du wirst ein weiteres kleines Übel auf ihrem planetarischen Schlachtfeld sein, wie schon viele derart ihrer Geschichte, neben Pest, Cholera, Aberglaube und Hexenverbrennung (zieht seine Dame ein weiteres Mal zielsicher auf Linie des schwarzen Königs und grummelt leise, aber bestimmt vor sich hin:) Auch dieser König stirbt!

Corona: Wer bist du? *(legt seinen schwarzen König nachdenklich und mit dieser Frage auf die Spielfläche)*

Godot: Du siehst nichts? Ich dachte es mir! Nicht der Fluss fließt, mein Freund. Es ist das Wasser. Den Wind siehst du an den sich schwingenden Blättern des Baumes. Ansonsten bleibt er Dir verschlossen. Noch nicht einmal eine Haut besitzt du, um ihn erspüren zu können. Es geht nicht mehr um das Werden, mein Freund. Es geht um das Sein.

Corona: Wer bist du?

Zum Dialog

Ich habe diesen Dialog bildlich in ein Schachspiel gebettet, um auch für mich eine andere und vielleicht neue Perspektive auf die Pandemie zu finden. Die Spieler, Godot und Corona, sitzen sich als Mächtige gegenüber. Das Brettspiel zwischen ihnen ist der Austragungsort, auf den sich der Dialog bezieht, oder umgekehrt. Die Figur des „Godot", dem Theaterstück „Warten auf Godot" von Samuel Beckett entnommen, bleibt unbekannt; Beckett wurde oft gefragt, wer denn dieser „Godot" nun sei. Und genauso oft war seine Antwort, dass er dies gerne den Zuschauern überlasse. So auch der zielführende Gedanke zu dem Dialog der beiden Protagonisten. Der Mensch wird hier zum Antagonisten, zum Nebendarsteller herabgestuft.

Und was ist nun mit Kunst und Kultur in der Pandemie?

Diese Pandemie ist ernsthafter als uns bewusst wird. Sie zeigt auf, dass wir Menschen verletzlich sind. Sie zeigt uns, dass wir einen Körper besitzen. Unsere Psyche kann uns in letzter Konsequenz nicht beschützen. Sie verhält sich fragil, wie ein schaukelndes Schiff. Was ist zu tun?

In dieser Zeit habe ich stark innehalten müssen. Ich stand sozusagen im Epizentrum eines Hurrikans, plötzlich Stille. Um mich herum flog die Welt ohne mich weiter. Ich habe über viele Monate keine Bühne betreten und hatte viel Zeit zur Rückschau. Der berühmte Regisseur Konstantin Stanislawski (1863-1938) sagte einmal, dass ein Theaterstück noch während der Aufführung schmilzt wie Schnee. Diese Metapher zum Bühnenspiel fiel mir spontan ein, als ich an die vielen Theaterstücke dachte, die ich in meiner fast 35jährigen freiberuflichen Theaterarbeit auf die Bühnen brachte. Und oft dort, wo es keine roten Samtsessel und schweren Vorhänge gab. Dazu gehörten Krisen- und Kriegsschauplätze der Welt oder Einrichtungen sogenannter „sozialen Felder" unserer Gesellschaft. Aber auch auf ungewöhnlichen Bühnen, wie z.B. der Straße und anderswo im öffentlichen Raum, gab es schöne Vorstellungen und letztlich Entdeckungen. Aber eine Entdeckung, die ich Godots letzten Satz in den Mund legte: Es geht nicht mehr ums Werden, sondern um unser Sein! Diesen Satz bezog ich auch auf mich, nun im fortgeschrittenen Alter von 66 Jahren.

Kunst und Kultur in Zeiten der Pandemie leidet nicht. Es sind die Menschen, die darunter leiden, nicht zu sehen und zu erspüren, was diese ästhetischen Methoden zu bieten haben. Der Mangel daran machte sich schnell ausfindig. Der Mangel an Bildern, Texten, lebendige Menschen auf einer Bühne zu sehen.
Kunst hält den Spiegel vor und lässt die Zuschauenden in ihre Herzen sehen. Theater ohne Thema gibt es nicht. Shakespeare hat es uns gezeigt. Aber auch die alten Griechen, Theater als „Raum zum Schauen“, innen wie außen. Ob Liebe oder Barbarei oder beides zugleich. Die Geschichten der Bühnen sind die Geschichten des Lebens, woher auch sonst?! Eingebrannt in unserem kollektiven Gedächtnis seit Menschengedenken wird wiedergegeben, was uns ausmacht und uns bewegt. Es hat sich nichts Gravierendes verändert. Selbst in Zeiten der Pandemie, so in allen Medien zu sehen und zu lesen, geht die Barbarei weiter, unbeirrt und unaufhaltsam.
Eine unlogische Konzeption, so ist es festzustellen, der weiterhin gefolgt wird. In den ersten Jahren der Eroberung Amerikas sollte erforscht werden, ob die Ureinwohner eine Seele haben. Haben sie? Natürlich haben sie eine Seele. Jetzt aber fragen sich Indios, z.B. solche im Amazonas, ob der zivilisierte „weiße Mann“ eine Seele hat. Schließlich zerstört er seinen eigenen Lebensraum. Einem Indio würde so etwas nicht einmal im Traum einfallen.
Stoff für ein neues Theaterstück? Ja, und ich spitze die Feder. Wie sagte noch Godot: „Es geht nicht mehr um das Werden, mein Freund. Es geht um das Sein.“

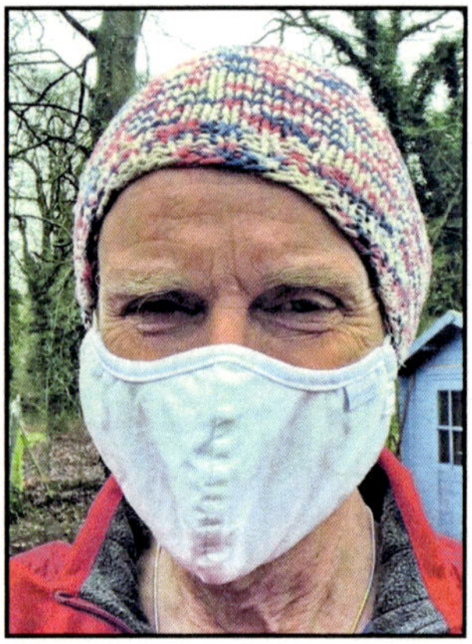

Dr. Norbert Knitsch ist Regisseur, Schauspieler, Theaterpädagoge und Autor. Er spielte auf den Erdteilen Südamerika, Afrika und Europa seine Stücke und mit den dort lebenden Menschen. Seine Erfahrungen mit dem Theaterspiel in den sozialen Einrichtungen sowie in Schulen und Hochschulen, dem Goethe Institut, von und mit allen Generationen, erzählt er in seinen Büchern. Norbert Knitsch promovierte an der Universität Oldenburg mit dem Thema „Theater und Pädagogik in psychosozialen Zusammenhängen. Ein Forschungsprojekt zu den Wirkungsweisen der Theaterkunst in den sozialen Feldern.“

Dagmar Westphal
kaufmännische Angestellte i.R.
Jahrgang 1942
Winsen/Aller, Deutschland

Weihnachtswunsch 2020

Wenn doch ein Engel käme
und nähme mich in den Arm
geborgen und warm
in der Einsamkeit -
wenn doch ein Engel käme
und nähme das Schwere
und füllte die Leere
mit Seligkeit.

Dagmar Westphal, geb. 1942, ist kaufmännische Angestellte im Ruhestand und lebt im Landkreis Celle in Niedersachsen. Sie veröffentlichte bisher überwiegend Lyrik. Während der Corona-Zeit erdachte sie Menschen, die beim Schreiben die dunklen Gedanken in der Einsamkeit vertrieben. So entstand ihr erster Roman. Dagmar Westphal ist Mitglied in der Deutschen Haiku-Gesellschaft.

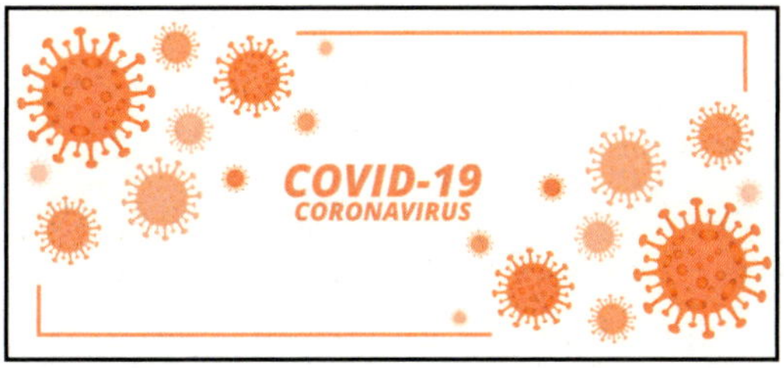

Susanna Quandt
systemische Theaterpädagogin BuT (i.A.)
Dipl. Sozialpädagogin/Sozialarbeiterin (FH)
Spielpädagogin (ARS)
Jahrgang 1979
Berlin, Deutschland

Jeder Beruf ist systemrelevant!

Als ich das erste Mal von dem Corona-Virus hörte, arbeitete ich in Baden-Württemberg, in der schönen Stadt Lörrach. Als Theaterpädagogin war ich in einem Arbeitsmarktintegrationsprojekt tätig. An einem Tag hatten die teilnehmenden Frauen die Aufgabe, sich gegenseitig ihre Lieblingsplätze in Lörrach zu zeigen. So waren wir in der Stadt unterwegs. Auf unserem Weg kamen wir an einer Apotheke vorbei, an der folgendes Schild hing: „Alle reden über Corona-Virus… Wir haben Cystus! Weitere Infos hier erhältlich". Es war der 30.Januar 2020.

Damals dachte ich noch: Was soll das für ein Virus sein? Es kommt bestimmt nichts Schlimmes auf uns zu. Ende Februar endete meine Tätigkeit in Lörrach. Hätte ich zu dieser Zeit gewusst, dass zwei Wochen später der erste Lockdown starten sollte, hätte ich eine andere Entscheidung getroffen.

Beruflich bin ich seit 2016 bundesweit als Theaterpädagogin tätig und unterwegs. Ich lebte bis zum ersten Lockdown mehr in Zügen als in meiner Wohnung in Berlin. Plötzlich war ich an meine Wohnung gebunden und alle beruflichen Aufträge nacheinander weg. Die ersten beiden Wochen halfen mir emotional aus meinem Arbeitspensum herauszukommen. Das war gut! Aber ab der dritten Woche wurde es schwieriger. Ich bekam zunehmend das Gefühl, dass ich mich beruflich verändern müsste Schnell wurde mir mit den steigenden Infektionszahlen klar, dass die Arbeit mit Menschen und die Arbeit im und mit dem Theater sich verändern würde; eine Ahnung, die sich schnell in Gewissheit wandelte. Ich würde auf absehbare Zeit nicht wieder reisen können und fiel in eine Art Grauzone. Plötzlich fielen Begriffe wie Kurzarbeit, Reproduktionsfaktor, Neuinfektion, Veranstaltungsverbot, Social Distancing, Kontaktsperre, „systemrelevant" und „nicht systemrelevant". Berufe wurden gegeneinander aufgewogen. Plötzlich waren medizinische Berufe und die Tätigkeiten der Pflegerinnen und Pfleger in aller Munde, während die verschiedenen Bereiche der Kultur mehr und mehr in den Hintergrund gerieten. Ich gehörte ab Frühjahr 2020 als systemische Theaterpädagogin BuT (i.A.), Dipl. Sozialpädagogin/Sozialarbeiterin (FH) und Spielpädagogin (ARS) in den nicht „systemrelevanten" Bereich unserer Gesellschaft.

Unter uns Theaterpädagoginnen und Theaterpädagogen entstanden im ersten Lockdown schnell Netzwerke, um sich zusammenzuschließen und gemeinsam neu zu denken. Das empfand ich als sehr hilfreich. Noch heute existieren einige dieser Netzwerke zum Austausch und Planen. Wir erforschten verschiedene digitale Plattformen und Formate, um möglichst schnell irgendwie und sinnstiftend weiter arbeiten zu können.

Aus den ersten Wochen im Lockdown wurden dann drei Monate. 2015 war ich zuletzt drei Monate am Stück zu Hause gewesen. In den drei Monaten zeigte sich, wer sich aus meinem Familien-, Bekannten- und Freundeskreis meldete und fragte, wie es mir gehe – und wer nicht. Ich stellte fest, dass sich die Menschen aus meinem persönlichen Umfeld, die einer gesicherten Tätigkeit nachgingen, die nicht von der Hand in den Mund lebten, die damals nicht ins Homeoffice mussten und für die weitgehend alles so blieb wie gewohnt, sich kaum meldeten. Andererseits spürte ich auch Angst, dass die gewohnten Sicherheiten wegfallen könnten. Angst, dass plötzlich Hilfe vonnöten sein könnte. Ich wurde oft gefragt, ob ich nicht als Sozialpädagogin arbeiten wolle, um finanziell abgesichert zu sein. Aber das kann ich mir selbst in den Zeiten mit dem besonderen Virus nicht vorstellen. Für mich war und bleibt das Theaterschaffende meine berufliche Zuversicht. Es hat etwas Existentielles, und ich erlebe in meiner Arbeit die positive Veränderung bei Menschen, die sich darauf einlassen und sich im geschützten (Proben-)Raum ausprobieren. Menschen entdecken ihre Stimme neu und anders, erleben Selbstbewusstsein, entdecken verschiedene Rollen und Charaktere, üben sich in der gegenseitigen Kommunikation, in Mimik und Gestik. All das und noch viel mehr braucht der Mensch nicht nur auf der Bühne, sondern auch im persönlichen sowie sozialen Leben und im Berufsalltag.

Anfang Juni 2020 konnte ich wieder als Theaterpädagogin arbeiten. In Sachsen-Anhalt war die Theaterarbeit im Präsenzunterricht bis Mitte Dezember 2020 möglich. Ein Theaterprojekt in Quedlinburg startete. Klar, wir mussten uns wie überall an die AHA-Regeln halten und ab Oktober 2020 mit Mundschutz proben, aber immerhin: Es war möglich! Das Virus schien, trotz der Hygieneregeln, gedanklich immer mehr in den Hintergrund zu rücken.

Ebenfalls ab Mitte des Jahres kam eine neue Erfahrung hinzu: Einige Kolleginnen und Kollegen hatten es beruflich sehr schwer. Es kamen Unverständnis und Unmut auf, warum Theaterpädagoginnen und Theaterpädagogen bei einem Bildungsträger arbeiten dürfen, dagegen freischaffende Theaterpädagoginnen und Theaterpädagogen an Schulen mit Kindern und Jugendlichen oder an einem Stadttheater nicht. Menschen in unserer Gesellschaft wurden von der Bundesregierung vergessen. Und das waren und sind immer noch die freischaffenden Menschen, die Solo-Selbstständigen! Es hat mich in dieser Zeit sehr bewegt, welche Mächte plötzlich untereinander aufbrechen konnten.

Neben meiner Arbeit als Theaterpädagogin spiele ich im Dokumentartheater Berlin. 2020 jährten sich die Befreiungen der Konzentrationslager zum 75. Mal. Anlässlich dieses Ereignisses planten wir eine Spielstättentour an Orte, die in der Nähe von ehemaligen Konzentrationslagern liegen, darunter Weimar, Hamburg, Hannover, Linz, Erfurt und München. Theater der freien Szene hatten uns als Gastspiel mit unseren Stücken „Akte NSU“ und „Nadeschda heißt Hoffnung“ in ihre Spielpläne aufgenommen. Auch diese Tour mussten wir Corona-bedingt absagen. Wann wir unsere kleine Tournee nachholen können, ist unklar. Immerhin haben wir es geschafft, im Juli 2020 unser neues Stück „Artikel 328“ – ein Szenario über die Diktatur in Belarus – als Open Air in Berlin vor Publikum uraufzuführen.

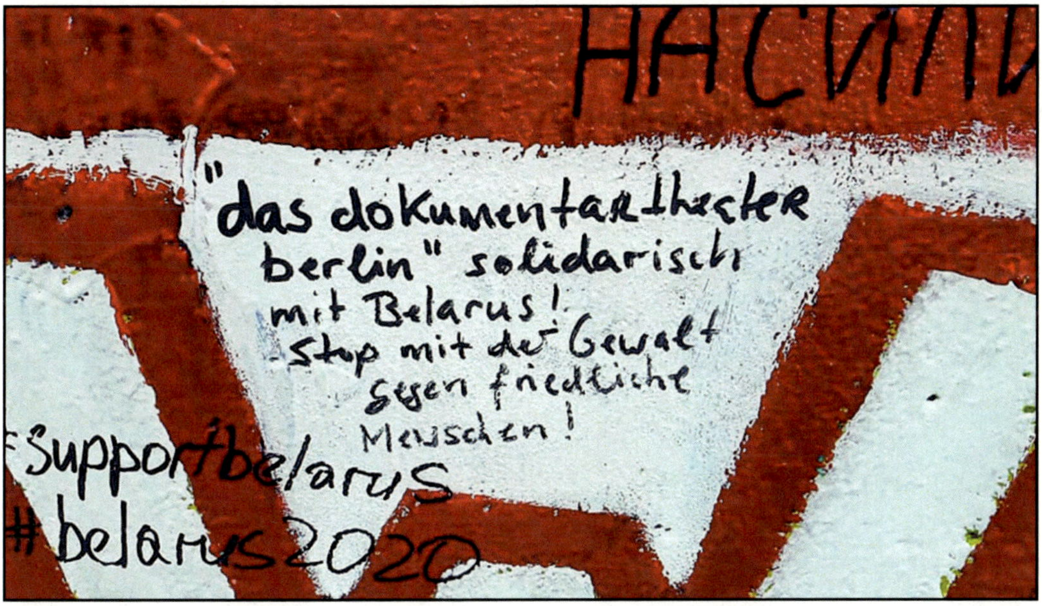

Das Corona-Virus kam meinem persönlichen Umfeld immer näher. Menschen erkrankten mit unterschiedlichen Verläufen. Am Telefon erfuhr ich, wie stark ihre psychische Belastung war. Jeden Tag gab es neue Corona-Nachrichten in den Medien. Aber plötzlich selbst betroffen zu sein, schürte noch mehr Angst bei ihnen. Bisher sind alle von mir im persönlichen Umfeld erkrankten Freunde und Bekannte wieder genesen, wofür ich sehr dankbar bin.

Auch mit mir hat Corona etwas gemacht. Ich denke noch stärker als zuvor, dass jeder Tag unseres Lebens der letzte sein könnte. Ich habe keine Angst vor einer Corona-Erkrankung, aber Respekt. Und ich stelle mir mehr denn je die Frage, wie wir miteinander umgehen wollen. Welche Spuren wollen wir hinterlassen? Unsere Regierung hat uns mit verschiedenen Auflagen, Solidarität und gegenseitigem Schützen untereinander eine Menge Aufgaben gegeben. „Gemeinsam schaffen wir das!“ ist und war der Aufruf. Und das ist oft gar nicht so einfach.

Wir sehen in unserem persönlichen Umfeld als auch in den Medien, welche Zielgruppe sich wie verhält. Und einiges empfinde ich als nachvollziehbar. Ein Beispiel: Junge Menschen in der Pubertät rebellieren gegen Regeln und Vorschriften. Das ist in dieser Lebensphase der persönliche Entwicklungsprozess. Dass sich junge Menschen dann erst einmal gegen Corona Maßnahmen wenden, ist vordergründig nicht verkehrt. Die Kunst ist, aus unseren jeweiligen Gesichtspunkten über den Tellerrand zu schauen. Wir alle kommen aus unterschiedlichen Richtungen in diese Pandemie. Wir alle gehen unterschiedlich mit Krisen um, je nachdem, wie wir es gelernt haben. Ich denke, es gehört zur gegenseitigen Solidarität, die verschiedenen Ansichten und Meinungen erst einmal anzuhören. Es gibt keine Blaupause: Dies ist für uns alle die erste Pandemie, und deswegen gibt es keinen Königsweg. Es wurden sicherlich Fehler in der Politik, in unserer Gesellschaft und im zwischenmenschlichen Miteinander gemacht. Wir sollten uns fragen Welche Fehlerkultur leben wir? Es ist nicht nützlich, dass ich anderen Menschen ihre vermeintlichen Fehler vorhalte und in die Rebellion gehe oder Maßnahmen aus diesem Grund boykottiere.

Was sicherlich auch die Eindämmung des Virus aufhält, ist das Hin- und Herwerfen von gegenseitiger Macht. Eine Maßnahme wird beschlossen und bestimmte Zielgruppen klagen dagegen. Die Maßnahme wird aufgehoben. Grundrechte werden eingefordert, die als einschneidend empfunden werden. Hier beißt sich die Katze in den Schwanz! Ich denke, dass es wichtig ist in der Diskussion zu bleiben, sich gegenseitig auszutauschen und das transparent zu machen, was geht. Aber vergessen wir dabei nicht, dass wir es mit einer Viruspandemie zu tun haben und dass letztendlich das Einhalten der Maßnahmen die größere Freiheit bedeutet!

Die verschiedenen Einschränkungen in unseren Leben durch das Virus zeigen auch, in welchen gesellschaftlichen Bereichen unbedingt nachgebessert werden muss:

- Seit Mitte Dezember gebe ich Online-Theaterunterricht für das Projekt in Quedlinburg. Das Internet in der Region ist noch nicht stabil. Nicht jede der Teilnehmerinnen hat einen eigenen PC. Das sind Herausforderungen, die bearbeitet werden müssen. Darüber hinaus stehen einige Frauen vor der Aufgabe, mit ihren Kindern Homeschooling durchzuführen. Das überfordert sie mitunter. Diese Überforderung überträgt sich auf ihre Kinder. Ich erlebe dabei, dass Kinder mit der Situation der Pandemie an sich gut umgehen können. Aber es fällt ihnen schwer, wenn ihre Eltern gestresst oder genervt und angespannt sind.
- Die Sicht auf die Arbeit des Pflegepersonals in Seniorenheimen hat sich erweitert. Bereits vor der Pandemie war klar, dass die Arbeitsbedingungen nicht zum Besten stehen. Jetzt ist allen klar: Veränderungen müssen dringend her!
- In den Wochen um Weihnachten und rund um den Jahreswechsel arbeitete ich ehrenamtlich bei der Berliner Tafel. Ich fuhr Lebensmittel zu sozialen

Einrichtungen und Projekten. Die Sozialarbeiterin eines Cafés für wohnungslose Menschen erzählte mir, dass normalerweise 50 Plätze in dem Café zur Verfügung stehen. In Zeiten von Corona ist die Platzanzahl auf 18 reduziert. Sollten vor Öffnung mehr als 18 Menschen vor dem Café stehen, wird per Losverfahren entschieden, wer von ihnen in das Café darf und wer nicht. Stehen dort 19 Menschen, wird der letzte Platz ausgelost, der oder die 19. in der Schlange muss gehen. Das ist unmenschlich. Auch in diesem sozialen Bereich muss Veränderung her!

Ich komme noch einmal auf die am Anfang genannten Begriffe „systemrelevant“ und „nicht systemrelevant“ zu sprechen. Meine persönliche Meinung ist, dass es diese Begriffe besser nicht gegeben hätte. Jeder Beruf ist systemrelevant! Jeder Arbeitszweig und Beruf trägt zur Erhaltung unserer Gesellschaft bei und wird im besten Fall mit Leidenschaft ausgeführt. Nun vollzieht sich nach meinem Ermessen eine Spaltung. Plötzlich sind einige Berufe mehr wert als andere. Diese Aussage steht nicht nur im Raum, sie wird die Zuweisung finanzieller Mittel durch die Politik sogar bestärkt.

Öffnen wir im übertragenen Sinn Fenster und Türen:

Das Lesen eines Buches ist Freizeit.
Das Schreiben dieses Buches ist Arbeit!

Ein Theaterbesuch ist Freizeit.
Das wochenlange Proben und das Spielen auf der Bühne sind Arbeit!

Gehen wir weiter durch diese Pandemie mit Offenheit, Zuversicht, Vertrauen und Liebe füreinander!

Lassen wir uns durch die Dauer dieser Pandemie nicht die Freude am Leben und am Miteinander nehmen, auch wenn sich dieses gerade anders als gewohnt gestaltet.

Entwickeln wir uns weiter und nehmen wir Herausforderungen und Erfahrungen aus dieser Pandemie mit.

Verändern und gestalten wir die Zukunft!

Und vor allem: Geben wir nicht auf!

(Januar 2021)

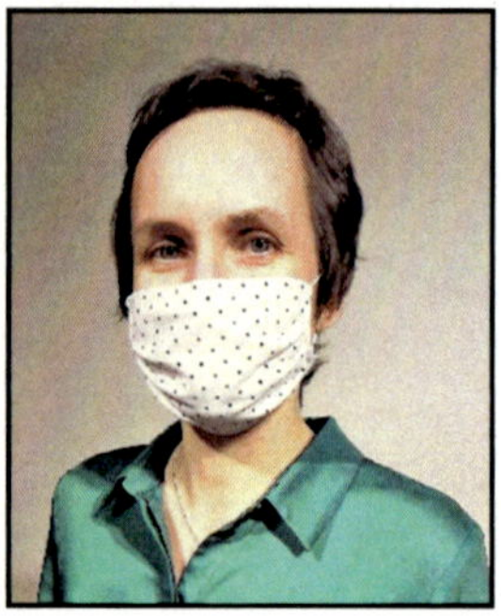

Susanna Quandt, geb. 1979, lebt in Berlin. Ihre Arbeitsschwerpunkte sind bundesweit Theater-Coaching mit Jugendlichen und Erwachsenen, Stückentwicklung- und Inszenierungsarbeiten für alle Altersgruppen, Regiearbeiten sowie Gesundheits-Coaching für Menschen in belastenden Lebenssituationen. Sie ist außerdem Dozentin für MultiplikatorInnen und Schauspielerin in verschiedenen freien Theaterensembles

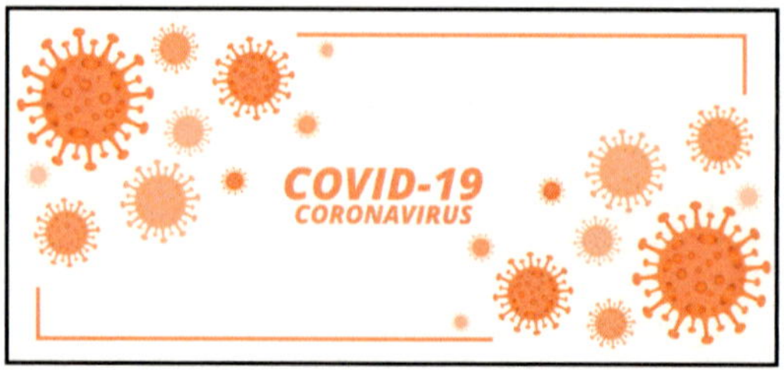

Erika Lützner-Lay
Therapeutin
Schwalbach, Deutschland
www.luetzner-lay.de

Ein Wintermärchen

Angsthase Langohr sitzt vor seinem Bau. Er schnüffelt in die Abendluft. Angespannt zuckt seine Mümmelnase, wittert in alle Richtungen: „Es riecht gefährlich – es liegt was in der Luft – das riecht ganz anders als sonst!“ So gerne will er noch auf die Lichtung hoppeln, sich die letzten fetten Löwenzahn holen – aber dieser Geruch … hält ihn zurück. Alles ist anders da draußen. Seine Hinterläufe fangen an zu zittern, und gerade will er in seinen Bau zurück kriechen – da wittert er ein schweres Stampfen und Keuchen.

Die Braunbärin kommt aus dem Unterholz. „Riechst du das auch?“ fragt Langohr. „Es riecht gefährlich!“ Die Bärin Dickfell trabt näher. Sie hat sich eine sichere Fettschicht von den wandernden Lachsen angefressen. Tagelang hat sie mitten im Fluss gestanden, hat gehamstert ohne Ende. Nun kann sie aber auch gar nichts mehr aus der Ruhe bringen. Sie hört nichts. „Hei du! Riechst du das auch?! Langohr schreit aufgeregt. „Es liegt doch was in der Luft! Ich rieche Gefahr!“

Ganz langsam schaut Bärin Dickfell von oben auf Langohr herab: „Na und!? Ich trabe jetzt in meine Höhle. Das mache ich doch jeden Winter. Ich schlafe jetzt durch, bis es wieder hell und warm wird. Was schert mich das! Reg dich nicht so auf!“

Während sie das heraus grummelt, flitzt ihr die kleine flinke Maus um die scharfen Tatzenkrallen. Flink und schlau hat sie alles gehört: „Gefahr, Gefahr in der Luft!“
In Windeseile huscht sie in ihr Loch in der Erde, krabbelt den langen sicheren Mäusegang entlang, und ganz am Ende, da, wo es am dunkelsten ist, rollt sie sich zusammen, ganz eng und schläft, immer tiefer, immer tiefer, bis ihr Herz nur noch ganz selten und ganz leise klopft.

Der Fischreiher Langbein hat lange reglos in der Wiese gestanden und auf ihr Mauseloch gestarrt:

„Wovon soll ich jetzt leben?! Alle, alle Mäuse weg, alles wegen dieser Angst in der Luft! Wovon soll ich leben? Wo sind alle meine Mäuse!" Er steht und steht mit langen Beinen und grauem Gefieder reglos in der Wiese, bis es zunehmend dunkler wird. Er wartet lange, immer noch.
Irgendwann verschwimmt sein grauer werdendes Gefieder mit der Nachtdämmerung.

So senkt sich der Winter übers Land.
Alles Leben im sicheren Versteck.
Und das Unsichtbare, Gefährliche in der Luft?
Es war doch so erfolgreich, es wollte sich doch nur ausbreiten – schöne warme, blutwarme Wirte finden zum Einnisten und Vermehren – es wollte doch Weltmacht werden!
Und dazu war es auf dem besten Weg.

Doch die Welt schläft.
Alleine, nur so aus sich heraus kann es nichts, rein gar nichts!
Jetzt sinkt es aus der Luft in den Boden, vermischt sich verendend mit dem Staub, fault in den Pfützen im Regenwasser vor sich hin – wird leblos – unbedeutend - machtlos.

Ein Nichts.

Die Welt schläft und träumt in den Frühling hinein.

Der Text wurde zuerst in Publik-Forum Nr. 1/2021 veröffentlicht. Vielen Dank für die Abdruckgenehmigung.

Erika Lützner-Lay lebt in Schwalbach bei Frankfurt/Main. Sie arbeitet dort in freier Praxis als Systemische Paar- und Familientherapeutin, Supervisorin, Körperpsychotherapeutin. Als Systemische Lehrtherapeutin ist sie in unterschiedlichen Weiterbildungskontexten engagiert. Als Autorin ist sie langjähriges Mitglied der „Autorengruppe Kelkheim".

Nils Müller
Schriftsteller
Jahrgang 1990
Leipzig, Deutschland

Eine verpasste Gelegenheit?

Du legst die gelesene Zeitung zur Seite.
Du stellst die gehörte Radiosendung ab.
Du verbietest dem Fernseher auf Knopfdruck Wort und Bild.
Du hast dich auf den aktuellen Stand gebracht
und kannst die Stille in deinem Zimmer nun zulassen.
Du kannst zulassen, dass die Medien kurz schweigen.
Innere Einkehr.
Auch die.

Du kannst für den Moment fasten, denkst du bei dir, denn du bist satt.
Satt vom Neid auf den guten Redenschreiber der Kanzlerin,
satt von Applaus und sonst nichts für das Krankenhauspersonal,
satt von zerplatzten Seifenblasen, die mal Gelegenheiten und Chancen waren, eine Besinnung zu erreichen, auf die Dinge, die wirklich zählen.
Weltfrieden, oder was?
Ja, warum nicht auch Weltfrieden.
Ist es verlogen, zuhause zu sitzen und vom Weltfrieden zu schreiben?
Nicht, wenn du zuhause bleibst,
um kein potentieller Träger für ein tödliches Virus zu werden.

Der Konjunktiv kommt mit einem Was-wäre-wenn ins Zimmer.
Der Stoff, aus dem die Träume sind.
Was wäre, wenn die Satten und Gesunden unserer Welt einfach mal fasten würden?
Was bitte?
Wenn die Satten und Gesunden unserer Welt die Zufriedenheit zum Gebot machten.
Du sollst zufrieden sein?
Ja, genau.

Die Angst macht den Menschen die Arme lang, lang, lang, denkst du bei dir.
Ein neues Handy, weil es der Anbieter so will?

Ein neuer Fernseher, weil es die Werbung so will?
Ein neues Auto, weil es der Nachbar so will?
Höher, schneller, weiter, weil es die Börse so will?
Das hält die Menschen doch nur im Laufen fest.
Wie wäre es, wenn die Menschen die notwendigen Ausgangsbestimmungen nicht als Eingesperrtsein, sondern als innere Einkehr begreifen würden?
Als Besinnung auf die Dinge, die sie haben.
Gesundheit.
Sattheit.
Wohlstand.
Weihnachten, oder was?
Um Weihnachten ist es das gleiche in grün.
Die Angst hat den Menschen schon immer die Arme lang gemacht.
Mit den langen Armen können sie ihre Beruhigung festhalten, bis sie aufgegessen ist.
Was zu klein ist, um zur Beruhigung zu taugen, fällt durch ihre Arme einfach durch.
Die Menschen mit ihren langen Armen haben schon lange keine Zufriedenheit mehr zu fassen gekriegt.

Dein Lippenstift trocknet im Badezimmer vor sich hin.
Du bist froh über deinen ungeschminkten Mund, den du nicht halten musst,
um die Beruhigung mit langen, längeren, längsten Armen zu umfassen.
Du hörst die Großmutter vom Hunger reden.
Von tagelang nur Wasser und Brot.
Wenn überhaupt.
Heute seid ihr hier in einem der reichsten Länder der Erde.
Satt und gesund.
Ist das nicht selbstverständlich?
Nein, eben das ist es nicht!

Nils Müller, geboren 1990 in Leipzig, lebt ebenda als freischaffender Schriftsteller. Er hat den Begriff der Kunst als Gewissen der Menschheit in sich aufgenommen und gibt diesen Auftrag an die Leser und Zuhörer weiter. Seine Texte wurden bisher in verschiedenen Literaturzeitschriften und dem Magazin des Unternehmens „bring together" sowie im Webzine „The Leipzig Glocal" veröffentlicht. 2020 erschien seine erste Buchveröffentlichung „Venusjahr für Fische". Im gleichen Jahr erhielt Nils Müller für seine literarische Arbeit ein Stipendium des Freistaates Sachsen.

Tosja Schaeffer-van Seters
Jahrgang 1940
Zuidhorn, Niederlande

Wijsheid?
In al zijn wijsheid twitterde Narcissus
(ver weg over de oceaan)
dat dit griepje, dat de wereld zou verscheuren
vanzelf wel voorbij zou gaan.

In al zijn wijsheid, niet te stelpen,
slaagde hij erin
zo duizenden de eeuwigheid in te helpen.

Zoals de klagende stem van Echo bleef klinken
zal Narcissus tenslotte
in eigenliefde verdrinken.

Weisheit?
In seiner Weisheit twitterte Narziss
(weit über den Ozean)
dass diese Grippe, die die Welt auseinanderreißen würde,
von selbst verginge.

In seiner unaufhaltsamen Weisheit gelang es ihm,
Tausenden in die Ewigkeit zu helfen.

Während Echos klagende Stimme weiter tönte,
wird Narziss schließlich
in Selbstliebe ertrinken.

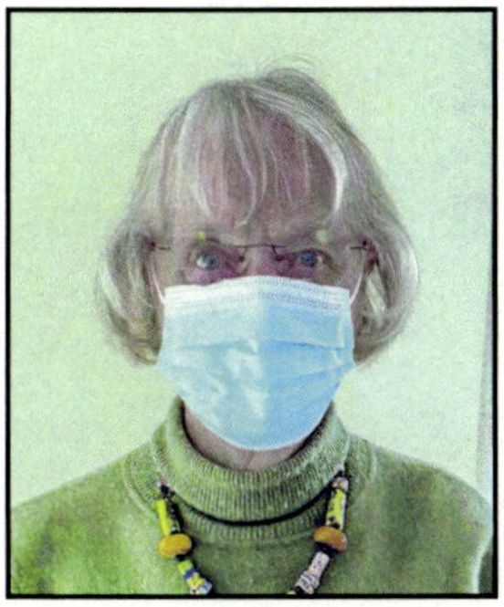

Geboren 1940 in Schiedam/Niederlande. Ich studierte Dekorative Kunst an der Kunstakademie in Rotterdam und bin seit 2011 Mitglied im Kunstkreis Rhauderfehn. Techniken: Mischtechnik, Stoffbilder und Acryl. Mein Motto ist: Nur das Notwendige ist wichtig. Weniger ist mehr.

Miriam Klugmann
Texterin
Jahrgang 1987
Leipzig, Deutschland
kaputzenkatze.com

Ich will hier raus. Ich habe Angst.

Jetzt habe ich die ersten vier Stunden meines Arbeitstages damit zugebracht, Arzttermine zu vereinbaren und Kinderkleidung online zu bestellen und auszuleihen. Vier Stunden.

Ok, ich habe ein bisschen Zeit verplempert, indem ich auf verschiedenen Blogs gelesen habe. Ich habe außerdem 1.000 Corona-Newsticker nicht ausblenden können und habe mich mit dem Kundenservice eines Online-Shops auseinandergesetzt. Ich habe was gesnackt. Mehrfach.

Aber ich habe nicht gearbeitet.

Marcus kocht nebenan Milchreis. Der Junge schläft. Draußen ist draußen und Drinnen ist drinnen. Ostern ist vorbei und wir haben fast alle Punkte unseres Osterplans abgehakt (inklusive Fruchtbarkeitsritual am Flußufer).

Wir hatten ein perfektes Osterfeuer, mit freiwilliger Feuerwehr und ohne Scheißmusik. Denn wir haben am Karsamstag fast unseren Kugelgrill komplett geschmolzen. Bevor die Flammen außer Kontrolle geraten konnten (Holzboden), habe ich einen Haufen alter Flickenteppiche über das Feuer geworfen. Das Stockbrot habe ich in den Ofen getan. Dann: virtueller Brunch am Sonntag mit der Familie, virtuelles Kaffeetrinken mit dem Opa aus der anderen Familie am Montag und Spazierengehen – alles fast normal und es war alles fast gut.

Aber ich fühle mich verkatert.

Mich schmerzt die Vorstellung, dass es noch sehr lange dauern kann, bis wir uns wiedersehen. Mich schmerzt die Angst davor, ob, und wenn ja, wie wir weiterarbeiten sollen. Mich schmerzt das Gesicht meines Sohnes, wenn wir vom Tagespapa reden, er sieht traurig aus. Uns beiden fehlen die Menschen.

Mir ist egal, ob es Mehl oder Hefe gibt, ich komme gut ohne Klopapier aus, ich vermisse die Nudelauswahl nicht. Mir sind Menschen wichtiger als Hefe. Deswegen bleibe ich zuhause. Deswegen vermisse ich die Menschen. Aber ich will hier raus. Aber ich habe Angst.

Ich lass das so stehen.

Miriam Klugmann, geb. 1987, hat einen Master in Literatur- und Kulturwissenschaften. Sie lebt und arbeitet als selbstständige Texterin und Content-Strategin in Leipzig.

Marcus Klugmann
freier Lektor und Schriftsteller
Jahrgang 1981
Leipzig, Deutschland
klugmannlektorat.com

Ein gewöhnlicher Coronafeiertagsmontag aus meinem privilegierten Leben, Ostern 2020.

Gestern war Sonntag, Familientag, das heißt, keiner von uns beiden kriegt das Privileg sechs Stunden potentiellen eigenständigen Denkens, Lesens und Schreibens in unserem Multifunktionszimmer (ein Ess- und Gästezimmer; jetzt, in diesem Moment: das Arbeitszimmer). Familientag heißt, wenn auch oft, aber nicht unbedingt immer, wie im Sprichwort zugeordnet, alles Freud und Leid zu teilen oder zu verdoppeln. Manchmal wird auch verdreifacht. Vieles wird einfacher am Familientag oder überhaupt erst möglich, z. B. aufs Klo gehn bei geschlossener Tür. Anderes will einfach auch dann nicht, z. B. vergehen: die Zeit. Die dehnt sich, zumindest zurzeit, im geschrumpften Radius, in der Kontaktbeschränkung. Oma? Opa? Man behilft sich sonntagnachmittags mit Skype, Jitsi oder Zoom.[1]

Heute Morgen, vor acht, bevor der Tag beginnt, noch mit dem Kind auf dem Sofa. Bevor der Arbeitstag anfängt, ihn im Sich-Verstecken bestärken, das Bücherregale-Bemalen beaufsichtigen (Aber nicht die Bücher anmalen, mein Sohn! Zumindest nicht alle), ihm in verschiedenen Plüschtier- und Puppeninkarnationen Teile vom Knie und die Nase abfressen. Wir beide meistens gutgelaunt an meinen Arbeitstagmorgen - weil ich mich nicht auf sechs Stunden mit ihm alleine einstellen muss. Ich überquere eine Stunde später noch einmal den Flur, um kurz vom Schreibtisch aufs Klo und in die Küche zu fliehen (ich muss nämlich einen TÜV-Termin machen

[1] Es ist schlimm geworden mit der Sehnsucht. Der Text ist jetzt über eine Woche alt (ich bin am Überarbeiten), und des Jungen Sehnsucht nach Menschen, oft nach anderen Kindern, aber besonders nach den Großeltern, ist so groß geworden, dass sie übers Ufer tritt, wie gestern (ausgelöst durch ein Wimmelbuch, in dem ein mutmaßlicher Opa mit seinem mutmaßlichen Enkel rodelt), und dann als einstündiger Schrei- und Weinanfall nur zu begleiten, aber nicht mehr einzudämmen ist, bis endlich die Großeltern per Videokonferenz erreichbar sind. -- Zwei Tage später: Zum Abendvorlesen,
Henriette Bimmelbahn, ein ähnliches Szenario: Die Stelle, wo die Kinder von ihren Großeltern abgeholt werden ... Diese eine Seite, nicht umblättern! Und das Licht muss anbleiben für immer.

und einen Arbeitslosengeldantrag ausfüllen, bevor eine Renaturierung meiner Hirnlandschaft einsetzen kann).

Sich schließlich mit einer Tasse Kaffee zurück ins Arbeits- und unschwer zu prognostizierenden Prokrastinierzimmer zurückzuziehen, ist dann wie zu erwarten gar nicht so leicht. Ich kann ja nicht einfach verschwinden, ich will mich schon noch vom Jungen, der mir überallhin gefolgt ist, verabschieden. Auf dem Arm seiner Mutter und weint, während ich an der Tür. Er lässt sich kurz trösten von ihr, und ich gehe hinein. Und steht dann ein paar Sekunden später doch wieder vor der geschlossenen Tür, oder dahinter von mir aus, er weint und klopft, mein Sohn. Also ein Nachsehen und noch einmal nachsehen, ihm erklären, dass ich arbeiten muss und wir uns nachher dann wieder, versprochen: Wir gehn in den Park, nach Maulwürfen graben. Doch was für ihn allein zählt, ist die Gegenwart. Miriam nimmt ihn erneut auf den Arm, er schraubt sich, streckt die Arme nach mir aus. Sie fragt in sein Weinen hinein, als ich ihn noch einmal an mich nehme, ob ich mich schon um den Antrag kümmere. Aus dem Nichts diese Frage, doch zumindest kann ich ihr sagen (dieses Chaos von Kind auf dem Arm verhindert, dass mir mein schlichtes[2] Gewissen in Mimik und Gestik hineinfließt), dass ich die Mail an Frau M. vom Arbeitsamt schon geschrieben habe, es sei in die Wege geleitet.[3] Sie fragt, ob sie schon geantwortet habe, was ich verneine, doch sie scheint fürs erste zufrieden. (Vielleicht auch bloß ein Hauch Nachsicht, was ihr da übers Gesicht huscht.) Aber allein schon die erste Frage schnürt ein. Und dann noch die zweite. Die Fragen lösen Beklemmungen aus, die jeden eigenen Gedankenfluss für Stunden abklemmen werden, das weiß ich. Ihr das Kind in die Hände und die Tür hinter mir zu.

Mittlerweile ist wieder Ruhe eingetreten. Wenn es plötzlich so ruhig wie jetzt ist, kann ich mich entweder konzentrieren oder horchen. Es ist wirklich sehr still. Wenn es zu still ist, muss ich horchen, ob die Stille gut ist oder schlecht. Es ist nicht komplett still, ein paar leise hohe Töne von Miriam dringen durch die Türen. Das kann ein Herumalbern sein oder ein Weinen, wie sie es weint, wenn sie übermüdet und dazu verzweifelt ist, weil der Junge, für den ein Nein zumindest Vielleicht heißt, der ihre Abstillpläne beharrlich hinterfragt ("Alle?" - seine tausendfach wiederholte Standardfrage und -klage zugleich), nicht aufhört, ihr in den Ausschnitt zu greifen,

---

[2] Erst bloß ein Tippfehler - aber er hatte recht: Es ist eher schlicht als schlecht.
[3] Ich sage immer noch „Arbeitsamt". Sowohl „Jobcenter" als auch „Agentur für Arbeit" fühlen sich falsch an wie Spielgeld.

oder weil er ihr aus Übermut per Kopfnuss die Lippe blutig geschlagen hat. Zwischen allen seinen Niedlichkeiten dieser brutale Übermut. Aber dann wäre er lauter. Wenn ich wüsste, ob die Wohnzimmertür offensteht oder nicht, dann wäre die Lautstärke besser einzuschätzen. Auch beim Herumalbern wäre er lauter. Kann sein, dass sie singt. Singt leise, und der Junge schläft dabei ein?

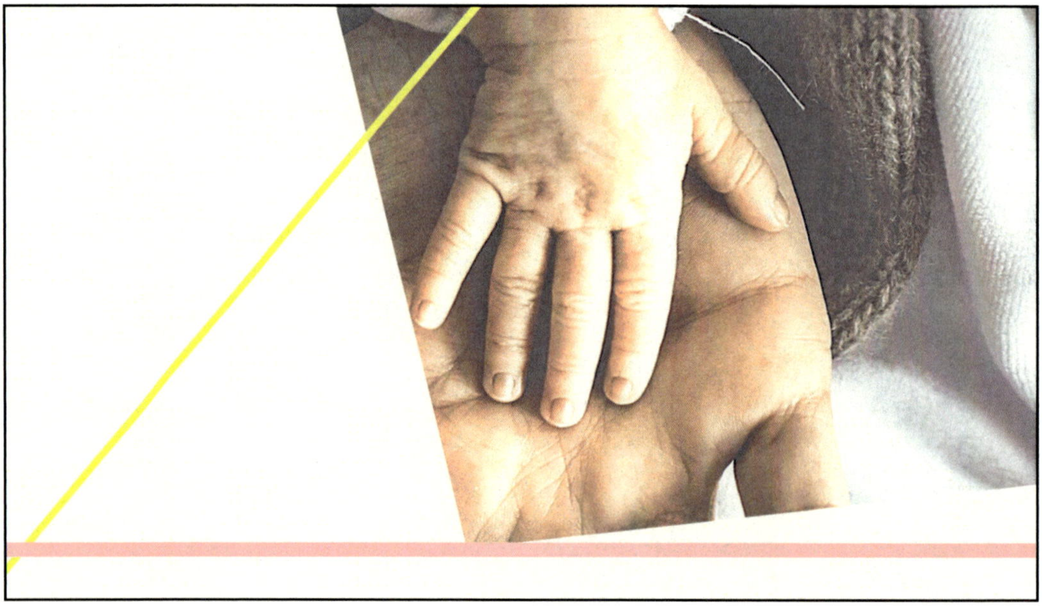

Sie hat mir ein Foto aus dem Wohnzimmer geschickt. Sie beide auf dem Sofa, der Junge sitzt neben ihr, den Arm in ihrem Ausschnitt, und schläft. Eingeschlafen beim Bilderanschauen. Und hier ist es still, und ich spüre jetzt die reine Glückseligkeit, weil es still ist und Miriam sich erholen kann. Hell und still, noch zwei Stunden Zeit und vom lauten Gewissen befreit, weil mir eben wieder einfiel, dass ja immer noch Ostern ist, d. h. das Arbeitsamt schlummert.

Marcus Klugmann, geb. 1981, Studium am Deutschen Literaturinstitut Leipzig, lebt und arbeitet als freier Lektor und Schriftsteller in Leipzig.

Die Deichgranaten

MOIN, leve Lüü! (Hallo, ihr Lieben!)
Hier sünd de Deichgranaten Annie Heger und Insina Lüschen - zwei Cousinen aus Ostfriesland, die unterschiedlicher und ähnlicher kaum sein könnten. Unsere gemeinsame Kindheit, Lieder, Traditionen und Haltung zu den wesentlichen Dingen im Leben, führten uns zusammen auf die Bühne, die wir in unterschiedlichster Weise solistisch bereits eroberten. Wir geben Einblicke in Familiengeheimnisse, entwickeln mit dem Publikum Weltverbesserungsvorschläge und singen und blödeln uns in die Herzen der Zuschauenden.

Eigentlich.

Seit März 2020 können wir unserem Beruf nicht mehr wie gewohnt nachgehen und versuchen so, unseren Beitrag zur Pandemiebekämpfung zu leisten. Eine eigenartige, anstrengende und herausfordernde Zeit. Alles ist anders. Nichts ist mehr wie zum Jahresbeginn 2019, als wir begonnen. an unserer Show zu arbeiten, motiviert auf unser erstes Tourjahr mit unserer Show schauten und uns auf unsere Premiere freuten.

Aver een na't anner (Aber eines nach dem anderen):
Für Annie war es ein sehr eindrücklicher Beginn der Pandemie. Sie selbst war gerade für zwei Wochen im Februar in Isolation gewesen, da sie starke Grippesymptome hatte. Zu dem Zeitpunkt testete man noch nicht viel in Hausarztpraxen auf Corona, aufgrund von eventuell drohenden Praxisschließungen bei positivem Testergebnis. Nachdem die Symptome abgeklungen waren, bereitete sie sich auf große Shows in der EWE Arena vor, jedoch schon mit einer möglichen Absage im Nacken. Und so kam es dann auch. Als Annie am nächsten Morgen aufwachte, hatte sie ca. 50 Anrufe in Abwesenheit und das Mailpostfach quoll über. 34 Veranstaltungsabsagen und Verschiebungen über Nacht.

Insina war zu dem Zeitpunkt auf einem Chor-Probenwochenende und fiel aus allen Wolken, als klar wurde, wie sich die Lage innerhalb von drei Tagen verschärft hatte.

Wat'n Daalslag! (Was für eine Enttäuschung!)

Wir standen erst mal unter Schock. Gleichzeitig war es auch eine seltsam aufgeregt-euphorisierte Stimmung, denn mal ganz ehrlich, so etwas haben wir doch alle noch nie erlebt. Bis alles umorganisiert, abgesagt, verschoben, kommuniziert, neu gedacht und abgewogen, alle Mails geschrieben und alle Förderanträge gestellt waren, verging eine Zeit, die sehr viel Energie gekostet hat.
Viele unserer Freund*innen und Kolleg*innen waren genauso betroffen, und so telefonierten wir viel zusammen, um gemeinsam zu schauen, was jetzt wichtig ist und wie wir unsere Jobs über diese ungewisse Zeit hinüberretten können, trotz des massiven wirtschaftlichen Schadens.

In diesen ersten Monaten erlebten wir auf beeindruckende Weise unfassbare Hilfe aus unserem nahen und ferneren Umfeld. Verbände, Stiftungen und Initiativen begannen Gelder zu generieren, die sie an Künstler*innen auszahlen konnten. Wir haben in dieser Zeit mehr Anträge ausgefüllt als je zuvor in unserem Leben.
Parallel dazu begann dann eine Zeit der neuen Kreativität mit der sich jetzt Kulturschaffende im Netz einen neuen Raum zu erobern versuchten, um der Zukunftsangst zu begegnen.

Getrieben davon und von einem Leistungsdruck, den anderen im Netz in nichts nachzustehen oder im Vergleich zu verlieren, hat neue Songs entstehen lassen, die wir im Studio aufgenommen haben. Wir schrieben per Zoom unser Programm weiter, ohne zu wissen, wann die Premiere sein würde. Wir drehten plattdeutsche Tutorials, sangen online Hochzeits- und Geburtstagsgrüße, schrieben Kolumnen, sangen aus unseren Fenstern Lieder für die Seele, gaben TV- und Zeitungsinterviews zu unserer Situation. Wir bauten unsere Wohnungen zu Mini-Studios um, stampften Online-Formate aus dem Boden, um Kontakt zum Publikum halten zu können und für die Zeit nach der Krise nicht in Vergessenheit zu geraten. Im Sommer sangen wir vor wenigen aber glücklichen Menschen in weitem Abstand Open Airs, solange das Wetter es zuließ.

Harrijasses! (Ach du lieber Gott!)
Das liest sich doch ganz gut, denkt man. Bedeutete für uns jedoch sehr viel Arbeit, keinen Moment der Routine oder Selbstverständlichkeit, ohne Gewissheit über den nächsten Monat und das für kaum und meistens gar kein Geld. Von Entschleunigung und zur Ruhe kommen ebenfalls keine Spur. Denn wenn wir ehrlich sind, dann lähmt Angst und Ungewissheit die Kreativität.

Zunächst hatten wir alles auf den Herbst 2020 verschoben, irgendwann begannen wir dann alles auf das Frühjahr 2021 zu schieben, inzwischen zweifeln wir den Herbst und Winter des Jahres 2021 an und vieles wird ins Jahr 2022 geschoben. Neue Buchungen werden gerade nicht gemacht, da man zu diesem Zeitpunkt noch nicht absehen kann, wann ein regulärer Spielbetrieb aufgenommen werden kann. Das verunsichert und macht zumindest beruflich perspektivlos.

Jank na't Leven (Sehnsucht nach dem Leben)
Insina kann momentan nur sagen, dass sie Heimweh hat. Nach ihrem Leben mit all seinen unterschiedlichen beruflichen Aufgaben, der Begegnung und Interaktion mit Publikum, dem gemeinsamen Singen und Tanzen und Feiern. Die Sehnsucht wächst mit jedem Tag und der Winter ist mühsam.

Annie sehnt sich ebenfalls nach Geselligkeit. Gleichzeitig ist sie besorgt, dass sie bei einem Neustart vom Leben überrannt werden könnte. Schließlich haben wir, bedingt durch die Verschiebungen, die Kalender der Zukunft so vollgepackt, dass einem beim Anblick schwindelig wird.

Vielleicht ermöglichen langsame Lockerungen auch einen allmählicheren Einstieg zurück in dieses Leben, das sich in all seiner Schnelligkeit mal ganz normal angefühlt hat, aber nun ja schon so lange nicht mehr selbstverständlich ist.

Kopp vull un Knippke leeg (den Kopf voller Ideen, aber der Geldbeutel leer)
Wir sind dankbar, hier schildern zu können, wie wir diese Zeit erleben.
So oft werden wir gefragt und versuchen zu erklären, in welcher Lage wir uns gerade befinden, warum die Anträge auf Bundesmittel, die doch für Solo-Selbstständige zur Verfügung stehen, trotzdem nicht ankommen oder wir das Geld nicht ausgeben

dürfen, da wir keine Betriebskosten haben, sondern das Geld für unseren Lebensunterhalt bräuchten.

Uns ist wichtig, dass wahrgenommen wird, dass wir nicht arbeitslos sind. Im Gegenteil: Wir arbeiten mehr als je zuvor, wir brauchen kein Arbeitslosengeld und keine Jobalternativen. Wir haben ein Veranstaltungsverbot, welches einem Live-Auftrittsverbot gleichkommt, das wir verantwortungsbewusst mittragen, da wir uns in einer globalen Pandemie befinden. Deshalb nehmen wir staatliche Hilfe gerne an, wenn sie denn bei uns ankommt, denn wir sind für diese Krise nicht selbst verantwortlich.

Wir konnten trotz Lockerungen im Sommer 2020 dennoch nicht wie gewohnt weiterarbeiten. Gleiches wird auch jetzt wieder passieren, wenn der Lockdown zu Teilen aufgehoben wird. Denn es ist nicht klar, ob die Locations, in denen wir spielen würden, die Zeit überleben. Wegen der Auflagen müssen wir vor weniger Publikum spielen, also gibt es auch weniger Geld. Nicht alle Veranstaltungshäuser haben Außenbereiche, in denen man im Sommer Konzerte abhalten kann. Die Menschen kaufen nachvollziehbar zur Zeit weniger Tickets, da die Konzerte schon so oft verschoben wurden. Sich jetzt einfach Studiozeit zu gönnen und ein Album aufnehmen, das könnte natürlich eine naheliegende Alternative sein. Nur kostet das wahnsinnig viel Geld.

Wir geben alles, um in dieser Zeit kreativ und präsent zu sein – leicht ist es nicht.

Wir lernen viel dazu, probieren uns aus, entdecken neue Formate und spinnen Ideen und hoffen zuversichtlich. Wir sind voller Dankbarkeit über die Hilfen und Unterstützung. Es ist uns absolut klar, dass es uns trotz des Geschilderten in diesem Land, in unserer Situation, gut geht. Wir haben es warm, wir haben ein Zuhause, eine Familie, wir haben Freiheit, und es fallen keine Bomben.

Gesellschaftliches und politisches Engagement ist nötiger denn je,
und wir können versuchen, es online zu zeigen.

Wir können demonstrieren, singen, teilen, füreinander da sein.
Wir hoffen, dass wir viel Gutes aus dieser Zeit ins „Danach“ mitnehmen.
Möge es noch bunter, schöner, solidarischer, wertschätzender, freundlicher und menschenwürdiger werden.

Wenn diese Krise etwas aufgezeigt hat, dann, wo es in unserer Gesellschaft hakt. Wo solidarische Systeme noch nicht ganz ausgereift sind, wo es Schwachstellen gibt, die sich zuvor unter einer Alltagsoberfläche versteckt hielten. Im Kleinen wie im Großen. Vielleicht können wir alle versuchen, bei aller Dankbarkeit über das Leben, das dann zurück ins Land kehrt, uns genau darum zu kümmern.

Und dann wird es ein Fest sein, wenn wir wieder miteinander singen, uns wieder live begegnen, in unseren Lieblingscafés sitzen und Veranstaltungshäuser ihre Säle wieder mit vielen und vielfältigen Formaten füllen, wenn wir uns einander wieder in den Arm nehmen, wenn wir wieder Familie und Freund*innen besuchen und ohne Abstand in der Sonne sitzen und aus einem Strohhalm Limonade trinken.

Bit daarhen: Hollt jo blied un passt för jo up!
Wi gröten van Harten, de Deichgranaten

Bis dahin: Bleibt munter und gesund!
Wir grüßen euch von Herzen, eure Deichgranaten

Annie Heger
tourt mit Kabarettprogrammen quer durch die Republik, moderiert von Gala bis Weideaustrieben alles, was gewünscht ist, ob im Paillettenkleid oder Prinz-Heinrich-Mütze, auf Hochdeutsch oder Plattdeutsch. Sie ist Autorin und Sprecherin der

NDR-Kultreihe „Hör mal'n beten to", Zeitungskolumnistin für die Ostfriesen-Zeitung und das Ostfriesland Magazin. Ihr politisches Engagement zeigt sich, sowohl wenn sie als künstlerische Leitung Festivals wie das PLATTart Festival organisiert, als auch bei ihren Moderationen auf der Berlinale, bei Classic meets Pop und großen CSD-Veranstaltungen in Deutschland.
www.annierockt.de

Wenn **Insina Lüschen** nicht gerade mit ihren hoch- und plattdeutschen Schlafliedern tausende kleine und große Menschen in den Schlaf singt, reist sie mit Konzertprogrammen durch die Lande. In einer Woche mit hundert Kindern ein Minimusical einzustudieren, erfreut sie genauso, wie mit ihrem Meckerkring, dem einzigen plattdeutschen Beschwerdechor, neue Chorformate auszuprobieren. Sie moderiert Grünkohlsaison-Eröffnungen genauso wie Wissenschaftskommunikations-Formate wie dem „Science Slam".
www.insina.de

Foto Annie Heger: Jan Jagusch
Foto Insina Lüschen: Lenja Schultze
Foto Deichgranaten „Jo!": Linn Marx

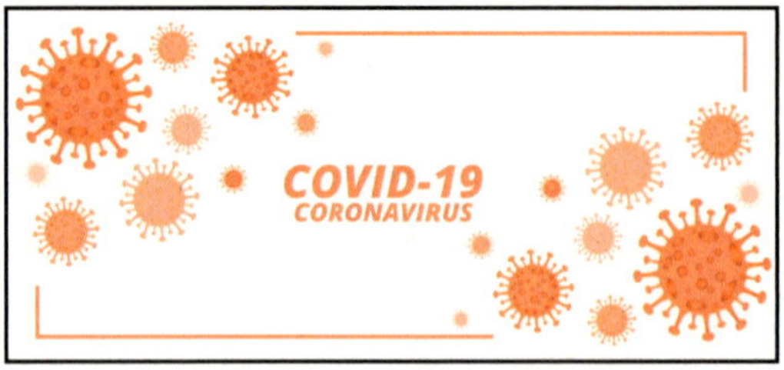

Marina Zander-Sielmann
Jahrgang 1960
Oldenburg, Deutschland

Ich,
Lehrkraft, Tochter, Mutter, Freundin, Partnerin und Nachbarin in Zeiten von Corona

Ich, Lehrkraft, in Zeiten von Corona

Ich, Tochter, Mutter, Freundin, Partnerin und Nachbarin.

Nee, bleib
mal schön zu Hause.
Ich vermisse
dich!

Ich könnte ihnen...hm...wie können sie die Verben am besten lernen?
Die Elternvertreter wünschen...
Der Schulleiter schreibt, nicht zu viele Aufgaben zum Ausdrucken.
Die Mutter von Leila möchte nicht, dass die Aufgaben...
127 Mails!
Philipp kann sein Buch nicht finden und bittet...

Verben auf -er
parles
parle
parlons
parlez
parlent
Wie mache ich denn nun einen Youtube-Kanal?
Kommentar ①
Boah, ey wat doof!
OK, einen gibt's ja immer.

dschümsda dschümsda dschümsda...
und den Rücken gerade halten!
Eigentlich wäre ich jetzt in Texas, bei Freunden.
Ich, auf der Suche nach Resilienz.
Woll'n wir die aufsetzen?
Klar, was uns beim Bulliausbau geschützt hat, sollte wohl auch hier helfen.
Was sind denn das für Leute, die so'was haben? Ich denk, solche Masken gibt's gar nicht?
Morgen, habt ihr euch infiziert?
Hans hat euch beim Einkauf gesehen, mit Masken!
Zum Glück nicht? Warum?
Das verstehst du nicht?
Das war mies! Erst freundlich besorgt daherkommen und im Nachgang deutlich machen, dass man sich doch bitte konform verhalten soll.
Es ist immer dasselbe. In Zeiten von Not und Angst kommt der Ruf nach Gleichschaltung.

Ich, umarmt.

Marina Zander wurde 1960 in Berlin geboren und wuchs im ostfriesischen Norddeich auf. Sie studierte zwischen 1981 und 1987 Romanistik in Göttingen und interessierte sich früh für die Malerei. Durch die Familienhistorie geprägt, setzt sie sich schon seit langem mit der deutschen Vergangenheit auseinander. Nach dem Referendariat für das Lehramt an Gymnasien arbeitete sie fünf Jahre an einer Publik High School im südlichen Texas. Inzwischen lebt und arbeitet sie im niedersächsischen Oldenburg. Marina Zander ist verheiratet und hat eine erwachsene Tochter. Im Jahr 2020 ist das Buch ‚Mein Schicksal ist nur eins von Abertausenden' im VSA-Verlag erschienen, für das sie eine Biografie ihres Urgroßvaters schrieb. Eine Graphic Novel zu seiner Geschichte soll 2021 erscheinen. Zudem ist sie Mitglied der Oldenburger Künstlergruppe, mit der sie auch ihre Gemälde ausstellt. 2020 nahm sie am ‚Hidden Art Project' in Oldenburg teil, deren Ergebnisse ebenfalls in einem Buch veröffentlicht werden.

Heike Marie Voigt
Lehrerin i.R.
Jahrgang 1942
Bremen, Deutschland

Größenwahn

Also, ich erzähle von Frau Knopf. Eine alte Frau, voll Risikogruppe, auch noch störrisch und ein bisschen – wie soll ich sagen, Sie wissen schon, eben: Sie kommt nicht mehr mit!

Neulich zum Beispiel, sie wollte ein Radio kaufen, da hat sie doch den Verkäufer gefragt: „Haben Sie blaue Zähne?" „Hä?" Also Englisch hat Frau Knopf gelernt – und da stand *blue tooth*. Blauer Zahn. Geduldig hat er ihr erklärt, was das heißt. Nun weiß sie – und hat gleich wieder vergessen … so wie dieses neue Wort: Lock – Lock – Haarlocke? Oder locken wie die Hexe und Hänsel und Gretel? Nein, *Lockdown*. Alle Geschäfte waren geschlossen. An den Türen stand eine Adresse mit @ und web.de, da kann man einkaufen. Aber wie kauft man bei @? Frau Knopf war besorgt, ob die Druckerpatronen bei ihrem Computer durchhalten – und wenn nicht? Sie schreibt nämlich Geschichten. Deshalb hat Herr Brandt von der Norddeutschen auch bei ihr angefragt, ob sie mal was schreiben kann über Corona? Ohne Honorar natürlich. Na klar, sie hat ihm gleich die Geschichte über Rossmann geschickt und er hat sogar geantwortet: „Schön, dass Sie auch mitmachen!" – aber abgedruckt hat er ihre Geschichte nicht in der Zeitung. Hat ihm wohl nicht gefallen? Wie gesagt, Frau Knopf ist so ein bisschen …

Aber urteilen Sie selbst: Also – das Geschäft von Rossmann war nicht geschlossen, aber ein netter junger Türke stand vor der Tür, der sich freute, endlich mal einen Job zu haben und etwas zu sagen. Kann man ja verstehen. Er hatte mit Kästen einen Zugang gebaut. Alle Kunden warteten geduldig – und mit Abstand! – in diesem Gang, bis er die Tür frei gab. Aber eines Tages stand da keiner – kein einziger Mensch. Also wollte Frau Knopf gleich von links – statt an den Kästen entlang bis zum Anfang vom Ende des Zugangs und dann zurück zur Tür von rechts zu kommen. „Geht gar nicht", sagte der junge Mann. „Warum?" fragte Frau Knopf – und als er ihr den Weg vertrat, sagte sie: „Jetzt halten Sie aber den Abstand nicht ein" – und schon war sie durch die Tür

Überhaupt, Abstand. Frau Knopf hat sich mit zwei Freundinnen mit Rollator verabredet beim Drehstein in der Gerhardt-Rohls-Straße auf der Bank rund um die große Linde – prima Bank, um Abstand zu halten! Mit dem Po sitzt man dicht genug, um sich zu verstehen, auch ohne Hörgerät, aber die Knie haben schon eineinhalb Meter Abstand. Kam die Polizei: „Geht gar nicht! Mehr als zwei ist nicht erlaubt!" Das war damals so, kann man ja verstehen, die Regierung wusste es auch nicht so genau. Also eine der Freundinnen mit Rollator musste gehen! Aber etwas weiter die Straße runter standen ein paar junge Männer zusammen – die haben die jungen Polizisten übersehen – der Abstand war einfach nicht groß genug. Also der Altersabstand zwischen Aufpassern und Delinquenten.

Inzwischen – nach sechs Wochen Abstandüben – Masken! Maskenpflicht, sogar auf dem Bauernmarkt! „Sie machen mir den Stand dicht", sagte die Bäuerin, „wenn ich Ihnen Äpfel verkaufe." Frau Knopf musste zurück nach Hause und die vergessene Maske holen. Na ja, der Maskentanz auf dem Bauernmarkt ist inzwischen vorbei, da ist genug frische Luft.

Wegen der frischen Luft in Frankreich ist Frau Knopf im Urlaub gewandert – im Wald, allein, braucht man keine Maske! Abends in der Unterkunft hat sie mit ihren Wirten zusammen gegessen und von ‚damals' erzählt – kein Abstand, keine Angst – er war damals in Berlin, als Ohnesorg erschossen wurde, er sprach gut deutsch. Er hat Frau Knopf auch telefonisch angemeldet für die nächste Nacht – 18 Kilometer weiter. Frau Knopf hat zwar ein Handy, so ein klappbares Dampfhandy, aber das funktionierte nicht. Wegen einem Loch – nicht Tunnel, nicht Höhle, Loch in der frischen Luft im Gebirge – Luftloch! - auch sowas, was Frau Knopf nicht versteht. Jedenfalls, sie war angemeldet im einzigen Hotel im Dorf oben auf dem Berg – wunderbare Fernsicht ins Tal – wunderbares Wetter, na ja ein bisschen heiß, ein bisschen viel Steigung und wenig Schatten, Frau Knopf ist im Kopf ja ein bisschen na ja, aber zu Fuß noch ganz gut unterwegs. Aber als sie ankommt bei ihrem Hotel ist sie doch froh, dass sie ankommt, freut sich auf die Dusche, zieht ihre Maske über die Nase, tritt ein – und der Wirt fährt sie an: „Das ist keine Maske!" „Doch", sagt sie und schließt die verdeckten Druckknöpfchen unter dem Kinn. Man hat ihr nämlich erklärt, dass alle Luftlöcher die Viren entweichen lassen – und Frau Knopf ist gelehrig und anpassungsfähig – und hat im Rucksack Notwerkzeug, sie hat die Drucknöpfchen sofort angenäht – aber: „Nein, das ist keine Maske!" Der Wirt geht auf sie zu mit Elektroschocker, dass sie zurückprallt. Darf der das!? Sie überfallen ohne Vorwarnung, ohne Erklärung? Was stellt er sich vor, dass sie mit Fieber die Steigung bewältigt hat?? Er stellt sich gar nichts vor, er hat Angst. Den Weg ist er nie gegangen, immer nur mit dem Auto – „Très désagreable!" sagt sie streng: sehr unangenehm! Mit überraschendem Erfolg: der Wirt wird lammfromm und schenkt ihr sogar – höchste Auszeichnung – eine richtige Maske!

Also, die Angst. Die macht was mit uns.

Aber im Stadtgarten an der Weser sitzen ganze Familien zusammen beim Picknickkorb – und Paare küssen sich auf der Bank. Sogar in der Kirche liegen hier und da zwei Sitzkissen zusammen, weil die Paare zuhause ja auch den lieben langen Tag zusammen sitzen. Zuhause. passiert auch nichts. Aber Frau Knopf und ihre Freundinnen mit ihrer Sehnsucht nach Nähe, die halten Abstand.

Jedenfalls, sie will nun genau wissen, was die Areosolen machen und so – zum Glück, das steht in der Zeitung – aus gegebenem Anlass – als Zeichnung für die ganz Doofen! Nämlich: Der Mann redet – mit oder ohne Maske. Die Frau hält den Mund – mit oder ohne Maske. Ganz einfach. Oder mit Worten: Herr Spahn führt die Impfpflicht ein, die Bremer Schulsenatorin fragt: Wie sollen wir das denn kontrollieren?? Aber das fragt sie nur einmal! – Der Innensenator von Bremen, Herr Mäurer, sagt, er macht genauso strenge Corona-Gesetze wie Herr Söder in Bayern – nicht ausgedacht, das stand in der Zeitung! – aber Herr Söder gewinnt trotzdem die Wahl, weil: der kann besser klappern beim Handwerk. Oder kurzgefasst: Männer spielen Ränking! Nichts Neues! Und Frauen? Nein, nein, die werden keineswegs vernachlässigt, die bekommen eine sehr wichtige Aufgabe: Sie nähen Masken!

„Keine Diktatur ohne Mitmacher!" sagt der Wissenschaftler, Herr Bajohr. Wo er recht hat, hat er recht. Diktatur der Zahlen: 2 Meter! In Bremen sind heute 151 Menschen akut infiziert und in einem halben Jahr 58 Menschen gestorben. Von wie viel Menschen in Bremen? Steht da nicht. Am Virus oder an der Vorerkrankung? Steht da nicht. Und wie viele Verkehrsunfälle inzwischen? Wie viele Krebstote? Alterstote? Steht da nicht. „Trau keiner Statistik, die du nicht selbst gefälscht hast", sagt sich Frau Knopf – wie gesagt, ein bisschen störrisch ist sie im Kopf – gar nicht Maskenverweigerin, sie hat ja eine – nein, schlimmer: womöglich Impfverweigerin! – oder – ganz schlimm: Verschwörungstheoretiker! **„GRÖSSENWAHN"**, denkt Frau Knopf.

GRÖSSENWAHN steht auch in der Zeitung – auf einem großen Bild, noch viel größer als Angela Merkel! Bild: braunes Feld, braun wie Acker, abgeerntet, kein grünes Blättchen, kein winziges grünes Unkraut, braun wie nach knochentrockenem Sommer ohne Wolken, ohne Regentropfen: **GRÖSSENWAHN**! Steht da mitten auf dem Feld, dick und weiß! Werbung! Für die Bank für alles, was wichtig ist. Was für die Bank wichtig ist? Na Geld! Dafür macht die Bank Werbung, weiß auf braunem Acker, nämlich GRÖSSENWAHN ist gar nicht gemeint, sondern Ziele:

Im Emsland sagt man nicht **GRÖSSENWAHN,** sondern Ziele.

Frau Knopf versteht. Frau Knopf wird ganz traurig. Weil bei uns im reichen Deutschland reicht ja die Maskenpflicht. Nicht einmal das Rauchen ist verboten – trotz Lungenvirus! Uns geht es ja mehr oder weniger gesund und satt. Dagegen in Syrien, erzählt ihr ein Freund – da fehlt es am Nötigsten zum Überleben, an Wasser und Brot. Wenn sich da einer von der Familie ansteckt, dann kann es passieren, dass die ganze Familie ausstirbt.

Nur wenn wir jetzt riskieren, es selbst zu verbocken – oder: Im Schwerefeld von Corona

Vorbild

Da geht das Telefon! Ich werde gebraucht! Ehrlich! Und subjektiv! Keine Ratschläge! Keine Wissenschaft! Keine Tabletten, keine Kügelchen! Ich! Ich werde gebraucht! So wie ich bin! Alle Objektivität ist somit im Eimer und für die Tonne! „Subjektiv!“, sagt mein Arzt voller Verachtung. Gerade hat er seiner Assistentin „Item“ in den Computer diktiert. „Heißt ‚item‘: ‚gleich‘?“ frage ich. „Ja!“ „Nein, es ist besser geworden.“ „Ja – subjektiv! Das dauert ein Jahr!“ „Ein Jahr antichambrieren in Ihrem Wartezimmer?! Das können Sie vergessen!“ Schon bin ich weg.

Also, ich werde gebraucht – als Vorbild. Ehrlich. Da ist nix zu machen mit Fake! Zum Beispiel mein Vater, der hat sich bei mir entschuldigt. Ich war ganz gerührt. Aber das war ein falscher Fehler, eigentlich hat er gemeint, ich soll um Entschuldigung bitten. Schon war‘s nichts mehr mit Rührung.
Merke: „Ich will“ passt gar nicht für ‚Vorbild‘, schon gar nicht „Ich will, dass du …!“

Oder wenn ich maule über Corona-Masken, die Sicherheit versprechen, und über die ‚Diktatur der Zahlen‘[1] – zwei Meter Abstand! –, das kann ich vergessen! Das will meine Tochter nicht wissen!

Ich weiß ja, ich war nicht immer die Mutter, die das Kind gebraucht hätte – da darf ich nicht … also ‚Entschuldigung' – ist nicht drin! „Wenn ich in den Spiegel sehe, sehe ich meine Mutter", ist keine gute Basis für...

Vielleicht einfach Wegtauchen? Nach dem Motto von Abraham: lebens-satt.
Ich habe alles getan, was ich hier zu tun habe und gehe gerne.
„Ich will aber nicht, dass du stirbst", sagt die Tochter.
Also, was will sie? Eine Geschichte vielleicht?
Die von der bestandenen Prüfung vielleicht?

… die Prüfung ist bestanden, wenn der Prüfling durchgefallen ist und das Scheitern als Auszeichnung zu werten weiß …

Genau, so bin ich Vorbild.

Sun Wukong

Ich mache es so wie Sun Wukong, der Affenkönig[2] , der der Königinmutter des Westens, Xiwangmu, die Pfirsiche des ewigen Leben geklaut hat: Ich verwandle mich in einen Sperling. Der schreckliche Arzt verlässt das Wartezimmer, entdeckt mich auf dem Wipfel einer Linde und verwandelt sich in einen Sperber. Ich – steige als Kormoran hoch in die Luft. Er schüttelt sein Gefieder und jagt mich als Meerkranich. Ich – tauche als Fisch in die Flut der Weser. Er wird zum Fischhabicht. Schon ist er mir nahe auf Schnabellänge, da drehe ich ab, komme als Wasserschlange an Land und verkrieche mich im Gras.
Na ja, und so weiter. Mal ist er mir über, mal schlüpfe ich unter ihm weg.

Dem Affenkönig Sun Wukong kam nämlich in den Kopf, er möchte bei dem Meister Puti die Unsterblichkeit erlernen. Nach sieben Jahren Lehrzeit sagte der Meister: „Bist du bereit, so werde ich dir die Große Wahrheit, die Lehre Buddhas kundtun. Es gibt 360 Wege, um zu ihr zu gelangen. Welchen Weg soll ich dir zeigen? Soll ich dich in der Magie unterweisen?" „Lässt sich dadurch das ewige Leben erlangen?" „Nein, das nicht." „Dann will ich die Magie nicht lernen." Der Alte begann von neuem: „Soll ich dich in der Wissenschaft unterrichten?" „Lässt sich dadurch das ewige Leben ...?" „Nein, das nicht." „Dann will ich die Wissenschaft nicht lernen." „Nun, der Weg der Stille ist sehr gut." „Lässt sich dadurch das ewige ...?" „Nein, das nicht." „Dann will ich den Weg der Stille nicht lernen." „Der Weg der Tat ist auch

recht gangbar." „Lässt sich dadurch ...?" „Nein, das nicht." „Dann geh ich den Weg der Tat auch nicht. Ich will ihn nicht lernen." Da stellte sich der Meister zornig: „Du dummer Affe, dieses willst du nicht lernen, jenes willst du nicht lernen. Was willst du eigentlich?" und schlug ihn dreimal auf den Kopf. Alle Zuhörer waren erschrocken. Sun Wukong aber blieb ungerührt, lächelte still und dachte: Dass er mich dreimal auf den Kopf geschlagen hat, heißt, dass ich zur dritten Nachtstunde bereit sein soll – und er mir im Geheimen die Große Wahrheit kundtun will. „In der heutigen Unterrichtsstunde", sagte er in der Nacht zu dem erwachten Meister, „befahlen Sie mir, mich um drei Uhr in der Nacht bei Ihnen zur Belehrung einzufinden." Der Meister dachte bei sich: „Dieser Affe ist tatsächlich ein Produkt von Himmel und Erde, wie sonst hätte er meine Geheimzeichen verstehen können?" Er ließ ihn näher ans Bett kommen und flüsterte ihm etwas ins Ohr. Es war ein heiliger Zauberspruch, der die Lebenskraft sammelt und bündelt. Von nun an kam Sun jede Nacht, um vom Meister zu lernen. Er übte sich im richtigen Atmen, in der Beherrschung von Samen und vom Ungestüm des Herzens, in Kenntnissen von Seele und Geist. Als letztes lernte Sun Wukong sich vor großen Gefahren zu schützen:
Er erlernte die Kunst der 72 Verwandlungen!

Ein Superheld! Nur dass Sun Wukong nicht für das Gute kämpft, sondern allerlei Unsinn treibt. Ist das so ähnlich wie der neueste Werbespruch an den Wartehäuschen der Straßenbahn: „Realität ist heilbar"? ‚Fake' nennt man das heute.
Nein, mir geht es um Wahrheit!
Also, ich bin jetzt 78 Jahre alt und werde gebraucht – als Vorbild. Ehrlich.
Und heute fängt Zukunft an!
Leider – ich bin bei Null, beim Wendepunkt, da wo sich Realität und Unberechenbares kreuzen!
Tatsache ist: Die ‚Beste aller Welten' – the blessed world you live in – ist undurchschaubar und voller Machtkartelle, die dem Ideal von Demokratie zuwiderlaufen – bei den ‚Barbaren' in China!
Und bei uns. „Auch im Westen ist politischer Machterhalt nicht an Moral, sondern an ökonomischen Erfolg gekoppelt."[3] „Über 150 verschiedene Exportprodukte – Tee, Spielzeug, Textilien, Asbest, Autoteile, Werkzeug u.a. – kommen aus Arbeitslagern auf den westlichen Markt. Zwangsarbeit hat zu Chinas wirtschaftlichem Aufschwung beigetragen – und die Nachfrage westlicher Verbraucher hält den chinesischen Gulag weiter in Gang."[3] Öffentliche Meinung und konsequentes Käuferverhalten bei uns haben Wirkung, unbestritten – aber ich gehöre nicht zu den ‚Guten', ich bin inkonsequent. Ich bin unwiderruflich Teil des Systems: Ich hantiere mit Geld, kaufe billig ein – und denke unversehens nach, was mir vorgesagt wird.

Ich halte mich an Peter Unfried[4], der das verbreitete Lebensgefühl „nagende Unsicherheit" nennt und als Ausweg vorschlägt: „Nur wenn wir jetzt riskieren, es selbst zu verbocken, besteht die Chance, dass die Sache doch nicht schief geht. Das ist die Grundlage für eine neue Geschichte." Für eine neue Zukunft sozusagen. Aber wo fängt sie an? Vielleicht in China auf den Spuren der alten Seidenstraße?

Wer – wir?? Nein, ich! Ich kann mich nicht verstecken im ‚Wir': Ich bin bei Null! Mein Luftballon „the blessed world" ist geplatzt! Ich habe keinen Plan mehr und keine Lösung.
Ich folge dem Beispiel von Sun Wukong, dem Meister der Verwandlung, der nicht die Welt rettet, sondern sich selbst: Ich riskiere, es selbst zu verbocken – und probiere, was möglich ist, statt mich von Unmöglichkeiten abschrecken zu lassen.

Die Tat legt das Wort aus. Also, ich reise nach China und erkunde die Neue Seidenstraße! *So, problems will be solved? Hardly. But problems can change.* Ich fahre allein – mit ‚Kraft durch Freude'. Ich spreche nicht Chinesisch. Ich weiß nicht, was passieren wird.

Kraft durch Freude

Ich hatte Angst, in Xi'an auf der Straße zu stehen und nicht mehr zu wissen: Warum bin ich eigentlich hier? Das passiert nicht auf der Reise.
Oft sitze ich am Straßenrand und skizziere, was ich sehe. Hinter mir stehen ein paar Männer und sehen die Zeichnung wachsen. Zum Schluss: Daumen hoch: gut!
Ich bin nicht immer zufrieden! Darum geht es aber nicht. Sondern: eine Ausländerin zeigt Aufmerksamkeit für das chinesische Haus –
die Wolkenkratzer am Huang He –
die Denkmal-Soldaten der Roten Armee – gut!

Nur in Yinchuan sagt keiner gut! Ich sehe Geschäfte, wo alles angeboten wird, was den Besitzer wechseln kann, Fahrräder, Werkzeug oder Elektrokabel und so. Und bunte Sonnenschirme, darunter Melonen, Gemüse, alles für die Suppe. Das ist so farbig! Ich setze mich auf einen Stein und zeichne. Nur schnell, schnell, ich traue mich kaum, die Farben füge ich im Hotel ein. Hinter mir beobachten Männer wie immer, sie erkennen ihre Straße wieder, kommentieren – aber kein „gut!“ Ich begreife – ich spüre – die große Armut hier, kaufen und verkaufen auf dem untersten Niveau. Am Tag danach weist mich meine Yinchuan-Lotsin auf den ‚Sklavenmarkt‘ hin, wo am frühen Morgen Männer sich anbieten für Arbeit an diesem Tag. In meiner Stadt Bremen, ich weiß, gibt es so einen ‚Sklavenmarkt‘ auch. In Gröpelingen.

Im übrigen China – von Dalian ganz im Osten am Meer bis Khorgos an der Grenze von Kasachstan ganz im Westen – spüre ich Zuversicht, Aufbruch:
Viele Menschen fegen die Straße, den Parkweg. Das öffentliche Klo ist überall sauber. In einem Glaskasten bewacht ein Soldat die Regierung – und putzt die Scheiben. China ist sauber. „Es herrscht Vollbeschäftigung.“ Fegen ist eine geachtete Arbeit. Man kann auch Pause machen für einen Schwatz. Die uniformierte Zugbegleiterin hat eine Machtposition, sie gibt uns Fahrgästen Anweisung – aber sie fegt auch unter unseren Füßen.

Zu mir sind die Menschen unglaublich offen und hilfsbereit. Sie suchen das Gespräch. Ich bedauere – ich kann nicht Chinesisch! „Aber ‚ni hao‘ hat sie gesagt!“, informiert der Busfahrer die Fahrgäste – der halbe Bus diskutiert! Ich zeige den Zettel mit meinem Ziel vor – in chinesischen Charakteren – und weiß schnell, wer an der gleichen

Haltestelle aussteigt. Mir werden drei Fragen gestellt: Wie alt? Daumen hoch! Allein? Daumen hoch! Where is your husband?

In Baotou passiert etwas Neues: Wir warten auf den Beginn eines Konzertes, ich komme ins Gespräch mit zwei jungen Leuten. „Ich hatte auch Angst, allein nach China zu kommen“, sage ich. *„So have I“*, sagt die junge Frau – und schon sind wir bei ihren Problemen. Sie ist 25 und soll nun allein entscheiden. Aber sie hat das nie gelernt! Ihre Eltern haben ihr immer gesagt, was sie tun soll! – ach ja, ich erinnere mich, so war es auch, als ich 25 war: Katastrophe! Vorwürfe, weil ich nicht wusste, was ich wollte! Ich wollte es meinen Eltern recht machen! Und auch meinem Mann! Quadratur des Kreises! Ich erzähle. *„Now I am happy to decide myself“* – ich spüre Bewunderung der jungen Leute. *„You can try“*, sage ich, *„step by step. You can try and change until you find, what is right for you. –* “Ihr Freund hört aufmerksam zu. Er ist Zeichner. In der Pause kommen die beiden und bringen mir ein Geschenk: Er hat sie beide auf die Konzertkarte gezeichnet. Für mich! Er fragt: *„May I take a photo?“*

China erlebt sein Wirtschaftswunder: Es ist wieder wer! Das Land hat eine Vergangenheit zu bewältigen: Fast ein halbes Jahrhundert Bürgerkrieg! Hungerzeit! Kulturrevolution! „Mao hat auch Fehler gemacht, ein Drittel schlecht, zwei Drittel gut“ ist gängige Formel. Mao war ein Mensch, Menschen machen Fehler. Das Bild von ‚China‘ kann sich ändern. Xi Jinping ist auch ein Mensch.

Die Seidenstraße? Ein paar Container habe ich gesehen – auf dem Nebengleis. Fahren sie bis nach Duisburg? Ein Zaun begleitet alle Eisenbahnstrecken, gekrönt von Nato-Draht. Ich habe die Angst von Uiguren gespürt: „Wenn Sie meinen Namen schreiben, kann ich Ärger bekommen. Richtig Ärger!" Aber auch ihren Stolz: „Ich bin Uigure! Wir sind stark!"[5]

Problems are not solved, in China nicht und bei uns nicht. Zurzeit ringen wir um eine Lösung für Flüchtlinge in Griechenland. *Problems can change.*

Im Schwerefeld von Corona

Corona ist eine Heilige, wussten Sie das? Die Heilige des Geldes. Sie hat uns das Fürchten gelehrt – weltweit! Pandemie! – und. Na klar, China ist schuld! Aber das ist Fake, wie kann einer schuld sein an etwas völlig Neuen, an einem Virus, das auftritt Namen einer heiligen Frau, die alle *wissensbasierte Wirtschaft* aus den Angeln hebt? Lufthansa geht in die Knie, wir gehen zu Fuß! – nach China.

Corona hat dieselbe strukturelle Ursache wie die ökologische und soziale Krise, zu der der Klimawandel, die Naturzerstörung wie die maroden Gesundheitssysteme gehören. Wer die Klimakrise wirklich nicht nur hinausschieben und abmildern, sondern überwinden will, muss nämlich dazu bereit sein, von Kapitalismus, Patriarchat, Imperialismus und Industrialismus nicht nur zu reden, sondern ihre gegenwärtige Konstellation wirksam politisch zu thematisieren, zu bekämpfen und zu überwinden – und dies auf allen Ebenen des menschlichen Lebens.

Also, im Schwerefeld von Corona fliege ich nächstes Jahr noch einmal nach Dalian, überraschend – was soll ich machen? Ich begleite meine Zeichnungen zu einer Ausstellung in der Kunsthochschule und spreche mit Studenten. Sie sind neugierig, wie die alte Ausländerin China erlebt hat. Dalian ist Bremens Partnerstadt, es gibt Menschen, die übersetzen!

Außerdem hat Xi Jinping mich eingeladen – man hat ihm mein Buch vorgelegt. Meine Übersetzerin will es unbedingt in China veröffentlichen. Vorher prüft die Regierung alle Bücher, „ob junge Leute etwas lernen können." Mein Reisebericht wurde positiv aufgenommen – nur den Text über die Uiguren will man streichen …?
– Einverstanden! Aber ich schlage vor, als ‚Frau in Weiß' sozusagen nach Tulufan zu fahren – zu der Uigurin, die mir ihre Tür öffnete, die mich einlud in ihr Haus. Sie brachte Tee und etwas zu essen. Ich zeichnete sie. Wir konnten nicht sprechen miteinander. Wir schwiegen lange.
Also, wenn Xi Jinping einverstanden ist – wenn er Vertrauen fasst – werde ich diese Frau besuchen – mit einer Dolmetscherin! Ich will ihr von den Frauen in Weiß erzählen: Deren gewaltfreier Protest in Liberia begann damit, dass die Frauen sich weiß kleideten,

um sich kenntlich zu machen. „Es war eine Armee von Frauen in Weiß, die sich erhoben, als es niemand sonst wagte“, schreibt Gbowee in ihrer Autobiographie. „Wir hatten keine Angst, denn die schlimmsten Dinge, die man sich vorstellen kann, waren uns bereits passiert.“ Sie setzten sich protestierend auf den Fischmarkt, damit der Präsident an ihnen vorbeifahren musste und ein Großteil der Öffentlichkeit sie wahrnahm. Sie demonstrierten, während der Krieg tobte, der sie und ihre Angehörigen oft genug in Lebensgefahr brachte. „Die Treffen dienten auch als Raum, um Ärger und Frustration loszuwerden.“ Schließlich erreichten ihr hartnäckiger Protest und die Öffentlichkeitsarbeit, dass es zu Friedensverhandlungen kam. Die Frauen beobachteten und protestierten weiter. Als schließlich die Verhandlungen in Ghana wochenlang andauerte und die jeweiligen Gruppierungen per Telefon den Krieg in Liberia anheizten, Massengräber geschaffen wurden und die Hauptstadt unter Granatenbeschuss lag, besetzten die Frauen das Hotel, schlossen die Verhandlungsführer ein, zwangen sie, sinnvolle Verhandlungen zu führen. Gbowee drohte damit, sich vor den Männern auszuziehen, gleichsam ein symbolischer Hilfeschrei, denn es ist für afrikanische Männer ein Fluch, wenn man seine Mutter nackt sieht. „Wir überlegten uns immer neue, kreative Schritte“, sagte Gbowee. Die Frauen kämpften dafür, Diktator Charles Taylors Gang nach Nigeria in das Exil zu schicken, Wahlkampagnen für eine Regierung zu fördern und dass Ellen Johnson Sirleaf als neue Präsidentin gewählt wurde. Erst nach wichtigen Maßnahmen gegen die Kriegsfolgen und zum Schutz der Frauen beendeten die Frauen offiziell ihren Protest.

Mao hat gesagt: „Es ist wie mit den Frauen. Selbstverständliche muss man ihnen zunächst die rechtliche Gleichstellung einräumen. Aber das ist doch nur der Anfang. Es müssen die Vorstellungswelt, die Kultur und die Bräuche beseitigt werden … Man befreit die Frauen nicht indem man Waschmaschinen fabriziert. Man befreit die Männer nicht, indem man Fahrräder fabriziert.“ Das schreibt Malraux. Mao: ein Drittel schlecht, zwei Drittel gut. Nach dem Gespräch mit Malraux kam die Kulturrevolution – schlecht!! Man kann die Befreiung und die Veränderung von Bräuchen und Kulturen nicht von oben befehlen, die Menschen müssen das selbst wollen. Die Uiguren auch.

Es ist so: Es gibt auf der Welt einen Haufen Waffen, geeignet für Krieg – oder um diese Erde in die Luft zu sprengen – oder was weiß ich. Männer wollen damit den Frieden retten – konkret: die Burka-Frauen in Afghanistan oder die Jesidinnen vor dem IS – oder so. Frauen und Kinder werden immerfort gerettet! Aber in den Armeen kämpfen Frauen mit. Frauen sind nicht die besseren Menschen.

Egal, ich will versuchen – Also, es geht um – ich glaube nicht, dass – oder ist der IS in Tulufan? – jedenfalls, genug ist genug! Wir müssen sprechen.

Die Menschheit hat immer mal wieder etwas Neues gelernt, ‚Freiheit, Gleichheit, Brüderlichkeit' zum Beispiel. Das war auch nicht gleich der große Wurf – und ‚Demokratie' muss auch wieder ganz neu gedacht werden, wird neu gedacht zum Beispiel mit App für Corona-Überwachung, nicht in China, hier bei uns! Ist das die Zukunft?

Wie lernen wir die Kunst der 72 Verwandlungen? Vielleicht, wenn alte Frauen nicht immerzu wegtauchen, sondern Verantwortung übernehmen für Freiheit, Gleichheit – nein, für ihre Rolle in *Kapitalismus, Patriarchat, Imperialismus und Industrialismus?*

Einmal mogeln ist erlaubt! Also Pfirsiche des ewigen Lebens klauen. Ich habe gemogelt, ich gebe es zu. Größenphantasie! Xi Jinping hat mich nicht eingeladen und die Kunsthochschule von Dalian auch nicht. Aber in China war ich, war alles ganz easy und freundlich. Kein Ausländer lief rum, wo ich war, nur ich. Für die Chinesen war ich die Botschafterin des Westens, sie freuen sich, wenn jemand nach ihnen fragt. Das tut jedem Menschen gut, auch mir. Das ist Glück: Ich kann etwas tun! Ich habe immer neue Ideen. Größenphantasien sind ja nicht verkehrt, einmal mogeln, das geht. Merke: Einmal – und kein einziges Mal mehr! Sonst verwirrt man sich selbst und findet sich nicht mehr zurecht.

Die Neue Seidenstraße ist auch Größenphantasie. Und Xi Jinping ist auch ein Mensch.

Kriegskind.
Mutter von drei Kindern, Großmutter von sechs Enkelkindern.
30 Jahre lang gerne Lehrerin, der Wirkung von 10 bis 13 Jahren Stillsitzen auf der Spur.
Seit 15 Jahren freischaffende Rentnerin.

[1] Formulierungen übernommen von Rutger Bregman, Im Grunde gut, Rowohlt 2020, S. 298, S.303
[2] Nach Wu Chengen, Reise nach Westen – herausgegeben von John Zhou, Ost-Zhou-Verlag 2005 und Chinesische Märchen – vorgestellt und nacherzählt von Ulf Dietrichs, dtv 2009
[3] Kai Vogelsang, Geschichte Chinas, Reclam 2012 S. 601, 572
[4] taz (6./7.10 2018)
[5] Ausschnitte aus Heide Marie, Eile und Weile, Reise ins Innere Ausland auf der Neuen Seidenstraße
[6] Kathrin Hartmann Freitag Nr. 12, 2020, 19.3.20, Frieder Otto Wolf Freitag Nr. 9, 2020, 27.2.20

Lena Inosemzew
freischaffende Künstlerin
Jahrgang 1975
Leipzig, Deutschland

Визит Минотавра

Из мест, куда хотелось бы вернуться,
один есть городишко затрапезный:
Уранополис – петухи и море,
монахи в долгополых чёрных рясах,
гречанки молодые – Афродиты,
рождённые пивной эгейской пеной.
Вернуться бы опять в Уранополис…
Снять маленькую комнату под крышей,
прожить там месяц или два… а может
и вовсе на подольше задержаться…
конечно, когда кончится корона,
и снова оживятся переулки
(сейчас они похожи на картины
Де Кирико – на них лишь свет и тени
с тревожащим сознание подтекстом).
Но скоро всё закончится, и значит
корабль под белым парусом подходит
Тезей вернулся, в небе – Ариадна,
на горизонте – в облаках – Афон…
Сей сад земной принять как утешенье.
Пожить подольше, да и поработать,
Конечно, если там вай-фай хороший,
иначе ведь ни жизни, ни работы…

Der Besuch des Minotaurus

Am meisten sehn' ich mich zurück, von allen Orten,
in eine kleine Stadt, die bess're Tage kannte:
Ouranoupoli heißt sie – Hahnenschrei und Meersand,
die Klosterbrüder in langen schwarzen Kutten,
die jungen Griechinnen gleich Aphroditen –
Schaumkronenkinder aus der Ägäis.
Ach, könnt ich nur zurück nach Ouranoupoli …
Ein kleines Zimmer mieten unterm Dachstuhl,
und einen Monat dort verbringen, oder zwei … vielleicht auch
einfach etwas länger bleiben …
natürlich nach der Pandemie,
sobald die Gassen sich mit neuem Leben füllen,
(denn jetzt erinnern sie an Bilder
de Chiricos, nur Licht und Schatten
mit unheilvollem Subtext).
Doch bald ist es vorbei, das heißt
das Schiff, das weiße Segeln gesetzt, legt an,
Theseus kehrt heim, im Himmel Ariadne,
Am Horizont in den Wolken: Athos …
Trost finden in jenem irdischen Garten.
Länger bleiben, ein bisschen was schaffen,
Natürlich nur, wenn das Internet gut ist,
sonst ist kein Bleiben, und nichts zu schaffen.

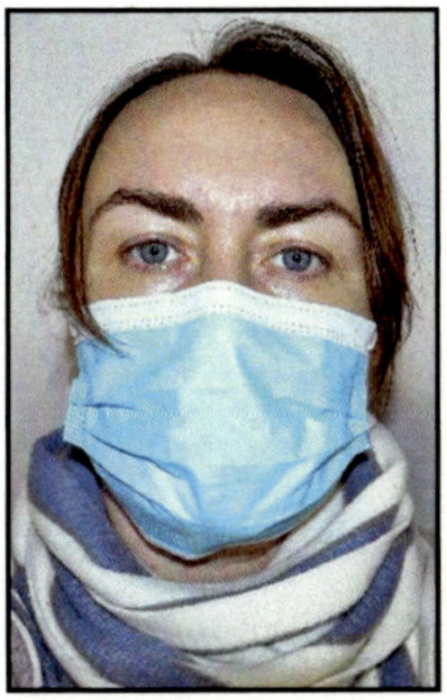

Lena Inosemzew, geboren 1975 in Kasachstan.
Studium der Kunstgeschichte und Ostslavistik in Leipzig.
Zurzeit Dozentin für Russisch an der Uni Leipzig.
Publikationen in diversen Literaturzeitschriften und Anthologien in Deutschland, Kasachstan, Russland und den USA.

Danke an Irina Bondas für die Übersetzung
www.irinabondas.de

Lena Inosemzew
Zwei Schwarz-Weiß Grafiken aus der Serie „Stay home, stay alone“, 2020
Tusche auf Papier, 15x20 cm

Anja Andabaka
Vollblut-Hauptschullehrerin und Künstlerin
Jahrgang 1969
Ostrhauderfehn, Deutschland

Kleine, freche Fehntje: Kreise, Rechtecke, Dreiecke, Linien und Punkte werden lebendig

Diamanten entstehen bekanntlich durch Einwirkung enormen Drucks. Ob meine Figur „Fehntje" für andere ein Diamant ist, kann ich selbst nicht beurteilen. Als sie entstand, stand ich als Lehrerin und Personalrätin an einer Hauptschule selbst unter enormem Druck. Das Ziel war, verlässliche Hygieneregeln zu erstellen, die für junge und etwas ältere Schüler*innen einfach zu verstehen waren. Bevor alle wieder sicher zurück in die Schule kommen konnten, mussten wir, eine Gruppe aus Schulleitung, Personalrat, Sicherheits- und Hygienebeauftragtem und Hausmeister, unsere Wohlfühlschule auch in Zeiten großer Verunsicherung durch die hochansteckende Viruserkrankung Covid-19 als einen Ort der Begegnung, des Lernens und positiven sozialen Erfahrung erhalten.

Immer, wenn die Anspannung in der Schule groß ist, und zu jener Zeit war sie undefinierbar groß, finde ich Entspannung in meiner Kunst. Hauptsächlich Portraits und Landschaften in Acryl, dazu seit einiger Zeit auch Mischtechniken mit abstrakten grafischen Elementen, was ich als *abstract storytelling* zu entwickeln versuche. Als viel zu abstraktes Storytelling kamen unserem Hygieneteam die sehr nüchternen, sachlichen und textüberladenen Hygieneregeln vor. In dieser Form würden unsere Schüler*innen mit Lese- und Verständnisproblemen diese weder verstehen, geschweige denn umsetzen können.

Während ich in der Schule über die Vereinfachung und Visualisierung der Hygieneregeln grübelte, stolperte ich während meines Surfens bei Facebook über eine Webinar-Serie mit dem Titel *„funny sketchnotes"* von Simone Abelmann. Und obwohl ich als Kunstlehrerin sehr wohl zeichnen kann, wurde ich magisch von ihrer völlig unbefangenen Art und ihrem Credo *„Jeder kann zeichnen"* und vor allem *„unperfekt ist perfekt"* zum richtigen Zeitpunkt abgeholt. Es begann mit dem graphischen Alphabet. Dieses besteht, das weiß jede/r Künstler/in, aus Kreis, Viereck, Dreieck, Linie und Punkt. Eine Woche lang zeichnete ich kleine, unbekümmerte Figürchen, Formen, Kringel und Herzchen und merkte, wie sehr sich meine Anspannung in Entspannung verwandelte.

Während ich sonst immer sehr perfektionistisch an meinen Portraits und Landschaften herumfeile und irgendwie nie zufrieden mit mir bin, war das bei den *funny sketchnotes* anders. Auch der Umgang in der öffentlichen Gruppe war anders als in anderen Kunstforen. Dort herrscht häufig ein rauer Ton, und einige selbsterkorene Kunstgurus bestimmen, was ästhetisch, was Kunst und was eher für die Mülltonne ist. In der Sketchnotes-Gruppe dagegen wurde Wert daraufgelegt, Ideen zur Verbesserung zu äußern und dabei niemals beleidigend zu sein. In dieser nervenzehrenden Zeit tat das einfach gut.

Nach nur einer Woche war ich dann zeichnerisch tiefenentspannt. Plötzlich kam es zur Verschmelzung der abstrakten Hygieneregeln mit einer kleinen Figur, die ich „Fehntje" taufte und die mir von jetzt auf gleich aus dem Bleistift gehüpft war, dahingekritzelt auf einem Umschlag.
Die farbliche Weiterentwicklung und ihr Charakter entstanden schnell: Fehntje kommt aus dem ostfriesischen Fehngebiet, ist ein Minime eines kleines Mädchens mit blonden, struppigen Haaren, die von einem roten Bandana gebändigt werden, dazu ein blaues Kleidchen mit einer gelben Blume darauf, gelbe Gummistiefeln, ein schiefes Lächeln, eine krummen Nase und schiefe Augen. Frech, aber lieb.

Und dann war mir klar: Fehntje erklärt die wichtigsten Hygieneregeln, indem sie einfach vormacht, wie man sich richtig zu verhalten hat. Um dies professionell aussehen zu lassen, zeichnete ich Fehntje nicht nur analog mit Stift auf Papier, sondern auch digital mit einem Zeichentablet. Dies erweckte das Interesse der lokalen Zeitung, die über Fehntje berichtete. Eine Bundestagsabgeordnete dankte mir in einem Brief für meine Kreativität.

Dass ich Fehntjes Hygieneregeln auch anderen Schulen zur freien Verwendung zur Verfügung stellte, war für mich selbstverständlich.

Fehntje wurde bald meine ständige treue Begleiterin für weitere Anlässe:

Im September stand sie neben einer gesketchten Version des niedersächsischen Kultusministers Grant Hendrik Tonne auf dem Programm für die Übergabe der Förderbescheide aus dem Digital-Pakt. Nachdem unsere Schule zunehmend besser digital aufgestellt war, mussten auch Regeln für die Videokonferenzen her. Fehntje war die ideale Partnerin dafür.

Zur Verabschiedung meiner Abschluss-klasse wussten wir nicht, wie wir die Zeugnisübergabe regelkonform gestalten könnten. Fehntje half: Wir verpackten die Zeugnisse in einer Papiertüte, auf der Fehntje abgebildet war.

Videokonferenz - Regeln
1 Bereite dich 5 Minuten vor der verabredeten Zeit vor
iserv
Arbeitsmaterialien, Tablet/Handy geladen, vernünftig angezogen ☺
2 Suche dir einen ruhigen, bequemen Platz, an dem du ungestört arbeiten kannst.
3 Logge dich mit deinen Zugangsdaten bei ssb-e.de und suche bei Modulen "Videokonferenzen"
4 Betritt den Raum deiner Klasse. Dies kannst du zunächst auch ohne Kamera und Mikrofon.
Mit Mikrofon
Nur zuhören
5 Wenn du etwas sagen möchtest, hebe die Hand (wenn deine Kamera eingeschaltet ist) oder nutze den Chat.
Fehntje: Hallo...
6 Bei technischen Schwierigkeiten einmal ausloggen und wieder einloggen.
Ruhig bleiben.
Nützt ja nix!
TT21

Zur Faschingszeit bewies Fehntje noch einmal ihre Wandlungsfähigkeit: Sie schlüpfte in unterschiedliche Kostüme und posierte außerdem in der Bernie Sanders-Haltung.

Die kleine, freche Fehntje hat mir seit Beginn der Corona-Pandemie geholfen, mich immer wieder kreativ abzulenken und damit auch anderen Freude zu bereiten; so, als hätte sie genau auf eine solche Zeit gewartet, um an die Oberfläche zu kommen.

Ich danke Simone Abelmann, dass sie Fehntje in mir geweckt hat, außerdem meiner Familie und vielen Freunden und Bekannten, die mich bestärkt haben, die Figur stetig weiterzuentwickeln. Fehntje ist jetzt mein persönlicher Diamant.

„Das soll ich mir in die Nase stecken?" / „Mecker nicht – das geht! Dein Zeigefinger passt doch auch bis zum Anschlag rein!"

Anja Andabaka, geb. 1969 in Oldenburg, arbeitet als Lehrerin an der Erich Kästner Schule in Rhauderfehn. Sie ist aktives Mitglied im Kulturring und Kunstkreis Rhauderfehn.
Anja Andabaka wohnt mit Mann und Sohn in Ostrhauderfehn.

www.art-andabaka.de
www.simoneabelmann.com

Samuel Seifert
freiberuflicher Musiker
Jahrgang 1979
Leipzig, Deutschland
www.rozhinkes.de

Die Sehnsucht nach Musik ist ungebrochen. Corona-Notizen eines freiberuflichen Musikers.

Mein Name ist Samuel Seifert. Ich bin als Geiger und Musikpädagoge freiberuflich in Leipzig tätig. Seit meiner Begegnung mit dem jüdischen Klarinettisten Giora Feidman (zu sehen unter anderem in den Kinofilmen „Jenseits der Stille“ und „Comedian Harmonists“) trete ich vor allem als Klezmer- Geiger auf. Die Klezmer-Musik ist eine Form jüdischer Folklore, die ihre Wurzeln in Osteuropa hat. 2011 war ich Mitbegründer des Leipziger Ensembles „Rozhinkes“ (zu Deutsch: „Rosinen“). Als Mitglieder dieses Ensembles engagieren wir uns seit der Flüchtlingskrise 2015/16 auch gesellschaftspolitisch. Wir musizieren im Rahmen des Projektes „Klänge der Hoffnung“ mit geflüchteten Musikern und gestalten Schulprojekte in Leipzig und Mitteldeutschland.

Samuel Seifert beim Livestream-Konzert im Rahmen des Festivals „Vielfalt ohne Grenzen“, gesendet aus dem Leipziger Kulturzentrum „Werk2“. Foto: Christian Naumann

Das Virus war für uns Musiker zu Beginn noch fern und unwirklich. Und selbst, als ein Kollege aus Italien seine ersten Tage im Lockdown per Telefon schilderte, wirkte es noch wie ein befremdliches Szenario, dass jemand seiner Aufgabe – der Musik – beraubt, zuhause sitzen und dankbar sein würde, schlicht und ergreifend gesund zu sein.

Doch bald schon rückte das pandemische Geschehen näher, und nach wenigen Tagen war das Unvorstellbare bereits so real, dass wir öffentliche Veranstaltungen – wie das Friedensgebet in der Nikolaikirche zur „Woche der Brüderlichkeit“ – mit einem mulmigen Gefühl realisierten. Mit der öffentlichen Ankündigung der Schließung sämtlicher Konzerthäuser traf uns auch schon die erste Absage.

Das Ensemble „Klänge der Hoffnung“ bei Dreharbeiten im Großen Saal des Leipziger Gewandhauses für die Kampagne „Leipzig klingt weiter“ zu Beginn des ersten Lockdowns 2020. Foto: Maria Bien

Ein gemeinsamer Auftritt mit zwei renommierten Leipziger Kabarettisten beim Dessauer Kurt Weill Fest wurde nur wenige Minuten vor der Abreise abgesagt. Bereits in vollständiger Konzertkleidung und mit meinem Geigenkasten unter dem Arm stand ich nun da und hielt inne. Wir hatten es kommen sehen, doch als tatsächlich der erwartete Anruf kam, war uns, den Kollegen und den Veranstaltern, doch nach Heulen zumute.

Den angebrochenen Abend nutzen meine Frau und ich kurzentschlossen für ein Dinner im mexikanischen Restaurant – als hätten wir gewusst, dass dies für die nächsten drei Monate der letzte Abend zu zweit sein würde. Fortan sollten wir also wieder jeden Abend mit unseren drei Kindern zuhause verbringen – ein vertrauter Zustand für uns Eltern. Dabei waren freie Abende zu zweit nach Jahren der Abstinenz gerade erst wieder eine liebgewordene Routine geworden.

Der nächste Restaurantbesuch sollte dann erst wieder an unserem Hochzeitstag möglich sein, zwei Monate später, mit Abstand, Maske und im Freien. Pünktlich zu unserem Jubiläum am 15. Mai wurden die ersten Öffnungen verkündet. Wir genossen als ganze Familie frierend, aber überglücklich ein Mittagessen im Freisitz des benachbarten Restaurants Bayerischer Bahnhof.

Samuel Seifert mit seiner historischen Harmonika der Marke „Galotta", Modell „Sport 27", bei der Magdeburger „KlezmerNacht" 2015 zusammen mit dem Ensemble „Rozhinkes" und der Gruppe „Aufwind". Foto: Sebastian Vandrey

Doch noch standen wir am Anfang des Shutdowns. Ein letzter Auftritt unseres Klezmer-Ensembles sollte noch am letzten Sonntag vor der Schließung der Schulen und der meisten Geschäfte stattfinden. Er war der Tatsache geschuldet, dass man ihn kurzfristig in geschlossener Gesellschaft organisiert hatte, wenngleich sich der Gastronom des koscheren Restaurants „Schalom" in Chemnitz die Jubiläumsfeierlichkeiten zum 20. Gründungsjubiläum seines Restaurants natürlich ganz anders vorgestellt hatte. Statt Ministerpräsident und Bürgermeister konnten nur die engsten Vertrauten kommen, was diesem lange geplanten Fest eine besondere Innigklichkeit, aber auch eine spürbar tragische Note gab.

Mit dem Gefühl, dass an jenem Abend vermutlich bereits der allergrößte Teil unserer Musikerkollegen in Deutschland und Europa sorgenvoll auf dem heimischen Sofa statt im Orchestergraben oder auf der Bühne hatte Platz nehmen müssen, fuhren wir dankbar und etwas beschämt nachhause.

In den folgenden Tagen begannen wir die neue Realität unseres Familienlebens mit drei Kindern zuhause zu organisieren. Es blieb wenig Zeit zum Nachdenken. Nur ab und an las ich in den sozialen Netzwerken von den Corona-Schicksalen einzelner Kollegen. Zwei gute Freunde waren auf einer Konzertreise in Schottland „gestrandet" und verbrachten die nächsten Monate als Gast im Hause ihrer dortigen Kollegen. Ein anderer Kollege hatte mit viel Glück noch einen Platz im letzten Flieger nach Kischinew/Moldawien bekommen, wo er dank dieser glücklichen Fügung zusammen mit seiner Ehefrau die folgenden Monate verbrachte – allerdings ohne sein Instrument. Das hatte er auf diesem Flug nicht mitnehmen dürfen!

Da die berufliche Tätigkeit meiner Frau im Bereich der Ergotherapie, ähnlich wie meine musikpädagogische Arbeit in einer Leipziger Grundschule, zwar eingeschränkt, nicht aber untersagt worden war, blieben wir beide neben der Begleitung unserer drei Kinder beim häuslichen Lernen auch außer Haus beruflich im Einsatz. Das hatte zur Folge, dass wir bald auch mit Corona-Patienten in Kontakt kamen und somit erste Erfahrungen mit Quarantäne unvermeidlich wurden. Gott sei Dank erkrankte keiner von uns, und Dank eines negativen PCR-Tests brauchten wir die Quarantäne nur als „häusliche Isolation" realisieren – freilich inklusive eines unangekündigten Kontroll-Besuches von Mitarbeiterinnen des hiesigen Gesundheitsamtes.

Als Künstler musste ich mich unverhofft auf die virtuelle Bühne wagen und dafür neue Partner suchen. So fand sich ein befreundeter Leipziger Unternehmer bereit, unserem Klezmer-Ensemble für ein virtuelles Konzert aus der legendären Leipziger Thomaskirche die Zuschauereinnahmen zu ersetzen. Zusammen mit der gastgebenden Gemeinde und dem neu eröffneten Leipziger C. Bechstein Centrum, das uns kostenlos einen Konzertflügel in die Kirche stellte, konnten wir so unser Corona-Konzert filmen lassen und dann zusammen mit unserem Publikum auf YouTube und Facebook ein unvergessliches Corona-Konzert aus der leeren Thomaskirche genießen. Wir kamen dabei mit Menschen via Kommentarfunktion ins Gespräch – eine völlig neue Erfahrung.

Konzertaufstellung für die Produktion „Rozhinkes in der Thomaskirche - das Corona-Konzert“ im Mai 2020 mit dem Konzertflügel des C. Bechstein Centrums, das durch private Spender und die Thomaskirchgemeinde ermöglicht wurde. Foto: Samuel Seifert

Die damals noch sehr niedrigen Fallzahlen in unserer Region ermöglichten bald wieder erste Lockerungen. So waren in den Sommermonaten wieder erste kleinere Auftritte mit geringen Zuschauerzahlen möglich. Es fand sogar sehr kurzfristig eine verkleinerte Auflage des in der Klezmer-Szene sehr wichtigen Festivals „Yiddish Summer Weimar“ statt. Vollständig unter freiem Himmel, erlebten wir ausgewählte Workshops und Konzerte mit kleinen Ensembles, was jeden Einzelnen von uns nach Monaten der Isolation und des fast ausschließlich virtuellen Musizierens in einer Weise glücklich machte, wie ich sie noch nie gespürt hatte.

Samuel Seifert als Sänger im Abschlusskonzert eines jiddischsprachigen Lied-Workshops beim Festival „Yiddish Summer Weimar 2017“. Foto: Bringfried Seifert

Und zu unserer Freude empfanden offenbar auch die Zuschauer diesen besonderen Glücksmoment und feierten - mit Abstand und viel Disziplin – mit uns diese kleinen Fortschritte.

Dass uns im Herbst mit der zweiten Welle und einem noch härteren und bedeutend längeren Lockdown das Schlimmste noch bevorstand, konnten wir nur ahnen. Durch die zweite Welle war unsere Region besonders hart betroffen. Die Konzertabsagen erstreckten sich nun gleich über einen Zeitraum von sechs Monaten, ganz ohne Aussicht auf Besserung. Zudem wurden manche Projekte für das Folgejahr gar nicht mehr weiterverfolgt, sodass ausgerechnet im Jubiläumsjahr „1700 Jahre jüdisches Leben in Deutschland" der Konzertkalender unseres Klezmer-Ensembles erschreckend leer ist.

Der eigene Schreibtisch als „virtuelle Bühne": Violine und Noten nach einer Liveschaltung für das internationale „Klezmer Fiddler Lockdown Projekt", Mai 2020. Foto: Samuel Seifert

So bleibt uns nur die Hoffnung auf ein musikalisches Comeback - vielleicht schon im Frühjahr, hoffentlich im Sommer oder doch erst in der zweiten Jahreshälfte? Die Sehnsucht nach Musik und Begegnungen ist bei uns ungebrochen. Wir hoffen, dass dies auch unserem Publikum so geht.

Samuel Seifert (Violine) stammt aus einer sächsischen Musikerfamilie und erhielt seine künstlerische Ausbildung in Dresden, Leipzig und Salzburg. Bereits als Jugendlicher begann seine Bühnenkarriere als Klezmer-Musiker, initiiert und begleitet vom weltberühmten Klarinettisten Giora Feidman. Seit 1993 konzertiert Samuel Seifert im In- und Ausland und veröffentlichte diverse CDs, für die er auch als Komponist und Arrangeur in Erscheinung tritt. Diese Erfahrung brachte er auch bei der Gründung des Klezmer-Ensembles „Rozhinkes" im Jahr 2011 ein. Samuel Seifert ist als Musikpädagoge in Leipzig tätig und seit 2017 Mitglied im Ensemble „Klänge der Hoffnung".

III
Corona auf Plattdeutsch
Corona up Platt

Anne Korporal
Jahrgang 1944
Westoverledingen, Deutschland

Corona beleven un föhlen

Ende Dezember 2019 gung in een Stadt in China de Corona-Virus „Covid 19“ üm. Dor hebbt wi uns noch nix bi docht. China is ja wied weg! Aber vanwegen, ümdat de Chinesen dör de hele Welt flegen, kweem de Virus överall hen. Of man sük anstoken hett, markt man eerst een paar Daag later. Denn is man al mit heel völ Lü in Kontakt komen un hett de ok anstoken. So gung de Pandemie los.

Uns Regierung hett dorför sörgt, dat nich noch mehr Doden in Dütskland komen sünd, mit de Plicht, de Mund- un Nösenschutz, de „Snutenpulli“ to dragen, un Ofstand van 1 Meter 50 to hollen, un Hann wasken, un blot mit Lü ut egen Familje tosamen komen, un nich in bestimmte Gegenden to fahren, un flegen dürs man allang nich. Sogor de Polizei hett allmanweg kontroleert, un de Lü dat vernünftig seggt, de sük dor nich an hollen deen. Dat is in mien Ogen up Stee. Avers dat gifft genug Lü, de dortegen weern un sünd. Dusende hebbt in Berlin un annerswor demonstreert. Se meenden, dat de Restaurants, Cafes, Fitnessstudios, Kinnergorns un Scholen ehrder openmaakt worden sullen. Na un na is dat wat lockerer worden. Avers een Enn is noch lang nich oftosehn.

Mien Kinner hebbt mi dat eerste Maal an Muttertag besöcht, vörher hebbt wi blot mitnanner telefoneert. In Arm nehmen un Knuddeln hebbt wi lever nalaten. Mit Ellboog un Foten hebbt wi uns begrööt. Wi mussen dorbi ok noch laggen.

Mien Olldag weer in de eerste Tied ´n bietje langwielig. Nüms dürs man besöken un nüms dürs komen. Vör de Corona-Tied bün ik hengahn to inkopen, wenn mi wat fehlen dee. In Coronatied hebb ik upschreven, wat mi fehlen dee un denn eenmaal in Week inköfft. Mit Mundschutz maakt dat nämliek kien Spaaß. So, wenn ik ut de Laden koom, kummt as eerstes de Snutenpulli of.

Na d´Frisör dürs man nich hengahn un in d´Kark kummt man eerst, wenn man Ofstand hollt un sien Naam upschrifft. Sungen word ok nich in Kark. Am meesten hebb ik de Sport an Diensdagsavend vermisst; de eerst in Juni weer anfangen is, avers buten un mit Ofstand.

Egentlik hebbt wi eenmaal in Maant Dienstavend van d´ Rood Krüz. Ok de Seniorennamiddag, de eenmaal in Maant is, is utfallen. Dat is noch nich angang. De oll Lü, de nich so völ Visiet kriegen, doon mi leed. Mit ´n paar Fraulü spöl ik eenmaal in Maant Rommè, dat dürs ok nich wesen. Eerst in August sünd wi dormit weer anfangen.

Wi harrn an 15. Märt Familjentreffen. Dat weer al lang plaant. Twee Daag vörher hett sük een na d´annner ofmeldt. Avers dat halen wi heel wiers na! In April muss ik ut mien Boken vörlesen, dat is ok ofseggt worden. Geburtsdagen sünd utfallen. Dorvan harrn veer een runn Geburtsdag, wor wi to inladen weern. Mien Huus un Tuun is nu fein up Stee, ik harr ja so völ Tied, to schummeln un to hackjen.

Egentlik flegen wi eenmaal in ´t Jahr in ´t Utland. Dit Jahr harr ik för August un Oktober blot een Busfahrt bucht, dat hett seker so wesen sullt. De Urlaub in August is wegen Corona ofseggt worden, man de in Oktober finnt statt. Maal sehn, of dor wat van word!

Wat mi noch spiet´t is, dat de Modenschau ofseggt worden is. Bi Modehaus Böckmann hebb ik vör fiev Jahr an een Modenschau deelnohmen un bün unner de lesde teihn komen, de „Zauberhaften 10“ heetden de. Un in Märt, vör Corona, hebbt wi uns bi Böckmann truffen. De twede Modenschau sull an 25. September 2020 wesen, avers dor is nix van worden, man de word ok nahaalt. Irgendwennehr,

För dat Schrieven van Vertellsels nehm ik mi alltied Tied. Wenn ik een Idee hebb, schriev ik mi dat futt up Stee up. Denn word dat Geschrevene mindestens twintig Maal dörlesen un twintig Maal weer verbetert. Of dor denn wat Goods bi rutkummt, is een anner Saak! Ik harr sogor Tied, dat een of anner Book to lesen, of een of twee Stünn mit Rad to fahren, wat ik vörher na mien Meenen nich harr.

Mien Rosen harrn dit Jahr heel besünners völ Blüten un nich blot de Rosen. All mien Orchideen hebbt bleiht, mehr dorvan harrn twee of dree Blütenstengels vull Blüten. Een harr sogor söventig Blüten. Worvan dat woll kummt?

För mi hett de leve Gott uns een Streek dör d´ Reken maakt. Dat kunn ok nich so wieder gahn; all groter, hoger, beter, gauer un wieder. Dör disse Coronatied hebbt wi nu een gesunn Luft up Eer. Un Tied to nadenken, wat wi nu beter maken könt, mögen wi ok woll hebben. Of dor woll wat van hangen blifft?

Seker, völ Firms harrn dat stur un hebbt dat nu ok noch, of hebbt dat gor nich rieten kunnt. Avers de Regierung will hör unner d´Arms griepen, dat finn ik good.

Corona is noch lang nich vörbi. Wi mutten wiederhen uns un annern schützen. Dat word hoognödig Tied, dat wi uns ännern mutten. Un nich mehr al groter, hoger, beter, gauer un wieder. De Hälfte van dat, wat vör de Corona weer, is ok genug.

(September 2020)

Mien Naam is Anne Korporal. Ik bün 1944 in Holtland geboren un dor ok upwursen. Ik bün een echte Oostfresenkind, siet Jahrhunnerten un bün mit plattdütsk groot worden. As ik ut School kweem, muss ik in Huus blieven un mien Ollen in hör Buurkeree mithelpen, as völ anner Wichter domaals ok. Dorna hebb ik heiraadt un dree Jungse geboren. Siet 1998 schriev ik. Ik hebb een Feernstudium maakt, ümdat ik beter schrieven lehren wull. Dree Boken hebb ik bit nu schreven; twee up hoog un platt un dat darde Book is heelmaal up platt.

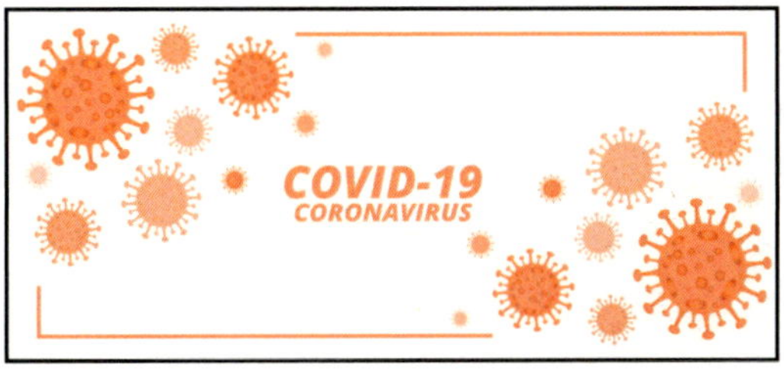

Heidi Ruschmeyer
Gästeführerin
Jahrgang 1970
Fintel, Deutschland

Hasen in'n Gorden

Wenn ik niesen oder hosten mutt, denn in't Taschendook oder in' n Ellenbogen. Mindestens anderthalf Meter Afstand to andere Lüüd, un mit Vörerkrankung am besten op Kontakt verzichten. Wegen so een Virus!

Ik heff mi dat Dingens mol ankeeken: wat schall ik seggen? De süht ut, as een Gummiball mit Noppen rundüm. So tominnst dat, wat ik in Zeitung un Fernsehn an Biller dorvun sehn heff. Spazieren gahn is jo noch erlaubt, un so bün ik an een strohlend sünnigen Dach mien Straat längs spaziert. Baben an de Krüzung wör ümdreiht, un wi ik so in den Gorden vun mien Öwernahber rinkiekt, fällt mi neben all de Primeln, Schneeglöckchen un Osterglocken een knallblaue Haas op. Schick! Passt good in düsse Vör-Ostertied. Un ok good to de bunten Blomen.

Wi ik denn op annere Straatensiet in den Vörgorden kiek: steiht dor ok een Haas! War ik all tüddelig? Nochmal ümgedreiht, un... nee, beide Nahbers hebbt so'n Tier dor stahn. Na denn! Allerdings heet dat jo öftmols, wat de een Nahber hett, will de anner ok. Un tatsächlich: ok in den drütten Gorden sitt een Haas. Lila düttmool.

Nu bün ik neejeerig, un kiek mol genauer hin. Un tatswohrhaftig hebbt alle Nahbers rechts vun mi een Haas in'n Gorden! Aufbögen in de nächste Straat. Datsülvige Bild: in jedeenen Gorden Hasen! Mennichmol sogor twee! In alle Farben!

Lücht de Kiekkassen? Sünd de Biller in de Zeitungen alle verkehrt? Süht Corona doch ut, wi de Osterhaas?

Op jeden Fall sünd mien Nahbers alle infiziert! Kann doch nich angahn! Also trüch in mien Straat, un nah links... un wat meenst woll? Keen eenzig Haas! Dat geiht doch nich mit rechte Dinge to! Ik also ran an mien Telefon, un in de Nahberschaftsgrupp ringeschreewen: "Wo kann dat angahn, at hier all Corona-Hasen hebbt? Nur ik nich!? Wo kann ik mi dormit infizieren?"

Antwort keem keen. Ober as ik an'n nächsten Dach ut mien Huusdöör keum, steiht dor doch een quitschgeelen Haas! Direkt mang mien Hortensie mit de Ostereier an... woher? Tjee, is schienbor wi bi den Virus: du weest nich genau, wo du dat her kriggst, is – zack – eenfach dor!

Also leeve Lüüd, blievt gesund, un wenn ji jo anstecken wüllt, denn mit so schöne Ideen wie de Corona-Hasen.

Ich bin Heidi Ruschmeyer aus Fintel, Älteste von vier Schwestern und vom lieben Gott mit ordentlich positiver Grundausstattung ausgeliefert. Ich arbeite als Gästeführerin in der Lüneburger Heide.

Der Text erschien zuerst Ostern 2020 in der Walsroder Zeitung. Danke für die Genehmigung zum Abdruck.

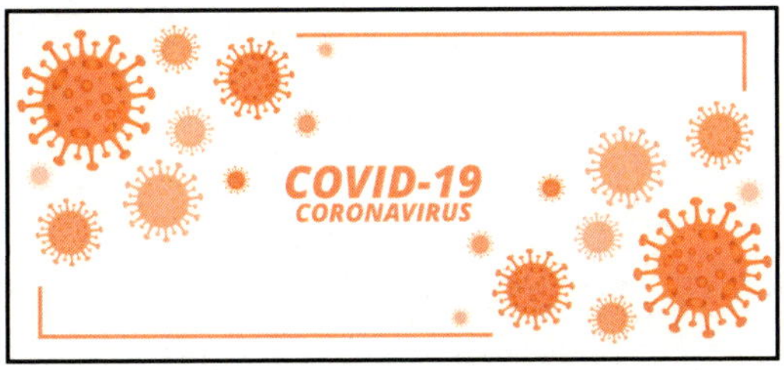

Christa Stumpe
Jahrgang 1957
Rhauderfehn, Deutschland

Klei mi an Mors …

Mit Vader harr ik de noit over proot, avers so, as dat komen is, harr ik mi dat nich docht. Ik hebb mi dat so docht, dat vööl Lüü komen dont un ik mit in eerst Rieg sitt. De Örgel spöölt „Harre meine Seele“, „Von guten Mächten...“, un am End singen wi „So nimm denn meine Hände“. Up dien Sarg liggen bunte Blomen mit Kranzen umto. De Pastor vertellt vööl ut dien Leven un mi killert de Sünn, de um de Middagstied dör de Ruten luurt, in ‘t Gesicht. Trurig lopen wi achter di an un an Grafft seggt de Pastor noch maal en paar Worden un denn heet dat Ofscheed nehmen. Wi smieten elk noch en Roos mit in dien Grafft un all Lüü drücken mi even un sünd mit mi trurig. Achteran gifft dat en Teetafel. Wi drinken mit Familie, Navers, Frünnen un good Bekannten van di Tee un eten Botterkook. Vertellt word over di, wo du werst un wat elk mit di beleevt hett. Dat was doch maal en mooi Beerdigung.
Ik hebb mennig Stünn bi di in Köken in de gestripte Sessel seten un wi hebben vertellt un ik hebb mitkregen, wo du swacker worden büst.
Un wat is nu?
Drapen dönt wi uns vör d‘ Kapelle, rin düür wi nich. De Pastor deit uns begröten. Wi lopen ohn di na d‘ Grafft. Du büst daar al un wachst. Pastor proot en bietje wat ut dien Leven un over Gott, du worst andahl laten ... Vater unser … un daan is ‘t . Kien Lied, kien Örgel, kien gaarnix. Teihn Lüü, düren blot debi wesen, kien een gifft mi d‘ Hand, kien een nimmt mi in Arm un drückt mi. Blot de nahste Naverske tröôt sük un nimmt mi in Arm, se hett ok Not för Corona, avers dat in Arm nehmen, dat is hör nu wichtig un mi ok. Stilkens hebb wi hör inladen, egentlich was dat verboden, blot Familie, mehr nich.
Ok dat offscheden nehmen an Sarg, dat Inlegen, was verboden. An en Teetafel is al maal gaar nich an to denken. Wat is dat doch trurig, noch truriger as dat sowieso al is. Villicht harst du dat ja ok gaar nich so groot hebben wullt, over proot hebb wi daar ja nich. Much ik nich, hebb ik runnersloken. Du werst alltied sünig, villicht harst du dat ja nu ok so sünig wullt. Well weet word good för is!
De Dagen vergahnt nu ohn di, kien een dürt komen un mi villicht maal up anner Gedachten brengen, Kontaktverbot nömt sük dat.

Corona, Corona nix anners hört of leest man mehr, overall is de Virus um uns. Nix is mehr as dat was, du büst de nich mehr un Corona kricht uns an Slawittjen. Wo lang noch? Maakt kien Spaß mehr!
In mien Ohr klingt dat Lied: „Klei mi an Mors, Corona!".

(Juni 2020)

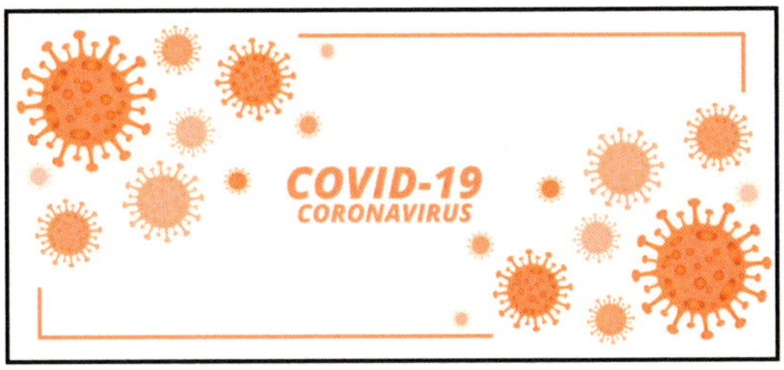

Dinner for one – of de negentigste Gebuursdag!

Mien Unkel Joke hett an 31. Dezember 2020 Gebuursdag hat - of de Gebuursdag so ofloppen is, as ik dat hier schrieven do, weet ik nich, ik was ja nich daarbi - Corona sei Dank!

Vandag hett Opa Joke Gebuursdag! 89 maal hett he al fieren dürst un alltied hett dat mooi west un wat is nu, nu waar he 90 Jahr old word un mit sien heel Bagage dat up fiern smieten will, geiht dat nich! Naja, domaals in de Kriegsjahren weer dat ok nich so mooi Gebuursdag to fieren, alls was gefahrelk, avers nu wull he doch noch maal, dat all binanner komen denen. Avers nee, de Corona maakt Joke en Streek dör de Reken. Wat was all plaant? En groot Saal harr he hüren wullt mit düchtig Eten un Drinken un en bietje Musik, ja en bietje Musik harr ok daarbi wesen sullt. Corona, Corona he kann ‘t nich mehr hören. Wiehnachten hett de Corona hum ok al versaut, bolt heel alleen hett he unner de Boom seten, Hannes was d‘r even west un Detlef ok, avers sonst, uppassen uppassen! Opa, nich dat wi di ansteken! Ja, de Kinner menen dat ja good!

Nu sitt Joke bi Söhn Hannes un sien Frau Wiltrud in beste Stuuv. Se hebben hum haalt, he sall de Dag vandaag bi hör verbrengen un nich alleen in Huus sitten. Vandaag, an de 31. Dezember 2020, an letzte Dag in disse besch… Jahr.

Dat Jahr is nich mooi west, eerst in Februar is sien leev Frau stürven un denn Anfang April sien good Bröör. Nu is Joke de letzte van 4 Süsters un Bröörs un alleen! Un denn dat heel Jahr de Sörgen un Gedanken um Corona! Joke sitt nu in best Stuuv bi Hannes, daar klingelt dat an Döör. „Düürt doch noch well komen?“, fraggt Joke, he hett trurige Ogen. Sien anner Söhn Detlef un Frau Brigitte komen in Döör. „Graleer di ok Opa“, röppt Brigitte van wieden, „drücken dür wi uns ja nich.“ „Ja“, seggt Detlef, „egentlich dür wi ja gaar nich hier wesen. Regelverstoß - blot twee Huushollens!“ „Ik maak Rollo dicht, denn sücht uns nüms“, röppt Wiltrud to de Köken ut. „Wat en Gebuursdag“, Opa Joke schüddelt bedröövt mit Kopp, „dat ik dat noch beleven mutt!“ Nich maal de Füürwehr dürt hum en Ständchen brengen!

Na ‘t Tee drinken rüümt Wiltrud de Tafel of, nu gifft dat Sekt för de Fraulüü un Pingel för de Keerls. „Een dür ik woll mitdrinken, een so to ‘t anstöten“, seggt Opa, „avers denn kummt Water in mien Glas.“ „Proost Opa, up dien 90. Gebuursdag!“ Hannes baut nu sien Tablett up. „Wat maakst du denn?“ „Ja Opa, en Overraschung, denn so heel ohn dien Bagage is dien Gebuursdag doch ok nix.“

Nu geiht dat los. „Dat heet Skypen, dat is en Bildtelefon, nett as telefonieren, blot dat man sük sücht so as in Fernseher“, verklaart Detlef nu. De Verbindung steiht! Up de Bildschirm is de darde Söhn, Reinhold ut Berlin mit sien Frau Paula to sehn. „Wi wünksen di dat aller Beste to dien Gebuursdag Papa“, röpen Reinhold un Paula in Chor un hollen hör Glasen in Höchte. „Proost!“, röppt Opa Joke, „besten Dank, ik freei mi, dat ik ja to sehn kriegen doo.“ In Achtergrund winken de Enkelkinner Lukas un Annelie. De Verbindung word kappt un nu kummt Enkelkind Dennis mit Fründin ut tweed Wiek up de Bildschirm: „Proost Opa!“, röppen de beiden, „mooi Gebuursdag wünsken wi di.“. „Proost Dennis“, röppt Opa Joke. De nächste is dran. Nu kummt Enkelkind Manuel mit Frau un Urenkelkind Emma ut darde Wiek dran. „Proost Opa, laat di dat good gahn!“

„Nu wacht man even“, röppt Wiltrud, „laat Opa man even verpusten. Nich so gau achternanner, wacht man even, bevör du weer wählen deist. „Ja“, seggt Detlef, „man good dat Opa Water in Glas hett, sonst was he seker al duun.“ Hannes un Detlef maken hör Glasen ok weer vull, avers wat mit Prozenten de in, versteiht sük. Nu geiht dat wieder Slag up Slag mit de anner Enkelkinner, elk hett leev Woorden för Opa Joke, eerst Julius mit Frau ut Hambörg mit de Lüttje, denn Darius mit Frau un

lüttje Johann ut Oldenbörg un denn noch Annemarie mit Mann Christoff un de beid lüttje Urenkelkinner ut Langholt. Elk will even mit Opa anstöten.
Opa freeit sük, so hett he de heel Namiddag mooi Unterhaltung hat, hett mit sien Leevsten all even protjen un Proost seggen kunnt. Alls ohn Upregung un ohn Eten un Drinken gahn un ohn de heel tam tam umto. „Wat en mooi Gebuursdag", seggt Opa Joke, „un dat alles trotz de blöde Corona! Wat hebb ik tegen disse Dag ansehn! Nu is he dank de neeimoodske Technik doch so mooi worden!"

„Nu brengt mi man weer na mien Huus torügge", seggt Opa, „ik hebb ja nu genug beleevt un hebb alls hat un ji willt ja seker ok noch 'n bietje Silvester fieren, of nich?" „Nee", seggt Brigitte, „dat fallt dit Jahr in 't Water, is ja all wat anners wegen de Virus, man dürt ja nich un man mach so ok ja gaar nich, wi blieven in Huus. Knalleree gaff dat dit Jahr ok nich to kopen. Avers laat uns man noch even tosamen bietje in Fernseh kieken." „Ja", seggt Wiltrud, „wi hebben ok noch gaar kien Ekel Alfred vandaag sehn." As se de Kiekkasten anmaken, löppt nich Ekel Alfred, sünnern so as elke Jahr: Dinner for one – der neunzigste Geburtstag! „Dat passt", röppt Opa Joke. All laggen nu over James, wo he bolt elke maal over de Tigerkopp strumpeln deit un alltied duner word bi dat heel Drinkeree wat he doon mutt. „The same procedure as last year, Miss Sophie?" „The same procedure as every year, James."

„Man good", seggt Brigitte un gniffelt, „dat ik blot en Sekt hat hebb un noch fahren dür, ik breng Opa futt na Huus hen, denn Hannes un Detlef hebben bolt nett so as James mit elk un een vannamiddag anstött. De beiden sünd rein wat betüdelt, nich so leep as James, avers wenn de Schandarm hör to packen kriegen deit, denn hett de 'n Uul seten." „Och", seggt Opa Joke, „dat was nich so leep west, denn harr ik hier boven bi jo slapen un ji all tosamen harren mi de Trappen anhoch brocht."

Christa Stumpe war von 2008 bis 2019 Plattdeutschbeauftragte der Gemeinde Rhauderfehn.

Heinrich Buttjer
Jahrgang 1940
Westoverledingen, Deutschland

Well hät dat wall docht?

De Corona upstünds deit wat se will,
de is ja schlimmer, as de Maant April.
Van China schleichde se sük hier her,
se mok sük hier breed, bold övert heel Eer.
In China, de Krankenzahlen sünd heelgau steegen,
man dat wur eerst Tied heel verschwegen.
De Lüü hem'm de Virus ut Urlaub mitbrocht,
man dat't so schlimm wur, well hät dat wall docht?

So mennig Menschen sünd doran stürben,
de Corona deit'n heelbült Menschen zermürben.
So mennig Geschäft deit de bannig unner lieden,
so mennig Kneipendöör sall wall vör immer sloten bliewen.
Un ok de Hotels de Bedden bliewen leg,
müssen hör Personal entlaaten,
löppt al wat schräg.
De Lehrlinge könt Weekenlang nich na't Berufsschool hengahn,
wo sölt de dann mit Bravour de Prüfungen bestahn?
Ok de Tüchlaad'ns man mut't ok verstahn,
de Kunden doont blot mit'n bitje in't Taschke na Huus hengahn.
De Geschäftslüü doont man düchtig klagen,
van wegen: Arm vull Tüch na't Auto hendragen.
De Rest van de Kunden doont online inkopen,
de bruken dann nich to de Corona inlopen.
Of de lüttje Mann, of de groode Buur:
De Corona maakt de Menschheit dat Leeven good stuur!
Goh wi int Stadt, to Waren inkopen,
man sücht de meest Lüü mit Mundschutz lopen.

Mitunner kennt man kien Lüü, de sünd sogar verwandt.
Man kickt hör an: Unbekannt!
To'n Deel sünd sloten de Kinnergarn,
wo sall dat blot mit de Kinner warn,
wor de Oll noch beid na de Arbeit gahn,
un Oma un Opa bold kien "Hochdütsch" verstahn!
De Schooldörn blieben so mennig Mörn versloten
un ok Karkendöörn kom'm Sönndagsmörns bold nich open.
De Corona hät'n heelbült schuld,
so hät de Menschheit dat bestimmt nich wullt.
Man de Krankenhusen sünd överfüllt,
de Doktors un de Plegers verlesen bold de Geduld.
Se söld Coronabonus kriegen –
man kummt man nichts an,
so den'ns in't Zeitung schrieben.
De Beamten hem'm wall heelgoot proten,
man de Pflegepersonal kann mi begroten!
De Senioren in de Pflegeheime mutt man mal betrachten,
wat mut'n de al lang up hör Besökers wachten.
Frau Merkel proot hör Mund bold rauh,
man heelbült Lüü vergeeten dat heelgau,
se empfehlt hör immer ohne Pause
„Seid vernünftig, bleibt zuhause!"
Good Impfstoff, de mutt'de heelgau her,
dann gift dat seker bold kien Corona mehr!
Wo sall dat nu wall Wiehnachten worden?
Dat word nich so moej as anner Jahren,
vanwegen: heel Verwandschaft, binander komen
de Freid, de hät uns de Corona nohmen!
Un ok Silvester: bi uns word nich so groot fiert.
Well weet, wat sonst noch al so passiert!
Hauptsaak, wi bliewen van Corona verschoont,
dann hät sük dat Alleenwesen all lohnt!

(Dezember 2020)

Ich wurde im März 1940 in Folmhusen geboren. Mit elf Jahren schrieb ich mein erstes Gedicht in Hochdeutsch. Das Original Schreibheft ist noch erhalten. Ab 2008 habe ich über 200 plattdeutsche Gedichte geschrieben, die dann überwiegend in einem Wochenblatt an den Wochenenden veröffentlicht wurden.

Foto: Gisela Robben

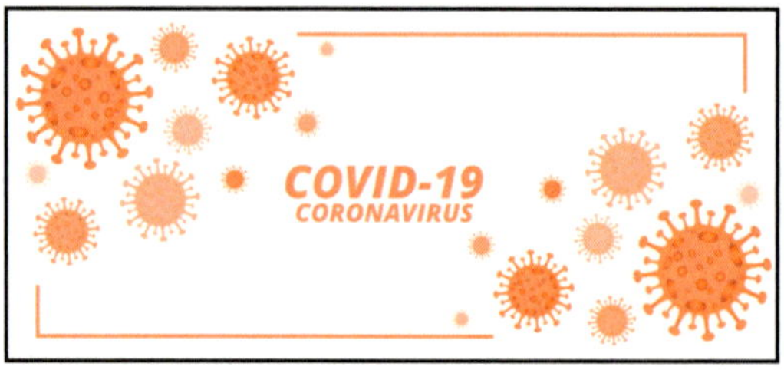

Dr. Dieter Müller
Pädagoge i.R.
Jahrgang 1953
Neermoor, Deutschland

Corona maakt alls platt. Een Nadenksel.

Dat tweede Maal dit Johr is`d al weer so wiet
Wi hebben de harde „Corona-alls-up-Slött-Tied"
Dat Virus is buten Rand un Band
De Kuntrollen sünd neet mehr in uns eegen Hand
Hoge Tahlen döön uns verfehren
Man se sullten uns ok wat beters lehren:
Reisen in`t Utland, Partys mit fieftig Mann
Mennigeen slutt sük gaar de „Querdenkers" an
Man will fiern as man will, sien Freeiheid hollen
Covid negentein kriegen blot de Kranken un Ollen
Wi hebben neet uppasst un nu de Salaat
Mit scharpe Vörschriften kummt nu de Staat

Poten hemmeln, Ofstand – dat is neet neei
Umsünst gifft in`t Aptheek eff-eff-pe-tweei
Man Kanzlerske un Politikers könn` neet alls reguleern
Wichtig is: De Verstand van de Minsken mutt regeern
Veer Weeken een Leeven sünner Suus un Gebruus
Mit minner Kuntakten: Wi blieven to Huus!

Wi laaten uns impfen – sobold dat mögelk is

Noch immer is dat neet so wiet
Dat Enn van de harde „Covid-alls-up-Slött-Tied"
Avers een Funkje van Hoop glimmt in de Nood
Een Impfstoff is funnen – de Freid de is groot
Nu seggt elk un een: Impfen? Jo klaar!
Man van de Impfbuddelkes is bedröövt minn för all van uns daar
De in Brüssel wassen grannig un knickerden mit Geld
Un hebben daarum neet genug för all van uns bestellt
Israel un England wassen spendabeler - so kann man lesen
Avers kann de heele Welt so eegensüchtig wesen?
De meeste Minsken in de armerde Lannen
stahn heel un dall daar mit lösse Hannen!
Mutt´ wi sühnig mit de Middels umgahn, mutt´ wi tosamen hollen
Toeerst komen de Pleeglüü, de Kranken un Ollen
Mit Geduld un Anstand stell`n wi uns achtern an
Bit to´n Sömmer kriegen wi uns Steek, daar kannst up an!
Uns Gesundheid hebben wi bit daarhen in uns egen Hand
Mit minner Kuntakten, een good Mask un riekelk Ofstand

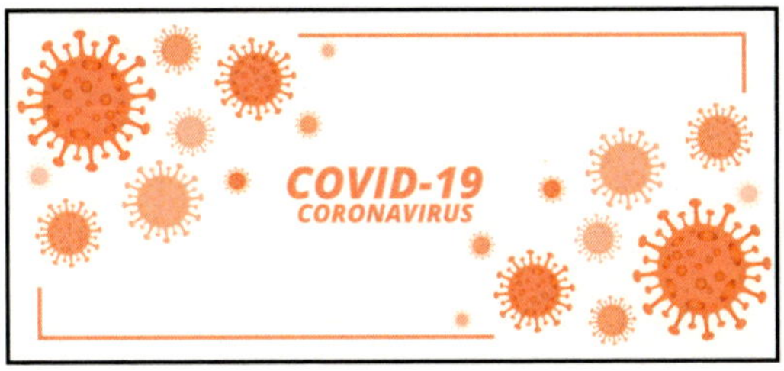

Wat maakt Corona mit uns lüttje un grote Kinner? Dree Plattericks.

Dör Corona is alls anners waarn
In Scholen, Krüpp un Kinnergaarn
De Bildung geiht kött
Wiel alls is up slött
In de Tokummst willt wi dat noch bedaarn

Uns Grootkind mag in`d Krüpp geern mit annern spölen
Un begrippt neet, dat de Lüttjen dat nu neet sölen
Mit hör annerthalv Jahr
Kummt se dormit neet klaar
Well weet all, wo klöterg de Lüttjen sük föhlen

De Schölers in hoge Klassen hebben dat besünners stuur
Sünd slecht prepereert för Ofsluss un Abitur
Allennig in Huus mutten se nu leern
Avers mutt man de Upgaven neet ok diskuteern?
Tominnst bruukt de Stoff een Ofmagerungskur

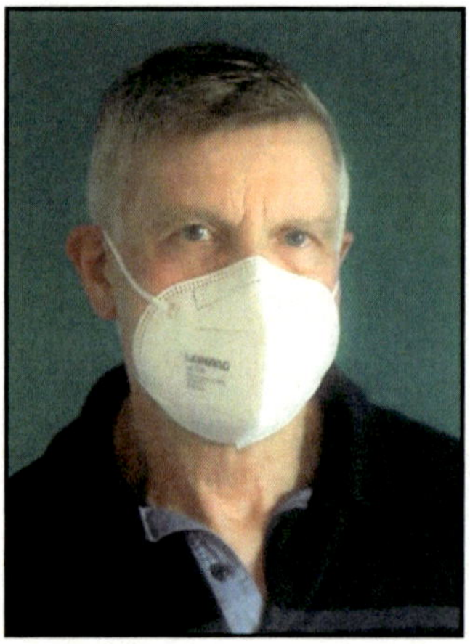

Dieter Müller verbrachte seine Kindheit bilingual (Hochdeutsch und Plattdeutsch) mit Großeltern, Eltern und zwei Geschwistern in Neermoor. Nach Abitur und Lehramtstudium (Deutsch, Englisch, Geschichte) sammelte er vielfältige Berufs- und Lebenserfahrungen als Jugendbildungsreferent, Softwaretrainer, pädagogischer Mitarbeiter der Volkshochschule Leer und zuletzt als Oberschullehrer in Weener. Nebenberuflich forschte und promovierte er auf dem Gebiet der Erwachsenenbildung. Er ist seit 36 Jahren verheiratet, Vater einer Tochter und zweifacher Großvater. Zu seinen Hobbys als Rentner zählt primär die Erhaltung körperlicher und geistiger Fitness.

Hanne Hinrichs
Verwaltungsangestellte
Jahrgang 1959
Rhauderfehn, Deutschland

Corona Blues

Ik bün 61 Jahr old un stah mit beide Been in`t Leven, hebb jümmers arbeid un mit mien Mann dree Kinner groot trucken, ut de allns wat worden is. Ik doch jümmers, dat mi so gau nix umhauen kunn, wiel man in sien Leven ja ok al männig Rückslag överwunnen hett. Dat de Corona mi avers ok an mien Grenzen brengen de, harr ik eerst nich docht. Eenes Dages in de eerste „Lockdown“, so as se dat nu maal nömen, kreeg ik so vööl Nood – nich maal um mi, man um mien Swegerollen, de achter uns in Huus leven un beide al över 80 sünd un um mien Moder, de ok al de 80er överschreden hett. Ik hebb de Pleeg van mien Swegerollen overnomen, de man in so een Oller maal nödig hett, aver so vööl as se noch sülvst maken köönt, dont se sülvst erledigen. Ik harr so vööl Nood, mien ollerde Minsken de Corona antohalen, dat ik gaar nich mehr na d` Arbeid much. Sweet leep mi an d` Levend daal, wenn in uns Büro een ohne Maske inkweem of nich genug Avstand hollen de. Ik hebb futt Schiller utdruckt un Masken torecht lecht, dat kieneen de Büro ohn Maske betreden dürt.

Nachts kunn ik nich mehr slapen. As dann ok noch mien leeve Tante, de al siet een paar Maant in en Plegeinrichtung leevde, an Hartversergen stürven is, un mien Moder see „Se is an broken Hart stürven, wiel kieneen hör mehr besöken dürs“, do weern mien Nerven heelmaal fertig.

Ik bün na mien Huusdokter hen un he see, ik weer ja heelmaal dör de Wind, ik sull man eerst maal een settje to Huus blieven un mi bedoren. He meende of ik so wat as een „Corona Blues“ harr of wo man dat nu ja modern utdrückt „Burn out“.

In de komenden Weken hebbt sük mien Nerven bietje beruhigt, aver wi harrn bold to kieneen Kontakt. Uns Nabersfrau kweem woll maal röver up een Cappuccino. Bi mien Swegerollen hebb ik dann vermummt mit Maske un Gummihandsken hulpen. Mien Swegermoder meende: „Kind du maakst di verrückt, de Virus köönt wi uns bi de Dokter holen, in Laden, in Aptheek, wenn man dat hebben sall, dann kricht man dat. Wi passen all up uns up un mehr köönt wi nich maken.“

Mien Swegermoder sull Recht behollen. Mien Süster pleegt uns Moder un se wurr sülvst krank. Se harr bold kien Stimme mehr un hör Asthma mock sük bemarkbaar. Hör Dokter prootde van een „normale Halsentzündung“ un ik hebb hör överreed, en Corona Test to maken. Nett mien Süster hööört ok to de sogenannte „Risikogruppe“. Ik weer so blied, dat de Test negativ weer un hebb hör bi mien Moder vertreden. Wi maken bi hör de „normale“ Huusarbeiden un de körperliche Plege maakt en Plegedienst.

Twee Dage later reep mien Moder an un see, dat se in Quarantäne muss, wiel een van de Plegekraften positiv up Corona testet worden is un se noch bi hör west weer. De arme Frau hett dat ok nich wüsst. Ik doch de Böhn sackt mi unner de Been weg. Dat gifft dat nich. De Dagen bit to de Test un bit na de Resultaat weren nettso lang as man wat. Ik harr Maandags weer arbeiden wullt, aver dat Ergebnis leet up sük wachten. Ik hebb bi mien Chef anropen, dat ik noch nich komen de. He harr vullste Verständnis un meende, „Komm weer, wenn dat all weer good is“ Ik weer ja de „Erstkontakt“ van mien Moder west un wenn se Corona harr, müss ik ja ok in Quarantäne. Elke Dag hett mien Süster mien Moder wat vör de Döör stellt. Slickeree, Waren, wat to Lesen, bit de Quarantäne uphoben wurr. Gottlob dürs de Plegedienst ja noch na mien Moder, wo harr dat anners gahn sullt. Ik hebb hör elke Dag anropen un fraggt, wo hör dat geiht. Se see jümmers, dat dat wat se hett al langer daar is as twee Weken un anners allns good, Kien Fever, kien Hosten, kien Nööslopen. Elke Dag muss se mi dat vertellen.

As denn de Ergebnis kweem, dat mien Moder negativ testet was, is mi en dicke Backsteen van de Seele fallen. Mien Mann meende, wenn Corona överstahn is, hett mien Frau een Magengeswüür of wat anners, “du maakst di ja verrückt”.

Mittlerwiel is ut uns Familie een Ehepaar positiv up Corona testet worden. Ik hebb hör elke Dag anropen wo hör dat geiht. Se harrn beide dat Krankheidsbild van een swaar Grippe avers kien Luftnood of dat se in Krankenhuus müssen. Beide kunnen sük ok nich vörstellen, von waar se de Virus wall kregen hebben.

Elke Dag hett sük ok dat Gesundheidsamt bi hör erkunnigt, wo hör dat geiht.
Dat hett mi aver wiest: Wi möten mit disse Virus leven, wenn man sük ansteckt, kann man nix daarvör, wenn man sük an de "Regeln" hollen hett. Man kann in sien Leven ok nich allns kontrolleern. Un dat sall ok wall mien Problem wesen, ik will disse Virus kontrolleern un daarbi kontrolleert he mi.

Ik mutt weer Positiv dör 't Leven gahn un mi an de lüttje Dinge freien. Ik frei mi, dat wi in Düütskland leven, waar dat en gode Gesundheidssystem gifft. Ik frei mi, dat ik in disse Tied mit mien Mann tosamen bün, ik frei mi, dat wi mörgens ut Fenster de Sünnenupgang bekieken köönt, ik frei mi, dat up de Land vör uns Huus de Rehe lopen un ik frei mi, dat disse Tied seker maal vorbi geiht un wi uns Kinner, uns Nabers, uns Fründe, uns Familie weer drapen dürn waar un wennher wi willn. Un up eens kann man sük verlaten: Na Corona hebbt mien Familie un mien Frünnen mit Sekerheit Luftnood, wiel ik hör so fast drücken un knuddeln do, dat se kien Luft mehr kriegen.

Dat Leven is mooi, van eenfach weer nooit de Proot!

Ich wurde im Mai 1959 als erstes von fünf Kindern in Völlenerfehn geboren. Ich habe den Beruf der Rechtsanwalts- und Notarfachangestellten erlernt und arbeite seit 18 Jahren in der Verwaltung einer sozialen Einrichtung. Mit meinem Ehemann bin ich seit 43 Jahren verheiratet, wir haben drei Kinder und zwei Enkelkinder. Meine Hobbys sind Schreiben von plattdeutschen Kurzgeschichten, Schwimmen, Lesen und Spaziergänge mit unseren vier Hunden.

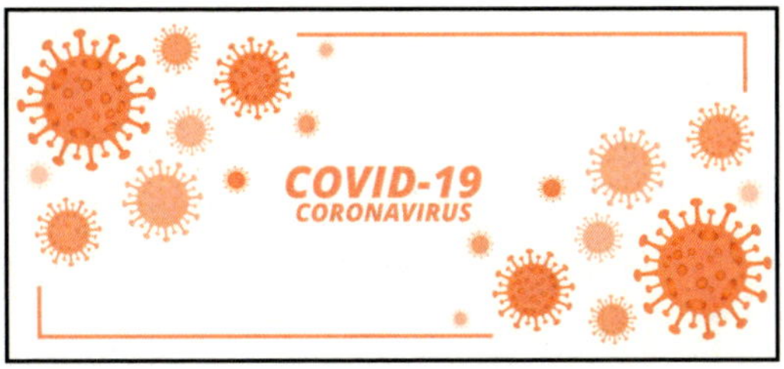

Helmut Schmidt
Theaterautor
Jahrgang 1963
Oldenburg, Deutschland

De Minsken üm mi herüm wurrn agressiver

In Januar 2020 harr natürlik jeede al maal vun düsse neij, sünnerbor Krankheit hört. Un veel Minsken, so as ik, hebbt dat woll ünnerschätzt, wat daar op uns to kummt. In Märt 2020 weer ik in München bi een Theatergrupp inladen, de een Stück vun mi opföhren wull. Ik harr extra för fiev Dagen daar een Hotel bucht üm mi ok de Stadt antokieken un weer natürlik bannig gespannt op de Inszeneerung vun mein Theoterstück. In´t bayrisch Kuntrei wur al faker vun mi wat opföhrt, man direkt in München wur bitlang noch nie nich een Stück vun mi op de Bühn bröcht un ik hebb mi bannig freit op mien Komödie in bayerisch Spraak. Op de Marienplatz sach ik dann to ´n erst Maal´n poor Minsken, de een Snuutenpulli dragt hebbt. Ik weer bannig verfehrt wat dat woll schull un wat daar nu op uns dahlkomen de. Ok sach ik in München to ´n erst Maal in de Supermarkten leddig Regalen, wiel dat Klopapier utverköfft weer. Just to düsse Tied in ´t Vörjohr 2020 gaff dat ja al man weg neij Regeln, un somit harr dat Bundesland Bayern na verscheeden Staffelungen dann entschett, dat dat vun Midde Märt af an keen Veranstaltungen mit mehr as 200 Lüüd op een Hopen geeven düss. Düsse Entscheedung full dann just een Dag vör de Premiere vun de Theatergrupp, de mien Komödie „Löögens hebbt schööne Been" opföhren wull. Somit weer ik heelmaal umsünst in München – un – wat noch veel slimmer weer: De Theatergrupp harr dree Maant lang provt bit to de Generalprov – un de Premiere un all Avende, da dorna plant weern, mussen dann afseggt warrn. Na düt Malör in Bayern kreeg ik keen eenzig Inladung mehr – egaal in wat för ´n Eck vun Dütskland - wiel dann na un na all Bühnen ehr plant Vörstellungen afseggen mussen. Freelichtopführungen in d´Sömmer gaff dat ok nich. Ik hebb dann hopt op de Harvst/Winter Spööl-Saison 2020-2021, de in jeede Johr jümmers vun Oktober bit Ostern geiht. Aver wat is dann passeert: Keen eenzig Bühn düss Theoterspöölen. Siet 32 Johr schriev ik nu Theoterstücken, un wenn ik ok nie nich genau weet, woveel Bühnen jeede Johr vun mi Stücken opföhren dont, kunn ik daar bitlang jümmers heel best vun de Tantiemen leeven. Corona hett mi an de finanziell Afgrund bröcht. Wenn ik keen Rücklagen hatt harr un mi nich düchtig inschränkt harr in mien Leevensstil, harr ik dat nich overstahn. Ik hebb de Tied nutzt üm veel neij Stücken to schrieven. Denn Tied genooch harr ik in düsse Lockdown ja dorför.

Woans wur mien Wark Beruf dordörch verannert?

Ik bün siet Februar 1989 Theaterstückenschriever. Ik hebb dat veel Johren as Hobby bedreeven un nebenbi arbeid; vör 13 Johren hebb ik dat Schrieven dann aver to mien Hauptwark maakt. Jeede Johr gifft dat ungefähr 50-60 Bühnen de in Dütskland, Österriek, Luxemburg un Holland mien Komödien speelen. Wenn ik ok vörher nie nich genau weet, wo hoch de Afreekens vun d´ Verlag för mi utfallen, kunn ik in al de Johren good dorvun leeven. Ik bün dörch dat Schrieven nie nich riek warrn, aver ik kunn bitlang jeeden Maant mien Hüür betahlen, mien „Brood" kopen, un düss mi ok gern maal ´n langen Urlaub günnen. In de Theater Saison 2020/2021 hebb ik keen eenzigen Euro verdeent. In April 2020 hebb ik de Soforthülp beandragt un eenmalig 3000 € kreegen. Aver bummelig 35.000 € harr ik eenlik in düsse Saison verdeent, wenn de Bühnen spöölt haren. Dat is bannig bitter un ik muss een heel Johr lang vun dat leeven, wat ik johrenlang sport harr un tosehn woans ik trecht komm. Een tweed Saison kunn ik dat nich overstahn. Dat verfehrt mi ümso mehr, wiel ik mit 57 Johr heel seeker keen Arbeidgever mehr find, de mi Vulltied anstellt. Un bi ´t Arbeidsamt weer ik ok blots een Nummer in een Kartei, de gor nich vermiddelt warrn. 2021 bedütt för mi nix anners as sporen woans dat man geiht, keen Utgaaven maken, de nich unbedingt ween mööten, keen Urlaub, un vör allen Dingen keen Theoter-Vörstellungen besöken. Keen Theoter, keen Kontakt to all de Spöölers vun de Theotergruppen. Insgesamt sehn segg ik: Dat weer eenfach blots gräsig.

Wat is in ´t Ümfeld passeert, mit Fründen un Familie?

Wat de Familie angeiht, dat hett bi mi nich so groodardig Wunden achterlaten. Ik lev alleen in Oldenbörg in mkien 60qm Hüürwohnung un hebb keen Familie mehr. Daar sünd bannig veel anner Minsken, de noch ehr Ollern off sülmst Kinner hebbt, veel slimmer dran ween. To Fründen hebb ik natürlik Kontakt hatt, hebb aver jümmers dorup acht, de Regeln intoholen. Wat mi bannig belast hett: Dat man för´n lang Tied nargends hengahn kunn. Keen Fitness-Studio, keen Restaurants, keen Sauna o.a. Un de Minsken üm mi herüm – bi´t Inkopen to ´n Biespiel – wurrn agressiver. Männichmaal heelmaal ohn Grund; as wullen se just de Konflikt söken. Een Reaktion, dat woll nüms op lang Sicht mit düsse verannert Welt un mit Regeln ümgahn kann. Een Tiedlang ja – aver jichendwenher is good dormit.

Woans beurdeel ik de Entscheedungen vun de Politiker?

Heel an d´Anfang hebb ik dat allns nich würklich glöven kunnt, wat de Politiker mit uns maken. Mi keemen Gedanken, off dat mööglich weer, dat de Politiker uns prüfen wüllt, wo lang de Minsken manipuleerbor sünd un to weat för Regeln se uns verplichten könnt. Wat mi later politisch in düsse Corona Pandemie nich gefallen hett, weer vun vörnherin de Uneenigkeit. Dat weer ja nich blots so, dat jeede Bundesland sien eegen Sopp kokt un sik de eegen Regeln opstellt hett, an d´ Anfang weer dat ja sogor in jeede Stadt anners un ok Supermarkten ünnernanner haren ehr eegen Regeln. Hier in Oldenbörg weer in de meesten Ladens al Inkoopswagenplicht, Aldi hett dat erst veel later inföhrt. Man keem nich mehr klor un weer overall verunseekert. Dat hett mi dörchnanner bröcht un man is bannig verunseekert dörch de Dag gahn. Dat Slimmste allerdings weer för mi, dat wi nich genooch Impfstoff haren un dat harr heel seeker nich ween musst. Düsse Biontec-Impfstoff wur in Dütskland herstellt un ward woll vun uns Stürgeld betahlt. Aver wiel woll vergeeten warrn is, op Tied grood Mengen dorvun to bestellen, hebbt anner Länner dann dormit impft. Dat harr veel fixer vöran gahn musst, dann weer dat Leeven ok viel fixer wedder in normaal Bahnen raakt. Ik sülmst bün in Bezuch op de Corona Geschicht weder een Verswörungstheoretiker noch een Panikmaker. Ik nehm düsse Krankheit ernst; denn wenn de dat gor nich geeven de, sach wi in de Medien nich düsse gräsig Biller vun de veel Kranken un Dooten. Un de Tahlen seggen uns ja ok, dat düsse Saak ernst to nehmen is. Verstahn hebb ik aver nie nich, dat Minsken heelmaal alleen in ´t Auto mit Maske föhren un ok alleen op´t Rad sik vermummen. Düsse Minsken schullen ophören, TO vörsichtig to ween, anners ward wi düssen Kram nie nich wedder los.

Ich wurde im Oktober 1963 in Westrhauderfehn geboren und bin dort aufgewachsen. Seit 2010 wohne ich in Oldenburg. Meine Mutter hat mit mir immer nur plattdeutsch gesprochen, so dass ich später mit dem Schreiben in plattdeutscher Sprache wenig Probleme hatte. Mit dem Theaterspiel kam ich 1986 das erste Mal in Berührung, 1989 schrieb ich mein erstes Theaterstück. Nach meiner Ausbildung zum Einzelhandelskaufmann und mehreren erfolgreichen Berufsjahren, habe ich 2008 mein Hobby, das Schreiben, zum Hauptberuf gemacht. Ich habe nun über 80 Mehrakter geschrieben (Stand November 2020), insgesamt gab es Hunderte Inszenierungen davon. Wenn die Vorstellungen gut besucht sind und das Publikum begeistert nach Hause geht, weil es einen schönen unterhaltsamen Abend hatte, dann bin ich auch glücklich und weiß, dass es ein schöner Beruf ist - das Schreiben.

Agnes Ammann
Jahrgang 1936
Rhauderfehn, Deutschland

Corona hett uns fast in d'Griff

Wenn dat Johr to Enne geiht,
jeder sük up't neje freit.
„Prost Neeijohr", „Glück un Segen"
klingt di overall enttegen.

Dat dit kann ok anners worn
muss 2020 man erfohrn.
Knapp een Maant dat Johr erst tellt,
do truck en Böskupp dör de Welt.

En Virus kweem van China her
de bold befull de ganze Eer.
„Covid 19" sull de heten,
manch een wull dor nix van weten.

Doch wiel de hoch anstekend weer,
wurr de Krankheid immer mehr.
Corona overall regiert
un mennigeen wurr infiziert.

De Regierung kweem int Spill:
„Deit hier jeder wat he will?
So wieder maken, as wenn nix is,
so geiht dat nich, dat is gewiss!"

Man hört van Kranke un van Doden.
All Daag word'n Zahlen överboden.
Un as dat Vörjahr kweem int Land,
weern vööl Verbote all bekannt:

Begröten blot mit Ellenbogen,
Hanne wasken, Ofstand hollen,
to Huus blieben, Visiet gifft nich,
en Snutenpulli vör't Gesicht.

In Märt wurrn all Geschäfte sloten,
kunst kien Büx of Kleed mehr kopen.
Blot Lebensmittel weern noch hier,
wor d' Nudels gaff un Klopapier.

Alle Karken bleben dicht,
Gottesdienste gaff dat nich.
Fastentied is sacht verklungen,
Ostern wurr kien Lied mehr sungen.

Jede Restaurant muss schluten,
de Wirte leten de Gäste buten.
Mennig Fest wurr so vergeten,
Hochtied, Kinddööp, lecker Eten.

Oll Minsken weern in Huus alleen,
düssen Kinner blot van buten sehn.
De Saken, de se brochten hör,
stellten se vör de Butendöör.

De Lockerung in Mai gaff Mood,
as elk sien Laden openschloot.
Mit Maske up kunnst weer wat kopen,
un ok de Karken wern weer open.

Doch leider kunn dat nich so blieben,
Covid weer nich in d' Griff to kriegen.
As de Sömmer weer vörbi,
satt man noch mit de Pandemie.

De Infizierten wurden mehr
Un neei Verbote mussen her:
Kien Konzert un kien Theater,
jede Vergnögen full in't Water.

In Urlaub düss gieneen mehr fohrn,
drüm kunn dat Urlaubsgeld man sporn.
De Baadanstalten moken dicht,
Watergymnastik gaff dat nich.

Ohn Gesang bleben alle Chöre.
De Dör bleev dicht bi de Frisöre.
Mama muss hör Kinner lehren
wiel de Scholen schloten weren.

Besöök kriggst blot van twee Personen,
de ok noch binanner wohnen.
Manch ener hett sien Job verloren,
de kann, is Heimarbeiter worn.

Manch Existenz gung all in Dutt.
Lääp ist för de, de schmachten mutt.
Vööl Lüü sünd dit Johr trürig worn
de dör Corona hebbt en Mensch verlorn.

Stiggt ok de Staarv-Raat nich mehr fell,
is Corona doch noch aktuell.
Drüm hoopt nu de ganze Welt,
dat genug Impfstoff is bestellt,

dat de Menschen Hoopnung kriegen,
dat wie de Pandemie besiegen.
So dat de hele Welt sük freit,
wenn dat Leben wieder geiht.

Agnes Ammann wurde 1936 in Ostrhauderfehn geboren, wuchs dort auf und lebt seit über 50 Jahren in Westrhauderfehn. Sie schreibt plattdeutsche Kurzgeschichten, die in verschiedenen Zeitungen regelmäßig veröffentlicht werden.

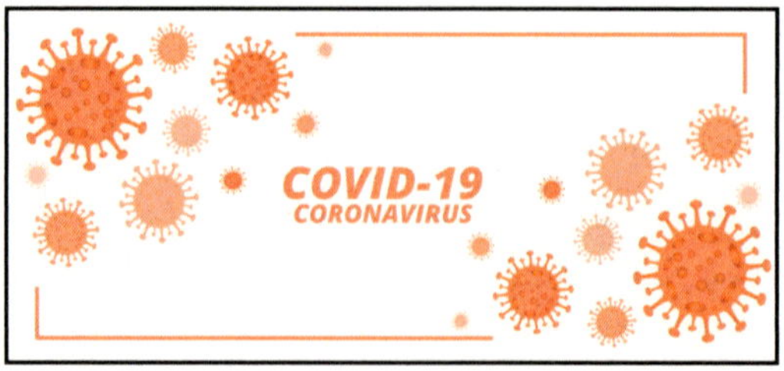

Dr. Ilka Brüggemann
Plattdeutsch-Redaktion NDR 1 Niedersachsen
Jahrgang 1968
Hannover, Deutschland

Corona makt kreativ!

As dat losgüng…

An`n Anfang heff ik dacht: Dat geiht ja wedder weg. Dat is blots en Virus. Un wi sünd en „Hochleistungsgesellschaft". Us Wetenschaftlers, de kriggt dat fix in`n Griff. Man fix heff ik ok markt: Dor ward nix vun. As de ierste Lockdown keem, de ierste Ansaag, wi schullen Home Office maken, wenn möglich – dor hett en anstrengend Tied anfungen. Ik arbeid ja bi´t Radio, un toierst harr ik gor nich de Technik, üm allens so torecht to maken as in`t Büro. Interviews bearbeiden, Bidrääg schnieden – un de Fraag weer vör allem: Wat könnt use Reporterschen un Reporters denn maken, wenn se keen Lüüd drepen künnen un all to Huus blieven schullen?

Tosamen mit Plattkollegen in Hamborg un Kiel hebbt wi niege Ideen utklamüüstert. De een Reporter hett jümsienen Keller oprümt un dor heel spannend Saken bi funnen, de annere Reportersche hett en „Workout" – also en Sportkurs vör den Computer mitmakt un us dat wiest. Un so wieter. As Redakteurin heff ik en Masse Ideen brukt – noch mehr, as normalerwies.

Wi blievt tohuus – un wat kunn en doon?

Ik harr dat ja good: Mien Gehalt weer jümmer pünktlich op dat Konto. Un jichenswenn mit Maske un Afstand, Desinfektionsmiddel un Klarsichtfolie för dat Mikrofon (oppassen: dat kann knistern!) kunnen wi ok wedder Lüüd interviewen.
Mit miene Familie heff ik dat Motto ümsett „Wi blievt tohuus". Wi weeren blots in de Natur ünnerwegens an de Weekenennen. Un hebbt den een oder annern Gastwirt Stütt geven na dat Motto „Support your local" – wi hebbt af un an Eten bestellt un afhalt. Heel wichtig dorbi: en düchtig Drinkgeld för de Mitarbeiters nich vergeten! Wenn du di Eten vun`n Lokal leisten kannst, kannst dat ok betahlen – find ik.

Wat en beten schaad weer

Op een Saak harr ik mi in`t Johr 2020 düchtig freiht: Ik schull de Afschlussveranstalten vun usen Schrievwettstriet „Vertell doch mal“ modereeren. Op de Bühn vun`t Ohnsorg-Theater in Hamborg. Kinners – dor, wo Heidi Kabel speelt harr! Ik bün denn ok op de Bühn ween, un in`n Saal – un wi hebbt dat optekent. De Saal weer leddig, man jichens weer dat en besünnern Ogenblick, un buten heff ik de Statue vun Heidi denn en Söten verpasst. Ik glööv, se harr mi dat nich krummnahmen. Bi`t nächst Mal plant wi dat nu glieks „digital“. Geiht nich anners.

Un wat is nu?

De Corona-Tied is jümmer noch anstrengend. De technischen Möglichkeiten tohuus sünd beter worrn, man liekers duert allens länger as in`t Büro. To miene Radiosendungen mutt ik natürlich in`t Funkhuus, man dat is allens na de Hygienevörschriften, un keen mi eenmol drepen deiht un hett vergeten, dat he oder se en Mund-Nasenschutz opsetten mutt – den passert dat glööv ik nich noch mal.

Corona makt kreativ!

Wi holt jümmer noch Eten vun de Lokale – man denn ward us tohuus ok to`n Restaurant. Mit Lichters un Servietten op`n Disch, fein Musik un nix is mit Schlabberbüx – wi treckt us smuck an! Wi plant ok veel mehr as fröher – to`n Bispeel, wat dat an jedeen Dag to eten geven schall. Inköpen mööt wi blots noch eenmol in de Week. Een warrd denn ok mal vun anner Lüüd anpampt, wieldat dat dat denn natürlich veel is. Ruhig blieven. Dat is de Devise. Ok wenn dat Slalomlopen mi bannig nervt - wieldat de Lüüd nich Afstand hollen köönt heff ik mi all överleggt, ob ik mi achtern un vörn op de Jack en Opbacker maken schull: „1,5 Meter!“ Man nee – ruhig blieven.

Wat schön weer

Ik heff bannig veel dortoliernt. Technik, Improviseeren, un: Wi harr`n de erwassen Kinner mehr in`t Huus. De hebbt mi sogor de Hoor färvt – hebbt se ok wat dortoliernt. Se hebbt mi ok wiest, wo ik in`t Internet Sportvideos to`n Naturnen finnen kann. Dor steiht denn so`n jung Deern – un Kinners, de kann sik verrenken! Makt nix. Se heb bt ok seggt: „Dat is schietegol, wo dat utsütt. De Hauptsaak is, een makt wat!“ Also heff ik bet nu dörhollen. Ik bün aver froh, dat düsse Deern in`t Video mi nich seihn un vör allem nich hören kann. Dat een oder anner Mal do ik ok düchtig schimpen, wieldat dat so anstrengend is.

Wat gediegen is

So`n beten wunnerlich bün ik worrn, glööv ik. Ik kiek jümmer tohuus in`t Home Office in den Etensplan vun us Kantine in de Firma. Dor gifft dat Eten, wat een sik mitnehmen kann in`t Büro. Un de Daagen, de ik in`t Büro mutt, wieldat dat to Huus nich allens geiht, wat ik to doon heff – also, de richtet sik dat een un anner Mal na düssen Kantinenplan. Man ik glööv, dat gifft sik denn ok wedder. Lecker Koken is nämlich ok nieg to miene Hobbys dortokamen.

Wat ik vermissen do

Op de Bühn stahn un plattdüütsch Geschichten vertellen. De Lüüd to`n smustern bringen un dat ok to seihn un to hören kriegen.
Man – dat kummt wedder. Bet dorhen: Blievt gesund!

Dr. Ilka Brüggemann wuchs in Amelinghausen bei Lüneburg auf. Nach dem Abitur studierte sie Anglistik und Politikwissenschaft, sammelte nebenbei Erfahrungen im Kellnern und im Journalismus und fand schließlich beim Radiosender NDR 1 Niedersachsen ihr berufliches Zuhause als Reporterin und Moderatorin auf Hoch- und Plattdeutsch. Seit vielen Jahren ist sie festangestellte Redakteurin und als solche auch für die Plattdeutschsendungen verantwortlich. Sie veröffentlichte zwei Bücher („De Alldag kann mi mal" und „Is dat to glöven", Quickborn-Verlag).
Foto: Andrea Seifert

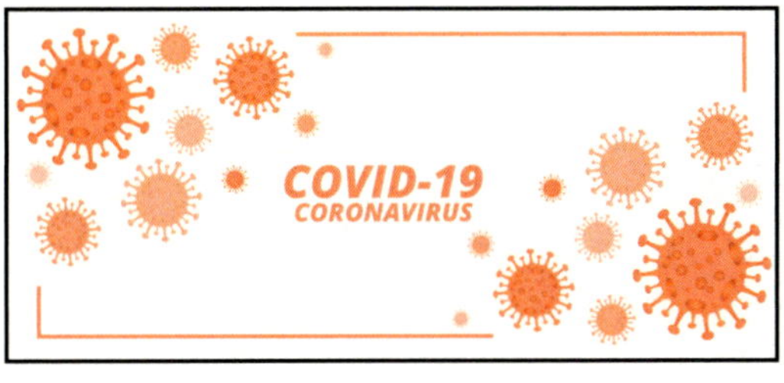

IV
Corona und Jugend
Corona and young people

Jurij Ils
Lehrer und Sozialpädagoge
Jugendwerk e.V.
Jahrgang 1970
Wittmund, Deutschland
www.jugendwerk-deutschland.de

Kein Online-Format kann persönliche Gespräche ersetzen

Seit 1993 widme ich meine Freizeit, meinen Alltag und mein Leben der Jugendarbeit. Wenn man jedes Jahr, fast täglich, mit Kindern und Jugendlichen aktiv beschäftigt ist und in ihrem Sinn arbeitet, bleiben die pandemiebedingten Kontaktbeschränkungen ein merkwürdiges und trauriges Erlebnis. Surreal, wie ein schlechter Traum.
Ich bin gewohnt, täglich ein Vorbild und Mutmacher für meine Jugend zu sein. Die Momente der zahlreichen Vier-Augen-Gesprächen sind wegen der Corona-Pandemie fast unmöglich. Kein Online-Format kann persönliche Gespräche ersetzen. Das macht mich sehr traurig, denn ich weiß, dass solche Gespräche in dieser Zeit für einige Kids wichtiger sind als je zuvor.
Von einem Tag auf den anderen waren Kinder weg: Keine Jugendräume, keine Sportstätten, keine Live-Kontakte mehr. Meine Welt stand plötzlich still. Ein Gefühl der Desorientierung. Plötzlich gab es sehr viel Zeit zum Grübeln, zum Nachdenken und zum Analysieren. Ich fühlte mich wie ein Rennpferd, das auf einmal nur noch im Stall stehen darf.
Ich vermisse Hunderte von Kindergesichtern. Ihre Freude, ihre Sorgen, ihre Träume und ihre Glückseligkeit. Natürlich versuche ich meine Energie in verschiedene Online-Projekte zu stecken. Doch genau die Kinder und Jugendlichen, die Gemeinschaft am meisten brauchten, blieben oft nicht erreicht. In manchen Fällen lag es an fehlenden digitalen Möglichkeiten, in anderen an mangelnder Unterstützung der Eltern, doch das Wichtigste war: Kein Online-Format ersetzt ein gemeinsames, gesellschaftliches Zusammensein.
Nach einem Corona-Jahr bin ich mir sicher, dass die Pandemie bedingten Kontaktbeschränkungen sehr ungesund für den Körper und für die Psyche jedes Kindes waren. Einige Kids wurden online-spielsüchtig. Zahlreiche Eltern teilten mir mit, dass sie mit den erzieherischen Aufgaben überfordert seien.

Umso wichtiger ist ein besonders schöner Moment in der Corona Zeit:

Spiekeroog 2020. Quelle: Jugendwerk e.V.

Es ist für mich sehr wichtig, Kindern zu helfen, ihre Talente zu fördern und zu stärken. Es war ein sehr glückseliges Gefühl, als kurz nach dem Shutdown einige meiner früheren Schützlinge, die heute erfolgreiche junge Menschen sind, mich kontaktierten und nach einem eventuellen Unterstützungsbedarf fragten. Einige von ihnen meldeten sich zum ersten Mal nach mehreren Jahren. Dieses Erlebnis macht mich glücklich. Es unterstreicht, dass es da draußen viele Kinder gibt, die meine Unterstützung brauchen und schätzen. Gemeinsam mit diesen Jugendlichen veranstalteten wir im September 2020, während der kurzen Lockerung der Kontaktbeschränkungen, eine unvergesslich schöne Jugendbegegnung auf der ostfriesischen Nordseeinsel Spiekeroog. Folgend der Idee „Insel ist ein poetisches Symbol der Grenzenlosigkeit“, nahmen 40 Kinder und Jugendliche aus sozial benachteiligten Familien teil. Das war für alle ein Erlebnis der Freiheit, wie ein geöffnetes Fenster mit einer rettenden Brise frischer Luft in einem versperrten Raum. (Januar 2021)

Als aktiver Breakdancer, Gitarrenspieler und Sanitäter ist es mein Anliegen, Kinder und Jugendlichen selbstbewusst und stark zu machen, indem ich ihre Talente entdecke und gezielt fördere. Das gelingt mir mit viel Freude seit über 30 Jahren, vor allem durch die Gründung des Vereins Jugendwerk. Seit 1991 arbeite ich als Lehrer und Sozialpädagoge in verschiedenen Organisationen und Einrichtungen. Meine pädagogische Arbeit wurde unter anderem von Bundespräsident a.D. Joachim Gauck und Präsident a.D. Barack Obama gewürdigt.

Elizaveta Frolova
Studentin
Jahrgang 2000
St. Petersburg, Russland

Online-Lernen ist schrecklich!

Ich lebe in St. Petersburg. Die Epidemie kam hier im März 2020 an. Restaurants, Cafés, Museen und andere öffentliche Orte wurden geschlossen. Für mich war es seltsam: Die Innenstadt, die sonst überfüllt ist, war leer. Alle mussten Masken und Handschuhe tragen, sonst konnte man eine Strafe oder etwas Schlimmeres bekommen. Alle Schulen und Universitäten wurden auf Fernunterricht umgestellt. Das bedeutete, dass wir jetzt zu Hause mit verschiedenen Gadgets lernen würden.

Gegen Ende des Sommers ging die Inzidenz zurück. Es war möglich, einen öffentlichen Ort zu besuchen, wenn man die Sicherheitsvorkehrungen beachtete. Die Straßen waren wieder voller Menschen. Die Schulen öffneten wieder und die Schüler kehrten in ihre Klassen zurück. Fast wie früher ... Zum Herbstende stieg die Zahl der Fälle mit dem Coronavirus jedoch wieder an. Obwohl wir Masken tragen und online lernen und arbeiten müssen, kann ich sagen, dass wir fast wie früher leben. Aber die Angst, sich das Virus einzufangen, ist da.

Ich möchte gern über meine persönlichen Erfahrungen als Studentin mit online-Unterricht sprechen:

Ich habe bemerkt, dass Studenten aus irgendeinem Grund große Angst haben, sich selbst oder ihre Lieben mit dem Coronavirus zu infizieren. Daher ziehen sie es vor, zu Hause zu bleiben und online zu lernen. Fernunterricht ist mein Schmerz. Ich habe Kopfschmerzen und seelische Schmerzen. Seit einem Jahr studiere ich online und es macht mir absolut keinen Spaß. Dieses Regime tötet in mir die Motivation und den Wunsch zu lernen. Es fällt mir schwer, ganze Tage vor dem Bildschirm zu verbringen („im Fernsehen“, wie mein Deutschlehrer sagt).

Einen halben Tag Unterricht, dann noch so viel Zeit, um die Hausaufgaben zu erledigen. Die Universitätsleitung will unsere Aktivitäten sehen, und das verursacht Stress. Wir müssen zeigen, dass wir nicht faulenzen und fleißig lernen. Es gibt Deadlines. Früher war es viel angenehmer zu lernen, und es hat nicht so lange gedauert wie jetzt. Heute ist es schwer, Zeit zu finden, sich nicht ängstlich zu fühlen. Online-Lernen wirkt sich schrecklich auf die Menschen aus.

(Januar 2021)

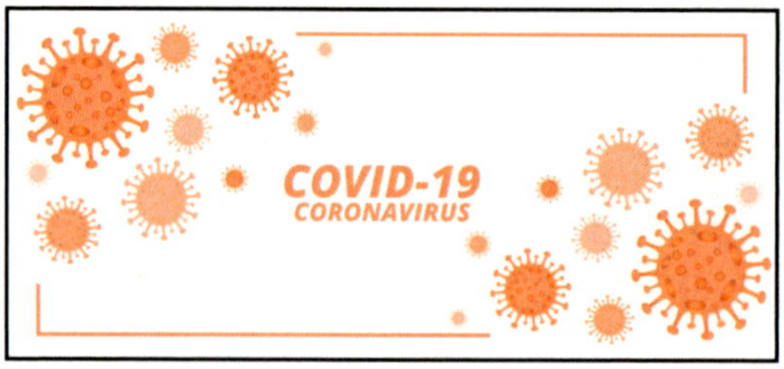

Mohitha Sen
St. Joseph‘s Matriculation Higher Secondary School
born in 2006 / Jahrgang 2006
Coimbatore, Tamil Nadu, India

2020 is the year I appreciate for everything I have

The first Corona virus case was reported on January 30th, 2020 in India. The news of the new deadly virus did not alarm me at all. I thought this virus would be the same as the old ones, but oh, I was wrong!

When lockdown had started in March 2020, I was elated! My school and my end-of-year exams were cancelled. I was so excited to stay home, I mean, how hard can staying at home be?

Summer holidays start from April and end in May in India. This summer, I spent my holiday indoors which was really weird. The usual hustle and bustle of my vast city was gone, and everything was eerily quiet, with almost no one outside and about.

The only sounds that can be heard are the chirping of birds, the sound of the occasional summer rain, my next-door neighbour's TV sound and the wind whistling the trees.

The only good thing this pandemic provided me was time; I got time to do my hobbies, which were usually drowned by my pile of schoolwork, time to interact and spend quality time with my family. I also played a lot of board games, watched movies, and read a lot of books and eBooks! It was nice and secure inside my home, but the increasing cases of Corona virus outside was unstoppable! The mysterious and highly contagious nature of the virus caused everyone to be scared straight and stiff in their homes, with nearly no one daring to leave their shelter to even buy their essentials! I also noticed that during lockdown, the pollution slowly decreased. Venice had seen clear water in its canals for the first time in decades. And also, the hills near my house were clearly visible! I was so happy that the earth is recovering, but at the same time, I pitied about the aftereffects of Corona:

Many have lost their loved ones and their bonds are irreplaceable.

Tens of thousands of daily-wage migrant workers suddenly found themselves without jobs or a source of income when India announced a lockdown on March, 24th. The trains and buses which should have taken them were suspended. So, they began dangerous journeys back to their villages by cycling or riding on lorries.

For many, walking was the only option. Some made it while the others did not make it and lost their lives on the road home.

And on the other hand, many people suffered of starvation, people started selling their products at the roadside and domestic crime rate was at the peak.

As the days went by, my usual daily routine became dull and uneventful. By the end of May, I became incredibly stressed: my temper towered up, and I became angry for very silly things. Because it was nearly three months since I last visited outdoors. I went outside for the first time since lockdown began, just to buy groceries and home essentials. It was really strange to see people with masks and very few cars and vehicles on the road.

Since India's economy became very low, the government slowly lifted the lockdown, and I visited my grandparents and family for the first time in months.

Online classes had started for students in India by June. I was so glad to see my classmates and teachers virtually. My classes started at 9 in the morning and ended at 4 in the evening. But staring at the blue screen for a long time gave me eye irritations at the beginning. I didn't have a lot of schoolwork like I usually do. It was limited, which gave me plenty of time to do other things. But yet, the actual classroom experience is quite unique and online classes can never substitute that!

As October arrived, my end of term exams approached. I wrote exams virtually which I found was extremely easy. I completed the exams with flying colours. On Halloween day, I and a few of my classmates had an online Halloween party. It was so nice to hang out and play virtual games with them after many days.

The same month, I discovered a new hidden talent in myself: writing. I wrote and published a fan fiction online. I started writing my own book, and I hope to get it printed. I wrote an article for a student newspaper and surprisingly, it got published. By November, lots of festivals arrived and people started visiting outdoors regularly. Adults went to their workplaces, but students still continued online classes. It was, as if everything was back to normal, but everywhere people were wearing masks. The Corona virus cases weren't getting decreased; the cases and deaths were increasing every day. Online school was making me very bored and I wished schools would reopen soon. A certain place in India opened the schools, but students and teachers got affected. No schools have been opened since then.

I joined an online pen pal website because we usually send letters to pen pals physically and that's not possible right now. I met some nice friends from all over the world, they shared their lockdown experiences, their cultures, traditions and I shared them mine. A friend became really close to me and she sends me emails every day.

In the light of the New Year, I created some resolutions for myself and I hope to follow them. The next day, my family and I went on a two-day tour to a hillside. We did not visit the tourist places; instead, we visited remote and isolated forest areas. Enjoying a tour without contacting others was a quite different experience for us, I enjoyed it.

I thought 2020 would be the year I got everything I wanted, but now I know 2020 is the year I appreciate for everything I have. Thank you to all the frontline workers

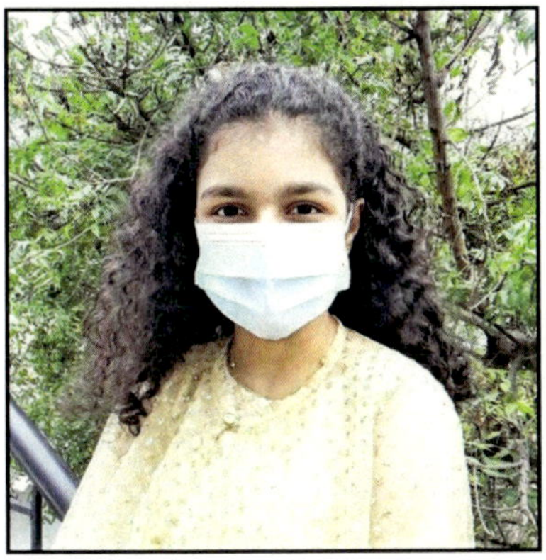

for the sacrifices you make every day and especially during this pandemic. Your dedication, commitment and courage deserve our deepest gratitude and admiration.

Thank you so much for giving me an amazing opportunity to share my lockdown experience with the world in a book. I am forever grateful for this.

2020 ist das Jahr, in dem ich für alles dankbar bin

Der erste Fall des Corona-Virus wurde am 30. Januar 2020 in Indien gemeldet. Die Nachricht von dem neuen tödlichen Virus hat mich überhaupt nicht beunruhigt. Ich dachte, dieses Virus wäre dasselbe wie die alten, aber oh, ich lag falsch!

Als der Lockdown im März 2020 begann, war ich überglücklich! Meine Schule und meine Jahresendprüfungen wurden abgesagt. Ich war so aufgeregt, zu Hause zu bleiben, ich meine, wie schwer kann es sein, zu Hause zu bleiben?
Die Sommerferien in Indien beginnen im April und enden im Mai. Diesen Sommer verbrachte ich meine Ferien im Haus, was wirklich seltsam war. Der übliche Trubel meiner riesigen Stadt fehlte, und alles war unheimlich ruhig, fast niemand war draußen und unterwegs. Die einzigen Geräusche, die ich hörte, waren das Zwitschern der Vögel, das Rauschen des Sommerregens, das Fernsehgeräusch meines Nachbarn und der Wind, der durch die Bäume pfiff.

Das einzig Gute, was mir diese Pandemie bescherte, war Zeit. Ich bekam Zeit für meine Hobbys, die normalerweise von meinem Stapel Schularbeiten ertränkt wurden. Ich konnte mit meiner Familie wertvolle Zeit gemeinsam verbringen. Außerdem spielte ich viele Brettspiele, schaute Filme und las eine Menge Bücher und E-Books. Drinnen in meinem Haus war es schön und sicher, aber draußen waren die zunehmenden Fälle des Corona-Virus nicht mehr aufzuhalten. Die mysteriöse und hochansteckende Natur des Virus sorgte dafür, dass alle verängstigt und steif in ihren Häusern saßen und fast niemand sich traute, seine Unterkunft zu verlassen, um auch nur das Nötigste zu kaufen. Ich bemerkte auch, dass während des Lockdowns die Verschmutzung langsam abnahm. Venedig hatte zum ersten Mal seit Jahrzehnten wieder klares Wasser in seinen Kanälen. Und auch die Hügel in der Nähe meines Hauses waren deutlich zu sehen. Ich war so glücklich, dass sich die Erde erholt, aber gleichzeitig hatte ich Mitleid mit den Nachwirkungen von Corona:

Viele haben ihre Liebsten verloren. Ihre Bindungen sind unersetzlich.

Zehntausende von Tagelohn-Wanderarbeitern fanden sich plötzlich ohne Arbeit oder Einkommensquelle wieder, als Indien am 24. März eine Abriegelung ankündigte. Die Züge und Busse, die sie hätten mitnehmen sollen, wurden eingestellt. Also machten sie sich auf den gefährlichen Weg zurück in ihre Dörfer, indem sie mit dem Fahrrad oder auf Lastwagen fuhren. Für viele war das Gehen die einzige Möglichkeit. Einige schafften es, während andere auf dem Weg nach Hause ihr Leben verloren.
Auf der anderen Seite litten viele Menschen an Hunger. Menschen verkauften ihre Produkte am Straßenrand, die Kriminalitätsrate im Inland war auf dem Höhepunkt.

Mit der Zeit wurde mein üblicher Tagesablauf langweilig und ereignislos. Ende Mai war ich unglaublich gestresst: Mein Temperament steigerte sich, und ich wurde wegen sehr dummer Dinge wütend. Es war fast drei Monate her, dass ich das letzte Mal im Freien gewesen war. Ich ging zum ersten Mal seit Beginn des Lockdowns nach draußen, nur um Lebensmittel und Dinge für den Haushalt zu kaufen. Es war wirklich seltsam, Menschen mit Masken und sehr wenige Autos und Fahrzeuge auf der Straße zu sehen.

Da Indiens Wirtschaft sehr schwach wurde, hob die Regierung die Abriegelung langsam auf, und ich besuchte meine Großeltern und Familie zum ersten Mal seit Monaten.

Im Juni began der Online-Unterricht für Schüler in Indien. Ich war so froh, meine Klassenkameraden und Lehrer virtuell zu sehen. Mein Unterricht begann um 9 Uhr morgens und endete um 4 Uhr nachmittags. Das lange Starren auf den blauen Bildschirm verursachte bei mir anfangs Augenreizungen. Ich hatte nicht so viele Schularbeiten wie sonst. Sie hielten sich in Grenzen, was mir viel Zeit für andere Dinge ließ. Aber dennoch ist die echte Erfahrung im Klassenzimmer ziemlich einzigartig, und Online-Kurse können das niemals ersetzen!

Als der Oktober kam, näherten sich meine Prüfungen zum Semesterende. Ich schrieb die Klausuren virtuell, was ich als extrem einfach empfand. Ich habe die Prüfungen mit Bravour bestanden. Am Halloween-Tag feierte ich mit einigen meiner Klassenkameraden eine Online-Halloween-Party. Es war so schön, nach vielen Tagen mit ihnen abzuhängen und virtuelle Spiele zu spielen.

Im selben Monat entdeckte ich ein neues, bis dahin verborgenes Talent in mir: das Schreiben. Ich schrieb und veröffentlichte eine Fan-Fiction online. Ich begann, mein eigenes Buch zu schreiben, und hoffe, es wird gedruckt. Ich habe einen Artikel für eine Schülerzeitung geschrieben und überraschenderweise wurde er veröffentlicht.

Im November gab es viele Festivals, und die Leute begannen, regelmäßig nach draußen zu gehen. Die Erwachsenen suchten ihre Arbeitsplätze auf, aber die Shüler setzten ihre Online-Kurse fort. Es schien, als sei alles wieder normal, aber überall trugen die Menschen Masken. Die Corona-Fälle gingen nicht zurück, auch die Sterbefälle nahmen täglich zu. Die Online-Schule hat mich sehr gelangweilt, und ich wünschte mir, dass die Schulen bald wieder öffnen würden. An einem bestimmten Ort in Indien wurden die Schulen geöffnet, aber Schüler und Lehrer waren vom Virus betroffen. Seitdem sind keine Schulen mehr geöffnet worden.

Ich habe mich bei einer Website mit internationalen Online-Brieffreundschaften angemeldet, weil wir Briefe an Brieffreunde normalerweise "echt" verschicken und das im Moment nicht möglich ist. Ich habe einige nette Freunde aus der ganzen Welt kennengelernt. Sie teilen ihre Erfahrungen mit dem Lockdown, ihre Kulturen und Traditionen, und ich teilte meine mit ihnen. Eine Freundin ist mir richtig ans Herz gewachsen, sie schickt mir jeden Tag E-Mails.

Im Hinblick auf das neue Jahr 2021 habe ich einige Vorsätze gefasst und hoffe, dass ich sie einhalten werde. Mit meiner Familie unternahm ich einen zweitägigen Ausflug. Wir besuchten nicht die touristischen Orte, sondern abgelegene und isolierte Waldgebiete. Eine Tour ohne Kontakt zu anderen war eine ganz andere Erfahrung für uns. Ich habe es genossen.

Ich dachte, 2020 würde das Jahr sein, in dem ich alles bekomme, was ich will. Aber jetzt weiß ich, dass 2020 das Jahr ist, in dem ich für alles, was ich habe, dankbar bin. Danke an alle Mitarbeiter an vorderster Front für die Opfer, die sie jeden Tag und besonders während dieser Pandemie bringen. Ihre Hingabe, ihr Engagement und ihr Mut verdienen unsere tiefste Dankbarkeit und Bewunderung.

Vielen Dank, dass Sie mir die unglaubliche Möglichkeit gegeben haben, meine Lockdown-Erfahrung in einem Buch mit der Welt zu teilen. Dafür bin ich Ihnen für immer dankbar.

Azarias Cyubahiro
student nurse / Krankenpflegeschüler
born in 1997 / Jahrgang 1997
Gisenyi, Rwanda

We need this to end or the world itself will end

COVID-19 came to my ears in March when we were at school. All that was said was that it kills people and spreads rapidly from China to foreign countries.

We considered it the easiest thing. Soon we heard that the airport is closed and locked-down there. So, it was a bad story when we heard that the first person had been tested positively in Rwanda and he was Indian. So, the government tried to ask everyone who had met him for information so that they could be quarantined to reduce the spread. After a few days, the management called everyone for a sudden meeting and the director said that we should go home because the virus is dangerous and spreading faster and even killing as we read from different newspapers and social media, but he reassured us.

The next day, every one packed up his properties, but we left some them at school because we knew that it would be for a short time. Across the country, primary schools, secondary schools, universities and institutions were closed and everyone had to go home. Thereafter, a lock-down was approved in the whole country regarding the number of people that had been tested positive. At that time, it was a very hard life for many people. We as Rwandans use our brain as weapons for living. So, we had to stay at home unless buying food or seeking medical care. There was no way to survive and the hope for life was under 10%. Everyone was worried about how he himself could survive, family members, neighbours and so on. But the government had already thought about their citizens because they started to distribute food to people who are unable to get food.

You know, the country cannot feed all the population, but people themselves feed those who do not have food. This was a good thing to appreciate! It is clear that some people lost their jobs, others were not able to proceed on their businesses, students in high school have started the year again but during COVID-19, we all got used to learn online and others through radio and televisions. Nevertheless, some

disagreed about the existence of the corona virus by reading different views from social media or rumours but really it was killing! When I tried to talk to my fellows who were tested positive how they feel, they did not reply much. They said, it is just rhinitis and they recovered only by exercises and fruits like lemon and onion. This is the point of view of many people: they agree that the pandemic exists but they think, that the measures are exaggerated.

Furthermore, the government has set the new restrictions and people follow and those who do not should be sanctioned. Later there were numbers of girls who got pregnant, and even the number of students who were supposed to attend classes was reduced after research was conducted. As the days went by, they opened the transportation between the districts so that drivers, bicyclists, motorcyclists and even other people should work under restrictions. For example, busses should carry only 50% of the passengers they carry normally. Facial masks became mandatory, bars were closed, they encouraged people to perform physical exercises, clinical settings, amateurs were allowed to care for and cure those who were affected. The government also built new schools in the whole country so that distancing should be followed and no school had to be closed such reason. For my family, we were together except my father who was at work and no could not come at home in any case, for sure we missed him for seven months.

For me personally, the effects of the pandemic occurred where it delayed my schooling as I was supposed to close the last year in July and of course this did not happen. My plans have changed completely and it seems that I have to start from zero and just keep waiting for things to go in the right way.
No one would have guessed that the time would come where all people would be locked at home and if you went out for nothing, you would be punished.

No one would have known that the time would come where all schools would close. Nobody would have thought that face masks would become mandatory.

No one knew about the closure of the churches, that warm greetings to anyone you missed would not be allowed, about marriages not allowed or just with limited number as well as burying someone who died.

We knew that US is highly advanced in technology and medical care, and that is true, but COVID-19 killed many of them and they could do nothing to stop it (as we heard from the news).

Thus, some religions and other Christians said that „this is the end of the world" as the bible says. Conclusively, COVID-19 is a very dangerous pandemic, no matter if it exists or not. Its consequences shocked almost the whole world. So, we need this to end or the world itself will end.

Wir müssen das beenden oder die Welt wird untergehen

COVID-19 kam mir im März in der Schule zu Ohren. Alles, was gesagt wurde, war, dass es Menschen tötet und sich schnell von China ins Ausland ausbreitet.

Wir hielten es für die einfachste Sache. Bald hörten wir, dass der Flughafen dort geschlossen und abgesperrt ist. Es war also eine schlimme Geschichte, als wir hörten, dass die erste Person in Ruanda positiv getestet worden war und er war Inder. Also versuchte die Regierung, alle, die ihn getroffen hatten, um Informationen zu bitten, damit sie unter Quarantäne gestellt werden konnten, um die Ausbreitung einzudämmen.

Nach ein paar Tagen rief die Leitung des Krankenhauses alle zu einem plötzlichen Treffen zusammen und der Direktor sagte, dass wir nach Hause gehen sollten, weil das Virus gefährlich ist und sich schneller ausbreitet und sogar tötet, wie wir in verschiedenen Zeitungen und sozialen Medien gelesen haben, aber er beruhigte uns.

Am nächsten Tag packte jeder seine Sachen zusammen, aber wir ließen einige davon in der Schule, weil wir wussten, dass es nur für kurze Zeit sein würde. Im ganzen Land wurden Grundschulen, weiterführende Schulen, Universitäten und Institutionen geschlossen und alle mussten nach Hause gehen. Danach wurde im ganzen Land ein Lockdown für die Anzahl der positiv getesteten Personen verhängt. Zu dieser Zeit war es ein sehr hartes Leben für viele Menschen. Wir als Ruander benutzen unser Gehirn als Waffe zum Leben. Also mussten wir zu Hause bleiben, es sei denn, wir kauften Lebensmittel oder suchten medizinische Versorgung. Es gab keine Möglichkeit, zu überleben, und die Hoffnung auf Leben lag unter 10%. Jeder war besorgt, wie er selbst überleben könnte, Familienmitglieder, Nachbarn und so weiter. Aber die Regierung hatte bereits an ihre Bürger gedacht, denn sie begann, Lebensmittel an Menschen zu verteilen, die nicht in der Lage waren, an Nahrung zu kommen.

Wissen Sie, das Land kann nicht die ganze Bevölkerung ernähren, aber die Menschen selbst ernähren diejenigen, die keine Nahrung haben. Das war eine gute Sache, die zu würdigen ist! Es ist klar, dass einige Menschen ihre Arbeit verloren haben, andere waren nicht in der Lage, ihre Geschäfte weiterzuführen, Schüler in der High School haben das Jahr wieder begonnen. Aber während COVID-19 haben wir uns alle daran gewöhnt, online zu lernen und andere durch Radio und Fernsehen. Nichtsdestotrotz waren sich einige nicht einig über die Existenz des Coronavirus, indem sie verschiedene Ansichten aus den sozialen Medien oder Gerüchte lasen, aber es war wirklich tödlich! Als ich versuchte, mit meinen positiv getesteten Mitmenschen zu sprechen, wie sie sich fühlen, antworteten sie nicht viel. Sie sagten, es sei nur ein Schnupfen, und sie erholten sich nur durch Übungen und Früchte wie Zitrone und Zwiebel. Das ist die Sichtweise vieler Menschen: Sie stimmen zu, dass die Pandemie existiert, aber sie denken, dass die Maßnahmen übertrieben sind.

Außerdem hat die Regierung die neuen Beschränkungen festgelegt und die Leute folgen. Diejenigen, die das nicht tun, sollen bestraft werden. Später gab es eine Reihe von Mädchen, die schwanger wurden, und sogar die Zahl der Schüler, die den Unterricht besuchen sollten, wurde nach Untersuchungen reduziert. Im Laufe der Zeit öffneten sie den Verkehr zwischen den Bezirken, so dass Fahrer, Fahrradfahrer, Motorradfahrer und sogar andere Menschen unter Einschränkungen arbeiten konnten. Zum Beispiel sollten Busse nur 50 % der Passagiere befördern, die sie normalerweise befördern. Gesichtsmasken wurden obligatorisch, Bars wurden geschlossen, sie ermutigten die Menschen zu körperlichen Übungen, klinische Einrichtungen, Amateure durften die Betroffenen pflegen und heilen. Die Regierung baute auch neue Schulen im ganzen Land, so dass social distancing eingehalten werden konnte und keine Schule aus diesem Grund geschlossen werden musste. Meine Familie blieb zusammen, bis auf meinen Vater, der bei der Arbeit war und auf keinen Fall nach Hause kommen konnte. Wir haben ihn sieben Monate lang vermisst.

Für mich persönlich verzögerte die Pandemie meine Schulzeit, da ich das letzte Jahr im Juli abschließen sollte, was natürlich nicht geschah. Meine Pläne haben sich komplett geändert, und es scheint, dass ich bei Null anfangen muss und einfach weiter darauf warte, dass sich die Dinge in die richtige Richtung entwickeln.

Niemand konnte ahnen, dass die Zeit kommen würde, in der alle Menschen zu Hause eingesperrt sind und man bestraft wird, wenn man ohne Grund das Haus verlässt.

Niemand konnte ahnen, dass die Zeit kommen würde, in der alle Schulen geschlossen werden würden.

Niemand konnte ahnen, dass die Zeit kommen würde, in der Gesichtsmasken Pflicht werden würden.

Niemand konnte ahnen, dass die Kirchen geschlossen werden, dass man niemanden, den man vermisst, herzlich grüßen darf, dass Eheschließungen nicht oder nur in begrenzter Zahl erlaubt sind und dass man Verstorbene nicht mehr beerdigen darf.

Wir wussten, dass die USA technisch und medizinisch sehr fortschrittlich sind, und das stimmt auch, aber COVID-19 hat viele von ihnen getötet und sie konnten nichts dagegen tun (wie wir aus den Nachrichten hörten).

Daher sagten einige Religionen und andere Christen, dass „dies das Ende der Welt ist“, wie die Bibel sagt. Zusammenfassend lässt sich sagen, dass COVID-19 eine sehr gefährliche Pandemie ist, unabhängig davon, ob sie existiert oder nicht. Seine Folgen schockierten fast die ganze Welt. Also, wir müssen das beenden, oder die Welt selbst wird untergehen.

Sabri
born in 2005 / Jahrgang 2005
Mantes-la-Jolie, France

I had a wonderful time at home and discovered new passions

Hello, my name is Sabri, and I am currently 15 years old. I live in Mantes-la-Jolie, near Paris, in France.

Coronavirus has prevented me from doing many things. Because of it, my school trip to Italy was cancelled, as well as three other trips to Algeria, Scotland and Germany. I could not pass my Highway Code test, and confinement put my school year in danger.

Thursday, March 13th, 2020 was the day that changed my life. French President Emmanuel Macron has just announced the start of a lockdown that would last almost two months. It was going to be something completely new, not only for me, but for everyone.

Everything was brought into disorder at middle school: our teachers were sceptical about the end of confinement, of the work they would to give to us, some of my classmates were not even equipped, and therefore had bad results at the end of the year. But I think it is more because of the government which did not take the necessary measures to prepare for the health crisis that was to follow.

As soon as the lockdown started, it was very difficult. The internet lines were too saturated and I could hardly access the college site. Results, lots of late homework, lessons to catch up on. These moments were very unpleasant and I hope I will never experience them again in the future.

So, every school day I had to get up at 8AM to start working, to follow the lessons via Zoom or Discord until the end of day. When I had time, I would go out to my balcony to applaud the caregivers. Sometimes my teachers were not very active: they gave very little homework. On the other hand, they also gave a lot of it, especially at the end of each term and the day before the supposed „school holidays“ that we had to spend at home. I also found it difficult to endure arguments at home, because I had to deal with it alone that, without telling anyone. That period was a dirty page in the book of my life.

However, the coronavirus was not only a source of darkness, anguish and sadness, but I also had a wonderful time at home. I discovered new passions for music, painting, and cooking! During the school holidays, the weather was very nice. I would go to my garden, grab a good book, a glass of juice and my headphones. I even registered on a website to have correspondents and it worked! It was somet-hing I had been wanting to do for a very long time! I would spend hours diving in my little corner of paradise. I used my computer in my free time, we had barbecues, we celebrated my birthday with my family (and my aunts via Skype). I chatted with my friends from middle school, I played badminton, and at night when I couldn‘t sleep, I opened my bedroom window, and I admired the view of the lake with the last swimming ducks, here and there. I shared a lot with my mom. It is thanks to her that I learned how to cook. Salad, desserts, cakes… I even offered to introduce her to the Levantine cuisine with falafels. During the lockdown, I discovered, through numerous reports, a new region of the world that was once unknown to me: Central Asia. There are many very colourful monuments, with a very fascinating history. It is a pity that very few people know this region.

The end of the school year arrived, and I was delighted! But this end of the year has been very different. Usually, I would go out to the movies with my friends, we would have lunch together… A carnival was planned to celebrate our last year in middle school, before going to high school, but since our dear friend the corona virus was with us, we just had to return our books, say goodbye to our teachers, chat for long minutes with friends from high school before leaving. In July, my girlfriend invited me to go tree climbing with her, we had a great day with her godmother! The atmosphere was very relaxed: the sun, the heat… and the masks! They drove me crazy! There will never be a street corner where you won‘t see one!

When I had to go to the mall or to the radio (where I write short columns adapted with the help of my tutor), I had to wear one. When we invited my uncle and my grandmother over to the house to celebrate my dad‘s birthday, I was having a great time. They had installed a swimming pool, and I was very happy to be able to cool off despite the heat and the virus. I had a wonderful vacation after all! As I went along, I adapted with the mask, and now I hardly realize I have a mask!

Summer vacation ended smoothly, and I entered high school on September 1st, 2020. More or less familiar figures appeared in the hall. I have awesome teachers, and awesome classmates, never have I had such a perfect class! However, removing the mask was strictly prohibited, and anyone who lowered it under their nose was punished. It is true that several cases of COVID-19 have been reported in my high school. When you are 2,000 students in the same school, it was inevitable.

This is why in November the high school had organized a protest within the college against the ineffective measures of the government. Then there was the election of the class representative. The purpose of this role is to represent the class, to find solutions to various problems, and to advocate for the students on the class council. Normally three students were elected, but this year there were only to be two, a boy and a girl. So, I presented myself as a candidate with another boy, my friend Gabin. Two other girls also showed up. We each gave our speech, and with the number of votes in the class. I was disappointed to learn that I lost to Gabin…

I don‘t know why they didn‘t vote for me. Yet many people were with me. I lost because of two votes… I was elected „substitute“, but I think that this role was just given so that I would not get upset. However, my head teacher promised me that if the situation worked out by March or June 2021, I could become the third "real" representative of the class. The second lockdown came during the autumn break, and it was forbidden to go out from 9 p.m. to 6 a.m., and a terrorist attack had taken place near Paris. When the holidays started, we were under the „threat of attack" and under confinement.

I continued my studies normally, but with some difficulty from time to time, as we had to spend two teaching days per week at home. December, Christmas and New Year came, which I spent with my grandmother and my family at home, never going out.

The new English variant of the virus scares me a lot and I fear the situation will become critical. Today we are waiting for better days to return, in the new year of 2021, although nothing has changed so far.

My conclusion:

For me, the coronavirus was something bad for everyone, but it was also something that made me discover new hobbies. Because of the barrier gestures, I can only do very few cuddles. And this is hard for someone who is very tactile and very cuddly to bear, like me! For me, it is a cursed virus. My friends from high school have varying opinions: Clément is very afraid for his grandparents, Gabin thinks it is a very complex subject, Solène is uncomfortable in physical contact with other people...

I want to say that confinement is something for a teenager to experience, whether it is positive or negative.

I'm french and my parents are Algerian, so I'm both! I'm muslim. I love listening to music, I listen everything but I usually listen Central Asian music, Russian music, Dabkeh and national anthems. I know many capitals, flags and national anthems from many countries. I love discovering countries that I've never heard before: documentaries, photos... So that's why my friends call me „the geograph".

Ich hatte eine wunderbare Zeit zu Hause und habe neue Leidenschaften entdeckt

Hallo, mein Name ist Sabri, und ich bin derzeit 15 Jahre alt. Ich wohne in Mantes-la-Jolie, in der Nähe von Paris, in Frankreich.

Das Coronavirus hat mich daran gehindert, viele Dinge zu tun. Meine Klassenfahrt nach Italien wurde deshalb abgesagt, ebenso wie drei weitere Reisen nach Algerien, Schottland und Deutschland. Ich konnte meine Fahrprüfung nicht bestehen, und die Einschränkungen haben mein Schuljahr gefährdet.

Donnerstag, der 13. März 2020, war der Tag, der mein Leben veränderte. Der französische Präsident Emmanuel Macron hatte gerade den Beginn einer Abriegelung angekündigt, die fast zwei Monate dauern würde. Es sollte etwas völlig Neues werden, nicht nur für mich, sondern für alle.

In der Mittelschule geriet alles in Unordnung: Unsere Lehrer waren skeptisch, was das Ende des Lockdowns und die Arbeit anging, die sie uns geben würden. Einige meiner Klassenkameraden waren nicht einmal ausgerüstet und hatten deshalb am Ende des Jahres schlechte Ergebnisse. Aber ich denke, es liegt mehr an der Regierung, die nicht die notwendigen Maßnahmen ergriffen hat, um auf die Gesundheitskrise vorzubereiten, die folgen sollte.

Sobald der Lockdown begann, war es sehr schwierig. Die Internetleitungen waren überlastet und ich konnte kaum auf die College-Seite zugreifen. Die Ergebnisse waren viele verspätete Hausaufgaben und nachzuholende Lektionen. Diese Momente waren sehr unangenehm, und ich hoffe, dass ich sie in Zukunft nie wieder erleben werde.

So musste ich jeden Schultag um 8 Uhr aufstehen, um mit der Arbeit zu beginnen und den Unterricht über Zoom oder Discord bis zum Ende des Tages zu verfolgen. Wenn ich Zeit hatte, ging ich hinaus auf meinen Balkon, um den Betreuern zu applaudieren. Manchmal waren meine Lehrer nicht sehr aktiv: Sie gaben sehr wenig Hausaufgaben. Andererseits gaben sie auch viel davon, besonders am Ende eines jeden Semesters und am Tag vor den vermeintlichen „Schulferien", die wir zu Hause verbringen mussten. Ich fand es auch schwierig, Auseinandersetzungen zu Hause zu ertragen, weil ich damit allein fertig werden musste, ohne es jemandem zu sagen. Diese Zeit war eine schmutzige Seite im Buch meines Lebens.

Das Coronavirus war jedoch nicht nur eine Quelle der Dunkelheit, der Angst und der Traurigkeit, sondern ich hatte auch eine wunderbare Zeit zu Hause. Ich entdeckte neue Leidenschaften für Musik, Malen und Kochen! Während der Schulferien war das Wetter sehr schön. Ich ging in meinen Garten, schnappte mir ein gutes Buch, ein Glas Saft und meine Kopfhörer. Ich habe mich sogar auf einer Website registriert, um Unterhaltungen zu führen, und es hat funktioniert! Das war etwas, das ich schon sehr lange machen wollte Ich würde stundenlang in meiner kleinen Ecke des Paradieses abtauchen. Ich nutzte meinen Computer in meiner Freizeit, wir haben gegrillt, meinen Geburtstag mit meiner Familie (und meinen Tanten via Skype) gefeiert. Ich chattete mit meinen Freunden aus der Mittelschule, ich spielte Badminton, und nachts, wenn ich nicht schlafen konnte, öffnete ich mein Schlafzimmerfenster und bewunderte die Aussicht auf den See mit den letzten schwimmenden Enten, hier und da. Ich habe viel mit meiner Mutter geteilt. Dank ihr habe ich gelernt, wie man kocht. Salat, Desserts, Kuchen... Ich bot ihr sogar an, sie in die levantinische Küche mit Falafel einzuführen. Während des Lockdowns entdeckte ich durch zahlreiche Berichte eine neue Region der Welt, die mir bis dahin unbekannt war: Zentralasien. Es gibt dort viele farbenfrohe Monumente mit einer sehr faszinierenden Geschichte. Es ist schade, dass nur sehr wenige Menschen diese Region kennen.

Das Ende des Schuljahres war gekommen, und ich habe mich gefreut! Aber dieses Schuljahresende war ganz anders. Normalerweise ging ich mit meinen Freunden ins Kino, wir aßen zusammen zu Mittag. Es war ein Karneval geplant, um unser letztes Jahr in der Mittelschule zu feiern, bevor wir auf die Oberschule gingen, aber da unser lieber Freund, der Coronavirus, mit uns war, mussten wir nur unsere Bücher zurückgeben, uns von unseren Lehrern verabschieden und lange Minuten mit Freunden aus der Oberschule plaudern, bevor wir gingen. Im Juli lud mich meine Freundin ein, mit ihr zum Baumklettern zu gehen, wir hatten einen tollen Tag mit ihrer Patin! Die

Atmosphäre war sehr entspannt: die Sonne, die Hitze... und die Masken! Die haben mich verrückt gemacht! Es gibt wohl keine Straßenecke, an der man nicht eine Maske sieht!

Wenn ich ins Einkaufszentrum oder zum Radiosender gehen musste (wo ich kurze Kolumnen schreibe, die mit Hilfe meines Tutors angepasst wurden), musste ich eine Masketragen. Als wir meinen Onkel und meine Großmutter zu uns nach Hause einluden, um den Geburtstag meines Vaters zu feiern, hatte ich einen Riesenspaß. Sie hatten einen Swimmingpool installiert, und ich war sehr froh, dass ich mich trotz der Hitze und des Virus abkühlen konnte. Ich hatte also doch einen schönen Urlaub! Im Laufe der Zeit habe ich mich an die Maske gewöhnt, und jetzt merke ich kaum noch, dass ich eine Maske habe.

Die Sommerferien gingen reibungslos zu Ende, und ich wurde am 1. September 2020 in die Oberschule eingeschult. Mehr oder weniger bekannte Gestalten tauchten auf dem Flur auf. Ich habe tolle Lehrer und tolle Klassenkameraden, noch nie hatte ich eine so perfekte Klasse! Allerdings war das Abnehmen der Maske strengstens verboten, und jeder, der sie unter die Nase trug, wurde bestraft. Es ist wahr, dass in meiner High School mehrere Fälle von COVID-19 gemeldet wurden. Wenn man 2.000 Schüler in einer Schule hat, war das unvermeidlich.

Deshalb hatte die Oberschule im November einen Protest innerhalb des Kollegiums gegen die unwirksamen Maßnahmen der Regierung organisiert. Dann gab es die Wahl des Klassensprechers. Der Zweck dieser Funktion ist es, die Klasse zu vertreten, Lösungen für verschiedene Probleme zu finden und sich für die Schüler im Klassenrat einzusetzen. Normalerweise werden drei Schüler gewählt, aber dieses Jahr sollten es nur zwei sein, ein Junge und ein Mädchen. Also habe ich mich mit einem anderen Jungen, meinem Freund Gabin, als Kandidat vorgestellt. Zwei andere Mädchen waren auch da. Wir hielten jeder eine Rede. Ich war nach der uszählung enttäuscht zu erfahren, dass ich gegen Gabin verloren hatte.

Ich weiß nicht, warum sie nicht für mich gestimmt haben. Aber viele Leute waren mit mir. Ich habe wegen zwei Stimmen verloren... Ich wurde zum „Stellvertreter" gewählt, aber ich denke, dass diese Rolle nur vergeben wurde, damit ich mich nicht aufrege. Mein Schulleiter versprach mir jedoch, dass ich, wenn sich die Situation bis März oder Juni 2021 klären würde, der dritte „echte" Vertreter der Klasse werden könnte.

Der zweite Lockdown kam in den Herbstferien, und es war verboten, von 21 Uhr bis 6 Uhr morgens rauszugehen, und in der Nähe von Paris hatte ein Terroranschlag stattgefunden. Als die Ferien begannen, waren wir unter „Anschlagsdrohung" und unter Einschluss.

Ich setzte mein Studium normal fort, aber mit einigen Schwierigkeiten von Zeit zu Zeit, da wir zwei Unterrichtstage pro Woche zu Hause verbringen mussten. Es kam der Dezember, Weihnachten und Neujahr, die ich mit meiner Großmutter und meiner Familie zu Hause verbrachte und nie ausging.

Die neue englische Variante des Virus macht mir große Angst, und ich befürchte, dass die Situation kritisch werden wird. Heute warten wir darauf, dass im neuen Jahr 2021 wieder bessere Tage kommen, obwohl sich bis jetzt nichts geändert hat.

Mein Fazit:

Für mich war der Coronavirus etwas Schlimmes, aber auch etwas, das mich neue Hobbys entdecken ließ. Wegen der Kontaktbeschränkungen kann ich nur noch sehr wenige Streicheleinheiten geben. Und das ist für jemanden, der sehr taktil und sehr verschmust ist, wie ich, ganz schwer zu ertragen!

Für mich ist es ein verfluchter Virus. Meine Freunde aus der Schulzeit haben unterschiedliche Meinungen: Clément hat große Angst um seine Großeltern, Gabin meint, es sei ein sehr komplexes Thema, Solène fühlt sich unwohl im Körperkontakt mit anderen Menschen ...

Ich möchte sagen, dass die Beschränkung etwas ist, das ein Teenager erleben sollte, ob es nun positiv oder negativ ist.

Ich bin Franzose und meine Eltern sind Algerier, also bin ich beides! Ich bin Moslem. Ich liebe es, Musik zu hören, ich höre alles, aber meistens höre ich zentralasiatische Musik, russische Musik, Dabkeh und Nationalhymnen. Ich kenne viele Hauptstädte, viele Flaggen und viele Nationalhymnen. Ich liebe es, Länder zu entdecken, von denen ich noch nie gehört habe: Dokumentarfilme, Fotos... Deshalb nennen mich meine Freunde auch „der Geograph".

V
Corona in der Welt
Corona around the globe

Klaus Peter „Pitt“ Berkemeyer
Berater im Handwerk
Jahrgang 1952
Elche, Costa Blanca, Spanien

Ein Jahr lang haben wir nun dieses verflixte Krönchen auf …

Spanien ist eine Monarchie. Mit dem Begriff „Krone“ werden hier in der Regel Stabilität, Tradition und Kontinuität verbunden. Als vor einem Jahr, im März 2020, ein anderer Kronentyp als die Königskrone im alltäglichen Sprachgebrauch auftauchte, waren diese soliden Begrifflichkeiten nicht mehr viel wert.

Es begann wie in vielen Ländern relativ harmlos: Nachrichten aus China von einem Virus, der mit der Vogelgrippe SARS verwandt ist und in einer chinesischen Provinzstadt sein Unwesen treibt. Nun denn, China ist weit weg und die werden das wohl rechtzeitig in den Griff bekommen.
Konnte ich mir im Jahr des Herrn 2020 noch weltweite Epidemien vorstellen?

Ich befinde mich im letzten Drittel meines Lebens, bin eher ein positiver Mensch und lebe mehr in der alltäglichen Gegenwart als in spekulativer Ferne. Deshalb lag mir die Vorstellung einer Pandemie in den Ausmaßen der mittelalterlichen Pest oder der Spanischen Grippe am Anfang des 20 Jahrhunderts nicht sehr nahe. In dieser Indifferenz lebte ich noch bis Anfang März 2020. Natürlich wusste ich mittlerweile, dass das Virus den lateinischen Namen einer Krone hatte, was auch auf Spanisch Corona heißt, und mit der Monarchie nichts zu tun hat. Ich wusste auch, dass es in Europa angekommen war. Es war punktuell in Deutschland, Österreich und Italien aufgetaucht, geschuldet unseren globalen Warenströmen, die exportorientierte Länder wie Deutschland und Italien per ökonomischer Nabelschnur mit China verbinden. Aber gut, es ist ein Grippevirus und die werden das schon rechtzeitig in den Griff bekommen.
Konnte ich mir im Jahr des Herrn 2020 noch weltweite Epidemien vorstellen?

Auf zwei Wegen hat das Coronavirus der Krone des Königreiches Spanien die Schau gestohlen. Schon Mitte Februar attackierte der Virustyp B3a das Baskenland in Nordspanien und soll letztendlich für insgesamt 90 % der Pandemie verantwortlich sein. Ein zweiter Angriff erfolgte Mitte März von Virustyp A2a5, aus Italien kommend, in Madrid.

Dass dies relevant werden könnte, dämmerte mir erst zu dem Zeitpunkt, als ein Fußballklub aus Valencia Anfang März mit ein paar hundert Fans zu einem Spiel nach Bologna reiste und damit das erste spanische „Superspreader-Event“ auslöste. Folgt man der Geschichte, so reisten viele der Fans direkt nach ihrer Bologna-Reise weiter nach Madrid und halfen auf diese Weise einen wichtigen Corona-Hotspot in Spanien zu etablieren.

Persönlich noch relevanter wurde es Mitte März, als ich Familienbesuch bekam. Zwei junge Frauen mit Interesse an der spanischen Sprache wollten bei mir Kenntnisse und Sprachfähigkeit erweitern. Das war in der kleinen Provinzstadt, in der ich lebe, auch kein Problem, das Leben war noch altnormal. Neunormal wurde es erst, als die beiden jungen Damen ein paar Tage in Madrid verbrachten und fast nicht mehr aus dieser großen Stadt herausgekommen wären. Um wenige Tage verfehlten sie den ersten totalen „Lockdown“ der jüngeren spanischen Geschichte und entwischten auf Haaresbreite noch nach Deutschland. Dort wurden sie virenerkennungsdienstlich behandelt und, dem Zufall sei Dank, für virennegativ befunden.

Dann ging es richtig los: Ende März totaler Lockdown des Landes. Man konnte das Haus nur noch zu lebensnotwendigen Gängen verlassen. Selbst Spazierengehen wurde untersagt. Die Bevölkerung war noch wenig auf die neue Normalität vorbereitet und wurde von der Polizei strikt kontrolliert. Trotzdem breitete sich der Virus besonders im Norden und Zentrum Spaniens rasch aus. Für einige Wochen waren Italien und Spanien die Epidemie-Hotspots Europas.

Mein Leben veränderte sich zunächst nur unwesentlich. Das hängt damit zusammen, dass ich meine alte Mutter pflege und so ohnehin schon sehr ans Haus gebunden bin. Sie leidet unter starker Altersdemenz und hat nach zwei Schlaganfällen ihre Mobilität eingebüßt. Ich bewältige den täglichen Pflegedienst. Was dann auf der Strecke blieb, war mein freier Tag: Einmal die Woche kam ein professioneller Pfleger und nahm mir alle Arbeiten ab. Meinen Tag der persönlichen Freiheit nutze ich oft für Ausflüge, Stunden am Strand, Besuche bei Bekannten oder in Cafés und Restaurants. Dieser Spaß war nun erst einmal vorbei. Erst im Juni, nachdem die rabiaten Maßnahmen die Infektionszahlen nach unten brachten, konnte der Pfleger wieder seinen Dienst antreten, und ich hatte meinen freien Tag zurück.

Die vorherige Unbeschwertheit gab es nicht mehr. Corona hatte die Welt verändert und besonders das viel geliebte und gepflegte soziale Leben in Spanien zum Erliegen gebracht. Bei Begrüßungen gab es keine zwei Küsse links und rechts auf die Wangen mehr. Noch nicht einmal ein Handschlag war gewünscht, und das Anstupsen mit dem Ellenbogen ist, wenn überhaupt, ein magerer Ersatz. Freunde, Familie und Bekannte trifft man hier normalerweise auf den Plätzen und Straßen der Stadt. Man geht dann gemeinsam in die Bar und plaudert über den Sinn des Lebens. Das gab es nicht mehr und gibt es bis heute noch nicht wieder.

Persönlich traf mich am meisten der Verlust kulturellen Lebens, keine Reisen in naheliegende Städte mehr, keine Konzerte, keine Ausstellungen. Besonders im Sommer gibt es viele Freiluftveranstaltungen, die in unserem warmen Klima sehr attraktiv sind. Klassisches Theater in römischen Ruinen, Jazzkonzerte im Hof einer alten Burg, Gitarrenmusik im Kloster … all dies hat der Kronenvirus hinweggefegt.

Auch der Verlust meiner Sprachschüler war und ist beklagenswert. Ich bin als Rentner zwar nicht auf die Einnahmen angewiesen, aber den Pflegealltag meiner Mutter durch einige Stunden Sprachunterricht in Deutsch und Englisch für junge Spanier aufzulockern, fehlt mir sehr.

Auf der Strecke blieb auch der von mir initiierte Debattierklub „Rauchzeichen“, der wöchentlich in meiner Wohnung veranstaltet wird. Wir Debattenbrüder und Debattenschwestern haben uns im Corona-Jahr insgesamt nur acht Mal treffen können, ein herber Verlust sozialen Lebens.

Gemeinsam mit meiner Mutter gehöre ich der Risikogruppe des Alters an, deshalb müssen wir uns auch weiter vorsehen. Als die zweite Welle im September über uns schwappte, war es schrittweise wieder vorbei mit der vorübergehenden Erleichterung. Obwohl Spanien sich im zweiten Anlauf anfänglich besser hielt als zum Beispiel Deutschland, Frankreich oder Britannien, ist es dem Virus dennoch gelungen, das ganze Land wieder in Quarantäne zu schicken.

In einer kleinen Stadt zu leben, ist zurzeit ein Privileg. Mit weniger Reisenden und Touristen von außerhalb halten sich auch die Infektionszahlen im Rahmen. Das Gleiche gilt allerdings auch für die ökonomische Entwicklung. Tourismus, Hotels, Bars und Restaurants sind Spaniens größter und wichtigster Wirtschaftsmotor, und der stottert seit fast einem Jahr nur so vor sich hin. Besonders das Ausbleiben britischer, holländischer und deutscher Touristen hat für die Küstenregionen Spaniens zu schwerwiegenden wirtschaftlichen Einbußen geführt. Eine Rückkehr zu vorpandemischen Verhältnisse ist nicht abzusehen. Ein Glücksgefühl gibt es dennoch zu vermelden: Wuchernde Corona-Verschwörungen und Querdenkeridiotien als Auswüchse bürgerlicher Verblendung, wie in anderen Ländern, blieben uns weitgehend erspart.

Was kann ein grundsätzlich positiv gestimmter Mensch an Positivem in diesen verrückten Corona-Zeiten finden? Wenn überhaupt etwas, dann dies: Ich muss ich mich auf das Grundsätzliche konzentrieren. Es mag positiv sein, dass wir alle ein gutes Stück innehalten müssen, doch ich bin skeptisch, dass diese Gedankenübung von vielen Zeitgenossen und -genossinnen tatsächlich auch durchgeführt wird. Viele Medien treiben diese Sichtweise zwar in ihren Sendungen zur Aufrechterhaltung der Moral voran, aber es liegt doch auf der Hand, dass diese Sichtweise eher theoretisch bleibt. Ich habe noch niemanden getroffen, der sich auf Positives durch Corona bezogen hat. Ich empfinde es als positiv, wenn man persönlich gefordert ist, hinter seine altgewohnten Verhaltensweisen zu schauen und das eine oder andere aufgrund persönlicher Pandemieerfahrungen zu verändern. Dann hätten wir wirklich eine neue Zeitrechnung nach Corona.

(Januar 2021)

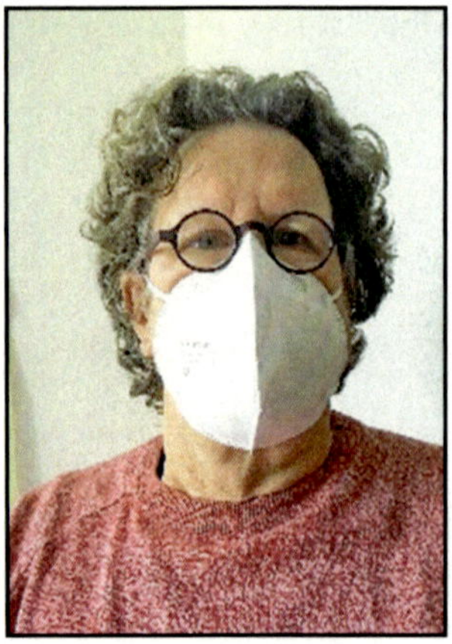

Geboren als Klaus Peter Berkemeyer im Oktober 1952, ab dem sechzehnten Jahr in meiner Welt nur noch Pitt genannt. Nach erster, bedingt befriedigender Ausbildung als Schaufenstergestalter 1968 dann 1974 umgesattelt auf Töpfer. Als Töpfermeister mit eigener Werkstatt in Niedersachsen bis 2003 dabeigeblieben. Parallel tätig in Ehrenämtern des Handwerks. Gründer und Leiter einer Design-Akademie des Handwerks. Ab 2004 Projektleiter Design-Weiterbildung in Madrid/ Spanien.
2010-2017 Projekte in der Entwicklungszusammenarbeit (GIZ) in Indonesien und Philippinen. Jetzt ansässig in Elche, Costa Blanca/ Spanien.

Klaus Konnerth
Reiseunternehmer
Jahrgang 1956
Antananarivo, Madagaskar
www.urlaub-auf-madagaskar.com

Gibt es ein afrikanisches Heilmittel gegen Covid?

Mein Name ist Klaus Konnerth. Ich lebe in Antananarivo („Die Stadt der Könige"), der Hauptstadt von Madagaskar, vom Tourismus – dem wahrscheinlich schlechtesten Beruf überhaupt zu Covid Zeiten.

Noch im Februar 2020 hatte ich zufriedene Gäste, die eine faszinierende Insel entdecken konnten. Kurz nach ihrem Abflug kamen die ersten Horrormeldungen, und plötzlich waren wir von der Außenwelt abgeschottet. Es gab keine Flüge und keine Gäste mehr. Das ist das Horror Szenario für einen Reiseveranstalter, der schon viele Reisen nach Madagaskar verkauft hat. Das erste Mal in fast 20 Jahren auf Madagaskar wurde mir bewusst, dass ich auf einer Insel lebe, die ich wahrscheinlich nie wieder verlassen werde. Zumindest nicht, wenn ich dafür durch ein versteckte Zwangsimpfung erpresst werde.

Noch schlimmer war die Situation von Anfang an für die Mitarbeiter und die Bevölkerung im Allgemeinen. Es gibt auf Madagaskar nur eine kleine Elite, die nicht nur unendliche Reserven hat, sondern auch bei allen Katastrophen reicher wird. Für über 80 Prozent der Bevölkerung begann jedoch plötzlich ein sehr schwieriges Jahr. Hier sind die Menschen Armut und Krisen gewohnt, aber bald kamen unsinnige Beschränkungen aller Art hinzu.

Wie soll ein Lockdown funktionieren bei einer Bevölkerung, die größtenteils noch nicht einmal von Tag zu Tag, sondern von Mahlzeit zu Mahlzeit lebt?
Wie kann diese riesige Masse von armen Menschen ihre Ration Reis oder Maniok verdienen, wenn sie nicht auf die Straße dürfen?
Wie sollen die Obdachlosen den Lockdown einhalten, und wie sollen sich Menschen schützen, die den ganzen Tag in engem Kontakt mit ihren Mitmenschen verbringen?

Die WHO und Frankreich öffneten die Schleusentore weit, damit das getan wurde, was von ihnen beschlossen worden war, auch wenn es offensichtlich nur Bluff war. Viele Reiseunternehmer, Fahrer, Reiseleiter und Hotels hatte keine Reserven und hatten schon zu Beginn der Krise alles verloren, und das in einem Land, wo es keinerlei Unterstützung gibt und wo Krisen und Armut zur Gewohnheit geworden sind.

Ich habe eine Crowdfunding Aktion in die Wege geleitet, um wenigstens meine Mitarbeiter, die alle als Freelancer arbeiten, über Wasser zu halten. Zum Glück schlug diese Idee besser als erwartet ein, und so kann ich meine Mitarbeiter noch Monate lang aktiv unterstützen.

Madagaskar und die Covid Pandemie

Madagaskar gehörte zu den afrikanischen Ländern, die am wenigsten von dem Coronavirus betroffen waren. Bis Anfang Juli 2020 gab es weniger als einhundert kumulierte Fälle (einschließlich geheilter Patienten) und nur etwa 20 Todesfälle. Für die Behörden, aber auch für einen Teil der öffentlichen Meinung im Rest des Kontinents, wurden diese guten Statistiken ganz oder teilweise durch die Einführung von Covid Organics (oder CVO) am 20. April 2020 erklärt. Dies ist ein Gebräu auf der Basis von Artemisia annua, das von madagassischen Wissenschaftlern entwickelt und von Präsident Andry Rajoelina selbst gefördert wurde. Er schwor, dass sein

Land ein „afrikanisches Heilmittel“ gegen das Virus entdeckt habe und bot an, sein Getränk jedem Land auf dem Kontinent zur Verfügung zu stellen, das Interesse zeigte.

Die genaue Zusammensetzung des madagassischen Getränks ist nicht bekannt und es wird ohne Angabe der Dosierung vertrieben. Die Menschen wissen nicht, wie viel sie konsumieren sollten und wie lange. Covid Organics wird im Wesentlichen in Flaschen mit 33 cl Inhalt verkauft. Damit die Behandlung wirksam ist, muss der Patient einen Liter Abkochung pro Tag trinken, also drei Flaschen. Außerdem wird die abgefüllte Flüssigkeit nicht stabilisiert: Sie fermentiert und die Pflanze verliert ihren Wirkstoff.

Nur eine seriöse Studie könnte die Wirksamkeit von CVO bei Covid-Patienten nachweisen oder entkräften. Bis zum jetzigen Zeitpunkt haben die madagassischen Behörden kein Forschungsprogramm zu diesem Thema angekündigt.

Ist Artemisia die Lösung für Madagaskar?

Artemisia annua, der Einjährige Beifuß, ist eine Pflanze aus der Familie der Asteraceae (Korbblütler). Sie stammt aus China, wird aber inzwischen auch in Afrika und Madagaskar angebaut. Die Pflanze sieht aus wie ein Farn und kann bis zu drei Meter hoch werden. Während sie im Westen als Zierpflanze verwendet wird, ist sie im Osten schon seit vielen Jahren für ihre antiviralen und heilenden Eigenschaften bekannt.

Artemisia annua, die Pflanze, die schon seit Jahrtausenden verwendet wird

Vor 2000 Jahren entdeckte China die Pflanze Artemisa annua. Ihre Blätter enthalten sehr interessante Wirkstoffe. Die Blütenstände und der Stängel sind ebenso heilkräftig, aber weniger als die Blätter. Sehr bald verwendeten die Chinesen die Pflanze in Kräutertees. Sie weichen die Blätter in heißem Wasser ein.

Während des Vietnamkrieges wurden die Amerikaner mit Chloroquin behandelt, um Malaria zu verhindern. Die Vietnamesen, ungeschützt, fürchteten die Krankheit mehr als die amerikanischen GIs. Sie riefen China auf, ihnen bei der Bekämpfung der Krankheit zu helfen. So gaben die Chinesen die Geheimnisse des Artemisia-Tees an die Vietnamesen weiter und die Pflanze wurde von den Menschen im Westen entdeckt. Eine siebentägige Behandlung hätte ausgereicht, um asiatische Soldaten vor Malaria zu schützen bzw. sie zu behandeln. In einigen afrikanischen Ländern wird das gleiche Mittel auch heute noch erfolgreich eingesetzt. Vor allem in Afrika, Asien und Madagaskar wird die Pflanze wegen ihrer medizinischen Wirkung angebaut.

Eine wirksame und kraftvolle Heilpflanze

In den Blättern von Artemisia annua finden sich drei Wirkstoffe: Sesquiterpenalkohole, Sesquiterpenlactone und Sesquiterpensäuren. Sie sind ebenfalls reich an Flavonoiden, Polyinen, Sterolen, Cumarinen und Triterpenen. Aus den Blüten der Artemisia können Sesquiterpenlactone wie Artemisinin, Thujone, Hydroxycumarin, Flavonolglycoside, Polyine, Tannine, Cumarine extrahiert werden. Die Blüten sind ebenfalls reich an Spurenelementen, wie Kalium, Calcium, Magnesium, Zink, Schwefel, Jod und Phosphor.

Bei welchen Krankheitsbildern ist Artemisia annua wirksam?

Die Wirksamkeit der Pflanze ist wissenschaftlich bestätigt. Seit 2002 ist Artemisia annua von der WHO als Heilmittel gegen Malaria anerkannt. Bei bestimmten Patienten, die an Leukämie oder Bilharziose leiden, erweist sich Artemisia als hilfreich. Bilharziose wird durch einen Darmwurm verursacht und ist in tropischen oder subtropischen Gebieten sehr präsent. Sie verursacht große Müdigkeit, Durchfall, Husten und manchmal sogar Läsionen des zentralen Nervensystems.
Artemisia Wirkstoffe stimulieren die Immunität des Körpers. Auch wenn die Pflanze Covid-19 nicht heilt, kann sie dem Körper helfen, stärker und widerstandsfähiger gegen saisonale Krankheiten und Allergien zu werden.

Artemisia annua im Einsatz gegen Covid-19

Der Präsident der madagassischen Republik hat angedeutet, dass Covid Organics das Medikament ist, das zur Bekämpfung der Krankheit eingesetzt wird und dass es gute Ergebnisse erzielt. Diesem Umstand ist es auch zu verdanken, dass er die Befreiung vom Lockdown seiner Bewohner ins Auge fassen konnte. Er schlägt vor, die gesamte Bevölkerung mit einer vorbeugenden Behandlung auf der Basis von Artemisia-Sirup zu behandeln, wobei die Barrieregesten beibehalten werden sollen.

Der madagassische Präsident möchte nicht unbedingt an der Covax-Fazilität teilnehmen, die allen Ländern den Zugang zum Covid-Impfstoff ermöglichen soll, sobald dieser von den Regierungen lizenziert und genehmigt wurde. Obwohl Madagaskar, wie mehr als neunzig Entwicklungsländer, von einer günstigen Subvention profitieren könnte, um den Impfstoff in Umlauf zu bringen, zieht es Präsident Andry Rajoelina vor, vorerst bei einer lokalen Lösung zu bleiben.

Laut Regierungssprecherin Lalatiana Rakotondrazafy Andriatongarivo möchte der Präsident bevorzugt die Kommerzialisierung von Covid Organics vorantreiben, einem Getränk, das auf der Grundlage eines traditionellen Heilmittels auf den Markt gebracht wurde, das präventive Wirkung auf das Coronavirus haben soll, auch wenn dies noch kein wissenschaftlicher Bericht beweisen konnte.

Die Weltgesundheitsorganisation (WHO) warnt aufgrund der fehlenden wissenschaftliche Belege zur Wirkungsweise eindringlich vor Covid Organics, obwohl sie anerkennen, dass einige traditionelle Heilmittel die Symptome lindern können.

Von der zweiten Welle ist Madagaskar vorerst verschont geblieben: Die Covid-19-Pandemie hat bisher nur gut 17.000 Menschen betroffen und 261 Opfer gefordert. Der im März 2020 ausgerufene Gesundheitsnotstand wurde aufgehoben; Ausgangssperren bestehen nicht mehr. Geschäfte sind bis 18 Uhr geöffnet, Restaurants und Bars bis 23 Uhr. Seit dem 18. Oktober 2020 ist Reisenden aus neun europäischen Ländern, darunter Deutschland und Frankreich, sowie aus Russland die Einreise in das madagassische Hoheitsgebiet verboten.

(Dezember 2020)

Mai 1956: Geburt in Hermannstadt (Rumänien)

Auswanderung und erstes Exil

Juni 1970: Auswanderung aus politischen Gründen, Einwanderung nach Deutschland und schnelle Einbürgerung in Bühl (Baden)

Die Welt hat sich geöffnet

Juni 1972: Erste Reisen durch Europa, überwiegend Holland und Frankreich

1972 bis 1973: Lehre als Offsetdrucker, langweilig und abgebrochen

Das Reisefieber und die fast unbegrenzte Freiheit

1974 bis 1979: Reisen quer durch Europa und Asien, unter anderem dreimal von Deutschland nach Indien und Nepal über Land. Zwischen den Reisen kurzfristige Arbeit in Deutschland, Griechenland und England.

1979 bis 1981: Aufenthalt in Griechenland, Frankreich und England mit kurzen Besuchen in Deutschland.

Umzug nach Korsika

1981 bis 1990: selbständiger Buchbinder auf Korsika

Umzug nach Südfrankreich

1990: Arbeit in einem ornithologischen Park in Frankreich, dann 1990 bis 1994 Arbeit in einem Bioladen in Frankreich

1994 bis 2003: Arbeit als „Baumchirurg", also Bäume schneiden und unter schwierigen Bedingungen fällen und zerlegen

Ab 2001 dominierten wieder die Reisen. Auf drei Reisen mit Freunden nach Madagaskar probierte ich die Vermarktung von Reisen aus. 2004 wurde ich Reiseleiter für eine französische Agentur, die reisen nach Madagaskar nahmen zu. 2007 wurde ich Reiseleiter für Madagaskar und Indien.

Ab 2008 Umzug nach Madagaskar, ab dann nur noch dort tätig und wohnhaft

2010/2011 begründete ich meine Website für Reisen nach Madagaskar auf Deutsch und gab die Reiseleitung für Agenturen auf. Seit 2013 bin ich auf unserem Anwesen tätig. Dort wurden Gästezimmer und ein privates Restaurant für die Gäste gebaut.

Die Stagnation

Seit März 2020 habe ich keine Gäste und kein Einkommen mehr.

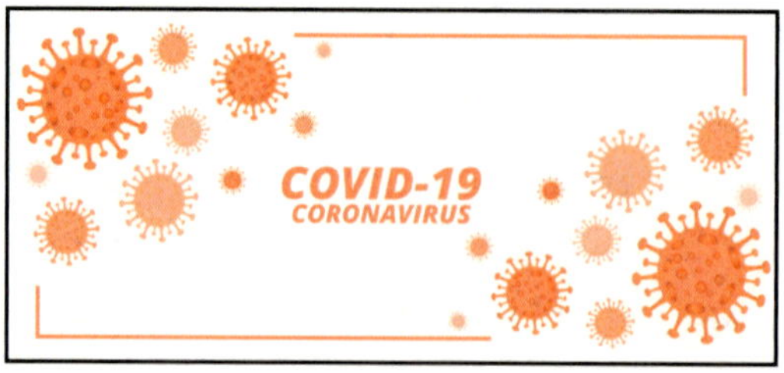

Michael Bühler
Pastor und Missionar
Jahrgang 1961
Independencia, Paraguay

Corona – Gott gibt der Menschheit eine letzte Chance

Durch das Geschehen des letzten Jahres wurde mir aufs Neue bewusst, wie wichtig meine Arbeit ist, so dass ich mit noch mehr Entschlossenheit meinem Weg folge. Die Herausforderung Corona hat mich ernster gemacht, zugleich aber mein Vertrauen in meinen Herrn und Heiland Jesus Christus verstärkt. Durch die am Anfang strikt eingehaltene Quarantäne hatte ich Gelegenheit, mich intensiver mit dem Wort Gottes zu beschäftigen, was sonst im Missionsalltag ein bisschen untergeht. Dadurch habe ich ein viel lebendigeres Verhältnis zu meinem Herrn und Heiland bekommen.

Dadurch wurden auch mein Beruf, mein Gemeindedienst und die Missionstätigkeit beeinflusst. Eine der direkten Auswirkungen war, dass ich gelernt habe, die wichtigen Dinge im Glaubensleben und in der Schrift mehr zu betonen. Wenn man denkt, da ist ja noch viel Zeit, „die Botschaft rüberzubringen", dann lässt man sich auch Zeit. Wenn man ermisst, dass es für den einen oder anderen plötzlich zu Ende sein kann, wird man direkter.

Was ist in meinem Umfeld passiert?

Lockdown, das bedeutet sehr viel weniger Kontakt, Leute haben ihre Arbeit verloren, ein naher Freund ist im ersten Halbjahr an Corona gestorben. Zuerst, so wie überall, waren die meisten vorsichtig. Mit der Zeit, gerade weil der Lockdown erfolgreich die Kurve abgeflacht hatte, begannen Menschen, sich zu beklagen. Es gab nur wenige Tote, aber die ökonomischen Auswirkungen waren sehr stark. Jetzt gibt es eine große Gruppe von Leuten, die das alles nicht mehr ernstnehmen. Allerdings gibt es auch eine neue Offenheit bei einigen Menschen für das Evangelium.

Wie beurteile ich die Entscheidungen der Politik?

Durch die weltweite Ausbreitung der Pandemie konnte man die Reaktionen der Politiker gut vergleichen. Einige waren völlig überfordert. Allerdings muss ich zur

Ehrenrettung unserer Regierung hier in Paraguay sagen: Sie haben echt gut reagiert mit sofortiger Schließung der Grenzen nach den ersten zwei Fällen und einem landesweiten Lockdown. Der wurde dann in Stufen gelockert. Zugleich hat die Regierung sofortige finanzielle Unterstützung für das Volk auf den Weg gebracht, dadurch musste niemand hungern.

Was mir schon vor der Pandemie auffiel und durch die Pandemie extrem verstärkt wurde, war die allgemeine Tendenz vieler Menschen, überhöhte Ansprüche zu stellen. Im Englischen nennt man das Entitlement. Sie waren nicht zufrieden mit der Grundversorgung, sondern erwarteten auch einen gewissen Luxus. Darum gibt es hier jede Menge Leute, die nicht zufrieden sind mit den finanziellen Unterstützungen und auch nicht mit den sanitären Schutzmaßnahmen. Das wird sicher in der Zukunft noch für politischen Sprengstoff sorgen.

Der theologische Aspekt

Wie man überall hört, sehen viele christliche Gemeinschaften und Einzelpersonen in den Quarantänevorschriften einen staatlichen Versuch, die Religionsfreiheit einzuschränken. Dafür sehe ich noch keinen Beweis. Tatsächlich ist das große Gebot der Bibel „Liebe deinen Nächsten wie dich selbst“ auch dadurch erfüllt, dass wir Rücksicht auf andere nehmen. Zudem sagt Paulus uns in seinen Briefen, genauer in Römer 13, wir sollen der Obrigkeit untertan sein.

Im Übrigen hier eine Anekdote: Der Teufel kommt am Anfang der Pandemie zu Gott, und sagt: „Siehst du, ich habe es geschafft, alle deine Kirchen schließen zu lassen.“ Gott antwortet ihm darauf: „Im Gegenteil, ich habe in jedem Haus, wo meine Kinder wohnen, eine Hauskirche aufgemacht.“ Glaube ist nicht abhängig von einem Gebäude. Und die wirkliche Kirche, griechisch Ecclesia, ist die Versammlung der Gläubigen, und nicht ein Haus. Die erste Gemeinde der Apostelgeschichte versammelte sich noch in Privathäusern.

Die Bibel berichtet uns in Matthäus 24:7, dass Christus selbst das Ende dieses Zeitalters vorhersagt: *„… und es werden hier und dort Hungersnöte, Seuchen und Erdbeben geschehen.“* Dazu gibt er allerdings auch eine Ermutigung in Lukas 21:28: *„Wenn aber dies anfängt zu geschehen, so richtet euch auf und erhebt eure Häupter, weil eure Erlösung naht.“*

Heißt das, dass Corona, wie viele Kirchen sagen, ein Gericht Gottes ist? Nein, meiner Meinung handelt es sich mit diesem Geschehen, das ja wie so viele schreckliche Dinge unserer Zeit durch Menschen zumindest verursacht wurde, um den letzten Versuch Gottes, die Menschheit von dem Kurs abzubringen, der sie direkt ins Verderben führt.

Ich bin gebürtig aus Heilbronn in Baden-Württemberg. Seit meinem 15. Lebensjahr bin ich in der Mission tätig, erst 5 Jahre Missionsschule, dann Aussendung. Ich war bereits in Holland, Österreich, Schweiz, Großbritannien und Südafrika. Seit 1999 lebe ich in Paraguay als Missionar. Seit drei Jahren bin ich verantwortlicher Pastor einer Missionsstation in Independencia. Unsere Dachorganisation ist die Latter Rain Mission International mit Sitz in Südafrika. Meine deutschstämmige Frau habe ich hier in Paraguay kennengelernt.
Sie ist ebenfalls Missionarin und Pastorin und hilft mir bei meiner Arbeit.

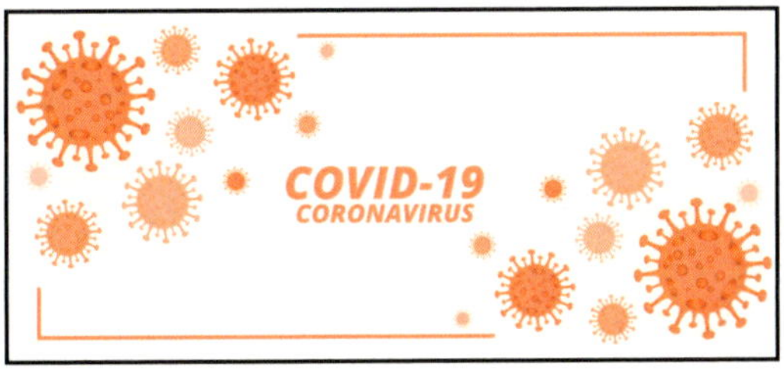

Almut Michel
Jahrgang 1954
Anglikon, Schweiz

Ich mache weiter Blödsinn. Dieses Virus schafft mich nicht!

Ich bin Rentnerin und ich sehe nicht wirklich so aus. Ich habe früher viel unternommen und reiste sehr gerne mit dem Wohnmobil oder mit dem Flieger. Ich bin gesellig, habe gerne Gäste eingeladen, sehr schöne Abende mit ihnen verbracht und sie lukullisch verwöhnt. Die Gegeneinladungen wurden mir fast zu viel. Bei solchen Gelegenheiten trinke ich auch Wein, und manchmal beflügelt mich das. Ich bin eine gute Unterhalterin. Ja, ich habe gerne Publikum.

Und nun ist es leise geworden. Im Frühjahr war ich durchgehend zuhause, ich ging nicht mal mehr einkaufen. Ich ging nicht mehr zum Sport. Nur noch Fernsehen, Lesen… Gott sei Dank kann ich mit den Hunden Gassi gehen. Und Gott sei Dank kann ich sie berühren.

Ich habe mir so viele Informationen über Corona „reingezogen".
Ich finde es spannend, so etwas zu erleben.
Und das könnte ich auch großschreiben: ERLEBEN.
Ich lebe nämlich gerne.
Ich bin noch lange nicht fertig damit.
Ich habe noch Träume und Wünsche.
Ich bin im November letzten Jahres Oma geworden. Ich habe einen Enkel. Er ist toll. Ich habe ihn dreimal in seinem Leben gesehen – letzten Dezember, im Juni und im September. Ich telefoniere mit meiner Tochter – vorsichtig. Nur kein falsches Wort, damit dieser Kontakt nicht auch noch flöten geht. Jetzt sind drei Tränchen unter meiner Brille durchgekugelt… Ich weine nicht gerne. Ich bin schon wieder fertig.

Ich schaue dem Tod nun ins Gesicht. Ich möchte alles geregelt haben, wenn es mich erwischt. Ich werde ein Testament machen. Vorsorgevollmacht und Patientenverfügung habe ich schon. Vielleicht lebe ich unbeschwerter, wenn das „im Kasten" ist.

Ich übe Abstand. Abstand zu der Freitagsclique. Das sind Bekannte, Freunde, bei denen ich eingeladen werde, wenn ein Geburtstag gefeiert wird, mit denen ich auch mal was unternommen habe. Ich sehe die meisten von ihnen schon gerne.

Andere aus meinem Umfeld sind Corona-Leugner. Sie geben immer noch jedem die Hand und einige umarmen und küssen, wie das so üblich war in der Schweiz in der Vor-Corona-Zeit. Wenn sie etwas getrunken haben, dann feiern sie ausgelassen, tanzen Polonaise… Ich war auf dem 60. Geburtstag des Trauzeugens zu Gast. Man hatte Vorkehrungen getroffen: Desinfektionsmittel am Eingang des Festraumes, kostenlose Masken, und niemand nutzte sie. Ich kam ins Gespräch mit einem Überlebenskünstler. Er hat einen Überlebensrucksack im Auto und Nahrungsmittel für neun Monate zuhause. Und wenn es kracht, sagte er mir, dann muss man aufs Land, nicht in der Stadt bleiben, und auf dem Land unauffällig versteckt leben. Ich glaube, das ist gar nicht so dumm.

Als mich dann mein anderer Sitznachbar mein Gesicht angehustet hat, war ich hellwach. Ob er denn nicht wisse, dass man in die Armbeuge hustet… Er erklärte mir, sein Arzt habe ihm gesagt, dass er sowieso gesund bleiben werde, weil er so viel raucht. Ich bin froh, dass nach dieser Wahnsinnsfeier niemand krank geworden ist.

Ich weiss, wie es ist, wenn man beatmet wird. Ich hatte 2014 eine Herzoperation. Verengte Herzkranzgefässe. Bypässe. Ich war komplett narkotisiert. Ich hing an Maschinen. Jetzt ist die Lunge nicht mehr, wie sie einmal war. Ich merke es immer noch, wenn ich aufwärts wandere, da bin ich nicht mehr so schnell. Es ist gut, dass ich Sport mache, da bin ich schneller wieder fit. Sport fehlt mir jetzt sehr.

Ich habe ein geschenktes Leben. Meine Lebensfreude wurde nach der OP erst wieder so richtig entfacht. Ich hatte Lust auf Abenteuer. Ich lief barfuss über einen Feuerteppich gelaufen. Ich habe noch einmal intensive Sexualität erlebt. Ich habe nicht mehr gekannte Gefühle durchlebt. Ja, ich habe einen Mann, aber ich weiß auch: Es kann ganz schön einsam sein so zu zweit. Das ist nicht erst seit Corona so. Wir haben eine offene Ehe. Ich habe mir so ein paar Exemplare andere Männer angesehen. Der eine oder andere ist wohl ganz ok. Ich mag das Wort Affäre nicht. Seit März ist es um meinen Freund still geworden, und auch virtuell wird es immer stiller. Vielleicht stirbt mein Kontakt zu ihm noch vor mir…

Mein alter Hund schläft viel und kann nur noch mit Schmerzmitteln laufen. Er hat Arthrose hat und blind. Ich habe mich daran gewöhnt. Er soll weiterleben. Erst wenn er weint, werde ich ihm helfen. Es ist schön, dass ich Tiere habe, zwei Hunde und drei Katzen. Meine Liebhaber.

Dieses Mal, im zweiten Lockdown, ist das freiwillige Sich zurückziehen von fast allen Menschen schwerer als im März. Damals hatte ich noch nicht begriffen, oder wollte es noch nicht begreifen, dass dies jetzt ein veränderter Zustand der Welt ist.
Ich habe meine Kontakte revidiert. Wie wichtig ist mir jeder einzelne Kontakt? Ich habe aus Anlass meiner OP schon einmal darüber nachgedacht. Meine Tochter ist mir wichtig, mein Enkel und dann kommen schon die Tiere. 2014 habe ich nach meiner OP einen ganzen Tag lang deswegen geweint.

Ich denke über mein Leben nach. Ob es lebenswert war. Welche Highlights es gab. Da kommen dann die Bilder von all dem Blödsinn, den ich verzapft habe. Ich habe alle meine Fehler überlebt. Ich hatte verdammt viel Glück in meinem Leben.

Ja, es war ein tolles Leben. Also mache ich weiterhin Blödsinn: Ich stricke aus reiner Seide Kleider, die ich vielleicht nie anziehen werde mangels Gelegenheit. Ich kaufe mir Schmuck, den ich dann wohl vererben werde. Und ich schreibe mal wieder eine kleine Geschichte, diese Geschichte, wie mich Corona verändert hat.

Ach Quatsch – dieses Corona Virus schafft mich nicht!

(Nov 2020)

Ich bin 1954 in Karlsruhe geboren, aufgewachsen im Allgäu und im süddeutschen Raum. Ich habe leider Steuergehilfin lernen müssen, anstatt weiter zum Gymnasium zu gehen und etwas Gescheites zu studieren. Ich war einmal in Deutschland verheiratet. Unsere gemeinsame Tochter lebt weiterhin dort, ihr Vater ist 2008 gestorben. Ich habe vorher in die Schweiz geheiratet und lebe hier schon wieder 21 Jahre. Ich habe Zahlen lieben gelernt: 1980 – den ersten Mann kennengelernt. 1985 – eine Tochter geboren. 2000 – weggegangen. 2020 – es ist eigentlich Zeit zu gehen…

Ing. Christa Hildegard Quiroz Cotrina
Mining engineer / Bergbauingenieurin
born 1993 / Jahrgang 1993
Cajamarca, Peru

Christmas Adventure in the Peruvian Jungle

The lockdown began on March 16th, 2020 in Peru. Even though a lot has been said about our terrible political, economic, and health system issues, still not many people about mental health.

After nine months working from home, I was stressed out and I realized I needed some time off. My boyfriend and I were looking for the best place to spend Christmas, away from crowds, shopping, and the pandemic; so, we decided we would go on a road trip to the Pacaya Samiria National Reserve (PSNR) in the middle of the Peruvian jungle.

We drove for over 900 km from Cajamarca to Yurimaguas. Then, we took a fast boat at Abel Guerra Port and arrived in Lagunas town in about five hours. As soon as we arrived, our guide Aldo picked us up and we jumped in a utility three-wheeler for eight km to the entrance of PSNR. After that, we got in a canoe with our guide, who rowed for five more hours. The canoe trip was stunning! There were colorful birds, harpies, monkeys, eagles, and butterflies everywhere!

We stayed in a very rustic home, entirely made of wood, built three meters above the ground (which was covered by the river). There was no electricity, running water or internet. It was certainly a big change from my home office routine! I was so excited that I ended up jumping into the river under the house! (it was the only way to shower anyway!).

The sun used to go down around 5 pm when I could hear frogs, monkeys, and a thousand birds chirping. During 2020, after lockdown, the PSNR only had five tourists visiting, so we were super lucky to stay in the jungle with no one else around us but nature and wildlife.

The next day I woke up with the sound of howling monkeys. After breakfast, our guide took us further into the jungle in the canoe, so we got to see more monkeys climbing trees above our heads, turtles, parrots, storks, snakes, ants, sloths … but the superstars were the pink dolphins swimming freely in their natural habitat.

I stayed at home during lockdown for over nine months, but I've seen dolphins before, captured in zoos and aquariums, trapped there for life. Now I understand how horrible that is.

We got back to the house and we saw dolphins were swimming very close! So we decided to jump into the river and swim near them. That is definitely the best experience I've ever had! My boyfriend was trying to swim closer to the dolphins when he felt something hurting his feet. I ended up pulling 17 palm thorns out of his heel…well, it's part of the adventure!

That night, on December 24th, another local guide joined us. We had a salty grilled chicken with bananas, panettone (a traditional Peruvian cake), and hot chocolate for dinner. We had a fabulous time hearing our guides' anecdotes about living in the jungle!

We were looking for a different Christmas and we had an unforgettable one! I used to fall asleep on the canoe every time, it was so relaxing and peaceful! We ate a lot of fresh fish from the river we were traveling in, we had fresh fruit from the trees around us, and we got to swim with pink dolphins! This pandemic and especially, this trip helped me understand that money can't buy nature, wildlife, water, and sunrises.

I feel blessed and lucky I had this amazing experience in a Natural Reserve, where they conserve representative ecosystems of the lower jungle of the Peruvian Amazon and preserve their genetic diversity. Protect species of flora and fauna of the Amazon that have disappeared and teach people how harmonious the world is without human intervention.

When the lockdown began, only essential activities were allowed (banks, drugstores, hospitals, and markets). Anybody who was not related to any of these activities was fined. In the beginning, masks were not required, but they are compulsory for everyone in public. The second wave of the pandemic started in January 2021, and some regions with extreme risk went back to strict lockdown. People who use public transportation should wear a mask and a face shield. Shopping centers, banks, and restaurants measure their customers' temperature with an infrared thermometer and provide alcohol at the entrance to their customers. People get fined if they don't keep a minimum distance of 1.5m, walking on the street accompanied (only one person is allowed), driving their car on weekends (people can only use public transportation), or not wearing a mask.

I visited ten countries in 2019 for tourism and work, so this lockdown was a huge change for me. Now I understand that animals kept in cages for our entertainment live in an eternal lockdown with no way out. Maybe this pandemic has more to teach us than we can even imagine. I feel more "awake" now, more conscious about the impact I want to have in the world, all the living species, and the society around me.

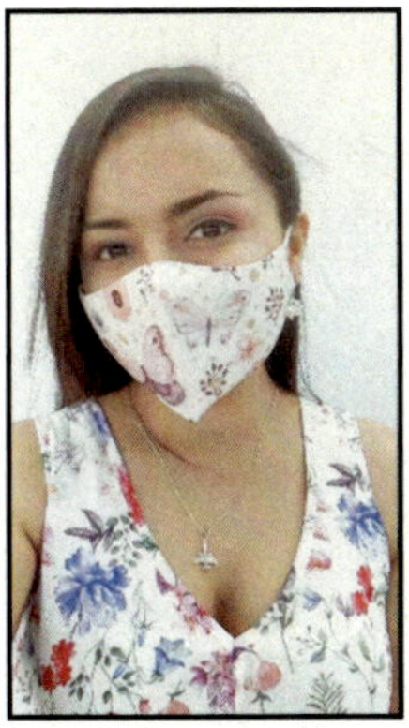

Mining engineer specialized in long-range planning for open pit. I was born in Cajamarca, Peru. I love traveling around the world and visiting new places every time. I'm a huge fan of dogs, chocolate, ice cream, and sunsets. I'm a perfectionist workaholic trying to find a balance between my challenging career and my obsession for travel. The pandemic taught me patience, awareness, gratitude, and mental strength.

Weihnachtsabenteuer im peruanischen Dschungel

Der Lockdown begann in Peru am 16. März 2020. Obwohl viel über unsere schrecklichen politischen, wirtschaftlichen und gesundheitlichen Probleme gesagt wurde, sind immer noch nicht viele Menschen über psychische Gesundheit informiert.

Nachdem ich neun Monate von zu Hause aus gearbeitet hatte, war ich gestresst und stellte fest, dass ich eine Auszeit brauchte. Mein Freund und ich suchten nach dem besten Ort, um Weihnachten zu verbringen, abseits von Menschenmassen, Einkaufsmöglichkeiten und der Pandemie. Also beschlossen wir, einen Ausflug zum Pacaya Samiria Naturschutzgebiet mitten im peruanischen Dschungel zu unternehmen.

Wir fuhren über 900 km von Cajamarca nach Yurimaguas. Dann bestiegen wir in Puerto Abel Guerra ein schnelles Boot und kamen nach ungefähr fünf Stunden in Lagunas an. Dort wartete unser Guide Aldo auf uns. Mit einem Dreirad fuhren wir acht Kilometer bis zum Eingang des Nationalparks. Danach stiegen wir mit unserem Führer in ein Kanu und ruderten fünf Stunden. Die Kanufahrt war atemberaubend!

Überall sahen wir bunte Vögel, Harpyien, Affen, Adler und Schmetterlinge.

Wir wohnten in einem rustikalen Holzhaus, das drei Meter über dem Boden gebaut war (der vom Fluss bedeckt war). Es gab keinen Strom, fließendes Wasser oder Internet. Was für eine große Veränderung gegenüber meiner Home-Office-Routine! Ich war so aufgeregt, dass ich unterhalb des Hauses in den Fluss sprang. Es war sowieso die einzige Möglichkeit zu duschen …

Die Sonne ging gegen 17 Uhr unter. Ich hörte Frösche, Affen und das Gezwitscher Tausender Vögel. Im Jahr 2020, nach Beginn des Lockdowns, waren im Naturschutzgebiet nur fünf Touristen zu Besuch. So hatten wir das große Privileg, nur mit der Natur und der Tierwelt im Dschungel zu bleiben.

Am nächsten Tag wachte ich mit dem Geräusch heulender Affen auf. Nach dem Frühstück führte uns unser Guide mit dem Kanu weiter in den Dschungel, und dann konnte ich die Affen sehen, wie sie über unseren Köpfen auf Bäume kletterten, dazu Schildkröten, Papageien, Störche, Schlangen, Ameisen, Faultiere.

Aber die Superstars waren die rosa Delfine, die frei in ihrem natürlichen Lebensraum schwammen. Während des Lockdowns war ich über neun Monate zu Hause geblieben. Ich habe schon Delfine gesehen, die in Zoos und Aquarien lebenslang gefangen waren. Jetzt verstehe ich, wie schrecklich das ist.
Zurück am Haus, sahen wir, dass Delfine ganz in der Nähe schwammen. Wir sprangen in den Fluss, um ganz nah bei ihnen zu schwimmen. Das ist die beste Erfahrung, die ich je gemacht habe! Mein Freund versuchte näher an die Delfine zu schwimmen, als er spürte, dass etwas seine Füße verletzte. Am Ende hatte ich 17 Palmendornen aus seiner Ferse gezogen ... aber das ist Teil des Abenteuers!

In dieser Nacht, am 24. Dezember, kam ein anderer lokaler Führer zu uns. Unser Weihnachtsessen war ein salziges gegrilltes Hähnchen mit Bananen, Panettone (ein traditioneller peruanischer Kuchen) und heiße Schokolade. Es war großartig, die Anekdoten unserer Guides über das Leben im Dschungel zu hören. Wir hatten uns ein alternatives Weihnachtsfest gewünscht, und es war unvergesslich! Ich bin jedes Mal auf dem Kanu eingeschlafen, es war so entspannend und friedlich. Wir aßen viel frischen Fisch aus dem Fluss, auf dem wir unterwegs waren, wir hatten frisches Obst von den Bäumen um uns herum und wir durften mit rosa Delfinen schwimmen!
Die Pandemie und insbesondere diese Reise haben mir geholfen zu verstehen, dass

Natur, Wildtiere, Wasser und Sonnenaufgänge nicht mit Geld zu kaufen sind. Ich fühle mich gesegnet und glücklich, dass ich diese erstaunliche Erfahrung in einem Naturschutzgebiet gemacht habe. Hier werden repräsentative Ökosysteme des peruanischen Amazonas Urwalds in ihrer genetischen Vielfalt bewahrt. Wie harmonisch könnte doch die Welt ohne menschliches Eingreifen sein!

Zu Beginn des Lockdowns waren nur notwendige Aktivitäten zulässig (Banken, Drogerien, Krankenhäuser und Märkte). Jeder, der mit keiner dieser Aktivitäten in Verbindung stand, wurde mit einer Geldstrafe belegt. Am Anfang waren keine Masken erforderlich, aber jetzt sie sind für alle in der Öffentlichkeit verpflichtend. Die zweite Welle der Pandemie begann im Januar 2021, und einige Regionen mit extremem Risiko kehrten zu einem strengen Lockdown zurück. Personen, die öffentliche Verkehrsmittel benutzen, müssen eine Maske und einen Gesichtsschutz tragen. Einkaufszentren, Banken und Restaurants messen die Temperatur ihrer Kunden mit einem Infrarot-Thermometer und versorgen ihre Kunden am Eingang mit Desinfektionsmittel. Menschen werden mit einer Geldstrafe belegt, wenn sie nicht einen Mindestabstand von 1,5 m einhalten, in Begleitung auf der Straße gehen (nur eine Person ist erlaubt), am Wochenende mit dem Auto fahren (Menschen dürfen nur öffentliche Verkehrsmittel benutzen) oder keine Maske tragen.

Ich habe 2019 zehn Länder besucht, als Tourist oder im Rahmen meiner Arbeit. Der Lockdown war eine große Veränderung für mich. Jetzt verstehe ich, dass Tiere, die zu unserer Unterhaltung in Käfigen gehalten werden, in einem ewigen Lockdown ohne Ausweg leben. Vielleicht hat uns diese Pandemie mehr zu lehren, als wir uns vorstellen können. Ich fühle mich jetzt wacher und bin mir der Wirkungen bewusst, die ich auf die Welt, alle lebenden Arten und die Gesellschaft um mich herum haben möchte.

Als Bergbauingenieur bin ich spezialisiert auf langfristige Planung im Tagebau. Ich wurde in Cajamarca, Peru geboren. Ich liebe es, um die Welt zu reisen und neue Orte zu besuchen. Ich bin ein großer Fan von Hunden, Schokolade, Eis und Sonnenuntergängen. Als ein perfektionistischer Workaholic versuche ich, ein Gleichgewicht zwischen meiner herausfordernden Karriere und meiner Reise-Besessenheit zu finden. Die Pandemie lehrte mich Geduld, Bewusstsein, Dankbarkeit und mentale Stärke.

Sönke Dwenger
Fotograf, Videograf und Journalist
Jahrgang 1960
Auckland, Neuseeland

Mein Corona-Jahr am Anfang der Welt.
Notizen aus Neuseeland.

„Wir sind, woran wir uns erinnern.“
(Eric Kandel, Neurowissenschaftler und Medizin-Nobelpreisträger)

23.1.2020, 11 Uhr
Meine Ehefrau und ich landen in Auckland. Es ist mein 21. Besuch in Neuseeland (NZ). Hier lebt meine Schwester seit Ende der 1980er Jahre. NZ ist auch für uns eine zweite Heimat, über die wir schon drei Reiseführer und zahlreiche Vorträge gemacht haben. Wir bewohnen ein kleines Haus auf der Farm.

14.3.
Weltweit schließen sich Grenzen. Unser Gastland reagiert prompt mit einer zweiwöchigen Quarantäne für Ankömmlinge, obwohl es hier erst wenige Covid-Kranke gibt.

19.3.
Unsere Planung, am 22. April zurück nach Deutschland zu fliegen, steht auf der Kippe. Wegen des strengen Visa-Rechts beobachten wir alles genau, da Zuwiderhandlung bedeuten kann, nie wieder einreisen zu dürfen.

23.3.
In einer dramatischen Ansprache kündigt Premierministerin Jacinda Ardern an, dass in 48 Stunden eine strenge Ausgangssperre verhängt wird. Totale Isolation für mindestens vier Wochen. Angesichts der internationalen Lage eine schnelle, unbürokratische, entschlossen konsequente Reaktion. Sie warnt: „Wenn ihr euch nicht daran haltet, werden mehrere Zehntausend Neuseeländer sterben!“

25.3.

Ausgangssperre ab 23:59 Uhr. Kompletter Lockdown (Level 4). Das wird eine harte Zeit. Mein Schwager sagt, in den letzten Tagen haben die 4,7 Mio. Neuseeländer für diese vier Wochen so viel eingekauft, dass man damit zehn Millionen Menschen ernähren könnte.

27.3.

Unser geplanter Rückflug wird von der Airline storniert; alle regulären Flugverbindungen sind vorerst gestrichen. Die Immigrationsbehörde hat unsere Visa - und die aller anderen Besucher - bis Ende September verlängert. Daraufhin plant die Bundesregierung, rund 12 000 Deutsche aus NZ abzuholen. Doch die neuseeländische Regierung verbietet, dass die vielen Touristen während des Lockdowns unorganisiert kreuz und quer durchs Land reisen, um die Flugplätze zu erreichen. Alle MÜSSEN bleiben, wo sie JETZT sind, in Campern, in Hostels, in schnell gemieteten Ferienwohnungen. Die Autonummern der Touristen werden registriert, wo sie jetzt stehen, damit sie belangt werden können, falls sie sich bewegen. Scharfe Ansage. Ein Problem ist, dass den jungen Leuten, die eigentlich arbeiten wollten (Ernte, Gastro etc.), das Geld ausgeht.

Ein einziger Flug soll morgen rausgehen - mit Austauschschülern. Einige waren voller Vorfreude auf ein tolles Jahr bei unserer Anreise mit uns im Flieger.

Level 4 sieht nun vor, dass nur noch eine Person zum nächstgelegenen Supermarkt und notfalls zur Apotheke und Tankstelle darf. ALLES andere ist geschlossen. Treffen dürfen wir uns nur noch mit meiner Schwester und meinem Schwager, mit denen wir eine „social bubble“ gebildet haben.

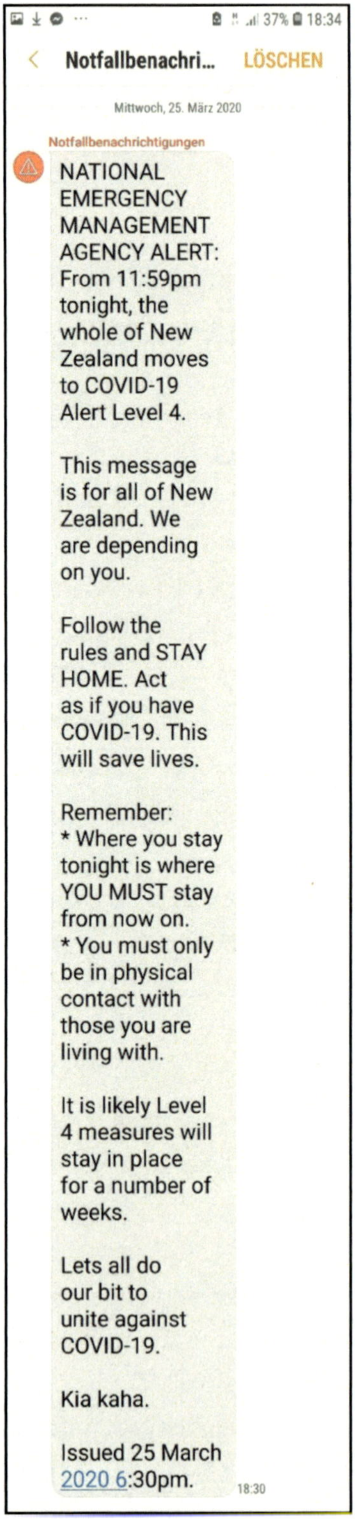

Klare Anweisungen zur Covid-19-Bekämpfung. Foto: Sönke Dwenger

30.3.
Erster Zoom-Chat mit unserer „St. Jürgen Blues Band". Das ist cool. Ich schlage vor, ein Musikvideo zu produzieren. Die Premierministerin spricht am Abend vom heimischen Sofa aus auf Facebook zum Volk und beantwortet Fragen. Locker, aber bestimmt. Ein ganz neuer Stil. Wir sind beeindruckt. Sie appelliert eindringlich, dass der Kampf nur gelingt, wenn alle an einem Strang ziehen.

4.4.
Weitere Rückhol-Flieger sind gestartet. Einige Deutsche hatten in den sozialen Medien ein riesiges Theater gemacht und beklagt, dass sie in NZ „eingesperrt" werden. Es folgten Verstimmungen auf höchster diplomatischer Ebene. Ich spüre regelrecht, wie genervt die Premierministerin ist, als sie in der Pressekonferenz sinngemäß sagt: Seht zu, dass ihr zum Flugplatz kommt und dann haut bloß ab!

13.4., Ostermontag
Der letzte deutsche Rückholflieger verlässt Auckland.
Es wird herbstlich.

20.4.
Die Ausgangssperre wird um drei Wochen verlängert.

1.5.
Nach gefühlten 100 Stunden Schneide-Arbeit mein erstes Musikvideo gepostet: „Every Day I Have The Blues.“ Viel gelernt über Video-Technik, Sound und Gestaltung. 2000 Aufrufe und 68 x geteilt am ersten Tag. Das begeistert und motiviert unsere Band.

14.5.
Ich überlege seit Tagen, was ich im Leben noch machen möchte und welche Wünsche ich habe. Mir fällt nichts ein. Das überrascht und freut mich. Ich bekomme aber Angst, meine Eltern nicht mehr wiederzusehen.

5.6.
Als Freiberufler haben wir keine Einkünfte mehr, es ist alles weggebrochen. In NZ dürfen wir nichts verdienen, da wir nur ein Touristenvisum haben. Wir greifen auf unsere Ersparnisse zurück.

8.6.
Um Mitternacht wird NZ für Covid-frei erklärt. Alle Beschränkungen aufgehoben, aber die Grenze bleibt dicht. Tracing Apps und Kontakt-Listen sollen eine Nachverfolgung weiterhin sicherstellen. Die Parolen jetzt: „Buy local. Support your local business. Discover your country.“ So soll die heimische Wirtschaft wieder auf Trab kommen.

30.6.
Mein 60. Geburtstag. Unzählige Glückwünsche. Bewegend. UND: Gegen 11 Uhr werde ich auch noch Großvater. Nicht zu fassen!

2.7.
Ich denke an meinen Großvater, der im Zweiten Weltkrieg ebenfalls nicht wusste, wie lange seine noch viel bedrohlichere Situation andauern würde: Er überlebte fünf Jahre Fronteinsatz, dann drei Jahre Gefangenschaft in Ägypten. Erstmals kann ich zumindest etwas nachfühlen, wie das für ihn gewesen sein muss.

7.7.
Im Grunde geht‘s mir gut, vermisse kaum etwas - außer vor allem meine Tochter. Wir nutzen die Zeit des Umbruchs und des Innehaltens: Ich schneide weiterer Videos

für die Band, schreibe mein Leben auf und arbeite das Festplatten-Fotoarchiv durch. Wir sehen Dokus, die seit Monaten auf meiner To-Do-Liste stehen, gehen erstmals - und von da an fast täglich - den Weg hinter dem Haus spazieren, recherchieren, kommunizieren mit der Welt, bilden uns weiter, bereiten Projekte vor, ernähren uns gesünder. Ich will abnehmen. Die meiste Zeit sind wir zuhause, was eine ganz neue, schöne Erfahrung ist. Mein Leben in Deutschland war in den letzten Jahren doch recht rasant.

9.8.
Seit 100 Tagen keine neuen Corona-Fälle in der Öffentlichkeit in NZ. Unterdessen steigen die Zahlen in Deutschland. Schon den dritten Tag in Folge mehr als 1000 Fälle. Das Ende unseres Visums rückt näher.

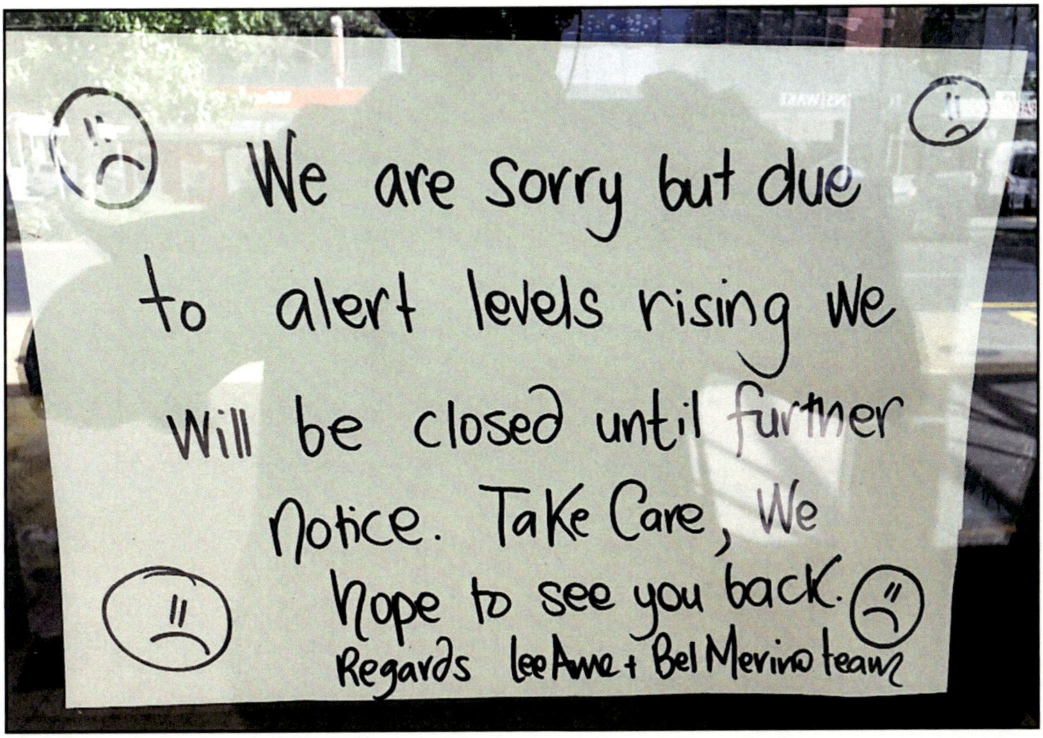

Die Neuseeländer bleiben ihren Geschäften treu, unterstützen sie sogar umso mehr. Foto: Sönke Dwenger

11.8.
Vier neue Covid-19 Fälle in Auckland. Neuer Lockdown für die 1,7-Millionen-Stadt ab nächsten Tag, 12 Uhr.

25.8.
Ich wiege 13 kg weniger als bei der Abreise im Januar. Ein schöner Erfolg.

15.9.
Die Immigrationbehörde verlängert noch einmal die Visa. Nun bis 25. Februar 2021. Es sind immer noch ca. 19 000 Besucher im Land.

28.9.
Es wird Frühling: Wir kaufen zwei Apfel- und ein Olivenbäumchen für unseren Garten.

17.10.
Durch die monatelange Isolation verändern sich die Freundschaften und Prioritäten in meinem Leben. Nicht alle Beziehungen lassen sich über Social Media aufrechterhalten. Andere wiederum entstehen dadurch.

22.10.
Ich finde den Gedanken schrecklich, wegen langfristiger Corona-Auflagen womöglich nicht mehr so frei leben, agieren, reisen, arbeiten und musizieren zu können, wie ich es mir über Jahre aufgebaut hatte.

1.11.
Interessante Aufgabe in Auckland: Ich filme ehrenamtlich für den Blues Club ein Wohltätigkeits-Konzert zugunsten der Brustkrebshilfe und erhoffe mir neue berufliche Kontakte.

8.11.
Durch die Einkommenssituation lernen wir, uns zu reduzieren. Dieser Minimalismus ist spannend. Was eine Überlebensstrategie ist, wird etwas, das wir zu schätzen lernen.

15.11.
Ein schwarzer Tag: Um 20.11 Uhr versenke ich meine geliebte Nikon D 750 mit Objektiv 2,8/24-70 mm im Hafen von Raglan. Auf dem Chip Fotos, die ich an diesem Tag von meinem Musikerfreund Peter gemacht habe. Ich wollte zusätzlich mit dem Handy einen Kutter fotografieren, dabei rutschte mir die Kamera von der Schulter. Ich zittere und weine. Fühle mich leer. Mit der Kamera hab ich alle Reise-Bücher fotografiert und fast sämtliche Videos gefilmt. Sie war mein verlängerter Arm und mein Herz

zugleich. Wie abgeschlagen und herausgerissen - und nun begraben in sechs Metern Wassertiefe.

9.1.2021
Blues-Festival in Waihi-Beach fotografiert, obwohl ich nur noch eine kleine Fuji mit Weitwinkel und einen Blitz habe. Da ich nun sehr dicht herangehen muss, werden die Fotos noch intensiver. Bassist Bill Newns beobachtet mich und fragt: *„What are you looking for?"* Ich: *„Spirit."*
Ich höre und sehe den Musikern zu und versuche zu spüren, was sie ausdrücken wollen.

Das Weitwinkel-Objektiv schafft eine neue Intensität: Festival in Waihi-Beach. Foto: Sönke Dwenger

13.1.
Mein Musikerfreund John Maydon teilt meine Festival-Fotos auf Facebook: *„Sonke Dwengers photos. He's like the best thing that's happened in the Waikato regarding photography for muso's. Yet he ain't allowed to live here. He's out there doing it for free. He's passionate about art. W.T.F. NZ. Why can't folk like this get permanent residancy? Come on Labour. You're supposed to support the arts."*

23.1.
Erstmals ein Jahr lang in Neuseeland. An DIESEM Tag kommt eine Nachricht vom Vorsitzenden des Auckland Blues Music Club, Bob Vaughan: *„Hey. I heard that you lost*

your video camera. Caitlin suggested we do a fundraiser for you get some musicians and see if we can get you a new camera. I would be happy to try and arrange something if you are interested. I know everyone that you have documented in the last year or so would be keen to help. Me included. You have done a lot for both our club and Hamilton.“

Noch am Abend schreibt Bob auf Facebook: *„I would like to get a series of fundraiser gigs happening here in Auckland and the regions. Let's show our appreciation for his amazing and voluntary work, and allow him to continue doing what he does best. Let me know if you can help.“*

Ich bin zutiefst gerührt!

Nach fast 25 Jahren als Tageszeitungsredakteur und Pressefotograf entschloss sich Sönke Dwenger 2008 zu einem selbstbestimmten Leben als Dokumentar-, Reise-, Portrait- und künstlerischer Fotograf sowie als Journalist in Deutschland und Neuseeland. Für den renommierten Bruckmann Verlag in München fotografierte er drei Reisebücher über Neuseeland und eines über Ostfriesland. Seit 2010 ist Sönke Dwenger Mitglied des New Zealand Institute of Professional Photography (NZIPP) und seit 2015 berufenes Mitglied der Deutschen Gesellschaft für Photographie e.V. (DGPh). Ein Schwerpunkt seiner dokumentarischen Arbeit ist der Blick auf den Umbau der ostdeutschen Gesellschaft seit dem Fall der Mauer. Hieraus resultierten mehrere Ausstellungen und Kataloge, u. a. in der Stadtgalerie in Brunsbüttel, in Prag und Wismar sowie im „Grenzhus“, dem Informationszentrum zur innerdeutschen Grenze des Landes Mecklenburg-Vorpommern in Schlagsdorf - mit Unterstützung u. a. durch die Landeszentrale für politische Bildung Mecklenburg-Vorpommern und die Landesbeauftragte Mecklenburg-Vorpommern für die Stasiunterlagen.

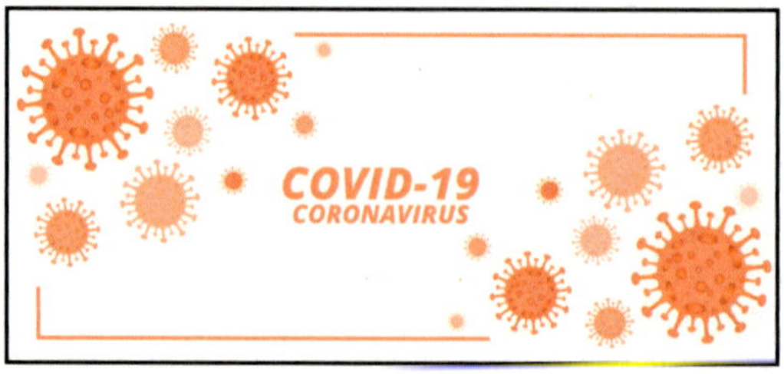

Christopher A. Harris
Licensed Insurance Producer / Lizenzierter Versicherungsmakler
born in 1972 / Jahrgang 1972
Liberty, Clay County, Missouri, USA

My journey in COVID-19

On November 24, 2020, while at work, I began to feel ill. My head was aching like a bad cold. I also became very tired. My boss allowed me to leave early, and I headed to the local Hospital. The doctors performed several tests but everything came back negative. They did a swab of my nose, but only one side, which was odd as it is supposed to be both sides. They gave me a pain shot as my left hip was causing me pain.

The 24th was on a Wednesday. Thursday was an American holiday called "Thanksgiving," and all business' are closed. I worked on Friday but still felt like I had a bad cold. On Saturday, the 27th, myself and two friends were at a location of an old Military Arsenal that was closed in 1869. We have been excavating the foundations to see how large and how it was built. After lunch I received a call from the Hospital saying that I tested positive. I informed my friends and went home.

I began documenting day to day how COVID-19 was affecting me. I never had it seriously. I was extremely tired, daily headaches, nausea and muscle aches. Day to day, the way I felt varied. Much of it I spent laying down taking naps. I did not feel like doing anything. I did not have breathing problems which I am very thankful for. My boss brought over the items I needed to work from home if I felt like it. She was very understanding. Her name is Angelique Weaver, and the company I worked for was Shelter Insurance Company covering Automobiles, Homes and Life Insurance.

To be tested a second time, to see if you have a negative result, you have to schedule it online and only certain locations will provide the test. Having COVID-19 gave me a closer understanding of how those affect more so than I handle this. My doctor said that I should go ahead and get the vaccine. I have not scheduled it yet. My father came down with COVID-19 from me. I believe that I came down with it from our housekeeper whose husband had it and she was exposed.

Birth: June 7, 1972 in North Kansas City, Clay County, Missouri, USA
Job Title: Licensed Insurance Producer for Country Financial Insurance Company
Residence: Liberty, Clay County, Missouri, USA
Local historian for Liberty, Missouri
Author of two historical books
Board member of:
The Friends of the Historic Pharis Farm (Historian & Photographer)
Shoal Creek Living History Museum (Director of School Programs & Historian)
Historic Downtown Liberty, Inc. (Historian & Photographer)
Friends of the National Frontier Trails Museum (Photographer)

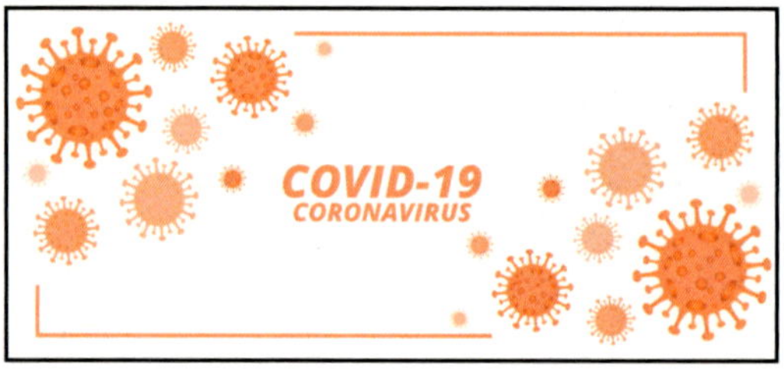

Meine Reise mit COVID-19

Am 24. November 2020, während ich bei der Arbeit war, begann ich mich krank zu fühlen. Mein Kopf tat weh, wie bei einer schlimmen Erkältung. Ich wurde auch sehr müde. Mein Chef erlaubte mir, früher zu gehen, und ich fuhr zum örtlichen Krankenhaus. Die Ärzte führten mehrere Tests durch, aber alles war negativ. Sie machten einen Abstrich in meiner Nase, aber nur von einer Seite, was seltsam war, da es eigentlich beide Seiten sein sollten. Sie gaben mir eine Schmerzspritze, da meine linke Hüfte Schmerzen verursachte.

Dieser Tag war ein Mittwoch. Donnerstag war „Thanksgiving“, ein amerikanischer Feiertag, und alle Geschäfte waren geschlossen. Ich arbeitete am Freitag, fühlte mich aber immer noch, als hätte ich eine schlimme Erkältung. Am Samstag besuchten zwei Freunde und ich den Standort eines alten Militärarsenals, das 1869 geschlossen wurde. Wir gruben die Fundamente aus, um zu sehen, wie groß es gebaut worden war. Nach dem Mittagessen erhielt ich einen Anruf des Krankenhauses, dass ich positiv getestet worden sei. Ich informierte meine Freunde und ging nach Hause.

Ich begann, Tag für Tag zu dokumentieren, wie sich COVID-19 auf mich auswirkte. Ich hatte es nie ernsthaft. Ich war extrem müde, hatte täglich Kopfschmerzen, Übelkeit und Muskelschmerzen. Von Tag zu Tag variierte mein Befinden. Die meiste Zeit verbrachte ich damit, mich hinzulegen und Nickerchen zu machen. Ich hatte keine Lust, irgendetwas zu tun. Ich hatte keine Atemprobleme, wofür ich sehr dankbar bin. Meine Chefin brachte mir die Sachen, die ich brauchte, um von zu Hause aus zu arbeiten, wenn mir danach war. Sie war sehr verständnisvoll. Ihr Name ist Angelique Weaver, und die Firma, für die ich arbeite, ist die Shelter Insurance Company, die Autos, Häuser und Lebensversicherungen abdeckt. Das möchte ich lobend erwähnen.

Um sich ein zweites Mal testen zu lassen, muss man einen Online-Termin vereinbaren. Nur bestimmte Orte bicten den Test an. Mein Arzt hat gesagt, dass ich mich impfen lassen soll. Ich habe noch keinen Termin vereinbart. Mein Vater hat sich vor mir mit COVID-19 angesteckt. Ich glaube, dass ich mich bei unserer Haushälterin angesteckt habe. Ihr Mann war infiziert und hat es wohl übertragen.

Christopher A. Harris arbeitet als lizenzierter Vesicherungsmakler in Liberty, Clay County, Missouri. Er ist Lokalhistoriker seines Wohnortes und Autor von zwei historischen Büchern, außerdem Vorstandsmitglied in vier historischen Vereinigungen, in denen er als Historiker und Fotograf tätig ist.

Alejandra
teacher in secondary school / Lehrerin an einer Sekundarschule
born in 1964 / Jahrgang 1964
Temperley, Argentina

Most people here act as if COVID-19 would not exist

Our first news about the COVID-19 pandemic arrived early January 2020. The newspapers told about a mysterious pneumonia that had arisen in Wuhan, but being Wuhan so far from Buenos Aires we hoped it would be controlled before it expanded outside of China. But soon we heard that it had already reached Europe and that constituted a greater risk because it was summer here and even when the economic situation in our country wasn‘t the best, still many people had the means to visit Europe. At the same time, many Europeans visit our country every year so the risk of the virus arriving here was increasing.

In February, my daughter travelled with her grandma to Ushuaia and even if there were no cases in our country I was a bit worried about them visiting such a touristic place. So, March arrived and brought with it all the people who were returning at the beginning of the working year, and also our first case of COVID-19 from Milano, Italy. I‘m a secondary school teacher and we had to begin classes on March 9th. We did so, but we all knew it would be a matter of days for the quarantine to begin.

We had had the first week of classes when the government prevented all the activities. My husband had tickets for the concert of Pat Metheny which had been bought a year before and the concert was postponed indefinitely. In the beginning, the government said that the lockdown would only last two weeks, but after that time they extended it for another two weeks, and they continued extending the periods with different amounts of people allowed in the streets. Perhaps the lockdown was decided too early, but this allowed the hospitals to get the necessary equipment to work and to set a large number of places where people arriving from abroad could execute their quarantine of 14 days.

Everything worked fine during the first two months, but soon the political opposition realised that the president was enhancing his good image. Since we are going to have legislative elections next year that was not good for them. From that moment on, they dedicated themselves to boycotting every official decision with the support of the mass-media so the quarantine began to crumble. If you add the lack of a firm decision of the government to take measures, that resulted in people ignoring the advices and this led to risky behaviours for the population. Most people here act as if COVID-19 would not exist.

In personal terns, I am at risk due to diabetes and high blood pressure, so I will remain isolated at home for an unknown period of time. My husband has been considered as „essential“ and even when we were allowed to have a home office during the winter that finished in October. Now we have divided our house and he is living quite isolated from my daughter and me. We meet to talk in the terrace outside or in the backyard wearing masks and keeping a distance of 2 meters. It is not comfortable, but we know cases where a whole family has died except for their children and we try to avoid risks before it might be too late.

During these ten months, my daughter has been at home all the time. She has been studying and socialising through the internet and having some sun and open-air life at home. I have only gone out to the dentist last month and I hope the vaccines will arrive soon as now they are made available to staff in hospitals.

The good aspects of the quarantine have been that I was able to sleep well, eating well, not having hurries. The first month I worked over hours but I soon realised that it had to stop it. This is why I made efforts to only stick to my working hours and turn off the cell phone outside of them.

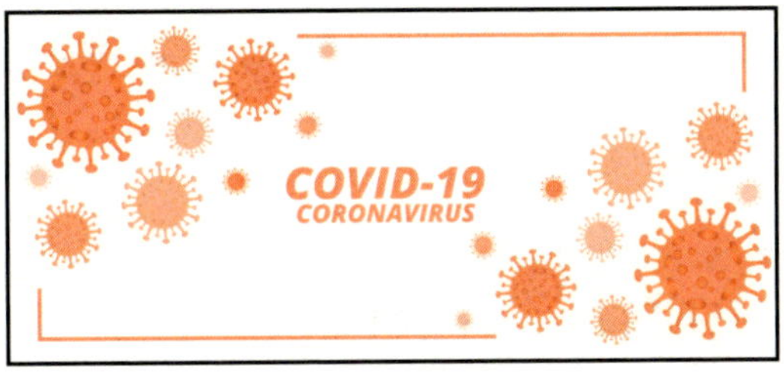

Die meisten Menschen hier benehmen sich so, als ob COVID-19 gar nicht existierte

Unsere ersten Nachrichten über die COVID-19-Pandemie kamen Anfang Januar 2020. Die Zeitungen berichteten von einer mysteriösen Lungenentzündung, die in Wuhan aufgetreten war. Aber Wuhan ist so weit von Buenos Aires, da hofften wir, dass sie kontrolliert würde, bevor sie sich außerhalb Chinas ausbreitete. Aber bald hörten wir, dass die Krnkheit bereits Europa erreicht hatte und dass dies ein größeres Risiko darstellte, da es hier Sommer war. Auch wenn die wirtschaftliche Lage in unserem Land nicht die beste war, hatten immer noch viele Menschen finnziell die Möglichkeit, Europa zu besuchen. Gleichzeitig besuchen jedes Jahr viele Europäer unser Land, und somit steigt das Risiko, dass das Virus auch hier ankommt.

Im Februar reiste meine Tochter mit ihrer Oma nach Ushuaia in Feuerland, dem „Ende der Welt". Auch wenn es in unserem Land keine Fälle gab, machte ich mir doch ein bisschen Sorgen, dass sie einen solchen touristischen Ort besuchte. Der März kam, die Menschen kehrten zum Beginn des Arbeitsjahres zurück, und sie brachten unseren ersten COVID-19-Fall aus Mailand mit.
Als Lehrerin an einer Sekundarschule musste ich am 9. März mit dem Unterricht beginnen. Wir begannen pünktlich, wussten aber auch, dass der Beginn der Quarantäne nur eine Frage der Zeit sein würde.

Schon in der ersten Unterrichtswoche beendete die Regierung alle Aktivitäten. Mein Mann hatte schon vor einem Jahr Tickets für das Konzert von Pat Metheny gekauft. Das Konzert wurde auf unbestimmte Zeit verschoben. Am Anfang sagte die Regierung, dass der Lockdown nur zwei Wochen dauern würde, aber nach dieser Zeit verlängerten sie um weitere zwei Wochen und verlängerten dann die Zeiträume immer weiter, wobei eine unterschiedliche Anzahl von Menschen sich draußen aufhalten durfte. Vielleicht wurde der Lockdown zu früh angeordnet. Aber er gab den Krankenhäusern die Möglichkeit, die notwendige Ausrüstung vorzubereiten und Orte einzurichten, an denen aus dem Ausland ankommende Personen ihre vierzehn Tage dauernde Quarantäne durchführen konnten.

In den ersten zwei Monaten lief alles gut. Doch bald erkannte die politische Opposition, dass der Präsident sein gutes Image verbesserte. Da wir nächstes Jahr

Parlamentswahlen abhalten werden, war das nicht gut für die Opposition. Von diesem Moment an widmeten sie sich dem Boykott jeder offiziellen Entscheidung mit Unterstützung der Massenmedien, so dass die Quarantäne zu bröckeln begann. Weil die Regierung klare Entscheidungen vermissen ließ, ignorierten Menschen die Ratschläge und legten riskante Verhaltensweisen an den Tag. Die meisten Menschen hier benehmen sich so, als ob COVID-19 gar nicht existierte.

Persönlich bin ich aufgrund von Diabetes und Bluthochdruck gefährdet, so dass ich auf unbestimmte Zeit zu Hause isoliert bleiben werde. Mein Mann wurde als „systemrelevant“ eingestuft, so dass wir selbst im Winter, der im Oktober endete, ein Heimbüro haben durften. Jetzt haben wir unser Haus geteilt und er lebt isoliert von meiner Tochter und mir. Wir treffen uns draußen auf der Terrasse oder im Hinterhof, tragen dabei Masken und halten einen Abstand von zwei Metern ein. Es ist nicht angenehm. Aber wir kennen Fälle, in denen eine ganze Familie mit Ausnahme ihrer Kinder gestorben ist. So versuchen wir, Risiken zu vermeiden, bevor es zu spät sein könnte.

Während dieser zehn Monate war meine Tochter die ganze Zeit zu Hause. Sie hat über das Internet studiert und Kontakte geknüpft, zu Hause hatte sie Sonne und Leben unter freiem Himmel. Ich bin nur im letzten Monat zum Zahnarzt gegangen und hoffe, dass die Impfstoffe bald eintreffen, denn jetzt werden sie dem Personal in den Krankenhäusern zur Verfügung gestellt.

Die guten Aspekte der Quarantäne waren, dass ich gut schlafen konnte, gut aß und keine Eile hatte. Im ersten Monat arbeitete ich über viele Stunden, aber ich merkte bald, dass ich damit aufhören musste. Deshalb habe ich mich bemüht, mich nur an meine Arbeitszeiten zu halten und ansonsten das Mobiltelefon auszuschalten.

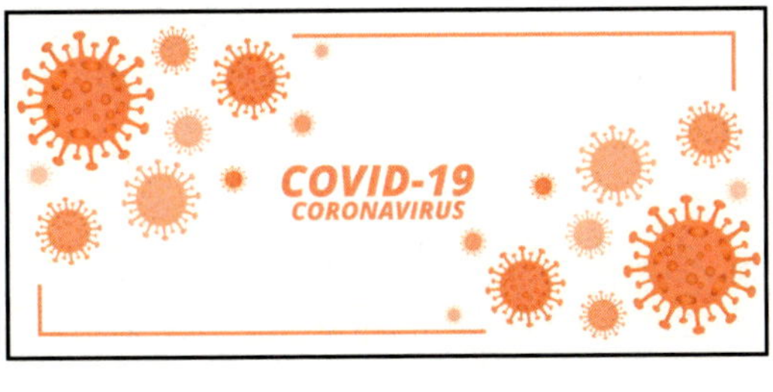

Bethuel T Tjinae
Insurance Sales Executive / Versicherungskaufmann
born in 1984 / Jahrgang 1984
Windhoek, Namibia

Nothing beats the presence of a loved one being around

My name is Bethuel T Tjinae. I am a 36-years-old Insurance Sales Executive. I live in Windhoek, Namibia.

What started as a simple throat irritation on the December26th, 2020, ended up into one of the most interesting flus I ever had in my life. It actually made me realize how fast spreading this virus is and how the world has tended to ignore the human element in the spread of this virus.

December 25th, 2020. Around 8AM we are seated in the living room in a small town called Omatjete, Namibia. My brother, his drei children aged 15, 8 and 7 and myself. His girlfriend Agnes is in the kitchen preparing breakfast so we can eat and drive out to the Spitzkoppe. Well, as we casually sit and enjoy a lovely breakfast of scrambled eggs, bread and 100% orange juice, Okocha comes into the house full of pains.

Okocha is a colleague and friend of my brother. He is also a cousin to Agnes. In his pain and desperation to find medication that can help him with his worsening flu, he decides to come to my brother's place knowing well that he has a first aid kit with the medication he needs. On this occasion it is not the case however. He also knows that his cousin is here with him and she will know which medicines to give to him. Being the caring and loving cousin that she is, she prepares a hot cup for him to drink with us in the living room. She also gives him boosters (that's what they were calling it), plus flu tabs that dissolve in water. After a few minutes of encouragement for Okocha to drink the hot beverage, he leaves to his house to go sleep the pain and flu away. Our preparations for the trip are completed and off we go to the Spitzkoppe where we spend our day till later in the evening when we return. Fast forward - On Sunday, the two eldest children start to complain about flu-like symptoms. Well, we spend the Sunday giving them a cough syrup which is also the medication they use during most part of Monday. In the late afternoon the first aid kit is refilled and the children get proper medication. Now during Monday, Agnes also starts to experience flu-like symptoms and she jumps to the medications and her hot drink of garlic, ginger and lemon. She will recover soon with the children on Tuesday.

Okocha comes on Sunday and gets painkillers plus he drinks cough syrup. He returns again Monday evening, takes cough syrup and drinks soluble flu tab.

On Tuesday, I start experiencing the throat irritation and I take cough syrup. More like 4 – 5 teaspoons. That is in the morning, half of the day. During the evening, I take cough syrup again and a soluble tab. And off to bed I go. On Wednesday, my flu has subsided but my bother starts to complain about mild flu-like symptoms. Wednesday passes by normally. Okocha is still recovering with complains about back pain here and there. I also start experiencing back pain and a bit of diarrhea, but I assume this is due to the quantity of cough syrup I took. On Thursday, we go to the cattle post and I drink a few glasses of (Richelieu) brandy mixed with coke. I also have a few glasses of red wine. I am feeling exhausted and fall asleep before midnight. The next day Friday I spend the day drinking white wine. Okocha is feeling better and together with a group of friends we spend the evening drinking and chatting away. My brother is bed-ridden on Friday complaining of mild back pains.

On Saturday, I start experiencing nauseas and chest pains. I blame it on the cheap white wine I was drinking on Friday. My brother's condition is deteriorating. He cannot walk properly because of pain all over his body. The smell of flu is all over the room and we still have not come to think of this flu as Covid-19. His condition keeps deteriorating by Saturday. He suffers from back pain, chest pain and headaches. On Saturday, I start experiencing mild difficulties in breathing.

Okocha also comes over after a while and asks for medication. He drinks syrup and I use scorpion ointment to smear onto my chest. My chest pain is very tolerable and I can jog again the next day. My brother on the other side is getting worse. Pain is making him unable to talk or to eat. We realize that he keeps experiencing the same symptoms like us, but more severe, as he is diabetic and more obese. By Sunday, my chest starts to pain when I inhale. Okocha experiences the same and it dawns on us that we have Covid-19. Also, on Sunday, my brother becomes very weak from the flu, cough and pain and he goes to the local clinic. Sweating and feeling cold plus nausea and diarrhoea are some of the things he experiences. He gets some few flu tabs and painkillers.

He is getting worse by the hour. COVID-19 testing is scheduled for Monday. In the evening, he is very weak and Agnes and I are considering taking him to the hospital. He refuses. We somehow manage to figure out between his anguish cries and screams when he gestures for water, back pain or chest pains and help him accordingly. It is becoming more and more difficult to make him eat. But we do somehow and with the painkillers (did I mention that they are Panado) he manages to recover for a few hours and also manages to vomit out a large amount of mucus build-up from his chest.

A test is done on Monday. My brother's condition is still very bad and we inform the family of any eventualities. There is now also another person who is bedridden with pain. He is also tested. The back pain is far worse now. He spends the whole Monday night practically upright because he cannot lie down due to the back pain. We keep using the anaconda ointment, scorpion ointment and Panado to rub onto his body. The taste in my mouth has now improved and my sense of smell has returned.

By Tuesday, we are forced to offer my brother words of encouragement to keep pushing. He seems to be losing the courage to keep fighting. Chest pains and back pains are excruciating. We somehow manage to convince him to get food down and take pain killers. Gracefully he is up on his feet by evening time and takes a few walks around the yard. Breathing difficulties begin, followed by a dry cough. By Wednesday, he can spend a few hours sitting up, and the healing process commences. By Thursday he is able to get up on his feet. My brother is a diabetic with high blood pressure. He controls his diabetes by taking tablets every day.

As I narrate this experience from December 25th, 2020 until January 7th, 2021, we have lost many persons nationwide to COVID-19. One thing we came to realize is that most of the deceased are those that went to clinics and hospitals for treatment. As for us we questioned, would my brother and the other gentleman who were bedridden have made it if we would have taken them to the hospital? Being an observer of the magnitude of care Agnes had to offer to him, staying with him through the pain and sharing the bed with him in order to be there for him all through the night and day, I cannot see how a stranger (nurse/doctor) who does not know my brother's moods or weaknesses would have been able to assist him through this.

To those of us who spent hours with our COVID-19 positive relatives and who were/are also COVID-19 positive, nothing beats the presence of a loved one being around during the worse ever pain and weakness. Yes, Covid-19 is there. That I know for a fact. How it came about, I don't know. Whether it is man-made, I don't know. But I can testify that it is spreading faster than anything I have ever encountered. I have met seven people who contracted the virus in the week I went to visit my brother. Myself included. One thing I learned from this experience is that Covid-19 regulations, through the proposed isolation protocols, have not considered the human interaction or touch that anyone in need can benefit from.

Prior to the events of the last two weeks that I outlined in article, COVID-19 was a stranger to me. I had no direct connection to it and felt it existed in a world parallel to mine. Yes, I was sanitizing, holding on to social distancing and being lock-downed. But the exposure to the virus or the disease itself was so minimal that it was easy for me to believe in the conspiracy theories circulating around. Economically, I was not affected. In fact, I got a job in 2020 after three years of job hunting, so my prospects for 2020 were actually positive.

My views towards Covid-19 have totally changed. I admit that it is indeed a very fast spreading virus and very different compared to any flu one can ever have. It is one to fear and one to cure...

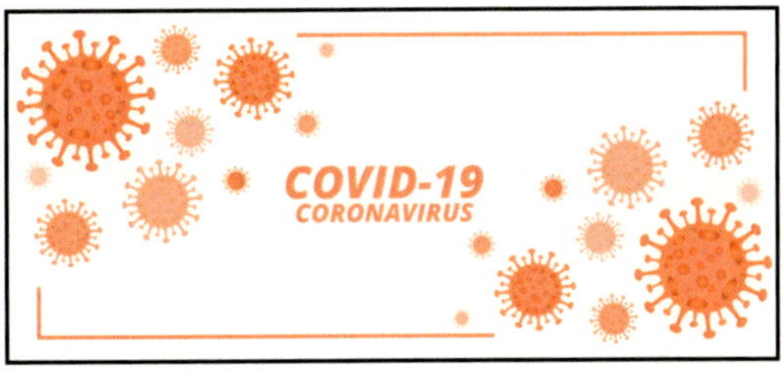

Nichts ist wichtiger als die Gegenwart eines geliebten Menschen

Mein Name ist Bethuel T. Tjinae. Ich bin 36 Jahre alt und arbeite als Versicherungskaufmann. Ich lebe in Windhoek, Namibia.

Was als einfache Halsentzündung am 26. Dezember 2020 begann, endete in einer der interessantesten Grippen, die ich je in meinem Leben hatte. Es hat mir bewusst gemacht, wie schnell sich dieses Virus ausbreitet und wie die Welt dazu neigt, das menschliche Element bei der Verbreitung dieses Virus zu ignorieren.

25. Dezember 2020. Gegen acht Uhr morgens sitzen wir im Wohnzimmer einer kleinen Stadt namens Omatjete, Namibia. Mein Bruder, seine drei Kinder im Alter von 15, 8 und 7 Jahren, und ich. Seine Freundin Agnes ist in der Küche und bereitet das Frühstück vor, damit wir essen und dann zur Spitzkoppe rausfahren können. Während wir gemütlich sitzen und ein herrliches Frühstück mit Rührei, Brot und Orangensaft genießen, kommt Okocha voller Schmerzen ins Haus.

Okocha ist ein Kollege und Freund meines Bruders. Er ist auch ein Cousin von Agnes. In seinem Schmerz und in seiner Verzweiflung, Medikamente zu finden, die ihm bei seiner sich verschlimmernden Grippe helfen können, beschließt er, zu meinem Bruder zu kommen, wohl wissend, dass dieser einen Erste-Hilfe-Kasten mit den benötigten Medikamenten hat. Diesmal ist dies jedoch nicht der Fall. Er weiß auch, dass seine Cousine bei ihm ist, und sie wird wissen, welche Medikamente sie ihm geben muss. Als fürsorgliche und liebevolle Cousine bereitet sie ihm ein heißes Getränk zu, das er bei uns im Wohnzimmer trinken kann. Außerdem gibt sie ihm Aufputschmittel (so nannte sie es) und Grippetabletten, die sich in Wasser auflösen. Nachdem sie Okocha ein paar Minuten lang ermuntert hat, das heiße Getränk zu trinken, geht er nach Hause, um die Schmerzen und die Grippe wegzuschlafen. Unsere Vorbereitungen für die Reise sind abgeschlossen, und wir machen uns auf den Weg zur Spitzkoppe, wo wir den Tag verbringen, bis wir später am Abend zurückkehren. Am Sonntag beginnen die beiden ältesten Kinder über grippeähnliche Symptome zu klagen. Wir verbringen den Sonntag damit, ihnen eHustensaft zu geben, den sie auch den größten Teil des Montags über einnehmen. Am späten Nachmittag wird der Erste-Hilfe-Kasten wieder aufgefüllt, und die Kinder bekommen die richtigen

Medikamente. Im Laufe des Montags setzen auch bei Agnes grippeähnliche Symptomen ein. Mit Medikamenten und ihrem heißen Getränk aus Knoblauch, Ingwer und Zitrone geht es ihr und den Kindern am Dienstag wieder besser.

Okocha kommt am Sonntag und bekommt Schmerzmittel, außerdem trinkt er Hustensirup. Er kommt am Montagabend wieder, nimmt Hustensirup und trinkt lösliche Grippetabletten.

Am Dienstag fange ich an, die Halsreizung zu spüren und nehme morgens Hustensirup, vier bis fünf Teelöffel. Am Abend nehme ich wieder Hustensaft und eine lösliche Tablette. Und dann geht es ab ins Bett. Am Mittwoch ist meine Grippe abgeklungen, aber ich klage wieder über leichte grippeähnliche Symptome. Der Mittwoch vergeht normal. Okocha erholt sich weiter und klagt hier und da über Rückenschmerzen. Ich habe auch Rückenschmerzen und ein wenig Durchfall, aber ich nehme an, dass dies auf die Menge an Hustensaft zurückzuführen ist, die ich genommen habe. Am Donnerstag gehen wir zum Viehposten und ich trinke ein paar Gläser (Richelieu), Brandy gemischt mit Cola. Ich trinke auch ein paar Gläser Rotwein. Ich fühle mich erschöpft und schlafe noch vor Mitternacht ein. Freitag verbringe ich den Tag damit, Weißwein zu trinken. Okocha geht es besser, und zusammen mit einer Gruppe von Freunden verbringen wir den Abend mit Trinken und Plaudern. Mein Bruder ist am Freitag bettlägerig und klagt über leichte Rückenschmerzen.

Am Samstag fange ich an, Übelkeit und Schmerzen in der Brust zu verspüren. Ich schiebe es auf den billigen Weißwein vom Freitag. Der Zustand meines Bruders verschlechtert sich. Er kann nicht mehr richtig gehen, weil er am ganzen Körper Schmerzen hat. Der Geruch von Grippe ist im ganzen Raum, und wir sind immer noch nicht auf die Idee gekommen, diese Grippe als Covid-19 zu bezeichnen. Am Samstag verschlechtert sich sein Zustand weiter. Er leidet unter Rückenschmerzen, Brustschmerzen und Kopfschmerzen, und er hat leichte Atembeschwerden.

Auch Okocha kommt nach einer Weile vorbei und bittet um Medikamente. Er trinkt Sirup, und ich benutze Skorpionssalbe, die ich mir auf die Brust schmiere. Meine Brustschmerzen sind sehr erträglich und ich kann am nächsten Tag wieder joggen. Meinem Bruder geht es dagegen immer schlechter. Die Schmerzen machen ihn unfähig zu sprechen oder zu essen. Wir stellen fest, dass er die gleichen Symptome wie wir hat, nur stärker, da er Diabetiker und fettleibiger ist. Am Sonntag beginnt meine Brust zu schmerzen, wenn ich einatme. Okocha erlebt das Gleiche, und es dämmert uns, dass wir Covid-19 haben. Ebenfalls am Sonntag wird mein Bruder durch die

Grippe, den Husten und die Schmerzen sehr schwach und er geht in die örtliche Klinik. Er erlebt Schwitzen, Kältegefühl, Übelkeit und Durchfall. Man gibt ihm einige wenige Grippetabletten und Schmerzmittel.

Es geht ihm von Stunde zu Stunde schlechter. Der COVID-19-Test ist für Montag angesetzt. Am Abend ist er sehr schwach. Agnes und ich überlegen, ihn ins Krankenhaus zu bringen. Er weigert sich. Irgendwie schaffen wir es, zwischen seinen Angstschreien und Schreien, wenn er nach Wasser gestikuliert, zwischen Rücken- oder Brustschmerzen herauszufinden, was er will, und können ihm entsprechend helfen. Es wird immer schwieriger, ihn zum Essen zu bewegen. Aber es gelingt uns, und mit dem Schmerzmittel Panado (Paracetamol) schafft er es, sich für ein paar Stunden zu erholen und eine große Menge Schleim aus seiner Brust herauszukotzen.

Am Montag wird ein Test gemacht. Der Zustand meines Bruders ist immer noch sehr schlecht und wir informieren die Familie über alle Eventualitäten. Es gibt nun auch eine weitere Person, die mit Schmerzen bettlägerig ist. Auch er wird getestet. Die Rückenschmerzen sind jetzt viel schlimmer. Mein Bruder verbringt den ganzen Montagabend praktisch aufrecht, weil er sich wegen der Rückenschmerzen nicht hinlegen kann. Wir reiben ihn weiterhin mit Anakonda-Salbe, Skorpion-Salbe und Panado ein. Der Geschmack im Mund hat sich inzwischen verbessert und der Geruchssinn ist zurückgekehrt.

Am Dienstag sind wir gezwungen, meinen Bruder mit aufmunternden Worten zum Weitermachen zu bewegen. Er scheint den Mut zu verlieren, weiter zu kämpfen. Die Schmerzen in der Brust und im Rücken sind unerträglich. Irgendwie schaffen wir es, ihn davon zu überzeugen, zu essen und Schmerzmittel zu nehmen. Am Abend ist er auf den Beinen und macht ein paar Spaziergänge um den Hof. Die Atembeschwerden beginnen, gefolgt von einem trockenen Husten. Am Mittwoch kann er ein paar Stunden im Sitzen verbringen, und der Heilungsprozess setzt ein. Am Donnerstag kommt er auf die Beine. Mein Bruder ist Diabetiker mit hohem Blutdruck. Er kontrolliert seine Diabetes, indem er jeden Tag Tabletten einnimmt.
Während ich diese Erfahrung vom 25. Dezember 2020 bis zum 7. Januar 2021 erzähle, haben wir landesweit viele Personen durch COVID-19 verloren. Etwas wurde uns klar: Die meisten der Verstorbenen waren zur Behandlung in Kliniken und Krankenhäuser gegangen. Hätten mein Bruder und der andere Herr, der bettlägerig war, es geschafft, wenn wir sie ins Krankenhaus gebracht hätten? Ich konnte beobachten, in welchem Ausmaß Agnes meinen Bruder gepflegt hat. Sie blieb bei ihm, ale er Schmezen

hatte. Sie teilte das Bett mit ihm, um die ganze Nacht und den ganzen Tag für ihn da zu sein. Ein Fremder, wie ein Arzt oder eine Krankenschwester, der die Stimmungen und Schwächen meines Bruders nicht kennt, hätte ihm nie so helfen können.

Für diejenigen von uns, die Stunden mit ihren auf COVID-19 positiv Verwandten verbracht haben und die auch COVID-19 positiv waren oder sind, geht nichts über die Anwesenheit eines geliebten Menschen, der während der schlimmsten aller Schmerzen und Schwächen da ist. Ja, Covid-19 ist da. Das weiß ich ganz genau. Wie es zustande gekommen ist, weiß ich nicht. Ob es von Menschenhand gemacht ist, weiß ich nicht. Aber ich kann bezeugen, dass es sich schneller ausbreitet als alles, was mir je begegnet ist. In der Woche, in der ich meinen Bruder besuchte, habe ich sieben Menschen getroffen, die sich mit dem Virus infiziert hatten, mich selbst eingeschlossen. Ich habe aus dieser Erfahrung gelernt, dass die Covid-19-Vorschriften durch die vorgeschlagenen Isolationsprotokolle die menschliche Interaktion oder Berührung, von der jeder Bedürftige profitieren kann, nicht berücksichtigt haben.

Vor den Ereignissen der letzten zwei Wochen, die ich in diesem Artikel skizziert habe, war COVID-19 für mich ein Fremder. Ich hatte keine direkte Verbindung dazu, und ich hatte das Gefühl, dass COVID in einer Parallelwelt zu meiner Welt existiert. Ja, ich habe mich desinfiziert, habe das social distancing befolgt und war eingesperrt. Aber der Kontakt mit dem Virus oder der Krankheit selbst war so minimal, dass es mir leicht fiel, an die kursierenden Verschwörungstheorien zu glauben. Wirtschaftlich war ich nicht betroffen. Tatsächlich habe ich nach drei Jahren Arbeitssuche im Jahr 2020 einen Job bekommen, so dass meine Aussichten für 2020 eigentlich positiv waren.

Meine Ansichten gegenüber Covid-19 haben sich völlig verändert. Ich gebe zu, dass es ein sich sehr schnell ausbreitendes Virus ist und ganz anders als jede Grippe, die man jemals haben kann. Es ist ein Virus zum Fürchten und zum Heilen...

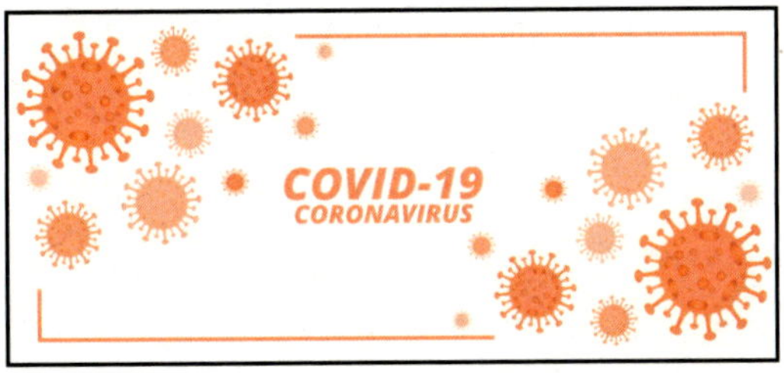

Eliza James
Director at the African Scholars‘ Fund / Direktorin des African Scholars‘ Fund
Cape Town, South Africa

The Covid-19 Pandemic hits South Africa

We celebrated our first democratically elected President (Nelson R Mandela) in 1994 and believed we would finally start to put the scourge of inequality that came with Apartheid behind us. But Mandela's *Long Walk to Freedom* was indicative of his countrymen's 'longer walk to dignity and equality'. The advent of Covid-19, more than anything else, served to highlight that despite almost three decades having gone by since gaining our political freedom, most everything remained the same for a large percentage of the population.

A large percentage of people of colour are still poor and living in squalor. So, from the younger generation's perspective – the so-called "born frees" that came post 1994, most of their parents were poorly educated and still held menial jobs (cleaners, domestic workers, gardeners etc.). Most of them still lived in shacks and relied on government grants to subsidise the meagre household income. Poverty and crime were the order of the day, the schools they attended were under-resourced, some teachers poorly qualified and there was little hope of a learner being prepared for the fourth industrial revolution. Despite these harrowing conditions, our learners looked to the future with a sense of hope, determined to make the most of the hand that was dealt them.

What then, was the young person of colour's experience when Covid-19 hit the South African shores. I shall offer some few snippets from their letters recounting their personal experiences and, in this manner, let them speak for themselves.

BANTOM Lucia, a grade 10 learner

"As a student and a young individual who was born and raised in villages, the impact of the Corona Virus came to all shores of living. During the height of Covid-19, I lost my grandmother. Although no one ever thought or heard of such a pandemic, society didn't take it as seriously when it was introduced to us. At once my very close friends in my neighbourhood mocked me and called me ridiculous names. My family members were seen as a threat towards society and this came to it that we were chased out of our home village – as I've indicated that I am a breed from the villages. In our household we only have one breadwinner who happens to be my mother. During the lockdown my mother lost her job due to the impact of Covid-19 towards our economy. Back at our household situations got tense as there was no income generated. Although there were individuals who were willing to help us, they were held back by thinking these individuals are Covid-19 positive and therefore did not want to associate with us. The situation grew stronger as it started to affect not just my house, but more in the village. Hunger struck at the stomachs of poor souls. The pandemic wasn't a threat as a disease only, it was a threat towards all means that generate a living. As situations are tense back at home it was hard to hold focus on my studies. Sometimes we ran out of electricity and I couldn't focus on my studies late night, as there was no light or any network coverage to do my assignments.
As the saying goes "you can't teach a hungry child", so the issue of not having a breadwinner affects me very hard. The only time I used to get to have a decent meal is at school. Although there is another saying by PW Botha, "ADAPT OR DIE," it became harder and harder as the whole school syllabus has changed. I am barely getting to adapt in these days of learning. At our school we were left behind as other students in better off schools were commencing with their studies. I feel like we're excluded from the government and their alternative ways of studying. Covid-19 had its negative impacts as well as positive impacts, although it took our people a while to realise that the good thing was that Covid-19 indicated that people should learn to be together with their families. On the other hand, Covid-19 became a major issue that decreased a lot of breadwinners and terminated a lot of people's income."

MABANGA Kwanele, a grade 12 learner

"2020 has been a difficult year especially as a grade 12 learner, buying 1GB data is very expensive because you have to choose that you will go to bed hungry or you lose out in your studies."

SHETE Kebone, a grade 11 learner

"We were forced to learn online. We come from different backgrounds, not all of us are fortunate to have cell phones and even if you have one it still requires data or airtime. Mind you, our parents/guardians are no longer working, so there's no income. The disadvantage of online learning is that not all of us learners are coping; some find it difficult because they are used to having a teacher in front of them teaching. Also, there are distractions in our surroundings making things more difficult for us to study e.g. siblings playing in the limited space where you are studying, noise from the crowded neighbourhood, and house chores waiting for you, like fetching water or making the fire."

GUSH Ukhanyo, a grade 11 learner

"Covid-19 has changed people's lives, caused major disruptions all over. It hasn't been easy for people to live with the virus, schools were closed for a long period. Businesses and other organisations closed, and people were struggling financially. Covid-19 also exposed me to the fact that I cannot learn beyond my school facilities, as I do not have access to a laptop or smart phone."

I completed my Associate in Management Programme at the University of Cape Town Graduate School of Business in 2005, whilst in the employ of Cambridge University Press. Thereafter I was appointed as General Manager of Umbindi Publishers – tasked with establishing the business (commissioning editors and overseeing the "concept to print" of study guides for high school learners) in addition to ensuring the return of investment made by the 3 partners within a 3yr period (a feat managed within the first year of operation). In 2008 I took on the exciting challenge of directorship at the ASF and I have not looked back. Here I am able to live out my passion – that of facilitating the opportunity for learners to complete their basic schooling, to awaken the desire to continue furthering their education, to be transformed and to break free from the cycle of poverty. My greatest hope for mankind is that every person be given the opportunity to reach their full potential.

The African Scholars' Fund is a rather unique organisation, longstanding (51yrs) in its support of our most marginalised young learners. You are invited to gain further insight: http://asf.org.za/wp-content/uploads/2020/10/ASF-50th-Anniversary-Celebratory-Annual-Report.pdf and to view some short video clips: http://ow.ly/bKKg50BhYiN. So, too, I would be more than happy to provide you with further information – please contact me on Eliza James: eliza@asf.org.za.

From our neck of the woods, where there are those for whom this virus is but a mere inconvenience (comfortable homes, funds to purchase to their hearts content, access to online teaching, entertainment, shopping, and decent medical facilities), living seemingly oblivious to those hundreds of thousands who are crammed into corrugated iron shacks, where the bare basics are a sought after luxury (dear Lord, my heart breaks), we send our blessings and prayers for your countrymen and women to move through this unprecedented event safely.

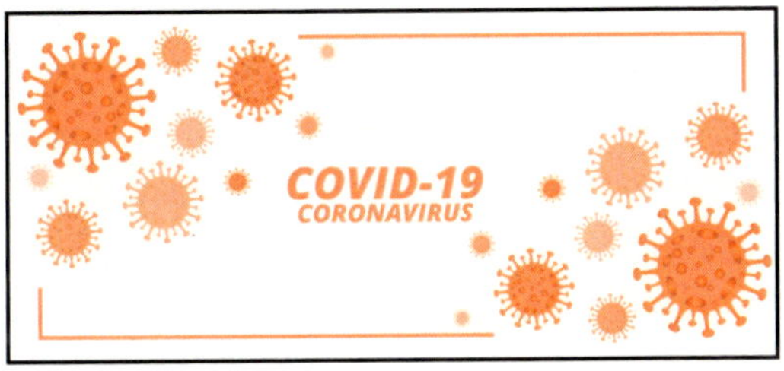

Die Covid-19-Pandemie trifft Südafrika

Wir feierten 1994 unseren ersten demokratisch gewählten Präsidenten (Nelson R. Mandela) und glaubten, dass wir endlich beginnen würden, die Geißel der Ungleichheit, die mit der Apartheid einherging, hinter uns zu lassen. Doch Mandelas langer Weg in die Freiheit war bezeichnend für den „längeren Weg zu Würde und Gleichheit" seiner Landsleute. Das Aufkommen von Covid-19 diente mehr als alles andere dazu, hervorzuheben, dass trotz der fast drei Jahrzehnte, die seit der Erlangung unserer politischen Freiheit vergangen sind, für einen großen Prozentsatz der Bevölkerung fast alles beim Alten geblieben ist.

Ein großer Prozentsatz der farbigen Bevölkerung ist immer noch arm und lebt im Elend. Aus der Perspektive der jüngeren Generation - der so genannten „born frees", die nach 1994 kamen - waren die meisten ihrer Eltern schlecht ausgebildet und hatten immer noch niedere Jobs (Putzfrauen, Hausangestellte, Gärtner etc.). Die meisten von ihnen lebten noch in Hütten und waren auf staatliche Zuschüsse angewiesen, um das karge Haushaltseinkommen aufzubessern. Armut und Kriminalität waren an der Tagesordnung, die Schulen, die sie besuchten, waren unterfinanziert, die Lehrer teilweise schlecht qualifiziert, und es gab wenig Hoffnung, dass ein Lernender auf die vierte industrielle Revolution vorbereitet wird. Trotz dieser erschütternden Bedingungen blickten unsere Lernenden hoffnungsvoll in die Zukunft und waren entschlossen, das Beste aus dem zu machen, was ihnen gegeben worden war.

Wie erlebten also farbige Jugendliche den Einbruch von Covid-19 an der südafrikanischen Küste? Ich werde einige Ausschnitte aus ihren Briefen wiedergeben, in denen sie ihre persönlichen Erfahrungen schildern, und sie auf diese Weise für sich selbst sprechen lassen.

BANTOM Lucia, eine Schülerin der 10. Klasse
„Als Schülerin und junger Mensch, die in Dörfern geboren und aufgewachsen ist, kamen die Auswirkungen des Corona-Virus in allen Bereichen des Lebens an. Während des Höhepunkts von Covid-19 habe ich meine Großmutter verloren. Obwohl niemand jemals an eine solche Pandemie gedacht oder von ihr gehört hatte, wurde sie von der Gesellschaft nicht so ernst genommen, als sie uns vorgestellt wurde. Meine engsten Freunde in der Nachbarschaft machten sich sofort über mich lustig und beschimpften mich mit lächerlichen Namen. Meine Familienmitglieder wurden als Bedrohung für die Gesellschaft gesehen, und das führte dazu, dass wir aus unserem Heimatdorf verjagt wurden. In unserem Haushalt haben wir nur eine Ernährerin, meine Mutter. Während des Lockdowns hat meine Mutter ihre Arbeit verloren, weil Covid-19 unsere Wirtschaft angreift. In unserem Haushalt wurde die Situation angespannt, da es kein Einkommen mehr gab. Obwohl es Personen gab, die bereit waren, uns zu helfen, wurden sie zurückgehalten, weil sie dachten, dass diese Personen Covid-19 positiv sind und deshalb nicht mit uns verkehren wollten. Die Situation spitzte sich zu, als sie nicht nur meinen Haushalt, sondern auch andere im Dorf betraf. Der Hunger schlug sich auf die Mägen der armen Seelen nieder. Die Pandemie war nicht nur als Krankheit eine Bedrohung, sie war eine Bedrohung für alle Mittel, die den Lebensunterhalt sichern. Da die Situation zu Hause angespannt ist, war es schwer, die Konzentration auf mein Studium zu halten. Manchmal ging uns der Strom aus und ich konnte mich nicht auf mein Studium konzentrieren, da es kein Licht und keinen Netzempfang gab, um meine Aufgaben zu erledigen. Wie das Sprichwort sagt: „Einem hungrigen Kind kann man nichts beibringen", also trifft mich das Problem, keinen Ernährer zu haben, sehr hart. Die einzige Zeit, in der ich

eine anständige Mahlzeit zu mir nehmen konnte, war in der Schule. Obwohl es einen anderen Spruch von Pieter Willem Botha gibt, „ADAPT OR DIE", wurde es immer schwieriger, da sich der gesamte Lehrplan der Schule geändert hat. Ich kann mich in diesen Tagen des Lernens kaum noch anpassen. An unserer Schule wurden wir zurückgelassen, als andere Schüler in besser gestellten Schulen mit ihrem Studium begannen. Ich habe das Gefühl, dass wir von der Regierung und ihren alternativen Lernmethoden ausgeschlossen werden. Covid-19 hatte sowohl negative als auch positive Auswirkungen, obwohl unsere Leute eine Weile brauchten, um zu erkennen, dass das Gute darin bestand, dass Covid-19 darauf hinwies, dass die Menschen lernen sollten, mit ihren Familien zusammen zu sein. Auf der anderen Seite wurde Covid-19 zu einem großen Problem, weil viele Ernährer ausfielen und das Einkommen vieler Menschen beendet wurde."

MABANGA Kwanele, eine Schülerin der 12. Klasse
„2020 war ein schwieriges Jahr, besonders als Schüler der Klasse 12. Der Kauf von 1 GB Daten ist sehr teuer, weil man sich entscheiden muss, ob man hungrig ins Bett geht oder im Studium nachlässt."

SHETE Kebone, eine Schülerin der 11. Klasse
„Wir wurden gezwungen, online zu lernen. Wir kommen aus unterschiedlichen Verhältnissen, nicht alle von uns haben das Glück, ein Handy zu haben, und selbst wenn man eines hat, braucht man Daten oder Gesprächszeit. Außerdem sind unsere Eltern/Erziehungsberechtigten nicht mehr berufstätig, also gibt es kein Einkommen. Der Nachteil des Online-Lernens ist, dass nicht alle von uns Lernenden damit zurechtkommen; einige finden es schwierig, weil sie es gewohnt sind, einen Lehrer vor sich zu haben, der unterrichtet. Außerdem gibt es Ablenkungen in unserer Umgebung, die uns das Lernen erschweren, z. B. Geschwister, die in dem begrenzten Raum spielen, in dem man lernt, Lärm aus der belebten Nachbarschaft und Hausarbeiten, die auf einen warten, wie Wasser holen oder das Feuer machen."

GUSH Ukhanyo, eine Schülerin der 11. Klasse
„Covid-19 hat das Leben der Menschen verändert und überall große Unruhen verursacht. Es war nicht einfach für die Menschen, mit dem Virus zu leben, Schulen waren lange Zeit geschlossen. Geschäfte und andere Organisationen wurden geschlossen, und die Menschen hatten finanziell zu kämpfen. Covid-19 hat mich auch der Tatsache ausgesetzt, dass ich nicht außerhalb meiner schulischen Einrichtungen lernen kann, da ich keinen Zugang zu einem Laptop oder Smartphone habe."

Ich schloss mein Associate in Management Programm an der University of Cape Town Graduate School of Business im Jahr 2005 ab, während ich bei der Cambridge University Press angestellt war. Danach wurde ich zum Geschäftsführer von Umbindi Publishers ernannt mit der Aufgabe, das Unternehmen aufzubauen (Beauftragung von Redakteuren und Beaufsichtigung des „Konzepts bis zum Druck" von Studienführern für High-School-Schüler), zusätzlich zur Sicherstellung der Kapitalrendite der drei Partner innerhalb von drei Jahren (ein Kunststück, das bereits im ersten Jahr des Betriebs gelang). Im Jahr 2008 nahm ich die spannende Herausforderung an, die Leitung der ASF zu übernehmen, und ich habe nicht zurückgeblickt. Hier kann ich meine Leidenschaft ausleben, nämlich Lernenden die Möglichkeit zu geben, ihre Grundschulausbildung abzuschließen, den Wunsch zu wecken, sich weiterzubilden, sich zu verändern und sich aus dem Kreislauf der Armut zu befreien. Meine größte Hoffnung für die Menschheit ist, dass jeder Mensch die Möglichkeit erhält, sein volles Potenzial auszuschöpfen.

Der African Scholars' Fund ist eine einzigartige Organisation, die seit 51 Jahren unsere am meisten marginalisierten jungen Lernenden unterstützt. Hier gibt es weitere Einblicke in unsere Arbeit: http://asf.org.za/wp-content/uploads/2020/10/ASF-50th-Anniversary-Celebratory-Annual- Report.pdf und http://ow.ly/bKKg50BhYiN. Ich würde mich freuen, Ihnen weitere Informationen zu geben. Bitte kontaktieren Sie mich unter eliza@asf.org.za.

Aus unserer Gegend, wo es Menschen gibt, für die dieser Virus nur eine Unannehmlichkeit ist (komfortable Häuser, Geldmittel, um nach Herzenslust einzukaufen, Zugang zu Online-Unterricht, Unterhaltung, Einkaufsmöglichkeiten und anständigen medizinischen Einrichtungen), die scheinbar ohne Rücksicht auf die Hunderttausenden leben, die in Wellblechhütten eingepfercht sind, wo das Nötigste ein begehrter Luxus ist (lieber Gott, es bricht mir das Herz), senden wir unseren Segen und unsere Gebete für Ihre Landsleute, damit sie dieses noch nie dagewesene Ereignis sicher überstehen.

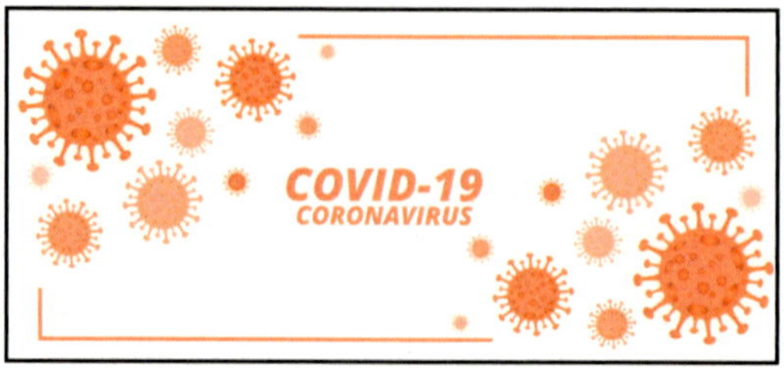

Professor Rodrigo Duarte
Jahrgang 1957
Bundesuniversität von Minas Gerais
Belo Horizonte, Brasilien

Das Virus und der Wurm.
Die Pandemie in Bolsonaros Brasilien.

Jedes Ereignis hat eine Vorgeschichte. Die Pandemie als Welt-Angelegenheit hatte vielleicht die Konturen, die man jetzt sehr leicht anerkennt, bereits einige Jahrzehnte vorher erhalten. Deren Wendepunkt war der Fall der Berliner Mauer. Dadurch wurden zwei Prozesse in Gang gesetzt, die einerseits die Weltverbreitung des Coronavirus erleichterten und andererseits die Bedingungen zu dessen Bekämpfung verschlechtert haben.
Der erste Prozess war die Globalisierung, die sich erst mit dem Ende der kalten Krieges durch den Bankrott des real-existierenden Sozialismus verwirklicht und den breitesten Kreislauf von Menschen und Waren der Geschichte erlaubt hat. Es muss demnach der Faktor gewesen sein, der eine so schnelle und einschlagende Verbreitung des Coronavirus ermöglicht hat.

Der zweite, ebenso mit dem Fall der Berliner Mauer verbundene Prozess, dessen Wirkung die Erschwerung der Bekämpfung des Virus war, war die weltweite Verbreitung der neoliberalistischen Ideologie, in deren Rahmen viele öffentlich-rechtliche Anstalten, die für Gesundheit und Wohlstand der jeweiligen Bevölkerungen zuständig waren, privatisiert worden sind. Das bezieht sich insbesondere auf die reichsten westeuropäischen Länder, wie Deutschland, Frankreich, Italien und Großbritannien, die eine sehr große Zahl von Toten und Infizierten im Verhältnis zu ihrer Gesamtbevölkerung aufzeigen. Was die Vereinigten Staaten – Vaterland des klassischen liberalistischen Ideologie und wichtigster Verbreiter des Neoliberalismus – betrifft, so könnte man sagen, dass sie wohl nie funktionierende Anstalten des öffentlichen Gesundheits- und Sozialwesens gehabt haben. Es verwundert also nicht, dass die USA das Land auf der Welt ist, das mehr Infizierte und Tote wegen des Coronavirus verzeichnet.
Was Brasilien betrifft, ist es gewiß, dass die Globalisierung eine Ursache der raschen Verbreitung des Virus in demselben Maße gewesen ist, in dem sie weltweit so abschreckend gewirkt hat. Was andererseits den Neoliberalismus angeht, ist dies eine sehr komplexe Situation, die näher erläutert werden muss.
Die Geschichte beginnt am 5. Oktober 1988, praktisch nur ein Jahr vor dem Fall

der Berliner Mauer, als die sogenannte "bürgerfreundliche Verfassung" ("Constituição cidadã") Brasiliens in Kraft getreten ist. Sie sollte einen Kontrapunkt zu der unmittelbar davor herrschenden Zeit der Militärdiktatur setzen, die bis 1985 Brasilien beherrscht hatte. Die neue Verfassung beinhaltete deswegen viele soziale und menschenrechtliche Bestimmungen, wie zum Beispiel die Gewährleistung von Gesundheit und Erziehung sowie allgemeinen Wohlstandes als universale Rechte für alle Bevölkerungsschichten. Seiner dynamischen Ökonomie wegen wäre das Land prinzipiell in der Lage, diese öffentlichen Dienste zu leisten, aber diese Möglichkeit war nie der wirtschaftlichen und politischen Elite Brasiliens geheuer. Als dann die neoliberalistische und privatisierende Ideologie ihren weltweiten und erfolgreichen Marsch durch die Welt antrat, hat die Regierung von ehemaligen Sozialdemokraten (die neoliberal geworden waren) unter Fernando Henrique Cardoso versucht, viele Gesetze abzuschaffen, die die Situation der Arbeiter und Angestellter schützten und die Privatisierung von strategisch wirtschaftlichen Zweigen wie Ölindustrie und Energiekraftwerken verboten oder stark begrenzten. Dabei war er nicht ganz erfolgreich, und nach einer zweiten sehr turbulenten Amtszeit verlor er im Jahr 2002 die Präsidentenwahlen. Sieger wurde Luís Inácio Lula da Silva, Spitzenkandidat der Arbeiterpartei (PT); der erste Arbeiter, der in mehr als einem Jahrhundert von Republikgeschichte in Brasilien den Posten des Regierungsoberhauptes erobern konnte.

Trotz des Misstrauens der Elite schuf Lula in zwei Amtszeiten (2003-2006 und 2007-2010) einen bis dahin einzigartigen Zustand in Brasilien: er versöhnte ungeheuren wirtschaftlichen Wachstum mit politischer Stabilität, steigende persönliche Freiheiten mit Respekt vor Menschenrechten. Etwa vierzig Millionen Menschen konnten dem Elend entfliehen, und zum ersten Mal in der Geschichte Brasiliens hatten Kinder aus der Arbeiterklasse Gelegenheit, an den besten öffentlichen Universitäten zu studieren. Endlich schien Brasilien den Weg in dieZivilisation gefunden zu haben und bekam dadurch Aufmerksamkeit in der gesamten Welt.
Die Arbeiterpartei gewann zwei weitere Präsidentschaftswahlen. Ihre Kandidatin Dilma Roussef wurde mit politischer Unterstützung Lulas erstes weibliches Regierungsoberhaupt. Es liegt auf der Hand, dass vier Amtszeiten einer nicht-revolutionären, sondern am Wohl der Ärmsten orientierten Regierung Ärger in der politischen und wirtschaftliche Elite Brasiliens hervorriefen. Nach der vierten Wahlniederlage verabredete die Elite des Landes, gemeinsam mit rechtsorientierten Abgeordneten und Senatoren, Medien und sogar dem Verfassungsgericht, eine Konspiration mit dem Ziel, die legitim gewählte Regierung zu stürzen. Ohne Panzer auf der Strasse, ohne einen Schuss, erreichten diese reaktionäre Kräfte ihr Vorhaben durch einen falschen Impeachment-Prozess. Als Ergebnis musste Präsidentin Dilma

Roussef im Mai 2016 die Regierung verlassen. An ihre Stelle rückte der bisherige Vize-Präsident Michel Temer, einer der führenden Köpfe innerhalb der Konspiration. Nicht von ungefähr hat Temer gleich nach seiner Machtergreifung eine Reihe neoliberalistischer Reformen in der vorherigen "bürgerfreundliche Verfassung" proponiert, die vom Parlament, das den "kalten Putsch"[1] mitgetragen hatte, unterstützt wurden. Darunter war ein Gesetz, das die Zuwendungen des Staates an das Gesundheits- und Sozialwesen für zwanzig Jahre einfrieren sollte.

Ein besonderes Kapitel in der Geschichte des kalten Putsches in Brasilien bildete die Rolle der Medien. Schon einige Jahre vor dem Putsch fuhren die Medien eine Diffamierungskampagne gegen die PT und behaupteten, dass es in den vier Regierungszeiten der PT Korruptions-Skandale gegeben habe, die alle eng mit der Staatlichen Ölgesellschaft Petrobrás verbunden waren. Ex-Präsident Lula sollte danach das Haupt einer kriminellen Vereinigung gewesen sein, die Milliarden vom Staat gestohlen hätte. Diese Medienkampagne gegen die PT hatte einen verankerten Arm im brasilianischen Gesetzessystem, der stark genug war, um Lula strafrechtlich verfolgen zu lassen und ihn ungerecht zu zwölf Jahren Gefängnis zu verurteilen. Er verbüßte davon gute eineinhalb Jahre; gerade so lange, dass die Präsidentschaftswahl verstrichen war und Lula nicht gegen Bolsonaro antrten konnte.

Der Wunsch der mit den Medien koalierenden Rechtsparteien war es, die PT aus der politischen Szene zu verdrängen, so dass sie die nächsten Präsidentenwahl gewinnen könnten. Dieser Plan funktionierte nur halbwegs, denn die von der Anti-PT Kampagne der Medien bombardierte Öffentlichkeit wählte nicht die traditionellen Kandidaten der Rechten. Vielmehr wurde mit Jair Bolsonaro ein Rechtsextremist gewählter Präsident Brasiliens, der erste ausgesprochene Faschist in diesem Amt.

Was hat das alles mit der Corona-Pandemie zu tun? Nun, Bolsonaro hat vom Beginn an alles getan, um die Verbreitung des Virus zu erleichtern: wie sein Idol, Donald Trump, erklärte er sofort, dass es sich bei Covid-19 um eine kleine Grippe handele. Ausserdem hat er seine Gefolgschaft angeregt, keine Maske zu tragen und sich in grossen Menschenmengen zu versammeln.

Als allen klar wurde, daß es sich bei der Pandemie eben nicht um eine "kleine Grippe" handelt, begann Bolsonaro, Medikamente wie Chloroquin und Ivermectin "vorzuschreiben", die jedoch keinen nachgewiesenen Effekt gegen das Coronavirus haben und sogar im Gegenteil schwere Nebenwirkungen verursachen, im schlimmsten

Fall Patienten töten können. Was die Vakzine gegen das Coronavirus betrifft, hat Bolsonaro alles getan, um die Impfung der Bevölkerung zu stören. Er stellte absurde

[1] Vgl. Rodrigo Duarte, Brasiliens Kalter Putsch. Oder: Wie aus dem Neoliberalismus ein eigenartiger Neofaschismus entstanden ist. Zeitschrift für kritische Theorie. Nr. 47-47, 2018: 262-5.

Theorien auf: So versuchte er unter den ärmeren (und ungebildeten) Leuten den Eindruck zu erwecken, dass sich geimpfte Personen in Alligatoren verwandeln würden. Nachdem die Bedenken gegen die Impfstoffe überwunden waren, behinderte Bolsonaro die Herstellung bzw. den Import der Impfstoffe mit der Behauptung, die Vakzine hätten keine nachgewiesene Wirkung gegen das Virus.
In zwei Jahren der Amtszeit Bolsonaros gab es in Brasilien drei Gesundheitsminister. Nur einer von ihnen bleib mehr als einige wenige Monate im Amt. Es war ein Armeegeneral, kein Mediziner, der sich als Experte in Logistik vorstellte. Genau auf diesem Gebiet beging er jedoch schwerwiegende Fehler. So ist er für den Mangel an Sauerstoff-Zylindern verantwortlich, der in Manaus, der Hauptstaat des Bundeslandes Amazonas, Tausende von Menschen getötet hat.

Man könnte vermuten, das alles beruhe nur auf Inkompetenz und Dummheit. Doch die Realität ist anders: Eine Studie der Fakultät für Öffentliche Gesundheit der Universität von São Paulo[2] , die über dreitausend Dekrete der Bundesregierung Brasiliens unter Präsident Bolsonaro während der Pandemie analysiert hat, kommt zu dem Ergebnis, dass das Agieren auf eine absichtliche Strategie zur Verbreitung des Virus hindeutet. Dies könnte zumindest teilweise erklären, warum Brasilien mit mehr als 240.000 fatalen Opfern des Coronavirus die zweithöchste Zahl an Opfern in der Welt verzeichnet.

(Februar 2021)

Rodrigo Duarte erwarb 1982 einen BA in Philosophie und 1985 einen MA in Philosophie an der Universidade Federal (Bundesuniversität) de Minas Gerais in Belo Horizonte, Brasilien. Er promovierte 1990 an der Universität Kassel und wurde im selben Jahr Professor am Fachbereich Philosophie an der Universidade Federal de Minas Gerais. 1997 war Prof. Duarte Gastwissenschaftler an der University of California in Berkeley, 2000 an der Bauhaus-Universität Weimar und 2011 an der Hochschule Mannheim. Von Mai 2006 bis Oktober 2014 war er Präsident der Brasilianischen Gesellschaft für Ästhetik (ABRE). Er veröffentlichte neben zahlreichen Artikeln und Kapiteln Sammelwerke in Brasilien und im Ausland. Derzeit ist Rodrigo Duarte ordentlicher Professor am Fachbereich Philosophie an der Bundesuniversität von Minas Gerais. Er forscht in den Bereichen Ethik, Ästhetik sowie soziale und politische Philisophie.

[2] Vgl. https://brasil.elpais.com/brasil/2021-01-21/pesquisa-revela-que-bolsonaro-executou-uma-estrategia-institucional-de-propagacao-do-virus.html (Zugang am 15. Februar 2021).

Blick auf eine Wand mit einem Graffiti, Sao Paulo, Brasilien, Juni 2020. Das Motiv zeigt den brasilianischen Präsidenten Jair Bolsonaro und eine Figur, die das Coronavirus darstellt, im Tauziehen gegen das Gesundheitspersonal. Die Frage auf Portugiesisch lautet: „Auf welcher Seite des Seils stehst du?“.

© IMAGO / Cris Faga

Carina Tietz
author / Autorin
born in 1969 / Jahrgang 1969
Manchester, UK

„I wonder if these politicians can really lead us out of the crisis". Excerpts from my corona diary.

At the end of February 2020, I started to write a corona diary.

On March 1st, the world in Manchester still seems largely fine. I'm waiting at the airport for my boys who are returning from a short trip from Grenoble. Wuhan is far away. A week later, Manchester United played the derby against Manchester City to a full crowd. There is a terrifying normality. Two days later, on March 11, I look at Germany with concern. There is the derby between Borussia Mönchengladbach and 1.FC Köln without spectators. An unreal world and that will become reality from now on.

My doctor calls me the next day. Since I belong to the high-risk group, I have to stay in the house from now on. I trust my GP and I believe her when she says it is only for a short time and is only a precautionary measure. Little did I know that I have to stay at home until the beginning of June. And in the meantime? First there is chaos. Who? What? When? Where? When it comes to banking, I still live behind the moon. My family too! Nobody has online banking. But the excitement subsides quickly.

Everything is organized. It only takes three days and I do my banking online.

My son's tutor sends the assignments by email on the first day. A day later, they meet in the virtual classroom at the usual times.

Our living room is like a mixture of classroom and office. My husband is sitting in the left corner developing a new business strategy adapted to the pandemic. As always, I have my place at the window and do research for my new book. The boys are in their rooms. The big one is preparing for his history exam and the little one is reading George Orwell's "Animal Farm". At times it feels like everyday normality and then it is an unreal nightmare again. After a few days we are a well-rehearsed team. But then the complete lockdown comes. It's March 23rd and Boris Johnson is speaking to the nation. All unnecessary businesses close. My book put on hold for months. The situation is serious. We understood! There have been over 2,000 deaths and almost 30,000 new cases in the past 24 hours.

The regional newspaper publishes pictures. Manchester is a ghost town. The highway is empty, the city centre is deserted and all shops are closed. What about us? We have to arrange ourselves with the situation. We still know life in confined spaces from our sabbatical. Back then we stayed in narrow ship cabins, in tents and caravans, in hotel rooms and sometimes even in cars. Suddenly we remember it intensely and then the question arises: Why did we return to a normal life? Corona shows us how quickly everything can be over. But we must not think that way. We need goals. So we are planning for the time after Corona. When this is over I definitely want to fly to the USA again. The big one wants to visit relatives in New Caledonia. My husband and the little one have no plan. We look at travel reports and photos from our sabbatical. That's how we manage the first four weeks.

Easter is just around the corner. The fridge is empty. We shop online. That works without any problems and we have already done it often in our "normal" life. But not everything goes smoothly this time. The number of products is limited. We are allowed to buy a maximum of 80 parts. A challenge! From now on the dog will only get dry food from the 20 kg bag and we will buy pasta in the 5 kg bulk pack. Most groceries are no longer available. Happy Easter! For breakfast there is crispbread with cream cheese. But it also has good points! We are switching from the supermarket to regional suppliers. We now get organic eggs and fresh potatoes from the farm outside the city.

Our district Manchester Trafford has 342 cases, England deaths rise to over 10,000 and we have over 80,000 new cases a day! The camp fever sets in. We are tired of playing Chinese Checkers and Backgammon. The worst is the silence. The airport is only a few miles away. Usually the A380 comes low over the house and in the morning I wake up punctually at 6 a.m. when KLM´s 737 takes off for Amsterdam. But only clouds can be seen in the sky. But they are also rare. The sun is shining and it‘s the warmest spring in Manchester in decades. The convertible is unused on the driveway. How we would love to just go now! Sometimes someone starts the car to see if it still works. Sometimes a police car drives through the street and checks if everything is okay. Our neighbour is the only one on the move. He works for the NHS (National Health System) and helps set up a makeshift hospital.

May 2020 has come, the trees are starting to grow. This year is without us. There are 644 cases in our suburb. We ran out of categories for "City-Country-River". We are all slowly reaching our limits. The IGCSE exams are definitely cancelled. The big one is worried about his graduation and would have preferred to take the exams. He wants to become a pilot, but Corona is forcing aviation into the basement. He doesn‘t have a plan B. That gets on my nerves. Then the airlines‘ first training programs suddenly close. He has booked another gliding program in Germany for the summer. But he doesn‘t know if it will take place. Just in case, he signs up for college.

Living in small spaces is a challenge. Yet we try to see the positive things. We are talking to old friends again. It then casually becomes apparent that we have not seen each other for 20 years. We will meet when Corona is over. A glimmer of hope! Even so, two pubescent teenagers are exhausting. Sometimes doors slam and now I know Capital Bra‘s songs by heart, and I watch videos from Freshtorge.

Our neighbours are also struggling with the situation. The garden across the street looks like a battlefield. The children have transformed the once well-tended garden into an open-air kindergarten. The neighbour behind it lifts his weights every day. The nerves of our direct neighbours are also on edge. On the left side of the garden the little one gets an attack of defiance at ever shorter intervals. We take the screaming calmly. The little one misses his friends and school. Fully understandable that tears are flowing. They also flow on the other side of the garden. Eid Mubarak will be a lonely festival this year. There will be no event at my son‘s Arab school this year either. Students shoot a video and send greetings to each other. Inshallah! My son is writing his Arabic mock exam through video chat.

After two months, the lockdown has become normal. We even have a structure now. Every Sunday we make our online order. In the evening we watch The Chase or the German version "Gefragt - Gejagt". On Thursdays we thank the NHS, applaud diligently and a 99-year-old man gives us the strength to persevere. Sir Tom Moore is doing his laps and raising money for the NHS.

It's already the middle of May. The corona-numbers are going down. On May 18, England "only" had 3,534 new cases. Even so, the situation is still serious. The hospitals are overloaded, and people are dying every day. The boredom is becoming unbearable by the hour. I hardly have anything to do and no inspiration to work on my book. I will soon enrol at the Open University and learn Latin. The empty bottles are stacking in the garden. The bin for plastic waste and glass is full to the brim. The garbage collection only comes rarely. The lockdown makes creative. My sons built a garden table out of plastic bottles. Greta would have been proud.

For a moment, Corona fades into the background. George Floyd is murdered. We are stunned. We want to express our sympathy and hang a self-made Black Lives Matter poster on the window. The year 2020 will remain unforgettable in every respect.

At the end of May my sons dare to go out again. They ride by bikes to the airport. They used to spend whole days there at the runway. They are spotters. After two hours they give up. Only one plane took off. The streets and the nearby park are attracting people again. But normality does not return.

At the beginning of June, I set foot on the street again. I'm not wearing a mask and I'm confused. The virus can be anywhere and if it gets me, it will kill me. I have to try to control the fear. She is not a good companion. I drive to the supermarket parking lot, but my husband is shopping. In addition to fear, vanity also plays a role. My hair looks like it was in a storm for two hours. The hairdressers are still closed. The politicians on both sides of the English Channel made many mistakes. Would it have been possible to prevent the many deaths if Johnson had opted for lockdown earlier? It is now clear that the game between

Liverpool and Atletico Madrid were responsible for many Corona cases in the northwest. The discussion has broken out. Why has it not played

behind closed doors? During the discussion, Liverpool has won the Premier League again after 30 years and Jürgen Klopp will become a living legend on Merseyside. Spectators are banned, but it doesn't stop them from partying. Thousands of people celebrate in Liverpool. Only a real football fan can understand the reasons: "It doesn't matter if I die of Corona afterwards. The main thing is, Liverpool got the title. "You'll never walk alone" takes on a completely different meaning.

The school year is over, and the summer holidays begin. There is nothing special this year. It is no ordinary vacation. My son's flight scholarship is now taking place. He must go to Leipzig at the beginning of July. Lufthansa flies from Frankfurt to Manchester again. But there is no connecting flight to Leipzig. He must fly via Munich a day earlier. Nevertheless, everything is different. Hand luggage is not allowed, and you need a mask. A mask is nowhere to be found in England. The offers on the Internet are priced extremely high. We order three normal masks and one FFP3 mask for just 40 Pounds. Disinfectants can now be bought cheaply at every corner.

A few days before departure, Lufthansa cancels three of the four flights booked. Rebooking is free and it is strongly recommended that you fly later. My son cannot fly later. He must be in Leipzig on July 5th. We are waiting on the hotline for two hours. The flight will be rebooked. He now must fly from Manchester to Frankfurt and on to Berlin. He must cover the last stage by train. The flights are confirmed by phone, but his luggage is not booked. We are spending three hours on the phone again. Unsuccessful! The suitcase is not entered in the rebooking. Now he is flying a day later. We cancel the hotel and rebook the taxi ride. Flying in times of Corona is a completely different experience. Telephone costs have now risen to over £ 100. The suitcase is still not booked and there is no guarantee that the flight will take place at all.

July 5th, 3:30 in the morning: I drive my son to the airport with mixed feelings. It is holiday season. Usually there is a dense crowd even at this time here at the airport. Not in Covid time. I don't even have to go to the parking garage. All parking spaces are free at the entrance. There are security guards. Nobody is allowed into the building without a mask and ticket. I have to say goodbye outside. The suitcase is not booked, but the friendly employee will still check it in for free, at least as far as Frankfurt. My son then ends up stranded in Frankfurt. The onward flight to Berlin is cancelled. He arrives in Leipzig late in the evening by train and taxi.

Corona changed everything. Even my youngest son's football training! The season has been cancelled. Nevertheless, the joy is great when they meet again for the first training in 3 months. Football training at 2 meters is a challenge. Only the goalkeeper is allowed to pick up the ball. The smell of disinfectant spreads across the pitch. At the beginning of August, it looks like normal for a brief moment. Our district still has 84 cases per week. We finally get a free hairdresser appointment and stroll through the mall. Airplanes land at the airport again and in the morning the engines of flight KL 1070 to Amsterdam wake me up again. Chancellor of the Exchequer Rishi Sunak feeds the nation. We can save 50% in the restaurant from Monday to Wednesday throughout August. His approach is controversial. We don‘t think about it any further. Visits to the restaurant are a welcome change.

Summer goes by in a flash. In the middle of September my oldest son is going to college. My husband opens his food truck again under strict Covid-conditions. I'm however not moving forward. My author‘s trip to Bornholm has been cancelled. Margin and royalties are lower than usual. Does founding a publishing house even make sense? Maybe I should concentrate on a different genre or build a second mainstay. I successfully completed the Latin course. Then I enrol at the Open University in Law and Crime and continue with further Latin.

I would have never thought that we would be facing a lockdown again at the end of October. The second wave is here. My oldest son has hybrid learning. The little one opts for another year of home schooling and decides to take his GSCE exams a year earlier. The numbers in the north are increasing. Johnson is sending Manchester to Tier 4. My appointment at the hospital is being postponed. The dog has cancer and my husband‘s food truck is ravaged by burglars. There are problems on every corner. Nevertheless, we cry on a high level. In our neighbourhood there are people who have lost their jobs. There are children who have nothing to eat. Families lose their homes or cannot pay their rent. Retailers and gastronomist are struggling to survive. What is left in the food truck in the evening, is what we bring to the homeless people. But we cannot feed everybody. The politicians just talk. The only glimmer of hope is a football star. Marcus Rashford gives starving children attention. He challenges Johnson. The Manchester United star seems to do more than just talking. Together with his mother, he packs groceries for families in need. He donates money and conquers the heart of every brit. Manchester would elect him as prime minister.

My son is leaving college 14 days early for Christmas holidays. Despite all the restrictions and corona requirements, students and teachers did an excellent job. The advanced history course begins before Christmas with the topics of the second half of the year. When it comes to home schooling and digital teaching, England is light years ahead of Germany. Not a single lesson was cancelled in the first half of the year.

We buy some Christmas gifts online. We buy groceries in the supermarket. That too is routine. There is a traffic light at ALDI. When it is red, everyone waits patiently. There is a crowd, but it is distanced.

December 21st marks the anniversary of the Lockerbie attack. This year's author‘s trip to Scotland does not take place either. I have no idea when I will publish the book! We spend the Christmas holidays alone. We do not mind. We are not your typical Christmas freaks. Most of the time we go abroad over the Christmas days. Not this year. New Year‘s Eve is also quiet. England has left the EU for good, and we are losing hope. The lockdown in 2021 is here and we are looking into an unknown future. It starts all over again. The food truck is closed again, also the schools. My book will probably not be published until the end of this year.

But my main concern is of a completely different nature. I wonder if these politicians can really lead us out of the crisis. At least the madness in America has been stopped. Nobody flies over the cuckoo‘s nest anymore. But what is coming? Biden adorns himself with a million vaccinated Americans and forgets that almost 940,000 were vaccinated under Trump. I would have preferred to see Bernie in his cosy, warm gloves in the White House. He has ever since been the virtual president of the people's hearts. Johnson grows with his duties, but can he (regardless of party) hold a candle to Blair or Thatcher? When he walks through the laboratories and vaccination centres, he gives the impression of an absent-minded professor looking for the Corona-philosopher‘s stone. And what is happening in Europe? Merkel acts like an aging governess in the manner of Fräulein Rottenmeier from Johann Spyri‘s Heidi novel, who treats the German people like stupid students. Spahn reminds me of the precocious first grader with glasses who is not allowed to play with other children in the schoolyard. Von der Leyen smiles next to the European flag as if she were advertising the third teeth. The only thing missing is that Michel Houellebecq conquers the Élysée Palace.

Carina Tietz grew up near Aachen. After her journalistic training, she worked as a freelance sports and local journalist for daily and weekly newspapers. She lived in Denmark for many years and ran a PR and marketing agency there. After further stations abroad, the book author made Manchester her adopted home and lives with her family in the „ManU" district of Trafford.

Ich frage mich, ob diese Politiker uns wirklich aus der Krise führen können. Auszüge aus meinem Corona-Tagebuch.

Ende Februar 2020 begann ich, ein Corona-Tagebuch zu schreiben.

Am 1. März scheint die Welt in Manchester noch weitgehend in Ordnung zu sein. Ich warte am Flughafen auf meine Jungs, die von einem Kurztrip aus Grenoble zurückkommen. Wuhan ist weit weg. Eine Woche später spielt Manchester United im Derby gegen Manchester City vor vollen Rängen. Es herrscht eine erschreckende Normalität. Zwei Tage später, am 11.März, blicke ich voller Sorge nach Deutschland. Dort gibt es das Derby zwischen Borussia Mönchengladbach und dem 1. FC Köln ohne Zuschauer. Eine irreale Welt, die von da an Wirklichkeit wird.

Am nächsten Tag ruft mich meine Hausärztin an. Da ich zur Hoch-Risiko-Gruppe gehöre, muss ich ab jetzt im Haus bleiben. Ich vertraue meiner Hausärztin und ich glaube ihr, als sie sagt, es sei nur für kurze Zeit und eine reine Vorsichtsmaßnahme. Ich konnte nicht ahnen, dass ich das Haus erst wieder Anfang Juni verlassen sollte. Und in der Zwischenzeit? Zuerst herrscht das Chaos. Wer? Was? Wann? Wo? In Sachen Bankgeschäfte lebe ich noch hinter dem Mond. Meine Familie auch! Niemand hat Online-Banking. Aber die Aufregung legt sich schnell. Es ist alles organisiert. Es dauert gerade mal drei Tage und ich erledige meine Bankgeschäfte online.

Der Tutor meines Sohnes schickt am ersten Tag die Aufgaben noch per Mail. Einen Tag später ist auch das erledigt. Man trifft sich im virtuellen Klassenzimmer zu den üblichen Zeiten. Unser Wohnzimmer gleicht einer Mischung aus Klassenraum und Büro. Mein Mann sitzt links in der Ecke und entwickelt eine neue Geschäftsstrategie, die an die Pandemie angepasst ist. Ich habe meinen Platz wie immer am Fenster und recherchiere für mein neues Buch. Die Jungs sind in ihren Zimmern. Der Große bereitet sich auf sein Geschichtsexamen vor und der Kleine liest George Orwells „Animal Farm“. Zeitweise fühlt es sich wie Alltagsnormalität an und dann ist es wieder ein irrealer Albtraum. Nach ein paar Tagen sind wir ein eingespieltes Team. Doch dann kommt der komplette Lockdown. Es ist der 23.März. Boris Johnson spricht zur Nation. Alle nicht notwendigen Betriebe machen dicht. Mein Buch ist nun für Monate auf Eis gelegt. Die Lage ist ernst. Wir haben verstanden! Es gibt schon über 2000 Tote und fast 30 000 neue Fälle in den letzten 24 Stunden.

Die Regionalzeitung veröffentlicht Bilder. Manchester ist eine Geisterstadt. Die Autobahn leer, das Stadtzentrum verlassen und alle Läden dicht. Und wir? Wir arrangieren uns mit der Situation. Das Leben auf engstem Raum kennen wir noch von unserem Sabbatical. Damals hatten wir in engen Schiffskabinen, in Zelten und Wohnwagen, in Hotelzimmern und manchmal sogar im Auto übernachtet. Plötzlich erinnern wir uns ganz intensiv daran und dann steht die Frage im Raum: Warum sind wir wieder in ein normales Leben zurückgekehrt? Corona zeigt uns, wie schnell alles vorbei sei kann. So dürfen wir aber nicht denken. Wir brauchen Ziele. Also planen wir für die Zeit nach Corona. Dann will ich unbedingt nochmal in die USA fliegen. Der Große will Verwandte in Neukaledonien besuchen. Mein Mann und der Kleine haben keinen Plan. Wir schauen Reisereportagen und Fotos von unserem Sabbatical. So schaffen wir die ersten vier Wochen.

Ostern steht vor der Tür. Der Kühlschrank ist leer. Wir kaufen online ein. Das geht problemlos und das machen wir auch oft im Alltag. Doch diesmal klappt nicht alles reibungslos. Die Anzahl an Produkten ist limitiert. Wir dürfen maximal 80 Teile einkaufen. Eine Herausforderung! Der Hund bekommt ab sofort nur noch Trockenfutter aus dem 20 Kilo-Sack und wir kaufen Nudeln in der Fünf-Kilo-Großpackung. Viele Lebensmittel sind nicht mehr erhältlich. Frohe Ostern! Zum Frühstück gibt es Knäckebrot mit Frischkäse. Doch es hat auch sein Gutes: Wir steigen vom Supermarkt auf regionale Lieferanten um. Bio-Eier und Bio-Kartoffeln bekommen wir jetzt vom Bauernhof vor der Stadt.

Unser Bezirk Manchester Trafford zählt 342 Fälle, die Todesfälle in England steigen auf über 10 000 und wir haben über 80 000 neue Fälle am Tag! Der Lagerkoller setzt ein. Keine Lust mehr auf Halma und Backgammon. Am schlimmsten ist die Stille. Der Airport ist nur wenige Kilometer entfernt. Normalerweise kommt der A380 im Tiefflug über das Haus und morgens werde ich pünktlich um 6 Uhr wach, wenn die 737 von KLM in Richtung Amsterdam abhebt. Aber am Himmel sind nur Wolken zu sehen. Die Sonne scheint, es ist der wärmste Frühling in Manchester seit Jahrzehnten. Das Cabrio steht unbenutzt auf der Auffahrt. Wie gerne würden wir jetzt einfach losfahren! Manchmal startet einer von uns den Wagen, um zu sehen, ob er noch anspringt. Manchmal fährt ein Polizeiwagen durch die Straße und schaut nach dem Rechten. Nur unser Nachbar ist unterwegs. Der arbeitet für den NHS (staatliches Gesundheitssystem) und hilft beim Aufbau eines provisorischen Krankenhauses.

Der Mai 2020 ist gekommen, die Bäume schlagen aus. Dieses Jahr ohne uns. Die Anzahl der Fälle in unserem Vorort ist auf 644 gestiegen. Uns sind die Kategorien für „Stadt Land Fluss“ ausgegangen. So langsam stoßen wir alle an unsere Grenzen. Die IGCSE-Examen sind endgültig abgesagt. Der Große bangt um seinen Abschluss und hätte lieber die Prüfungen abgelegt. Er will Pilot werden, aber Corona zwingt die Luftfahrt in den Keller. Er hat keinen Plan B. Das zerrt an den Nerven. Dann schließen plötzlich die ersten Ausbildungsprogramme der Airlines. Für den Sommer hatte er ein weiteres Segelflugprogramm in Deutschland gebucht. Doch er weiß nicht, ob es stattfindet. Für alle Fälle meldet er sich am College an.

Das Leben auf engstem Raum ist eine Herausforderung. Wir versuchen die positiven Dinge zu sehen, telefonieren wieder mit alten Freunden. Dabei fällt dann ganz beiläufig auf, dass wir uns seit 20 Jahren nicht mehr gesehen haben. Wir werden uns treffen, wenn Corona vorbei ist. Ein Hoffnungsschimmer! Trotzdem sind zwei pubertierende Teenager anstrengend. Manchmal knallen Türen. Mittlerweile kenne ich die Songs von Capital Bra auswendig und ich schaue mir Videos von Freshtorge an. Dafür müssen meine Kinder bei Arte mit zu Tisch in ferne Länder und belächeln uns, wenn wir uns die täglichen Pressekonferenzen aus der Downing Street anschauen.

Auch unsere Nachbarn kämpfen mit der Situation. Im Garten gegenüber sieht es aus wie auf einem Schlachtfeld. Die Kinder haben den einst gepflegten Garten in einen Freiluft-Kindergarten verwandelt. Der Nachbar dahinter stemmt eisern jeden

Tag seine Gewichte. Bei unseren direkten Nachbarn liegen ebenfalls die Nerven blank. Auf der linken Gartenseite kriegt der Kleine in immer kürzeren Abständen eine Trotzattacke. Wir nehmen das Geschrei gelassen hin. Der Kleine vermisst seine Freunde und die Schule. Verständlich, dass es Tränen gibt.
Die fließen auch auf der anderen Gartenseite. Eid Mubarak wird in diesem Jahr ein einsames Fest sein. An der Arabischen Schule meines Sohnes wird es dieses Jahr keine Veranstaltung geben. Die Schüler drehen ein Video und senden sich gegenseitig Grüße. Inschallah! Mein Sohn schreibt sein arabisches Mock-Examen über Videochat.

Nach zwei Monaten ist der Lockdown zur Normalität geworden. Mittlerweile haben wir sogar eine Struktur. Jeden Sonntag machen wir unsere Online-Bestellung. Abends schauen wir The Chase oder die deutsche Version „Gefragt - Gejagt". Donnerstags danken wir dem NHS und applaudieren fleißig. Ein 99 Jahre alter Mann gibt uns die Kraft durchzuhalten. Eisern dreht Sir Tom Moore seine Runden und sammelt Geld für den NHS.

Es ist schon Mitte Mai. Die Zahlen gehen zurück. Am 18. Mai zählt England „nur" noch 3534 neue Fälle. Trotzdem ist die Lage immer noch ernst. Die Krankenhäuser sind überlastet und jeden Tag sterben Menschen. Die Langeweile wird von Stunde zu Stunde unerträglicher. Ich habe kaum noch Aufträge und keine Inspiration für die Arbeit an meinem Buch. Kurzerhand schreibe ich mich an der Open University ein und lerne Latein. Im Garten sammeln sich die leeren Flaschen. Die Tonne für Plastikmüll und Glas ist randvoll. Die Müllabfuhr kommt nur sporadisch. Der Lockdown macht kreativ. Meine Söhne bauen einen Gartentisch aus Plastikflaschen. Greta wäre stolz.

Für einen Moment gerät Corona in den Hintergrund. George Floyd wird ermordet. Wir sind fassungslos. Wir wollen unsere Anteilnahme ausdrücken und hängen ein selbstgemachtes Black-Lives-Matter-Plakat ans Fenster. Das Jahr 2020 wird in jeder Hinsicht unvergessen bleiben.

Ende Mai trauen sich meine Söhne wieder raus. Sie fahren mit dem Fahrrad zum Flughafen. Dort haben sie früher ganze Tage an der Startbahn verbracht. Sie sind Spotter.

Nach zwei Stunden geben sie auf. Es ist nur ein Flugzeug gestartet. Die Straßen und der nahgelegene Park ziehen wieder Menschen an. Aber Normalität kehrt nicht ein.

Anfang Juni setze ich wieder einen Fuß auf die Straße. Ich trage keine Maske und bin verunsichert. Das Virus kann überall sein, und wenn es mich erwischt, wird es mich umbringen. Ich muss versuchen, die Angst zu kontrollieren. Sie ist kein guter Begleiter. Ich fahre bis zum Supermarkt-Parkplatz, aber mein Mann kauft ein. Neben der Angst spielt auch die Eitelkeit eine Rolle. Meine Haare sehen aus, als hätten sie zwei Stunden im Sturm gestanden. Die Friseure sind immer noch geschlossen. Die Politiker diesseits und jenseits des Ärmelkanals haben viele Fehler gemacht. Hätte man die vielen Toten verhindern können, wenn Johnson sich früher für den Lockdown entschieden hätte? Mittlerweile steht fest, dass das Spiel zwischen Liverpool und Atletico Madrid für viele Corona-Fälle im Nordwesten verantwortlich war. Die Diskussion ist entbrannt. Warum wurde noch mit Zuschauern gespielt? Inmitten der Diskussion wird Liverpool nach 30 Jahren wieder Meister und Jürgen Klopp wird zur lebenden Legenden an der Merseyside. Zuschauer sind verboten, aber es hält sie nicht vom Feiern ab. Tausende Menschen feiern in Liverpool. Die Gründe kann nur ein echter Fußballfan verstehen: „Ist doch egal, wenn ich danach an Corona sterbe. Hauptsache, wir haben den Titel geholt." Da bekommt „You´ll never walk alone" eine ganz andere Bedeutung.

Das Schuljahr ist zu Ende, die Sommerferien haben begonnen. In diesem Jahr nichts Besonderes. Es sind keine gewöhnlichen Ferien. Der Flugkurs meines Sohnes findet nun doch statt. Er muss Anfang Juli nach Leipzig. Die Lufthansa fliegt wieder von Frankfurt nach Manchester. Aber es gibt keinen Anschlussflug nach Leipzig. Er muss einen Tag früher über München fliegen. Trotzdem ist alles anders. Handgepäck ist nicht erlaubt und er braucht eine Maske. Die ist in England nirgendwo zu bekommen. Auch das Angebot im Internet ist rar bei horrenden Preisen. Wir bestellen drei normale Masken und eine FFP3-Maske für knapp 40 Euro. Desinfektionsmittel kann man mittlerweile an jeder Ecke günstig kaufen.

Wenige Tage vor Abflug streicht die Lufthansa drei der vier gebuchten Flüge. Eine Umbuchung ist kostenlos und es wird dringend empfohlen, später zu fliegen. Mein Sohn kann nicht später fliegen. Er muss am 5. Juli in Leipzig sein. Zwei Stunden hängen wir in der Warteschleife der Hotline. Der Flug wird umgebucht. Er fliegt jetzt von Manchester nach Frankfurt und von dort aus weiter nach Berlin. Die letzte Etappe muss er mit der Bahn zurücklegen. Die Flüge werden telefonisch bestätigt, aber sein Gepäck wird nicht gebucht. Wir verbringen wieder drei Stunden am Telefon. Erfolglos! Der Koffer ist nicht in der Umbuchung eingetragen. Jetzt fliegt er einen Tag später. Wir stornieren das Hotel und buchen die Taxifahrt um. Fliegen in Zeiten von Corona ist eine ganz andere Erfahrung. Mittlerweile sind Telefonkosten von über 100 Pfund angelaufen. Der Koffer ist immer noch nicht gebucht und es gibt keine Garantie, dass der Flug überhaupt stattfindet.

5. Juli, halb vier am Morgen: Ich fahre meinen Sohn mit gemischten Gefühlen zum Flughafen. Es ist Ferienzeit. Normalerweise herrscht hier am Airport dichtes Gedränge. Diesmal nicht. Ich muss noch nicht mal ins Parkhaus fahren. Am Eingang sind alle Parkplätze frei. Da stehen Sicherheitsmitarbeiter. Ohne Maske und Ticket darf niemand ins Gebäude. Ich muss mich draußen verabschieden. Der Koffer ist nicht gebucht, aber der freundliche Mitarbeiter checkt ihn trotzdem kostenlos ein, zumindest bis Frankfurt. Da strandet mein Sohn dann erst einmal. Der Weiterflug nach Berlin ist gestrichen. Mit Zug und Taxi kommt er dann am späten Abend doch noch in Leipzig an.

Corona hat alles verändert, so auch das Fußball-Training meines jüngsten Sohnes. Die Saison wurde abgesagt. Trotzdem ist die Freude groß, als man sich wieder zum ersten Training nach dem Lockdown trifft. Fußballtraining mit zwei Meter Abstand ist eine Herausforderung. Nur der Torwart darf den Ball in die Hand nehmen. Der Geruch von Desinfektionsmittel verbreitet sich auf dem ganzen Platz.

Anfang August sieht es für einen kurzen Moment nach Normalität aus. Unser Stadtteil zählt pro Woche noch 84 Fälle. Wir bekommen endlich einen freien Friseurtermin und bummeln durch das Einkaufszentrum. Es landen wieder Flugzeuge am Airport und morgens wecken mich wieder die Triebwerke von Flug KL 1070. Schatzkanzler Rishi Sunak füttert die Nation durch: Den ganzen August über können wir von montags bis mittwochs in den Restaurants 50 % sparen. Sein Vorstoß ist umstritten. Wir denken nicht weiter darüber nach. Die Besuche im Restaurant sind eine willkommene Abwechslung.

Der Sommer geht im Fluge vorbei. Mitte September geht mein ältester Sohn ans College. Mein Mann macht seinen Imbiss unter strengen Auflagen wieder auf. Ich selber trete auf der Stelle. Meine Autorenreise nach Bornholm ist abgesagt. Marge und Tantiemen sind geringer als sonst. Macht eine Verlagsgründung überhaupt noch Sinn? Vielleicht sollte ich mich auf ein anderes Genre konzentrieren oder mir ein zweites Standbein aufbauen. Den Latein-Kurs habe ich mit Erfolg abgeschlossen. Ich hadere lange mit mir. Dann schreibe ich mich für das Fernstudium „Law and Crime" ein und mache weiter mit Latein.

Nie hätte ich gedacht, dass wir Ende Oktober schon wieder vor einem Lockdown stehen. Die zweite Welle ist da. Mein ältester Sohn hat Hybrid-Unterricht. Der Kleine entscheidet sich für ein weiteres Homeschooling-Jahr und entschließt sich, ein Jahr früher seine GSCE-Prüfungen abzulegen. Die Zahlen im Norden Englands steigen.

Mein Behandlungstermin im Krankenhaus wird verschoben. Der Hund erkrankt an Krebs und der Imbiss meines Mannes wird von Einbrechern heimgesucht.

An jeder Ecke gibt es Probleme. Trotzdem jammern wir auf hohem Niveau. In unserem Umfeld sind Menschen, die ihre Arbeit verloren haben. Es gibt Kinder, die nichts zu essen haben. Familien verlieren ihre Häuser oder können ihre Miete nicht zahlen. Handel und Gastronomie kämpfen ums Überleben. Was am Abend im Imbiss übrigbleibt, bringen wir den losen. Doch es ist nur ein Tropfen auf den heißen Stein. Die Politiker reden nur. Der einzige Hoffnungsschimmer ist ein Fußballstar: Marcus Rashford macht auf hungernde Kinder aufmerksam. Er fordert Johnson heraus. Der Star von Manchester United redet nicht nur. Gemeinsam mit seiner Mutter packt er Lebensmittelpakete für bedürftige Familien. Er sammelt Gelder und wird zum Sprachorgan einer ganzen Stadt. Manchester würde ihn zum Premierminister wählen.

Mein Sohn geht 14 Tage früher in die Weihnachtsferien. Trotz aller Einschränkungen und Corona-Auflagen haben Schüler und Lehrer hervorragend gearbeitet. Der Leistungskurs Geschichte beginnt noch vor Weihnachten mit den Themen des 2. Halbjahres. In Sachen Homeschooling und digitaler Unterricht ist England den Deutschen um Lichtjahre voraus. Im ersten Halbjahr ist keine einzige Unterrichtsstunde ausgefallen.

Wir kaufen Weihnachtsgeschenke online. Lebensmittel kaufen wir im Supermarkt. Bei ALDI gibt es eine Ampel. Bei Rot warten alle geduldig. Es gibt kein Gedränge.

Am 21. Dezember jährt sich der Anschlag von Lockerbie. Auch diese Autorenreise findet nicht statt. Keinen blassen Schimmer, wann ich das Buch veröffentlichen werde! Die Weihnachtsfeiertage verbringen wir alleine. Es macht uns nichts aus.

Wir sind keine typischen Weihnachtsfreaks. Meistens vereisen wir über die Feiertage. In diesem Jahr nicht. Auch Silvester geht es ruhig zu. England hat die EU endgültig verlassen

und uns verlässt die Hoffnung. Der Lockdown 2021 ist da, wir blicken in eine düstere Zukunft. Es geht wieder von vorne los. Der Imbiss ist geschlossen, die Schulen auch. Mein Buch wird wahrscheinlich erst Ende des Jahres veröffentlicht.

Doch meine größte Sorge ist ganz anderer Natur. Ich frage mich, ob diese Politiker uns wirklich aus der Krise führen können. Wenigstens hat man den Wahnsinn in Amerika gestoppt. Da fliegt keiner mehr übers Kuckucksnest. Aber was kommt? Biden schmückt sich gleich mit einer Million geimpfter Amerikaner und vergisst dabei, dass knapp 940.000 schon unter Trump geimpft wurden. Da hätte ich doch lieber Bernie mit seinen mollig warmen Handschuhen im Weißen Haus gesehen. Der ist virtuell längst der Präsident der Herzen. Johnson wächst mit seinen Aufgaben, aber kann er (unabhängig von der Partei) Blair oder Thatcher das Wasser reichen? Wenn er durch die Labore und Impfzentren läuft, dann macht er den Eindruck eines zerstreuten Professors, der den Stein der Corona-Weisen sucht. Und in Europa? Merkel verkörpert eine alternde Gouvernante in Manier von Fräulein Rottenmeier aus Johann Spyris Heidi-Roman, die das deutsche Volk wie dumme Schüler behandelt. Spahn erinnert mich an den altklugen Erstklässler mit Brille, der auf dem Schulhof nicht mitspielen darf. Von der Leyen lächelt neben der Europaflagge, als würde sie Werbung für die dritten Zähne machen. Fehlt nur noch, dass Michel Houellebecq den Élysée-Palast erobert.

Carina Tietz wuchs in der Nähe von Aachen auf. Nach ihrer journalistischen Ausbildung arbeitete sie als freie Sport- und Lokaljournalistin für Tages- und Wochenzeitungen. Sie lebte viele Jahre in Dänemark und betrieb dort eine PR- und Marketingagentur. Nach weiteren Stationen im Ausland machte die Buchautorin Manchester zu ihrer Wahlheimat und lebt mit ihrer Familie im „ManU"- Stadtteil Trafford.

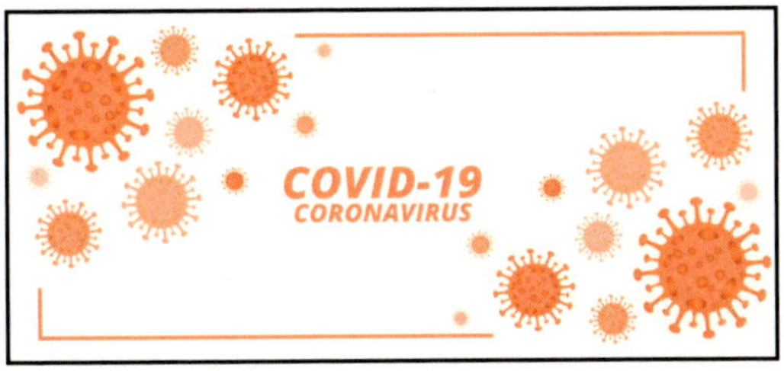

Laura Kruse
Rhauderfehn, Deutschland | Oulu, Finnland
Jahrgang 1993 / born in 1993

Mein Auslandssemester:
Die Finnen sind gelassen und vertrauen ihrer Regierung

Schon lange hegte ich den großen Wunsch, eine Zeit im Ausland zu verbringen. Dieser Plan funktionierte direkt nach meinem Abitur leider nicht. Beim zweiten Versuch nach meiner Ausbildung zur staatlich anerkannten Erzieherin scheiterte er ebenfalls. Erst im Jahr 2020 sollte mein Traum in Erfüllung gehen.

Im Rahmen meines Studiums der Sozialen Arbeit wurde ich auf eine Infoveranstaltung in Bezug auf ein Auslandssemester aufmerksam. Ich erkundigte mich intensiver und entschied mich für die Oulu University of Applied Sciences im Norden Finnlands in der Stadt Oulu. Seit meinem Entschluss Anfang 2020 wurden die Planungen intensiver. Ich bewarb mich und erhielt eine Zusage meiner Hochschule und der Hochschule in Oulu.

Logo der Universität Oulu

Alles war in trockenen Tüchern –
doch dann erreichte die Corona-Pandemie Deutschland.

Nach und nach wurden die Maßnahmen immer strenger, um die Pandemie in den Griff zu bekommen und die Ausbreitung des neuartigen Virus aufzuhalten. Kontakte wurden reduziert, überall wurde Abstand gehalten, Maske getragen, vieles wurde geschlossen - so auch unsere Hochschule. Sollte mein Traum vom Auslandssemester so kurz vor dem Ziel erneut zerbrechen? Es folgten Tage, Wochen und Monate der Unsicherheit. Uns wurde gesagt, wir sollten versuchen, das Auslandssemester so weiter zu planen, als würde es ganz normal stattfinden können. Denn niemand wusste in Wirklichkeit, wie es langfristig weitergehen sollte. Nur der kurzfristige Blick und die Betrachtung der Fallzahlen im Zusammenhang mit den angewandten Maßnahmen waren möglich. Reisen war nicht mehr erlaubt, Flughäfen stoppten so gut wie alle Flüge. Ich war betrübt, da ich mein Semester in Finnland plötzlich für völlig realitätsfern hielt. Hinzu kamen auch Stimmen anderer Leute um mich herum, die mir sagten, ich sollte es doch besser von mir aus canceln, da es sowieso nicht umsetzbar sei. Zwar waren die Fallzahlen in Finnland von Beginn an niedrig und die Maßnahmen dort frühzeitig und umfangreich. Doch auch das war nur ein Tropfen auf den heißen Stein in dieser Phase der Unsicherheit.

Zum Sommer hin wurden Maßnahmen in Deutschland gelockert, weshalb die Fallzahlen sanken und Reisen wieder eingeschränkt möglich war. Ein Lichtblick. Doch trotzdem war nichts wie vorher. Wollte ich so mein Auslandssemester antreten? Ich wollte doch ins Ausland, um ein neues Land zu entdecken. Aber auch um die Kultur, die Sitten und Bräuche, eine andere Sprache, das Bildungssystem, die Einheimischen und andere internationale Studierende kennenzulernen. Wie soll das während einer Pandemie funktionieren? All das waren Fragen, die ich mir stellte. Ich grübelte lange und entschied mich dann für das Auslandssemester, ganz nach dem Motto: Wer nicht wagt, der nicht gewinnt.

Ich buchte meine Flüge von Hamburg über Helsinki nach Oulu. Und siehe da, am 18. August 2020 brachte mein Vater mich mit Sack und Pack zum Flughafen. Es war gar nicht so leicht, für eine so lange Zeit zu packen. Welche Dinge benötige ich für vier Monate? Ich entschied mich für die wichtigsten Sachen und packte vor allem warme Kleidung und Schokolade ein, denn im hohen Norden soll es kalt und dunkel werden, wurde mir gesagt.

Toripolliisi (dt. Marktpolizist), eine 2,20 m hohe Statue aus Bronze auf dem Marktplatz von Oulu

Ich kam am Nachmittag in Oulu an und brauchte noch 45 Minuten mit dem Bus zu dem Studentenwohnheim in Linnanmaa, einem Stadtteil von Oulu. Ich war direkt verwundert, am Flughafen gab es eine Maskenpflicht, aufgrund der sehr niedrigen beziehungsweise nicht vorhandenen Fallzahlen in Oulu wurde das Tragen der Mund- und Nasenbedeckung in öffentlichen Verkehrsmitteln und beim Einkaufen jedoch nur empfohlen. So gut wie niemand trug eine Maske. Auch beim Einkauf war alles anders als in Deutschland – keine Maskenpflicht, keine Einkaufswagenpflicht, jeder hielt brav genügend Abstand zu anderen Menschen und es gab Desinfektionsmittel an jeder Ecke.

Meine Zeit in Finnland begann mit einer zweiwöchigen Quarantäne, die uns durch die Hochschule auferlegt wurde. Wir bekamen „Food Survival Bags" und konnten uns Lebensmittel online bestellen und liefern lassen. Allein draußen spazieren zu gehen war erlaubt, was ich täglich ausnutzte, zum einen um die Gegend zu erkunden, und zum anderen, damit mir die Decke nicht auf den Kopf fiel.

Die darauffolgenden Wochen erlebte ich eine unbeschwerte und sorgenfreie Zeit, welche mich zwischenzeitlich Corona vergessen ließ. In Finnland war fast alles so möglich, wie es vor der Pandemie gewesen war. Und so besuchte ich ein Eishockey-Spiel im Stadion, ich ging auswärts essen in Restaurants, amüsierte mich mit meinen Mitstudierenden in Pubs, ging ins Shopping-Center und stöberte auf Flohmärkten. Darüber hinaus konnte ich mir Finnland anschauen und reisen. Gemeinsam mit meiner Kommilitonin Anika aus Emden, mit der ich das Semester gemeinsam angetreten hatte, und mit einer Kommilitonin aus Leipzig, Adina, die ich in Finnland kennenlernte, entdeckte ich einige schöne Ecken des Landes. Wir besuchten Oulanka, einen der unzähligen Nationalparks, wo wir in einer einsamen Hütte am See mit Boot wohnten. Sogar eine Sauna gab es, aber die gehört zur Grundausstattung eines jeden finnischen Hauses. Wir gingen wandern und genossen die Natur in vollen Zügen.

Ein weiterer Trip führte uns nach Helsinki, die finnische Hauptstadt. Hier gab es strengere Corona-Auflagen, dennoch konnten wir auch hier alle Sehenswürdigkeiten ansehen und die Stadt erkunden. Der hohe Norden Finnlands, Lappland, durfte natürlich nicht fehlen. Als wir ankamen, war es eiskalt, und es lag hoher Schnee. Wir unternahmen einen Tagesausflug nach Norwegen. Das Passieren der Grenze verlief reibungslos.

Auf dem Berg Otsamo in Lappland

Nach der Schließung der Hochschule Emden/Leer wurden einige Seminare zügig auf die Onlinelehre umgestellt, andere fielen ganz weg. Der Fokus lag auf dem Selbststudium. Ich war gespannt, wie die University of Applied Sciences in Oulu dies regeln würde. Da die dortige Lage nach meiner Ankunft sehr entspannt war, war die Hochschule täglich geöffnet und Seminare konnten, zwar mit Abstand, aber in Präsenz stattfinden. Es gab auf dem Hochschulgelände keine Maskenpflicht, sondern nur eine Empfehlung zum Tragen einer Maske. Das änderte

Quelle: Sammlung Plaisier

sich nach der „Autumn Break“, also unseren Herbstferien. Die Hochschule war zwar weiterhin geöffnet, doch die Seminare wurden fast komplett auf die Onlinelehre umgestellt. Nur wenig war noch in Präsenz möglich. Trotzdem war ich fast täglich auf dem Campus, zum einen, um das leckere und kostengünstige Essen in der Mensa zu genießen, und zum anderen, um in einer der zahlreichen Lernecken meinen Aufgaben für das Studium nachzugehen. Fast jeder trug nun eine Mund- und Nasenbedeckung.

Im Vergleich zu meiner Hochschule in Deutschland, wurden die Dozierenden in Finnland alle geduzt. Das förderte einen guten Kontakt und ein offenes Miteinander. Meine Seminare waren vielseitig, abwechslungsreich und gaben mir einen ganz neuen Blick auf einige Dinge. Es wurde viel auf selbstständige Arbeit und individuelle Stärken gesetzt. Alle Kurse waren englischsprachig, weshalb es keine Verständigungsprobleme gab. Die Kommunikation unter meinen Mitstudierenden und mir war ebenfalls unkompliziert in Englisch. Auch außerhalb der Hochschule, bei unterschiedlichen Freizeitaktivitäten, war es kein Problem, jemanden etwas zu fragen oder sich zu unterhalten. Ich machte die Erfahrung, dass jede Person in Finnland von Jung bis Alt sehr gutes Englisch spricht. In einem meiner Seminare, dem Finnish Survival Course, lernte ich die Grundkenntnisse der finnischen Sprache, weshalb ich unterwegs, wenn ich jemanden ansprach, auf Finnisch fragen konnte, ob mein Gegenüber Englisch spricht. Nur beim Einkaufen verwendete ich manchmal einen Übersetzer, denn Lebensmittel und andere Artikel wurden nur in den beiden Amtssprachen Finnlands, also Finnisch oder Schwedisch, deklariert.

Ich wohnte mit insgesamt 80 internationalen Studierenden gemeinsam in unserem Studentenwohnheim. In meinem Gebäudekomplex lebten Studierende aus Portugal, Spanien, Griechenland, Südkorea, den Niederlanden sowie drei Deutsche und eine Schweizerin. Wir teilten uns die Küche, kochten und aßen gemeinsam die Spezialitäten der anderen Länder. Ich konnte viele großartige neue Menschen, Sprachen, Kulturen, Sitten und Bräuche kennenlernen. Dadurch sind Freundschaften entstanden, die hoffentlich noch lange anhalten und nach der Pandemie einen gegenseitigen Besuch ermöglichen.

Ich machte mir immer wieder bewusst, wie viel Glück ich doch hatte, in dieser schwierigen Zeit solche Erfahrungen machen zu dürfen. Denn: sobald ich mein Smartphone in die Hand nahm, kam ich hart zurück auf den Boden der Tatsachen. Die Nachrichten erzählten von der drastischen Lage in Deutschland und anderen

Ländern. Ich war froh, dort zu sein, wo ich gerade war, und genoss die Zeit. In Deutschland stand schon bald der nächste Lockdown bevor. Ich hatte mir so sehr erhofft, dass ich zu meinem Geburtstag im November Besuch meiner Freunde aus der Heimat bekommen könnte, doch dieser Traum platzte. Trotzdem hatte ich einen großartigen Geburtstag, der mir sicher noch lange in Erinnerung bleiben wird. Im Dezember flog mein Bruder Mathis ein. Gemeinsam mit ihm besuchte ich das Weihnachtsmanndorf in Rovaniemi. Hier war eine Fahrt mit dem Husky-Schlitten der krönende Abschluss meiner Zeit in Finnland.

Ab diesem Zeitpunkt wurde die Lage in Finnland angespannter. Es gab höhere Fallzahlen und verschärfte Maßnahmen. Alles jedoch längst nicht so drastisch wie in Deutschland. Die Finnen haben eine andere Mentalität. Sie wirken sehr gelassen und entspannt, haben großes Vertrauen in ihre Regierung. Obwohl das Tragen einer Maske nicht als Pflicht vorgeschrieben wurde, hielten sich die Menschen dort freiwillig und, wie ich empfand, gerne an diese Empfehlung.

Umso größer wurde der Druck, als die Rückreise nach Deutschland näher rückte. Ich plante, am 23. Dezember zurückzufliegen, um meine Familie zum Weihnachtsfest zu überraschen. Alles war gebucht. Doch dann gab es ein völliges Gefühlschaos, da kurz vor dem geplanten Rückflug unser Bereich in Finnland von Deutschland zum Risikogebiet erklärt wurde. Dies hatte eine zehntägige Quarantäne in Deutschland zur Folge. Sollte ich also Weihnachten isoliert in Quarantäne verbringen? Eine schlimme Vorstellung. Ich telefonierte mit dem Land Niedersachsen und mit dem örtlichen Gesundheitsamt. Es bestand die Möglichkeit, sich durch einen negativen Corona-Test „freizutesten" und die Quarantäne am fünften Tag zu beenden. Ein Hoffnungsschimmer! Ich verlegte den Flug ein paar Tage vor, sodass ich, wenn alles gut lief, pünktlich zu Heiligabend aus der Quarantäne entlassen werden konnte. Mein Plan ging auf. Zwar durfte ich meiner Familie erst nach Ende meiner Isolierung in die Arme fallen, jedoch war meine Überraschung gelungen und wir verbrachten zusammen ein besinnliches Weihnachtsfest.

Ich kann insgesamt sagen, dass es die beste Entscheidung für mich persönlich war, das Auslandssemester in Finnland trotz aller Bedenken, Ängste und trotz Covid-19 anzutreten. So konnte ich für eine kurze Zeit einem normalen Alltag nachgehen und die Corona-Pandemie für einen Augenblick vergessen.

Ich wurde im November 1993 geboren und wuchs im wunderschönen Ostfriesland auf, wo ich bis heute lebe. Ich bin die älteste Tochter meiner Eltern Heinrich Günther und Annegret Kruse und habe zwei jüngere Zwillingsbrüder, Jonas und Mathis. Nach meinem Abitur 2012 machte ich eine Ausbildung zur staatlich anerkannten Erzieherin und studiere aktuell Soziale Arbeit B.A. an der Hochschule Emden/Leer. Zu meiner intensivsten Freizeitbeschäftigung gehört neben der Musik und dem Spazierengehen die Politik. Seit 2011 engagiere ich mich aktiv in der SPD.

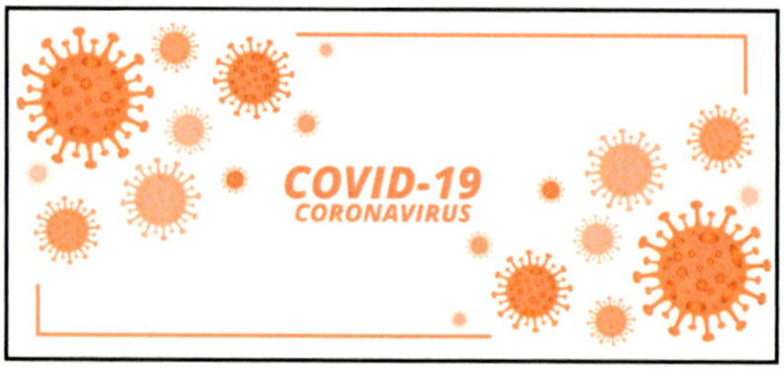

My semester abroad:
Finns are calm and trust their government

For a long time, I had the great wish to spend some time abroad. Unfortunately, this plan didn't work out right after my Abitur. The second attempt after my training as a state-certified educator also failed. My dream was not to come true until 2020.

As part of my social work studies, I became aware of an information event regarding a semester abroad. I enquired more intensively and decided on the Oulu University of Applied Sciences in the city of Oulu in the north of Finland. Since my decision in early 2020, the planning became more intense. I applied and received an acceptance letter from my university and the university in Oulu.

Everything was in place –
but then the Corona pandemic reached Germany.

Gradually, measures became stricter and stricter to get the pandemic under control and stop the spread of the novel virus. Contacts were reduced, distance was kept everywhere, masks were worn, many things were closed - including our university. Was my dream of a semester abroad to be shattered again so close to the finish line? Days, weeks and months of uncertainty followed. We were told to try to continue planning the semester abroad as if it could take place normally. Because no one really knew how it was going to continue in the long term. Only the short-term view and the consideration of the case numbers in connection with the applied measures were possible. Travelling was no longer allowed, airports stopped almost all flights. I was saddened, as I suddenly thought my semester in Finland was completely out of touch with reality. In addition, there were voices of other people around me who told me that I had better cancel it on my own, as it was not feasible anyway. It is true that the case numbers in Finland were low from the beginning and the measures there were early and extensive. But even that was only a drop in the ocean in this phase of uncertainty.

Towards the summer, measures in Germany were relaxed, which is why the case numbers dropped and travel was possible again to a limited extent. A ray of hope. But still, nothing was the same as before. Was this how I wanted to start my semester abroad? I wanted to go abroad to discover a new country. But also to get to know the culture, the customs and traditions, another language, the education system, the locals and other international students. How is that supposed to work during a pandemic? These were all questions I asked myself. I pondered for a long time and then decided to do the semester abroad, true to the motto: nothing ventured, nothing gained.

I booked my flights from Hamburg via Helsinki to Oulu. And lo and behold, on 18 August 2020, my father brought me to the airport with bag and baggage. It wasn‘t so easy to pack for such a long time. What things would I need for four months? I decided on the most important things and packed mainly warm clothes and chocolate, because it is supposed to get cold and dark in the far north, I was told.

I arrived in Oulu in the afternoon and took another three quarters of an hour by bus to my accommodation, the student residence in Linnanmaa, a district of Oulu. I was immediately surprised to find that masks were compulsory at the airport, but due to the very low or non-existent number of cases in Oulu, wearing a mask to cover the mouth and nose was only recommended on public transport and when shopping. Almost no one wore a mask. Even when shopping, everything was different from in Germany - no masks were compulsory, no shopping trolleys, everyone dutifully kept enough distance from other people and there was disinfectant on every corner.

Quelle: Sammlung Plaisier

My time in Finland began with a two-week quarantine imposed on us by the university. We were given „food survival bags" and could order food online and have it delivered. Walking outside alone was allowed, which I took advantage of every day, on the one hand to explore the area, and on the other hand to avoid cabin fever.

The following weeks I experienced a carefree time, which made me forget Corona in the meantime. In Finland, almost everything was possible as it had been before the pandemic. So I went to an ice hockey game in the stadium, I went out to eat in restaurants, had fun with my fellow students in pubs, went to the shopping centre and rummaged in flea markets. In addition, I was able to see Finland and travel. Together with my fellow student Anika from Emden, with whom I started the semester together, and with a fellow student from Leipzig, Adina, whom I met in Finland, I discovered some beautiful corners of the country. We visited Oulanka, one of the countless national parks, where we stayed in a lonely cabin by a lake with a boat. There was even a sauna, but that is part of the basic equipment of every Finnish house. We went hiking and enjoyed nature to the full.

Another trip took us to Helsinki, the Finnish capital. There were stricter Corona requirements here, but we were able to see all the sights and explore the city. The far north of Finland, Lapland, was of course not to be missed. It was freezing cold and there was a lot of snow. We took a day trip to Norway. Passing the border went smoothly.

After the closure of the Emden/Leer University of Applied Sciences, some seminars were quickly converted to online teaching, others were dropped altogether. The focus was on self-study. I was curious to see how the University of Applied Sciences in Oulu would handle this. Since the situation there was very relaxed after my arrival, the university was open every day and seminars could take place, albeit at a distance, but with presence. There was no obligation to wear a mask on the university campus, only a recommendation to wear one. This changed after the „Autumn Break", i.e. our autumn holidays. The university was still open, but the seminars were almost completely converted to online teaching. Only a little was still possible in presence. Nevertheless, I was on campus almost every day, on the one hand to enjoy the delicious and inexpensive food in the refectory, and on the other hand to pursue my study tasks in one of the numerous study corners. Almost everyone now wore a mouth and nose covering.

Ice Sport arena „Oulun Energia Areena“ in Ouu. © Jussi Määttä / www.liiga.fi

Compared to my university in Germany, the lecturers in Finland were all on first-name terms. This encouraged good contact and open communication. My seminars were varied and gave me a completely new perspective on some things. There was a lot of emphasis on independent work and individual strengths. All courses were held in English, so there were no communication problems. Communication among my fellow students and me was also uncomplicated in English. Even outside the university, during various leisure activities, it was no problem to ask someone something or to have a conversation. I found that everyone in Finland, from young to old, speaks very good English. In one of my seminars, the Finnish Survival Course, I learned the basics of Finnish, so when I approached someone on the road, I could ask in Finnish if the other person spoke English. Only when shopping did I sometimes use a translator, because food and other items were only declared in Finland‘s two official languages, Finnish or Swedish.

I lived together with a total of 80 international students in our student residence. Students from Portugal, Spain, Greece, South Korea, the Netherlands as well as three Germans and one Swiss lived in my building complex. We shared the kitchen, cooked and ate the other countries‘ specialities together. I was able to meet many great new people, languages, cultures, customs and traditions. This has created friendships that will hopefully last for a long time and allow us to visit each other after the pandemic.

I kept reminding myself how lucky I was to have had such experiences during this difficult time. As soon as I picked up my smartphone, I came hard back down to earth. The news told of the drastic situation in Germany and other countries. I was happy to be where I was and enjoyed the time. In Germany, the next lockdown was coming soon. I had hoped so much that I could have a visit from my friends from home for my birthday in November, but that dream fell through. Nevertheless, I had a great birthday that I'm sure I'll remember for a long time. In December, my brother Mathis flew in. Together with him I visited Santa's Village in Rovaniemi. Here, a ride on a husky sled was the crowning glory of my time in Finland.

From this point on, the situation in Finland became more tense. There were higher case numbers and stricter measures. However, everything was nowhere near as drastic as in Germany. The Finns have a different mentality. They seem very calm and relaxed, have great confidence in their government. Although the wearing of a mask was not made compulsory, the people there complied with this recommendation voluntarily and, as I felt, gladly.

The pressure became all the greater as the return journey to Germany approached. I planned to fly back on 23 December to surprise my family for Christmas. Everything was booked. But then there was complete emotional chaos, because shortly before the planned return flight, our area in Finland was declared a risk area by Germany. This resulted in a ten-day quarantine in Germany. So was I to spend Christmas isolated in quarantine? A terrible idea. I phoned the state of Lower Saxony and the local health department. There was the possibility of „clearing" by testing negative for Corona and ending the quarantine on the fifth day. A glimmer of hope! I moved the flight up a few days so that, if all went well, I could be released from quarantine in time for Christmas Eve. My plan worked. Although I was not allowed to fall into my family's arms until the end of my isolation, my surprise was successful and we spent a reflective Christmas together.

All in all, I can say that it was the best decision for me personally to embark on the semester abroad in Finland despite all my reservations, fears and despite Covid-19. For a short time, I was able to pursue a normal everyday life and forget the Corona pandemic for a moment.

I was born in November 1993 and grew up in beautiful East Frisia, where I still live today. I am the eldest daughter of my parents Heinrich Günther and Annegret Kruse and have two younger twin brothers, Jonas and Mathis. After graduating from high school in 2012, I trained as a state-certified educator and am currently studying Social Work B.A. at Emden/Leer University of Applied Sciences. One of my most intensive leisure activities, besides music and walking, is politics. I have been actively involved in the Social Democratic Party of Germany (SPD) since 2011.

Gabi Militsch
selbständige virtuelle Assistentin
Jahrgang 1959
Mallorca, Spanien

Eine Bewährungsprobe für die Menschheit?

Mitte Januar 2020 hörte ich zum ersten Mal etwas über das neue Coronavirus. In den darauf folgenden Wochen wurde man in den Nachrichten laufend darüber informiert, wo das Virus außerhalb von China auftauchte. In Frankreich und auch in Deutschland gab es erste Krankheitsfälle, bald darauf stiegen die Fallzahlen in Norditalien sprunghaft an. Im Fernsehen sah ich einen Bericht über die Zustände in chinesischen Städten, wo ganze Viertel oder Häuserblocks abgeriegelt worden waren und Lebensmittel und Bedarfsgüter über Zäune geworfen wurden, um die Menschen zu versorgen.

Ende Februar erfuhr ich von einem informativen Podcast, in dem ein Virologe über das berichtete, was man bislang über die Krankheit COVID-19 wusste. Ich hörte zum ersten Mal Prof. Dr. Christian Drosten zu, der in unaufgeregter Weise über das Virus sprach. Ich lernte, was der R-Wert ist und wie sich das Virus verbreitet. Ich erfuhr, warum COVID-19 nicht mit einer Grippe zu vergleichen ist und was Herdenimmunität bedeutet. Ich hörte die Prognose, dass alle Länder der westlichen Welt lernen würden, welche Maßnahmen erforderlich sind, um mit der Situation umzugehen, und dass sich im Sommer mit steigenden Temperaturen die Verbreitung des Virus verlangsamen würde. Dass die Entwicklung eines wirksamen Impfstoffes wahrscheinlich Jahre dauern würde. Dass die Gefahr bestünde, dass das Virus sich im nächsten Herbst erneut ausbreitete. Und dass einfache Schutzmaßnahmen ausreichten, um sich vor einer Ansteckung zu schützen: Abstand zu anderen Menschen halten und sich regelmäßig die Hände waschen.

Anfang März 2020 war die Zahl der Krankheitsfälle in Spanien noch überschaubar, auch auf Mallorca gab es vereinzelte Fälle. Im Tourismus begann die Vorsaison und einzelne Hotels waren geöffnet. Deutsche, die auf Mallorca Immobilien besitzen, kommen zu dieser Jahreszeit gerne auf die Insel, um die milde Witterung zu genießen und den Touristenströmen zu entgehen, die einige Wochen später einsetzen. Der Ort, in dem ich lebe, war nicht überfüllt, doch es war deutlich belebter als in den Wintermonaten. Ein guter Freund von mir bekam Besuch von einer Cousine, die ebenfalls der grauen Witterung in Deutschland entfliehen und eine Woche lang die frühlingshaften Temperaturen genießen wollte. Weil wir uns schon viele Jahre kennen, trafen wir uns einige Male in dieser Zeit, immer darum bemüht, uns gegenseitig nicht zu nahe zu kommen.

Am 14. März, einem Sonnabend, wollten wir den Tag zusammen verbringen. Da wir nicht im Dorf bleiben mochten, unternahmen wir einen Ausflug in ein Naturschutzgebiet, um dort spazieren zu gehen. Abseits der Orte, an denen sich viele Menschen aufhalten, fühlten wir uns sicherer. Am Abend war in den sozialen Medien zu lesen, dass in ganz Spanien ab dem kommenden Montag eine Ausgangssperre gelten würde. Die spanische Regierung hatte den „Alarmzustand" verhängt, der zunächst 14 Tage gelten sollte. Später erfuhr ich von einer Bekannten, die sich an diesem Abend mit Freunden in einem Restaurant aufgehalten hatte, dass die Polizei kurz vor 23 Uhr dort aufgetaucht war und alle Anwesenden augefordert hatte, binnen von 15 Minuten zu bezahlen und nach Hause zu gehen. Die Politiker hatten nachträglich beschlossen, dass die Ausgangssperre mit sofortiger Wirkung in Kraft treten solle.

Alarmzustand oder Ausnahmezustand – für mich hatte diese Bezeichnung etwas derart Bedrückendes, dass ich drei Tage lang die Wohnung nicht verließ. Dann aber musste ich dringend einige Dinge besorgen und ging zum nahegelegenen Supermarkt. Ich war überrascht, wie entspannt dort alle waren. Man achtete darauf, dass sich nicht zu viele Kunden im Laden aufhielten, damit genügend Abstand eingehalten werden konnte. Einweg-Handschuhe und Desinfektionsmittel standen bereit, alle waren freundlich, und so verflüchtige sich allmählich meine Anspannung.

Der Estado de Alarma wurde in der folgenden Zeit einige Male verlängert und dauerte insgesamt sieben Wochen. Auf Mallorca haben die Infektionszahlen zu keiner Zeit das gleiche bedrohliche Ausmaß wie auf dem spanischen Festland erreicht, doch die Bestimmungen der Zentralregierung galten für das gesamte Land. Wenn man sich auf der Straße aufhielt, musste man damit rechnen, von der Polizei angehalten zu werden. Ich hatte das Glück, damals noch in einer sehr geräumigen Erdgeschosswohnung zu wohnen, die über einen Patio verfügte.

Trotzdem fand ich jeden Tag einen Grund, um zumindest eine Runde um den Block zu gehen: einmal brachte ich Glasflaschen oder den Hausmüll zum Container (bei uns stehen die Müllcontainer jeweils für mehrere Wohnblocks auf der Straße), ein anderes Mal Papiermüll, dann Verpackungsmüll. An anderen Tagen ging ich zur Bank oder zum Einkaufen. Man musste nach jedem Einkauf den Kassenzettel, nach jeder Erledigung einen Beleg, für den Weg zur oder von der Arbeit eine Bescheinigung mit sich führen, für den Fall, dass man von der Polizei kontrolliert wurde. Für Familien mit Kindern, die in einer Geschosswohnung mit Balkon wohnen, war die Situation sehr belastend, und es heißt, dass es in dieser Zeit zahlreiche Fälle häuslicher Gewalt gab. Ein Auftraggeber, für den ich stundenweise als freie Mitarbeiterin tätig bin, war so freundlich, mir ein „Certificado“ auszustellen, das besagte, dass ich meine Tätigkeit in seinem Büro ausübe. Bei seiner Firmenadresse handelt es sich um das gleiche Gebäude, in dem mein schon erwähnter guter Freund wohnt. So hatte ich die Gelegenheit, diesen Freund regelmäßig zu besuchen und wir, die wir beide alleine leben, konnten uns zumindest hin und wieder persönlich austauschen.

Jeden Abend um 20 Uhr standen die Menschen auf ihren Balkonen und spendeten den Ärzten, Krankenschwestern und Pflegekräften lautstark Applaus. Die lokale Polizei machte in ihren Fahrzeugen anschließend eine Runde durchs Dorf, um den Kindern etwas Abwechslung und Unterhaltung zu bieten, indem sie mit Sirenengeheul und Blaulicht ein wenig Spektakel veranstaltete. Im Netz wurden Videos von Polizisten eingestellt, die mit Instrumenten ausgestattet vorfuhren, um Kinderlieder zu spielen und zu singen.

In diesen Wochen bekam Spanien eine neue Hymne mit dem Titel „Resistiré“ (ich werde widerstehen). Dabei handelt es sich um so etwas wie eine spanische Version des Songs „I will survive“. Unzählige Videos entstanden in der Zeit des Lockdowns und kursierten in den sozialen Netzen, in denen Freundeskreise, aber auch Belegschaften von Krankenhäusern, Einkaufszentren und Supermärkten individuelle Versionen dieses Liedes zum Besten gaben. Ich habe meine spanischen Nachbarn, Bekannten und Freunde in dieser Zeit als unglaublich tapfer und widerstandsfähig bewundert.

Anfang Mai war es zum ersten Mal wieder erlaubt, sich „ohne triftigen Grund“ im Freien aufzuhalten, und zwar je nach Altersgruppe zu verschiedenen Zeiten. Nach und nach entwickelte sich wieder so etwas wie Normalität, und man entwickelte Konzepte, um einen sicheren Tourismus garantieren zu können. Die Saison dauerte im Jahr 2020 jedoch nicht länger als der Lockdown: Ab Anfang Juli durften wieder ausländische Touristen nach Mallorca kommen, und schon am 14. August wurde ganz Spanien von Deutschlands Gesundheitsminister zum Risikogebiet erklärt. Die Reiseveranstalter stornierten sämtliche Urlaubsreisen nach Mallorca.

Auf Mallorca arbeiten die meisten Menschen in der Tourismusbranche und haben zum großen Teil nur sechs Monate im Jahr Arbeit. Viele meiner Bekannten haben im Jahr 2020 an keinem einzigen Tag gearbeitet. Die Frist, nach der die Zahlung von Kurzarbeitergeld ausläuft, wurde schon einige Male verlängert, und es ist nicht vorauszusehen, wie lange dies noch andauert. In den Genuss dieser Zahlungen kommen nur diejenigen Mitarbeiter, deren Arbeitsvertrag schon mehrere Jahre läuft. Alle anderen gehen leer aus, und die Armut auf Mallorca ist groß.

#stayathome auf Mallorca

Ich hoffe sehr, dass nicht wieder ein Total-Lockdown verhängt wird, denn ich musste im vergangenen Jahr umziehen und wohne nun in einer Geschosswohnung mit Balkon. In wirtschaftlicher Hinsicht bin ich von der Pandemie kaum betroffen, da ich als Dienstleisterin online im Home-Office arbeite. Im Gegenteil: Ich habe im letzten Jahr in Deutschland viele neue Auftraggeber gefunden, die angesichts der Situation kreative Projekte erdacht und bei der Umsetzung meine Hilfe in Anspruch genommen haben. Bei vielen sieht das anders aus, und in meinem Bekanntenkreis gibt es einige Menschen, denen in ihrer Not oder Ignoranz nichts anderes einfällt, als irgendwelche abstrusen Theorien zu verbreiten. Eine Tante von mir ist an den Folgen einer Corona-Infektion verstorben, und ich habe es aufgegeben, mich mit Corona-Leugnern zu unterhalten.

Manchmal denke ich, dass diese Pandemie eine Bewährungsprobe für die Menschheit ist. Wenn wir nicht in der Lage sind, die Zusammenhänge zu begreifen, wenn wir nicht verstehen, wie es dazu kommen konnte, dass so etwas Winziges wie ein Virus so viele Menschen tötet, dann ist es um unsere Zukunft schlecht bestellt. Um das Virus zu besiegen, müssten die Menschen sich nur einig sein, aber man erkennt ja schon an einer Ministerpräsidenten-Konferenz, wie schwierig es ist, Einigkeit herzustellen. Wenn wir uns alle, aber auch wirklich alle, dazu entschließen würden, drei Wochen lang alle Kontakte zu meiden, dann hätte Corona keine Chance, noch irgendjemanden anzustecken.

Natürlich wäre im Voraus eine gewisse Organisation erforderlich, aber wenn die Menschheit das nicht hinbekommt, hat sie auch nicht das Recht, sich als Krone der Schöpfung anzusehen. Und wenn man an die leeren Toilettenpapier-Regale in den Supermärkten im Frühjahr 2020 denkt, ist diese Bezeichnung ohnehin nicht angebracht.

Es ist schwer, vorherzusagen, wie die Pandemie sich entwickeln wird. Neue Virusmutationen tauchen auf und die Impfungen verlaufen in schleppendem Tempo. Ich selbst bin weiterhin vorsichtig und halte mich an die Hygieneregeln. Weder möchte ich selbst an COVID-19 erkranken, noch möchte ich dafür verantwortlich sein, dass andere Personen durch meine Unachtsamkeit krank werden oder gar sterben.

(Februar 2021)

Ich lebe seit 2005 auf Mallorca und wohne in Cala Ratjada. Von hier arbeite ich selbständig als virtuelle Assistentin (Bauzeichnungen, Designaufgaben, Texterstellung, Korrekturen und Übersetzungen).

Dr. Bärbel Beutner
Lehrerin i.R.
Jahrgang 1945
Unna, Deutschland | Kaliningrad, Russische Föderation

Über sieben Brücken musst du gehn …

Dieses Lied bekam eine besondere Bedeutung am 12. Oktober 2019. An diesem Tag feierte die Landsmannschaft Ostpreußen, Landesgruppe Nordrhein-Westfalen (NRW) ein opulentes Kulturfest anlässlich ihres 70jährigen Bestehens.

„Landsmannschaft Ostpreußen" - das soll hier näher erklärt werden. Ostpreußen ist eines der deutschen Ostgebiete, die 1945 an die Siegermächte des Zweiten Weltkriegs fielen. Schlesien und Pommern wurden polnisch, das Sudetenland fiel an die Tschechoslowakei, und Ostpreußen traf ein besonderes Schicksal. Das südliche Ostpreußen wurde polnisch, das nördlichste Ostpreußen gehörte fortan zu Litauen, und mittendrin, durch schnurgerade Grenzen „eingezäunt", entstand um die Provinzhauptstadt Königsberg eine russische Exklave, die „Kaliningrader Oblast". Das Gebiet ist etwa so groß wie Schleswig-Holstein, und die russischen Bewohner haben polnische und litauische Grenznachbarn. Hinzu kam, dass die Kaliningrader Oblast von 1946 bis 1991 militärisches Sperrgebiet war. Die deutsche Bevölkerung war 1945 geflüchtet, wie aus Schlesien, Pommern und Südostpreußen auch. Die letzten verbliebenen Deutschen wurden bis 1948 ausgewiesen, und die alte Heimat blieb bis 1991 verschlossen.

Den ostpreußischen Landsleuten in NRW lag es am Herzen, an dem 70jährigen Jubiläum ihrer Landsmannschaft zu zeigen, dass Ostpreußen 74 Jahre nach dem Krieg zu drei Völkerschaften gehört, zusammen mit den früheren deutschen Bewohnern sind es vier. So wurden Gruppen aus drei Nationen eingeladen: ein Vokalensemble aus Königsberg / Kaliningrad, ausgebildete Stimmen, eine Tanzgruppe aus Bartenstein / Bartoszye und ein Chor aus Memel / Klaipeda, allesamt Schüler und junge Leute. Die Gruppen aus Bartenstein und Memel gehörten teilweise zu den dortigen deutschen Minderheiten. In Kaliningrad leben keine Deutschen mehr, aber der Festredner war ein Germanistik-Professor der dortigen Kant-Universität. Eine sehr enge deutsch-russische Klientel arbeitet dort seit Jahrzehnten zusammen.

„Unsere Mutter Ostpreußen hat Kinder aus vier Nationen! Und alle setzen sich gemeinsam für ihre Heimat ein!“ Diese oft vertretene Maxime sollte an dem überwältigenden Kulturprogramm am 12. Oktober 2019 augenfällig werden.

Nun sind inzwischen anderthalb Jahre ins Land gegangen, und ein Jahr stand unter dem Zeichen, unter dem Schicksal (unter dem Fluch?) Corona. Und ein Jahr konnte ich nicht „nach Hause“. Ich gehöre zu den glücklichen Menschen, denen es vergönnt war, die alte Heimat, das Königsberger Gebiet zu besuchen. Manch einer hat die Heimat nie wiedergesehen, denn als Perestroika das Gebiet für uns 1991 öffnete, waren viele der alten Landsleute gestorben oder zu gebrechlich für eine so lange Reise.

Ich machte mich im April 1992 auf den Weg. Eine geplante Reise im August 1991 war zuvor durch den Gorbatschow-Putsch geplatzt. Ich kenne das Land nicht aus deutscher Zeit, ich kenne es nur russisch. Und dann kam ich Anfang April 1992 „nach Hause“. Nach einer sehr aufregenden und anstrengenden Anfahrt grüßte mich der Kirchturm meines Heimatdorfes Heiligenwalde bei Königsberg. Die Reisegruppe wohnte in Rauschen bzw. in Georgenswalde.

Am nächsten Tag fuhr ich, begleitet von einer treuen Kollegin, mit dem Taxi nach Heiligenwalde. Alexander, ein Deutscher aus Russland, fuhr uns und dolmetschte. Und dann fand ich die Kirche, die Schule, mein Elternhaus, Häuser aus deutscher Zeit, alles, was ich aus den unermüdlichen Erzählungen meiner Mutter und der vertriebenen Verwandten kannte.

Und Menschen. „Heimat - das sind die Menschen!“ Dieses Wort des masurischen Schriftstellers Arno Surminski bewahrheitete sich für mich. Ich wurde bereits erwartet. Der Schulleiter des Dorfes, Germanist, Philosoph und Französischlehrer, war von früheren deutschen Dorfbewohnern 1991 auf mich vorbereitet worden. Zwei Tage später wurden meine Kollegin und ich von einer Lehrerin der Schule zu einem großen russischen Tisch eingeladen - und wir traten ins Fettnäpfchen, weil wir die Schuhe anbehielten, was in russischen Augen ein grober Fehler ist. Aber die russischen Gastgeber sahen taktvoll darüber hinweg.

Seit 1992 fahre ich mehrmals im Jahre hin, bis 2013 nur in den Ferien, weil ich noch im Schuldienst war, dann aber, mit Jahresvisum, alle zwei bis drei Monate. Ich wohne im Dorf, wir haben die Kirche wunderschön renoviert, und fast drei Jahrzehnte nehme ich am Leben meiner Lieben dort teil.

Dann kam Corona.

Terminschwierigkeiten und unglückliche Zufälle bewirkten, dass ich erst im März 2020 nach Königsberg fahren konnte. Sonntag, den 8. März 2020 kam ich in Königsberg an. Es war Internationaler Frauentag, der bei den Russen eine hohe Bedeutung hat. Am Bus wurde ich mit Chrysanthemen begrüßt. Endlich war ich seit Oktober 2019 wieder da, eine lange Zeit für unsere Besuchsgewohnheiten. Stressige Tage lagen hinter mir. Reisewarnungen wegen Corona hatten besorgte Mails der russischen Freunde ausgelöst, und ich hatte endlose Telefonate mit dem Busunternehmen, mit dem Auswärtigen Amt, mit dem russischen Konsulat usw. geführt. Im russischen Fernsehen war schon bei meiner Ankunft von der Schließung der Grenzen die Rede.

Wie immer machten wir bei meinem Besuch die Abrechnung für die Arbeiten an der Kirche in Heiligenwalde. Es gibt einen deutschen Verein zur Erhaltung der Kirche, der helfen und sich finanziell einbringen darf. Unser russischer Baumeister ist der Starost (Dorfvorsteher), kein Baufachmann, der alles, wirklich alles kann. Er hat zusammen mit den Dorfnachbarn die Kirche renoviert. Es entstand ein Kleinod in einem paradiesischen Territorium, von Heimwerkern in deren Freizeit geschaffen. Firmen wurden nur für besondere Arbeiten bemüht.

Intuitiv wollte ich im März 2020 mehr Geld geben, als unser Baumeister haben wollte, aber er winkte an mit den Worten. „Nein, das reicht! Du kommst doch im Mai wieder!“ Ja, so war es auch gedacht. Aber Corona...

Mein Aufenthalt in jenen Märztagen 2020 gestaltete sich echt ungemütlich. Die Nachrichten über Grenzschließungen häuften sich. Meine Lieben wurden immer nervöser. Ein Gewitter von besorgten Mails und panischen Anrufen brach über uns herein. Am Abend des 12. März 2020 fuhr ich zurück - angefleht von meinen Lieben, sofort auf der deutschen Seite telefonisch Nachricht zu geben, ob ich auch sicher durch alle Grenzen gekommen sei. Als der Bus am Morgen des 13. März in Hannover ankam, verkündeten die Zeitungen die Schulschließungen und den baldigen Lockdown.

Ein Jahr ist nun vergangen. Unsere Heimat, die Kaliningrader Oblast, ist wieder zum Sperrgebiet geworden. Ins südliche Ostpreußen, in den polnischen Teil, durften die Deutschen im Sommer reisen, das ist ja EU. Aber wir sind Russische Föderation. Die russischen Konsulate sind geschlossen, Visa werden nicht ausgestellt. Personen mit russischem Pass durften einreisen oder Personen, die Verwandte ersten Grades im Gebiet haben. Verwandtschaft des Herzens zählt dabei nicht.

Ein Jahr ist das letzte Wiedersehen her. Aber es sind sieben Jahre Heimweh, Sorgen und Sehnsüchte - wie im Märchen. Sieben Jahre musste der Bärenhäuter wandern, als er den Pakt mit dem Teufel geschlossen hatte. Aber dann kommt die Erlösung, durch die Treue seiner Braut. Es geht auch umgekehrt. Der Knabe Jakob hält sich, wie er glaubt, kaum einen Tag im Hause eines hässlichen alten Weibes auf, und als er zu seiner Mutter zurückkehrt, sind sieben Jahre vergangen - und er ist in den „Zwerg Nase" verwandelt. Doch auch für ihn kommt später die Erlösung, wie immer im Märchen durch die Liebe. Aber in Wirklichkeit?

Doch hier muss ich den Blick auf die Realitäten lenken. Bitter ist es, ein Jahr nicht „nach Hause" zu können - gar keine Frage. Aber wie groß ist das Glück der wiedergefundenen Heimat! Alles habe ich wiedergefunden, wiedersehen dürfen: mein Elternhaus, meine Kirche … Mit dem Autobus durfte ich, wie einst meine Mutter, nach Königsberg fahren, dieselbe Strecke. Sie hatte sich einen Hut gekauft, ich kaufte auf dem Basar in Königsberg eine schicke Hose. Ich konnte Tapiau fahren und mir auf dem Basar jahrelang Shirts und Pullover kaufen. In Königsberg konnte ich Bücher herausgeben und „bei uns im Dorf" konnte ich leben als „eine von uns" ... Ein Mensch, der so reich beschenkt worden ist wie ich, kann nur dankbar sein. Corona mag stark sein, aber unsere Dankbarkeit und unser Lebensmut sind stärker!

Die Dorfkirche in Heiligenwalde, gemalt vom litauischen Künstler Romanas Borisovas im Jahr 2000

Foto: Elke Böinghoff-Richter

Am 27. Januar 1945 wurde ich in Stolp/ Pommern geboren. Meine Mutter war mit meinen beiden älteren Geschwistern am 23. Januar 1945 aus unserem Heimatdorf Heiligenwalde bei Königsberg auf die Flucht gegangen. Wir kamen auf dem Seeweg nach Dänemark in ein Flüchtlingslager und von dort durch meinen Vater 1947 nach Unna in Westfalen. Dort habe ich mein Leben verbracht, besuchte die Schule, legte 1964 mein Abitur an der Ursulinenschule in Werl ab und studierte an der Westfälischen Wilhelms-Universität Münster die Fächer Deutsch, Philosophie und Latein. 40 Jahre, von 1972 bis 2012, unterrichtete ich diese Fächer am Friedrich-Bährens-Gymnasium in Schwerte. 2013 musste ich mich von dieser überaus glücklichen Berufszeit endgültig trennen und lebe seither mit einer Fülle von Ehrenämtern im Ruhestand.

Die Dorfkirche in Heiligenwalde im Jahr 2015. Quelle: Bildarchiv Ostpreußen | www.bildarchiv-ostpreussen.de

© David Perez aka S.I.D. | www.graffsid.com

VI
Am Ende wird immer alles gut.
In diesem Buch nicht.

Ich habe viel zugelassen in diesem Buch.

Zweifler kamen zu Wort und Menschen, die sich ihre eigene Welt bauen.
Es hätten noch mehr sein können, doch genau die habe ich ausgesperrt:
Leugnern, Querdenkern und Reichsbürgern gebe ich keine Plattform.

Das letzte Kapitel lässt keinen Raum mehr für Interpretationen.

Everything will always be fine in the end.
But not in this book.

I allowed a lot in this book.

Doubters had their say and people who build their own world.
There could have been more, but that's exactly who I shut out:
I do not give a platform to deniers, contrarians and Reichsbürger.

The last chapter leaves no room for interpretation.

Petra Quittel
Fachschwester für Intensivpflege und Anästhesie
Pflegefachleitung Anästhesie
Jahrgang 1968
Senftenberg, Deutschland
www.klinikum-niederlausitz.de

Ist doch nur ein Schnupfen …

Es ist 4:30 Uhr, der Wecker klingelt wieder viel zu früh. Es ist noch stockfinster draußen. Der Kaffee muss sein, auch schnell die Banane, wer weiß, wann es Frühstück gibt. Leise schleiche ich ins Kinderzimmer. Da schlafen die Kinder noch friedlich. Ein heimliches Küsschen zum Abschied, egal ob ich den Virus am Hals hab oder nicht. Es muss sein.

Am Eingang des Krankenhauses komme ich nur mit einer Maske durch, manchmal denke ich, es ist wie im Sicherheitstrakt. Die Wegrichtungen sind markiert, ja nicht über den Strich laufen. Man lernt es, ist ja bereits Welle Nummer zwei. Der doppelte Mundschutz ist beim Umziehen schnell angelegt, die Ohren schmerzen nicht mehr, aber vielleicht bekomme ich davon ja Segelohren. Schauen wir mal, wo ich bin, Coronapatient oder nicht, ich brauch dafür die richtigen Schuhe. Sind alle Schwestern da? Ja, alle kommen, alle sind gleich müde, ist halt zehn Minuten vor sechs.

Jetzt gut zugehört: Sind neue Coronapatienten dazu gekommen, haben wir noch freie Betten? Wieder zwei Aufnahmen, junge Leute, eine Mitarbeiterin, die Einschläge kommen näher, ein geflügeltes Wort. Coronaleugner sagen gern, sie kennen keinen der Corona hat, ich ja. Heute sind es insgesamt sechs Coronapatienten. Nicht alle werden es schaffen, wir wissen es, auch wenn wir unser Bestes geben. Einteilung des Personals und dann geht auf zu den Patienten.

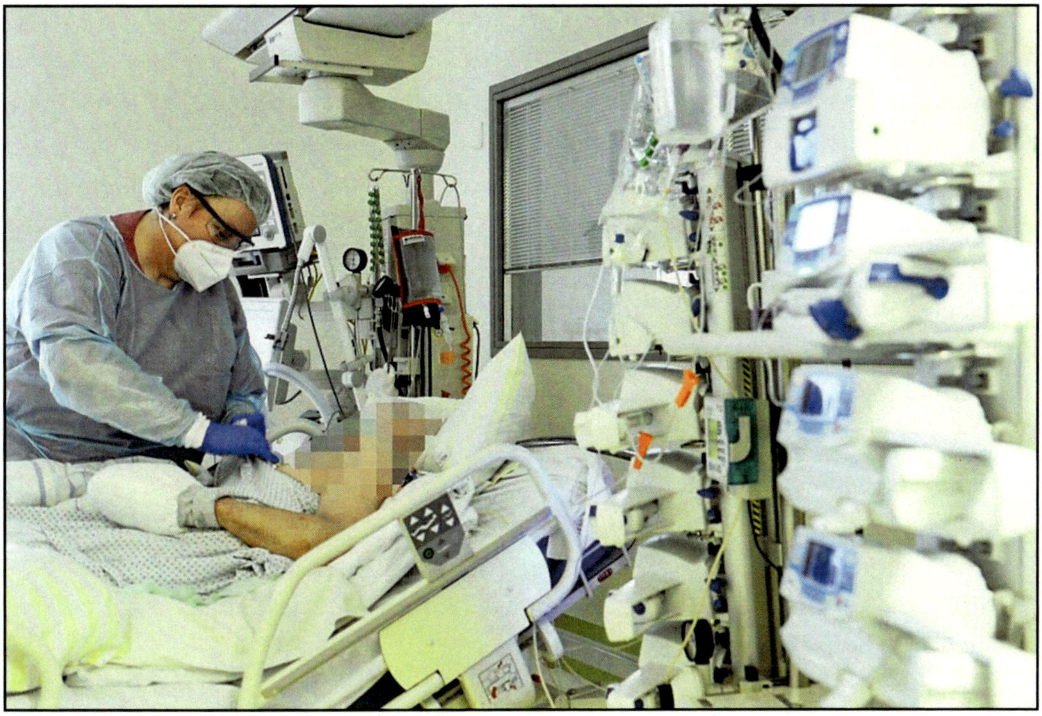

Fotos (2): Steffen Rasche

Heute mal wieder ein Isozimmer. Jedes Mal also Kittel drüber, FFP2-Maske, Brille und Haube an. Dazu noch zwei Paar Handschuhe. Die Wasserflasche muss in Griffweite bleiben, denn ich werde in kurzer Zeit durchgeschwitzt sein. Die Zeit verrennt, ich arbeite schnell und gewissenhaft. Ich nehme mir keine Zeit, über das Schicksal der Patienten nachzudenken, arbeite liebevoll und routiniert. Doch dann passiert es: Ein Gedankenblitz kommt. „Das ist doch nur ein Schnupfen, warum die Aufregung?", so eine Frau gestern bei der Demo zum Infektionsschutzgesetz. Ich könnte kotzen. Meine beiden Patienten haben Corona, keinen Schnupfen. Einer kämpft ernsthaft um sein Leben, er lässt sich nur sehr schwer beatmen, seine Werte werden immer schlechter. Versteht das jemand draußen, wenn ich sage, der bekommt sein CO2 nicht aus seinem Körper abgeatmet? Wohl nur wenige. Der andere Patient schaut mich bei der Morgenhygiene ängstlich an, er sieht seinen sterbenskranken Nachbarpatienten. Er benötigt Unterstützung beim Atmen, noch schafft er es selbständig, fragt sich nur, wie lange. Bei jeder Anstrengung wird es knapp mit seiner Luft. Er schafft es heute nicht, vor dem Bett ein paar Schritte zu gehen, zum Essen hat er keine Kraft. Er braucht etwas Ruhe zum Luftholen.

Ärzte und Schwestern krank. Bleibt die Kita offen?
Kann man das eigentlich nachvollziehen, wie es ist, keine Luft mehr zu bekommen? Manchmal kann ich das, die Luft wird knapp unter drei Lagen Mundschutz und mit Kittel. Die Wärme ist unerträglich. Und wenn ich dann schwer ackere mit den Patienten, wird auch mir die Luft eng. Aber ich kann wieder raus aus dem Kittel, mein Patient kann es nicht. Visite, mein Gott, es sind wenig Ärzte da. Es hat sie erwischt, es sind zu viele krank, einige Corona-positiv. Sie fehlen, aber man hat auch Angst um sie, wir sehen ja, wie Corona verlaufen kann. Morgenbesprechung, ich erfahre, was die Zugänge für Probleme haben, wie der Tag für die Patienten verläuft, wie es außerhalb meiner ITS aussieht. Wir sind aufnahmefähig für neue Zugänge, das ist in dieser Pandemie wichtig.

Und da gibt es auch noch die anderen Patienten auf der ITS. Ja, es sind weniger, weil es deutlich weniger geplante OPs gibt. Sie brauchen auch unsere Hilfe, ein Herzinfarkt muss von uns intensiv betreut werden. Man hat die zweite Station für Coronapatienten aufgemacht, wir benötigen dringend mehr Personal. Einige Schwestern sind positiv getestet worden, einige müssen wegen ihrer Kinder zu Hause bleiben, die KITA ist zu, Quarantäne. Kurz bin ich mit den Gedanken zu Hause, geht's den Kindern gut, sind sie gesund, bleibt die KITA auf? Ich fürchte mich vor einem Anruf des Gesundheitsamtes, es könnte die KITA geschlossen werden. Das Gesundheitsamt hat auch seit März wie wir mit dem Virus und seinen Auswirkungen zu kämpfen, und das immer am Limit.

Die Kinder wollen so gern mal wieder in einen Zoo, ich auch. Das mache ich als erstes, wenn alles wieder auf ist.

Meinen Patienten geht es schlechter, der Arzt kommt kaum noch raus aus meinem Isozimmer. Wir brauchen dringend eine Ablösung, ich habe Durst und muss endlich was essen. Es wird schneller Mittag, als mir lieb ist, einiges habe ich nicht geschafft, egal, es kommt eine Spätschicht. Kurze Übergabe, schnell noch über den Dienstplan schauen, es sind jetzt die meisten Schwestern da. Wir müssen die Besetzung hochnehmen, wir brauchen alle vorhandenen Betten, und wir brauchen dafür mehr Personal. Am Wochenende fehlt noch eine Spätschicht, jeder versucht zu helfen, alle wissen, wie schlecht es ist, wenn wir zu wenige sind. Man kann ja die Patienten nicht einfach von der Station wegschicken. Wer im Bett liegt, der liegt da drin. Eine nicht dringende OP kann man dagegen verschieben.

Ich springe ein, ich helfe mal wieder. Egal, was es zu Hause wieder für Gemurre gibt, die Kinder wollten die Mama auch mal wieder zum Spielen haben. Man muss jetzt flexibel sein, wir sind es. Wir wissen, dass wir es nur mit Einsatz schaffen, doch alle haben auch Angst. Wir sind schon fast an unsere Grenze, die Belastung ist hoch. Schaffen wir es, so lange noch durchzuhalten? Es wird noch länger gehen als bis Weihnachten. Bleiben wir gesund? Aber das wohl schlimmste ist: Ich will es nicht mit nach Hause nehmen, das Virus. Ich habe Angst davor, die Familie anzustecken.
Aber jetzt nach Hause, mal wieder viel später als üblich. Die Kinder sind bei Oma, auch die meiner Schwester. Wir sprechen uns ab, versuchen es nicht gleichzeitig zu machen. Ohne Oma schaffen wir es nicht, und Oma braucht auch ihre Enkel. Wir sehen uns sonst viel zu wenig mit Freunden und der Familie, man bleibt zu Hause, minimiert seine Kontakte. Auch wenn andere sagen, hab dich nicht so. ICH könnte das Virus mitbringen. Ich überlege mir jeden Kontakt. Weihnachten steht vor der Tür, das möchte ich nicht krank erleben.

Ohne Maske im Supermarkt. Ich weiß nicht, ob wir bis März durchhalten.
Im Supermarkt ist es voll, Rushhour. Und da ist er, der Coronaleugner, ohne Maske und ohne Abstand fährt er mir in den Einkaufwagen. Ich könnte jetzt schimpfen, aber heute reicht meine Kraft nicht. Er könnte der Nächste sein, der, der entweder jemanden, der geschwächt ist, ansteckt oder der, der sogar selbst auf der Coronastation liegt. Und dann sollen wir unser Bestes für ihn geben. Und wir sind die, die sich jede Minute auf Arbeit der Gefahr aussetzen, sich mit dem Virus anzustecken. Und nun schaue ich genauer im Laden herum, wie viele nehmen die Schutzmaßnahmen nicht ernst, maulen über die Maskenpflicht. Ich kann es nicht verstehen. Wir stehen im Krankenhaus fast mit dem Rücken an der Wand, und hier wird nur gemeckert über die Maske, die doch so viel helfen kann.

Jetzt heim, mit den Kinder kuscheln, Scheiß auf Corona, ich brauch das jetzt.
Abends noch Nachrichten, die Zahlen werden wieder nicht weniger, im Gegenteil, sie steigen. Ich kann nicht an die Zukunft denken, es macht mir große Sorgen. Ich weiß nicht, ob wir bis März irgendwie durchhalten. Dann wäre ein ganzes Jahr rum. Mein Kind will dann Geburtstag feiern, diesmal mit Freunden und nicht nur mit Mutti. Ab ins Bett, morgen wieder Frühschicht, neuer Tag, immer noch mit Corona.

Ich will so gern in einen Zoo gehen.

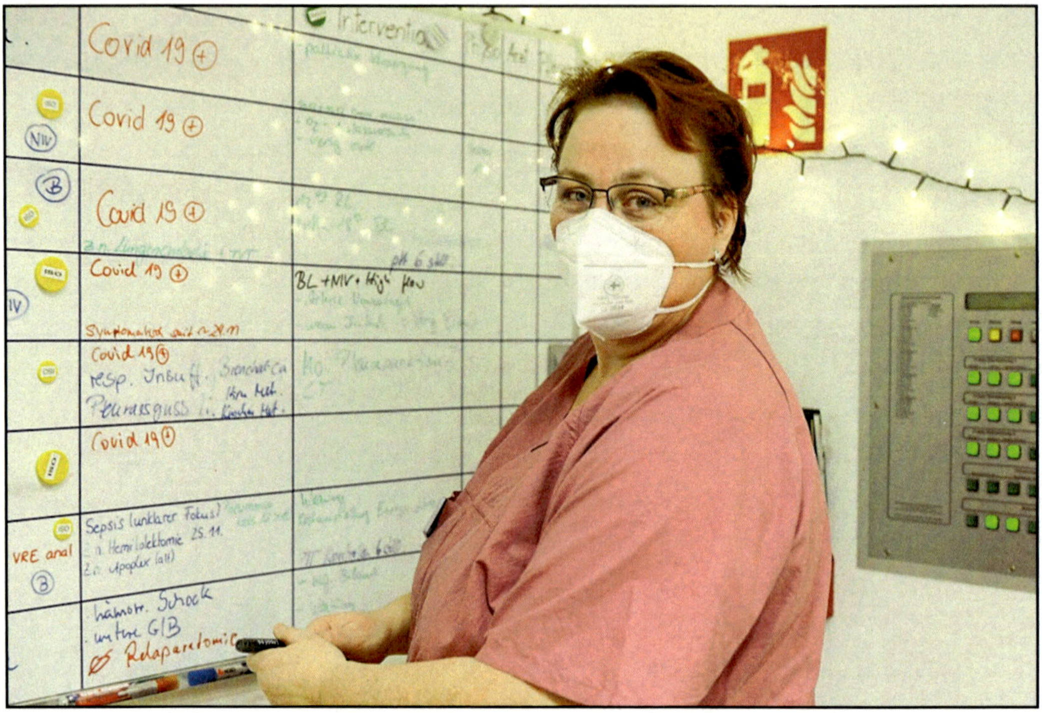

Petra Quittel erlangte nach dem Abitur einen Hochschulabschluss im Fliegeringenieursdienst und absolvierte danach eine Ausbildung zur examinierten Krankenschwester. Es folgten verschiedene Fach- und Weiterbildungen sowie Tätigkeiten als Krankenschwester auf der Intensivstation, in der Anästhesie und als Pflegefachleitung.
Petra Quittel ist vielfältig ehrenamtlich engagiert. 2006 war sie Gründungsmitglied des Fördervereins der Grundschule „Blauer Planet" in Annahütte und zehn Jahre lang dessen Vorsitzende. Seit 2014 ist sie Vorsitzende der Gemeindevertretung Schipkau, seit 2019 Mitglied im Kreistag des Landkreises Oberspreewald-Lausitz. Petra Quittel wohnt in Annahütte, ist verheiratet und hat zwei erwachsene Kinder.

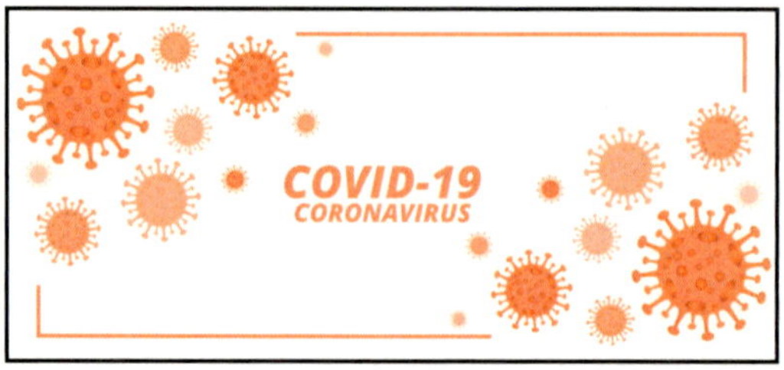

Janett Boukorza
Fachgesundheits- und Krankenpflegerin für Anästhesie und Intensivpflege
an der Universitätsmedizin Essen
Jahrgang 1982
Essen, Deutschland
www.uniklinikum-essen.de

Ich fürchte mich. Ich weine. Und ich werde stolz sein!

Mein Name ist Janett Boukorza. Ich bin 38 Jahre alt und arbeite als Fachgesundheits- und Krankenpflegerin für Anästhesie und Intensivpflege auf einer großen Intensivstation in der Universitätsmedizin Essen. 2010 habe ich die Ausbildung beendet, danach sechs Jahre auf peripheren Stationen gearbeitet. Seit 2016 bin ich auf einer anästhesiologischen Intensivstation tätig. Hier versorgen wir Patienten nach großen Operationen aus allen Fachgebieten. Hauptsächlich betreuen wir Patienten mit ARDS, einem schweren Lungenversagen, die aus dem gesamten Ruhrgebiet und manchmal darüber hinaus, notfallmäßig zu uns kommen. Wir können das, was wir machen, gut. Wir haben viel Erfahrung mit Patienten, die um ihr Leben kämpfen. Wir haben alles schon gesehen, die Jüngeren lernen von den Erfahrenen. Wir können viel aushalten und ertragen. Nichts kann uns schockieren. Jedenfalls dachten wir das. Und dann kam COVID-19 …

Ich trete meinen Dienst an. Es ist 13:45, mitten in der Woche. Irgendwie ist jeder Tag wie der andere, geht mir durch den Kopf, während ich meine Maske näher ans Gesicht drücke. Seit Tagen betreue ich einen Patienten, der, wie alle anderen Patienten dieser Station, schwer an COVID-19 erkrankt ist. Postoperative Patienten betreuen wir schon seit Monaten nicht mehr. Alle schweren Fälle der an COVID-19 erkrankten Patienten kommen auf die IT2 der Universitätsmedizin Essen, also auf die Station, auf der ich arbeite.

Ich höre mir aufmerksam die Übergabe meines Kollegen an, schaue dabei in die Patientenkurve und versuche zu erfassen, was sich seit gestern verändert hat. Nichts, stelle ich fest. Der Patient ist auf einem schlechten Niveau stabil, wie wir es nennen. Ich höre, dass Versuche, die pulmonale Situation des Patienten durch Maßnahmen an der Beatmungsmaschine zu verbessern, scheiterten. Es wundert mich kaum. In den letzten Monaten habe ich gelernt, dass wenige Patienten vom Tubus zu weanen sind, also den Beatmungsschlauch aufgrund einer Verbesserung der Lunge entfernt bekommen können. Aufgrund dessen versuchen wir, die Patienten, solange es geht, ohne Beatmungsschlauch stabil zu halten. Ich seufze und fühle, dass Frust in mir aufsteigt. Vor einigen Tagen hatte ich den Eindruck, mein Patient würde sich verbessern. Sogar eine kleine Kontaktaufnahme war möglich. Wir kommunizierten mittels JA/ NEIN-Fragen, da intubierte Patienten die Fähigkeit zu sprechen temporär verlieren. Er konnte mir mitteilen, dass er wisse, wo er sich befinde, woran er erkrankt sei – und dass er Angst habe.

Nach der Übergabe meines Kollegen fange ich an, mich einzuschleusen. Vorher überprüfe ich genau, was ich mit ins Zimmer nehmen muss. Bin ich erst einmal drinnen, komm ich so schnell nicht wieder raus, das weiß ich mittlerweile. Die FFP2-Maske trage ich, seitdem ich die Station betreten habe. Hinzu kommen ein Kittel, eine Plastikschürze, eine Haube, ein Geschichtsschild und zwei Paar Handschuhe. An einer Spiegelfolie an der Tür überprüfe ich mein Aussehen. So weiß ich, dass ich die gesamte Schutzausrüstung trage und sie gut sitzt. Ich nehme alle Utensilien zur Hand, öffne die Schiebetür und gehe ins Zimmer. Alle 22 Zimmer auf der Station werden mit Unterdruck versorgt. Das soll verhindern, dass Keime das Zimmer verlassen können. Sie werden ins Zimmer gesogen, sobald man die Tür öffnet.

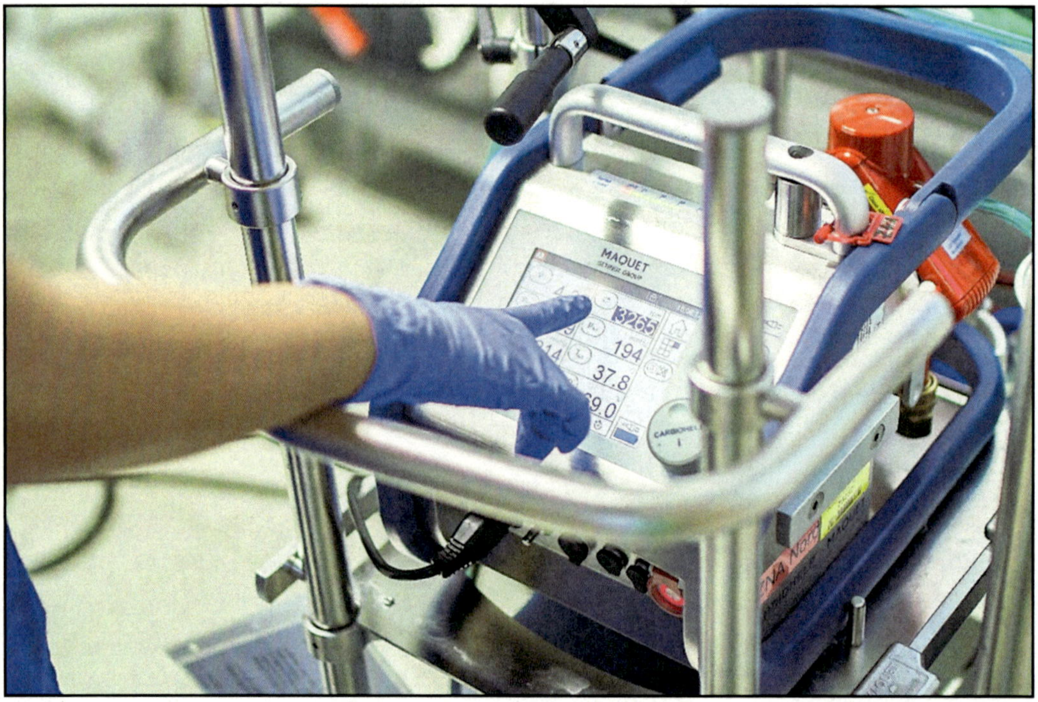

Ich versuche mich kurz an das Sausen im Ohr zu gewöhnen und beginne dann mit meiner üblichen Antrittskontrolle. Alle Geräte und Monitoreinstellungen werden gecheckt: Überwachungsmonitor, Beatmungsmaschine, ECMO (das ist die extrakorporale Membranoxygenisierung, eine künstliche Lunge auf Hightech-Niveau), Dialyse. Dann trete ich ans Patientenbett. Als Krankenschwester auf einer Intensivstation bin ich es gewohnt, dass meine Patienten nicht immer mit mir sprechen können. Das hindert mich aber nicht daran, mit ihnen zu sprechen. Ich stelle mich jeden Tag aufs Neue vor, sage ihnen, wo sie sind und was ihnen passiert ist. Mein Patient ist nur leicht sediert, so dass er wach sein und trotzdem den Beatmungsschlauch tolerieren kann, jedoch reagiert er selten auf das, was ich ihm erkläre. Trotzdem glaube ich, dass er es vielleicht doch leise hört und denkt: Gut, dass mir das jemand sagt! All diese Gedanken sind mir vertraut, doch heute wünsche ich mir so sehr eine Reaktion meines Patienten. Komm schon, denke ich, halte seine Hand und fordere ihn auf, meine Hand zu drücken. Doch es passiert nichts. Ich seufze erneut und schaue mir die Einstellungen an der Beatmungsmaschine an. In Gedanken gehe ich Strategien durch, wie man die Einstellungen verändern könnte, um den Patienten vielleicht doch vorwärts zu bringen. Ich merke sie mir, um sie im Anschluss mit dem Stationsarzt zu besprechen. Ich verabreiche alle Medikamente, die für den Patienten angeordnet sind, und mache mir im Kopf einen Plan, wie ich den Tag weiter gestalte. Der Patient muss um 16 Uhr in dorsoventrale Wechsellagerung gebracht werden, also auf den Bauch gedreht werden. Dafür brauche ich die Hilfe von mindestens einem

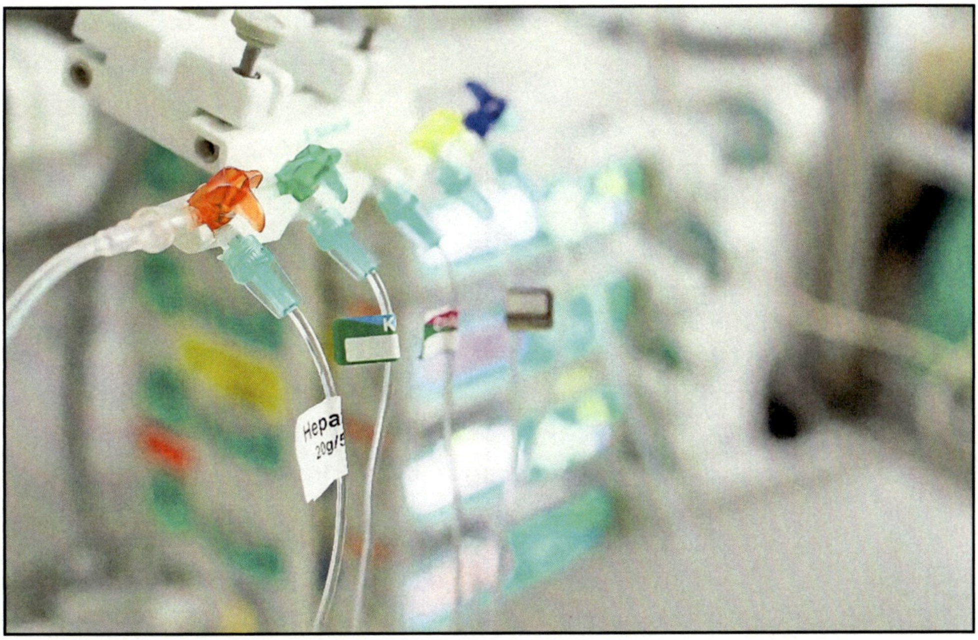

Kollegen. Ich muss mich also absprechen, da ich weiß, dass noch mindestens vier andere Patienten gedreht werden müssen.

Ich schleuse mich aus, schnappe vor dem Zimmer kurz nach Luft und freue mich beim Maskenwechsel über zehn Sekunden ohne Maske. Die Freiheit währt nicht lange. Meine Kollegin ruft mich laut, ich erahne einen Notfall und laufe schnell los. Ich versuche im Laufen herauszufinden, woher die Stimme kam, schaue schnell zu den Monitoren an der Kanzel, wo alle Patientendaten sichtbar sind, und sehe:

In Zimmer 16 läuft es nicht gut. Im Laufschritt ziehe ich einen Kittel an und reiße eine Schürze vom Wagen. Erneut höre ich meinen Namen und melde mich, dass ich da bin. Mein Impuls ist es, ins Zimmer zu rennen. Ein Kollege stoppt mich: „Du brauchst noch Haube und Faceshield!" Ja natürlich, ich muss mich selbst schützen, mein Krankenschwesterherz jedoch sagt: Beschütze erst den Patienten!

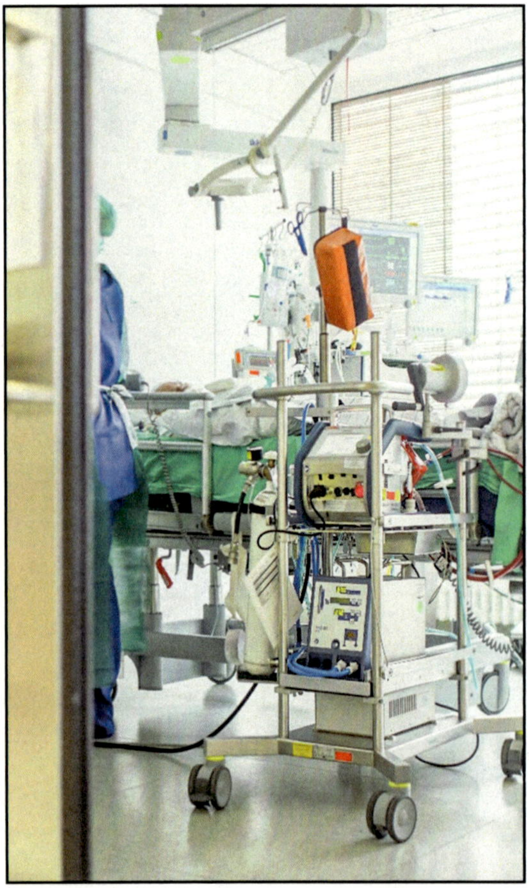

In Windeseile schlüpfe ich in die Schutzausrüstung und bin im Zimmer. Meine Kollegin drückt dem Patienten mit einer Hand eine Maske auf den Mund und versucht mit der anderen Hand den Perfusor (das ist die Medikamentenpumpe) mit dem kreislaufunterstützenden Medikament zu steuern. Nach einem schnellen Blick auf den Überwachungsmonitor übernehme ich die Medikamentengabe. „Er hat Angst", sagt mir meine Kollegin. „Er wurde gerade aufgenommen und soll NIV beatmet werden (Nicht-Invasive Ventilation: Der Patient atmet spontan und selbständig mittels einer Maske oder eines Helms. Über die Beatmungsmaschine wird Sauerstoff und Beatmungsdruck zugeführt. Diesen Druck empfinden Patienten oft als unangenehm). Er schafft es aber nicht. Er wehrt sich so sehr."

Meine Kollegin ist noch unerfahren und frisch aus der Einarbeitung in die „COVID-Hölle“, wie ich es nenne, geworfen worden. Sie schlägt sich tapfer, genau wie wir alle. Ich werfe einen Blick zur Tür und erahne durch die Scheibe meinen Stationsarzt, der sich einschleust. Ich versuche den Patienten mit Worten zu erreichen, dringe aber kaum zu ihm durch. Er schlägt um sich und ist kaum zu bändigen. Seine Sauerstoffsättigung ist sehr niedrig, da die Maske nicht richtig auf dem Gesicht sitzt, und seine Lippen sind blau. Die Monitore piepsen schrill ohne Pause. Ich stelle die Alarme aus, um Ruhe ins Zimmer zu bringen, und beuge mich nah zu dem Patienten. „Bitte hören Sie mir zu“, sage ich eindringlich „Ich möchte Ihnen helfen. Bitte lassen Sie mich helfen!“ „Heute früh war noch alles gut,“ japst er, „ich bekomme keine Luft!“ „Halten Sie meine Hand. Die Kollegin befestigt jetzt die Maske. Atmen Sie ganz ruhig, die Maschine hilft Ihnen. Wir passen auf Sie auf, bitte lassen Sie uns helfen!“ Ich habe das Gefühl, diese Worte habe ich hundertmal, tausendmal gesagt in den letzten acht Monaten. Die Patienten wehren sich, werden panisch in ihrer Luftnot, schlagen und treten um sich. Wir versuchen, eine Intubation zu vermeiden, das aber bedeutet, dass der Patient seine Erkrankung mit vollem Bewusstsein erlebt, inklusive massiver Luftnot und Angst.

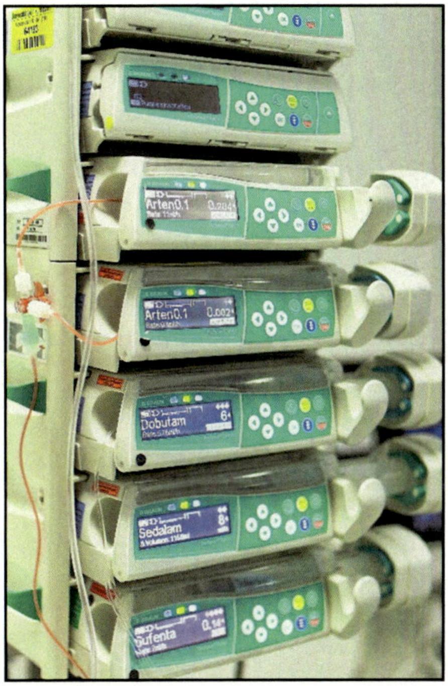

Fotos (4): Steffen Veen

In so einer Situation ist es schwer, dem Patienten zu erklären, dass die Beatmung mit der Maske wahrscheinlich sein Leben retten wird.

Wir schaffen es zu dritt, den Patienten zu beruhigen. Irgendwann komme ich aus dem Zimmer. Meine Dienstkleidung klebt an mir und unter der Maske staut sich der der Schweiß. Ich desinfiziere mir im Gehen Hände, Arme und Nacken. Mein Blick fällt in ein anderes Zimmer. Zwei meiner Kollegen stehen dort und entfernen Katheter aus einem leblosen Patienten. Ich bleibe stehen und versuche mich an die gesamte Übergabe der Station zu erinnern. Ja, da wurde gesagt, dass es keine Maßnahmen mehr gäbe, um dem Patienten zu helfen. Nicht nur die Lunge, auch andere Organe hatten als Folge der Krankheit aufgegeben. Multiorganversagen nennen wir das. Ich schlucke und atme tief durch. Der sechste Tote in vier Tagen, denke ich. Wie so oft in den letzten Monaten, läuft mir ein Schauer über den Rücken, und meine innere Stimme sagt: „Mach weiter! Es wird nicht ewig so sein! COVID wird vorbeigehen!“

Heute bringe ich meinen Patienten noch in dorsoventrale Wechsellagerung, dazu drei weitere Patienten. Ich sauge Sekret aus der Luftröhre ab, verabreiche Medikamente, halte den Patienten sauber und warm.
Ich bediene seine Dialyse, ECMO und die Beatmungsmaschine und dokumentiere alles. Einen weiteren Patienten nehme ich am Abend auf und kämpfe wieder mit ihm und der Maske. Ich drehe ihn auf den Bauch, während er wach ist, rede auf ihn ein und bitte ihn, mir zu vertrauen. Ich reanimiere mehrere Minuten einen anderen Patienten und helfe anschließend bei der weiteren Behandlung.

Wir haben es geschafft, diesen Patienten zu retten. Kurz durchfluten mich Glücksgefühle. Diese Gefühle sind selten in den letzten acht Monaten. Kurz darauf helfe ich, den verstorbenen Patienten in die Pathologie zu bringen. Diese Aufgabe habe ich immer schon als furchtbar empfunden, auch vor COVID-19. Aber jetzt denke ich: Du bist jeden Tag in der Pathologie. Gefolgt von vielen stillen Flüchen.

Mein Heimweg führt mich durch ein Szeneviertel von Essen. Hier liegen viele Bars, Kneipen und Restaurants. Es ist 22 Uhr, die Straßen sind belebt. Menschen stehen ohne Mund-Nasen-Schutz beieinander, prosten sich zu oder teilen sich eine Zigarette. Kaum jemand hält sich an die Abstandsregeln. Ich beobachte das Treiben um mich herum, während ich eine ruhige Ecke in Nähe der Haltestelle suche. Als ich da im Schatten stehe, kommen mir die Tränen, und ich weine still und leise in meinen Mundschutz.

Ich denke nicht, dass mich jemand sieht,
und wenn, dann wäre es mir auch egal.
Ich empfinde so viel: Trauer, Frust, Müdigkeit, Wut.
Die Welt kommt mir so absurd vor.

Wie können die Menschen hier so unbeschwert feiern, während andere Menschen gerade an COVID-19 sterben? Wie kann die Welt draußen so weiterlaufen, als gäbe es die sechs Toten diese Woche, die beiden verzweifelten Patienten heute unter ihrer NIV-Maske und die vielen ausgelaugten Menschen im Gesundheitswesen nicht?

Ich versuche, eine Erklärung dafür zu finden, um meinem Frust mit dieser Erklärung ein Ventil zu geben, aber es gelingt mir nicht. Ich fürchte mich vor morgen, vor dem nächsten Dienst.

Im Laufe der nächsten Monate werde ich Erfolge erleben, die mich beflügeln, die Impfung wird mir Hoffnung geben. Ich werde Wege finden, meinen Frust zu kompensieren, und ich werde Stolz empfinden. Stolz auf das, was Menschen im Gesundheitswesen auf der ganzen Welt über Monate geleistet haben, und ich werde stolz sein, eine von ihnen zu sein. Dieses Gefühl wird mir Auftrieb geben, wenn ich wieder das Patientenzimmer betrete, und dieser Auftrieb wird mich wieder hinter meiner FFP2-Maske lächeln lassen.

2007 – 2010: *Ausbildung zur Gesundheits- und Krankenpflegerin, Universitätsmedizin Essen*
2017 – 2019: *Fachweiterbildung Anästhesie und Intensivpflege, Universitätsmedizin Essen*
2010 – 2012: *Allgemeiner Springerpool, Universitätsmedizin Essen*
2012 – 2016. *Unfallchirurgie, Universitätsmedizin Essen*
seit 2016: *Anästhesiologische Intensivstation, Universitätsmedizin Essen*

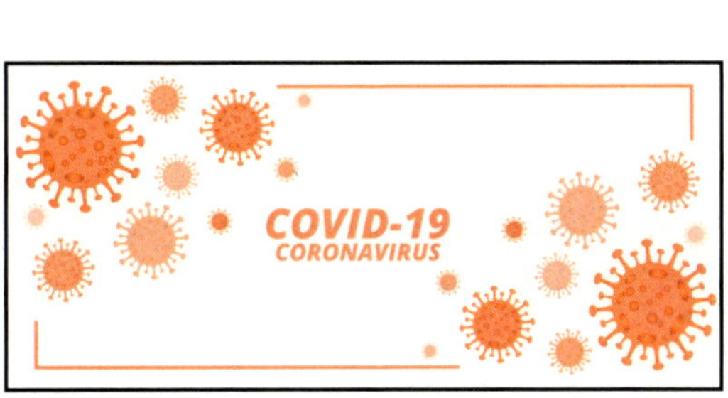

Dr. Joachim Huber
Ressortleiter Medien beim Tagesspiegel Berlin
Jahrgang 1958
www.tagesspiegel.de

Bundespräsident Frank-Walter Steinmeier hat am 18. April 2021 beim zentralen Gedenkakt für alle während der Corona-Pandemie Verstorbenen in seiner Rede gesagt: „Heute wollen wir allen Trauernden unser Mitgefühl ausdrücken, überall in unserem Land. Wir wollen ihnen sagen: Ihr seid nicht allein mit eurem Leid, nicht allein in eurer Trauer. Wenn wir heute einen Moment innehalten, dann wird uns bewusst, dass das Virus unsere Gesellschaft tiefer erschüttert und verwundet hat, als wir uns das im Alltag eingestehen. Uns wird bewusst, wie schwer uns das alle trifft."

Bereits im Januar hatte der Bundespräsident zur Aktion #lichtfenster aufgerufen mit dem Appell an alle Bürger, ein Licht in ihre Fenster zu stellen, um derer zu gedenken, die während der Corona-Pandemie verstorben sind oder um ihr Leben kämpfen. Das Licht im Schloss Bellevue wurde am 22. Januar um 16:30 Uhr entzündet.

In mehreren Begegnungen hat das Staatsoberhaupt persönlich mit Betroffenen und Hinterbliebenen der Corona-Pandemie gesprochen. Am 10. November 2020 hatte Frank-Walter Steinmeier fünf Bürgerinnen und Bürger, die eine Corona-Erkrankung hinter sich haben, zu einem Gespräch über ihre Erfahrungen zu Gast. Einer von ihnen war Dr. Joachim Huber, der als einer der ersten in Berlin an Covid-19 erkrankt war.

Meine Muskeln waren weggeschmolzen wie Butter in der Sonne

Meine Geschichte beginnt mit einem Test im März 2020. Das Ergebnis war uneindeutig: ein Teststreifen sagte positiv, der andere sagte negativ. Ehe ich mich ein weiteres Mal testen lassen konnte, stieg das Fieber, begann die Atemnot. Ich habe mich selber ins Wenckebach-Krankenhaus eingeliefert. Dort konnte man nichts für mich machen, einen Tag später wurde ich ins Gertauden-Krankenhaus gebracht. Dann ging alles ganz schnell: Intensivstation, meine Lunge arbeitete noch mit vier Prozent Leistung, künstliches Koma, Nierenversagen, künstliche Beatmung über eine Trachealkanüle.

Nach fünf Wochen wurde ich in die gerade eingerichtete Covid-19-Station ins Charité Mitte verlegt. Ich erlitt einen Herzinfarkt, mir wurden zwei Stents gesetzt. Dem Aufwachen folgte die Delirphase mit völliger Immobilität. Meine Muskeln waren während des Komas in Bauchlage weggeschmolzen wie Butter in der Sonne.
Mehrfach stand es Spitz auf Knopf, aber ich hatte die Virus-Attacke durch das Können und den Einsatz der Ärzte, der Pflegerinnen und Pfleger überlebt. Das Wichtigste war die fortwährende Unterstützung meiner Frau und meiner Tochter. Beide hatten eine ganz schwere Zeit gehabt, sie durften mich in der Koma-Phase nicht ein einziges Mal besuchen.

Was danach begann, war die Rückkehr ins Leben. Ein Schlauch nach dem anderen wurde mir aus dem Körper gezogen, die Beatmungseinheit wurde entfernt, die Rehabilitation setzte ein.

Mein heutiger Alltag ist dreigeteilt: Da ist einmal der Reha-Sport für mehr Kondition und Ausdauer, da sind Arztbesuche – meine Organe arbeiten alle wieder auf zufriedenstellendem Niveau. Und im Januar 2021 habe ich wieder als Leiter des Medienressorts zu arbeiten begonnen, damit ist die Balance in mein Leben zurückgekehrt. Alles, was einmal selbstverständlich war, soll wieder selbstverständlich werden. Ich strebe, was vielleicht nicht alle verstehen werden, Normalität an und eine immer größere Entfernung zu meiner Krankheit.

Und ich will, wo immer ich kann, vor einem leichtfertigen Umgang mit Covid-19 warnen. Dieses Virus hat unverändert seine Chancen auf Verbreitung und ergreift sie immer dort, wo Menschen leichtsinnig agieren.

Ich kann nur sagen: Schützen Sie sich und schützen Sie andere. Covid-19 kennt keinen Spaß und keine Rücksicht. Das Virus sucht Opfer. Unerbittlich.

Dr. Joachim Huber wurde am 13. Februar 1958 in Stuttgart geboren. Nach zahlreichen Ortswechseln und sechs Jahren in Wien schließlich Abitur in Königsbrunn bei Augsburg. Das Studium der Theaterwissenschaft und eines guten Dutzends Nebenfächer in München/Berlin/München wurde nach dem Magister 1985 mit der Promotion abgeschlossen (Thema der Dissertation: „Das deutsche Boulevardtheater"). Danach begann ein einjähriges Volontariat beim „Mannheimer Morgen" mit dem Schwerpunkt Radio und Fernsehen.
Nach drei Redakteursjahren im Oktober 1990 ein neuer Arbeitsplatz beim „Tagesspiegel" in Berlin, wo die (Medien-)Musike laut spielt. Seit Mitte 1992 fungiert Joachim Huber als verantwortlicher Redakteur für das Ressort Fernsehen und Radio, mittlerweile Ressort Medien.
Dr. Joachim Huber lebt und arbeitet in Berlin. Er ist verheiratet und hat mit seiner Frau eine gemeinsame Tochter.

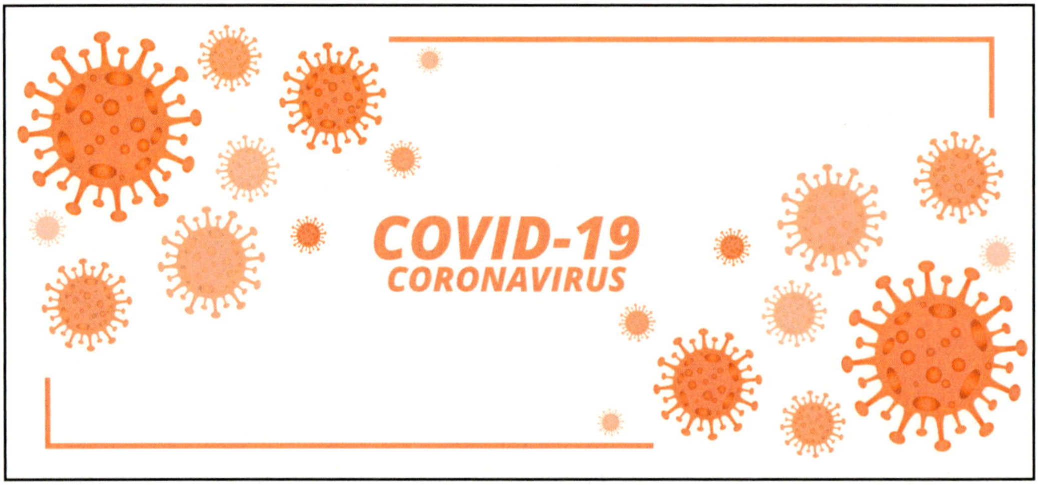

Danksagung

Ich danke allen Mitwirkenden, die mir ihre Corona-Biografie erzählt und mich auf andere Weise unterstützt haben:

Markus Wecking und Nicole Todzy in der Leitung der Anästhesiologischen Intensivstation der Universitätsmedizin Essen; Kristin Dolk, Leitung der Unternehmenskommunikation im Klinikum Niederlausitz GmbH, Senftenberg; Grietje Kammler im Plattdeutschbüro der Ostfriesischen Landschaft, Aurich, sowie Christa Stumpe, Westrhauderfehn, für Lehrstunden in Plattdeutsch; der Pressestelle im Bundespräsidialamt, Berlin; Dr. Astrid Sauermann in der ver.di-Bundesverwaltung Berlin, Fachbereich Gesundheit, Soziale Dienste, Wohlfahrt und Kirchen; Ruth Beerbom im Rundfunkreferat des Bistums Osnabrück; den Street Art Künstlern Tim Ossege und David Perez aka S.I.D., dem litauischen Künstler Romanas Borisovas, der Illustratorin Anja Andabaka sowie den Fotografen Eric Kemnitz, Tanja de Maan, Elke Böinghoff-Richter, Steffen Rasche, Hartmut Manitzke, Zo Rakotonirainy, Steffen Veen, Frank Ammermann, Jan Jagusch, Lenja Schultze, Linn Marx, Jakob Prößdorf, Gabi Tacke-Middendorf, Christian Naumann, Maria Bien, Bringfried Seifert, Andrea Seifert, Sebastian Vandrey und Stefan Wiemker für die honorarfreie Nutzung ihrer Werke; livenet.ch – Webportal Schweizer Christen und der Leserinitiative Publik-Forum e.V. für Abdruckgenehmigungen; Dr. Manfred Schwarz im Bildarchiv Ostpreußen; Pastor Frerich Dreesch-Rosendahl für den offenen Dialog; Gisela Robben in der Redaktion des SonntagsReport Leer, der Redaktion von Radio Ostfriesland und dem Team von Orgadata Leer.

Besonders danke ich Gitta Connemann (MdB) und Ulf Thiele (MdL) –
die kümmern sich!

Alle Nichtgenannten mögen sich in den Dank eingeschlossen fühlen.

Bücher von Detlef M. Plaisier

Detlef M. Plaisier verarbeitet die Kindheit seines Vaters Artur genannt „Bubi“ in den 1930er und 1940er Jahren in Ostfriesland und im Emsland bis in den Zweiten Weltkrieg. Grundlage sind Aufzeichnungen aus dem Nachlass des Vaters und des Onkels. Der Text zeugt mit viel Detailtreue von der großen Liebe zur ostfriesischen Heimat und offenbart bisher verschwiegene Episoden der Familiengeschichte.

„... ein Antikriegs- und Antifanatismus-Buch, welches seine Stärke nicht im Heroischen, sondern in entwaffnender Ehrlichkeit herüberbringt.“

acabus Verlag, Hamburg. 4. Auflage, 2019.
348 Seiten mit 42 Abbildungen.
ISBN 978-3-86282-470-0. Verkaufspreis 15,00 Euro.
Zurzeit vergriffen, Neuauflage in Vorbereitung.

„Ich will entscheiden.“
Rolf Sawatzki hatte für sein Leben schon früh eine klare Leitlinie. Ein Leben, das als Sohn eines einfachen Arbeiters in einem trostlosen Hinterhof in Gelsenkirchen-Schalke begann und Rolf Sawatzki bis zu einem der erfolgreichsten Unternehmer der deutschen Glasindustrie führte. Zu Fleiß und unternehmerischem Geschick gesellte sich über die Jahre Glück. Rolf Sawatzki ist überzeugt: Dahinter hat eine Hand gewirkt. Daraus erwuchs bei ihm eine zutiefst humanistische Haltung.
Detlef M. Plaisier hat in Gesprächen mit dem Unternehmer dessen außergewöhnliche Lebensgeschichte aufgezeichnet.

edition Kronzeugen, Westrhauderfehn.
Erstausgabe, November 2019. 162 Seiten mit 72 Abbildungen.
ISBN 978-3-9821953-2-2. Verkaufspreis 15,00 Euro.

Bücher von Detlef M. Plaisier

Die Anthologie vereint 26 Portraits älterer Menschen im Alter zwischen 74 bis 99 Jahren. Dafür hat Autor Detlef M. Plaisier gemeinsam mit der Stabsstelle Ehrenamt und Freiwilligenagentur beim Landkreis Leer ehrenamtliche Interviewer ausgewählt und geschult.

Die Lebensläufe sind geprägt von Zeiten bitterer Armut und Not bis zu Momenten höchsten Glücks. In einigen Portraits wird Zeitgeschichte greifbar, andere zeichnen die Chronik einer Familie nach.

„Ein bewahrenswertes Kaleidoskop ostfriesischer Kulturgeschichte."

edition Kronzeugen, Westrhauderfehn.
3. Aufl., Oktober 2020. 228 Seiten mit 142 Abbildungen.
ISBN 978-3-00-062549-7. Verkaufspreis 12,00 Euro.

In Bunde kennt man ihn als „den Willi", im holländischen Bellingwolde rief man ihn „Adrie". Im Jahr 1942, im Alter von neun Jahren, wurde Ahlrich Wilhelm Bents von seinen Eltern über die Grenze zu Pflegeeltern in die Niederlande gebracht. Zu groß war die Gefahr, weil sich der Vater politisch in der SPD und gewerkschaftlich engagierte. „Over de grens" wurde Adrie geschützt. 1953 kehrte er nach Bunde zurück, gründete eine Familie und engagierte sich bis ins hohe Alter in der Kommunalpolitik.

Detlef M. Plaisier hat das Leben von Ahlrich Wilhelm Bents in Gesprächen mit ihm nachgezeichnet.

edition Kronzeugen, Westrhauderfehn.
Erstausgabe, Oktober 2020. Deutsch und Holländisch.
122 Seiten mit 30 Abbildungen. ISBN 978-3-9821953-1-5.
Verkaufspreis 10,00 Euro.

Die edition Nils Müller Leipzig
in der edition Kronzeugen

Nils Müller zeichnet in seiner Debuterzählung eine Geschichte nach, die so alt ist wie das Leben selbst und die dennoch nicht oft genug erzählt werden kann. In seinem Text begleitet der Autor seinen Protagonisten auf dem Weg aus der Alkoholsucht. Eine Konfrontation mit der schmerzhaften Vergangenheit ist notwendig, ähnlich einer Taufe, um die Zukunft bewältigen zu können.

„Ein Spannungsfeld aus realen Begebenheiten, eigenen Erinnerungen und möglichen Imaginationen. „Venusjahr für Fische" ist Fiktion und Autobiographie zugleich."

Nils Müller erhielt für seine literarische Arbeit im Jahr 2020 ein Arbeitsstipendium des Freistaates Sachsen.

edition Kronzeugen, Westrhauderfehn. Erstausgabe, Oktober 2020.
260 Seiten. ISBN 978-3-9821953-0-8. Verkaufspreis 15,00 Euro.

„Anregen statt vorfertigen" ist die Devise der Textcollagen mit dem Titel „Erpresserbriefe". Sie entstehen automatisch während der Zeitungsschau des Autors aus einem Wort, um das er assoziativ Wörter zu surrealen Sätzen gruppiert. Die Wortcollagen sind geleitet vom tagesaktuellen Geschehen, aber auch von der inneren Befindlichkeit des Autors. Nils Müller aktiviert das Unterbewusste, neue Sichtweisen zu entdecken, ohne die Lesenden in bestimmte Denkmuster einzuengen.

edition Kronzeugen, Westrhauderfehn.
Erstausgabe, Juni 2021. 140 Seiten.
ISBN 978-3-9821953-4-6. Verkaufspreis 16,00 Euro.

Bestellungen für alle Titel
per Mail: anfrage@detlef-plaisier.de
mobil und WhatsApp: 0177.4897215